KAROLINE MEINDL-DIETRICH

Kochbuch
für ländliche Haushalte

neu bearbeitet von Ingrid Meindl & Agnes Riegler

64. Auflage

avBUCH

IMPRESSUM

64. Auflage 2019, unveränderte Auflage 2021

Projektleitung: Alexandra Mlakar
Lektorat und Herstellung: Claudia Stoifl, Dagmar Bruns
Korrektorat: Tina Spiegl, Dorothea von der Höh
Umschlaggestaltung: Pinkhouse Design, Wien
Grafische Gestaltung, Satz und Bildreproduktion:
Hantsch & Jesch PrePress Services OEG, Leopoldsdorf bei Wien
Überarbeitung: Pinkhouse Design, Wien
Coverbild: Fotolia_sonyakamoz
U4: Ingrid Meindl

Druck: www.graspo.com

Deutsche Nationalbibliothek – CIP-Einheitsaufnahme
Die Deutsche Nationalbibliothek verzeichnet diese Publikation in der Deutschen Nationalbibliografe; detaillierte bibliografsche Daten sind im Internet über http://dnb.ddb.de abrufbar.

Printed in EU

Schulbuch-Nr. 1987

ISBN 978-3-8404-3042-8

digi4school-Ausgabe SB Nr. 186.038, digi4school-ISBN 978-3-8404-8316-5

Inhaltsverzeichnis

Vorwort

Im Jahr 1928 verfasste Frau Schulrat Karoline Meindl-Dietrich, die als Lehrerin für den Kochunterricht und für Ernährung am landwirtschaftlichen Haushaltslehrerinnenseminar in Bruck/Leitha tätig war, im Auftrag der Niederösterreichischen Landes-Landwirtschaftskammer ein Kochbuch für den Unterricht an den bereits damals von der Kammer veranstalteten Wanderhaushaltungskursen. In diesem „Kochbuch für ländliche Haushalte" wurden viele Rezepte speziell für die Verwertung wirtschaftseigener Produkte aufgenommen. Alle in der bäuerlichen Küche anfallenden Arbeiten wie Schlachten, Fleischverarbeiten, Wursten, Obst- und Gemüsekonservieren wurden, der damaligen Zeit entsprechend, eingehend behandelt. Aus diesem Grund wurde das Buch nicht nur bei den Wanderhaushaltungskursen, sondern auch im Unterricht an den Landeshaushaltungsschulen und im Haushaltungslehrerinnenseminar in Bruck/Leitha verwendet.

Als im Jahr 1936 Frau Schulrat Meindl-Dietrich pensioniert und Bäuerin auf dem Hansenbauernhof bei Eferding wurde, konnte sie die auf diesem Lehrhof in vielen Jahren gewonnenen Erfahrungen bei allen Neuauflagen immer wieder berücksichtigen. Später gewann sie Frau Fachinspektor Elfriede Chyc als Mitarbeiterin, die von 1916 bis 1939 als Lehrerin an der landwirtschaftlichen Haushaltungsschule Pyhra bei St. Pölten und bis 1945 als Fachberaterin bei der Niederösterreichischen Landesregierung tätig war. Auch sie konnte durch diese Aufgabe einen reichen Erfahrungsschatz verwerten, der wesentlich dazu beitrug, dass dem Buch die Approbationen für die Verwendung im Unterricht an landwirtschaftlichen Lehranstalten erteilt wurden.

Frau Oberschulrat Erna Lechner übernahm 1974 die Überarbeitung des Kochbuches.

Nach 30 Jahren haben meine beiden Töchter Karoline und Antonia und ich das Kochbuch neu überarbeitet. Die vielen guten Rezepte wurden nicht verändert, Kleinigkeiten wurden gestrichen und vereinzelt wurden Rezepte aus älteren Ausgaben wieder aufgenommen.

Natürlich haben wir auch unsere eigenen, bereits mehrfach erprobten Ideen eingebracht.

Ebenso hat Frau Agnes Riegler, Leiterin der Fachschule für ökologische Land- und Hauswirtschaft mit Schwerpunkt Tourismus in Ottenschlag im Waldviertel, maßgeblich zur Neubearbeitung dieser Auflage beigetragen. Sie hat mit großer Sorgfalt und unter Berücksichtigung der neuesten pädagogischen und ernährungstechnischen Richtlinien die theoretischen Grundlagen des Kochens und der Küchenführung überarbeitet.

Das „Kochbuch für ländliche Haushalte" wurde somit auf der Grundlage der ersten Ausgabe aus dem Jahr 1928 den Erfordernissen der neuen Zeit und einer modernen Küchenführung angepasst. Dieses „Generationenbuch" erfreut sich nun seit mehr als 75 Jahren großer Beliebtheit und ist bisher in mehr als 300.000 Exemplaren erschienen. Die Rezepte sind heute wie damals aktuell und nicht nur im ländlichen Raum, sondern auch für den städtischen Haushalt verwendbar. Die gesunde, einfache, vitamin- und wirkstoffreiche Kost, die zur Erhaltung der menschlichen Arbeitskraft in einem landwirtschaftlichen Betrieb unerlässlich ist, entspricht ebenso den Anforderungen an die Ernährung für alle anderen Berufs- und Bevölkerungssparten.

Wenn die vielen Hinweise auf die Grundsätze einer richtigen Ernährung und die reiche Auswahl an Rezepten allen, die sie verwenden, Hilfe und Anregung bringen, dann hat das Kochbuch seine Aufgabe erfüllt.

Ich hoffe, dass die Neuauflage des Kochbuches weiterhin in den landwirtschaftlichen Schulen und darüber hinaus in vielen Haushalten mit Erfolg verwendet wird und somit das Andenken an Frau Schulrat Karoline Meindl-Dietrich weiterleben lässt.

Und nun wünsche ich
GUTES GELINGEN und GUTEN APPETIT!

Ingrid Meindl
Hansenbäuerin

Urgroßmutters Kochbuch bleibt immer aktuell. Trotz der Vielfalt an Möglichkeiten heutzutage internationale Gerichte auf den Tisch zu bringen, greifen wir gerne auf die alten Rezepte zurück. Für uns war es etwas Besonderes, bei der Neubearbeitung des Buches mitwirken zu können.

Viel Spaß beim KOCHEN und MAHLZEIT!

Karoline und Antonia Meindl

Foto: Fotolia.com / inspire

I

Die gesunde Küche

Richtige Ernährung

Richtige Ernährung leistet einen wesentlichen Beitrag zur Erhaltung unserer Gesundheit und Leistungsfähigkeit sowie unseres Wohlbefindens. Die tägliche Nahrung muss zur Erfüllung ihrer Aufgaben sowohl in quantitativer als auch in qualitativer Hinsicht richtig ausgewählt werden. Im Laufe der Zeit haben sich durch verschiedenste Einflüsse bestimmte Ernährungsgewohnheiten gefestigt. Viele dieser Gewohnheiten und Traditionen kommen den Anforderungen an eine gesunde Ernährung nicht mehr nach.

Das beste Rezept kann den wichtigsten gesundheitlichen Anforderungen nicht entsprechen, wenn die Kenntnis der Zusammensetzung der Nahrungsmittel fehlt und wenn durch falsche Arbeitstechnik lebensnotwendige Nähr- und Wirkstoffe verloren gehen. Eine sinnvolle Zusammenstellung der einzelnen Gerichte soll dazu beitragen, dass die Kost nicht nur vollwertig und gesund ist, sondern auch leistungssteigernd und gesundheitsfördernd wirkt.

Namhafte Wissenschaftler haben sich in den letzten Jahrzehnten besonders mit den Auswirkungen beschäftigt, die eintreten, wenn unser Körper nicht richtig mit den notwendigen Nährstoffen versorgt wird und Funktionsstörungen die Folge sind. Bei vielen Krankheitserscheinungen wird heute festgestellt, dass falsche Ernährung die Ursache ist. Oftmals können durch ärztliche Diätvorschrift die Genesung und Heilung gefördert werden. Die Zuckerkrankheit (Diabetes) zum Beispiel wird durch eine ärztlich geregelte Diät behandelt, die strikt und sorgfältig eingehalten werden muss. In diesem Zusammenhang sei auf die einschlägige, so vielfältige Fachliteratur verwiesen. Wichtig ist immer, dafür zu sorgen, dass bei Krankheit auch wirklich die Diätvorschriften des Arztes eingehalten werden.

Der Ernährungskreis

Unsere tägliche Nahrung sollte eine gesunde, abwechslungsreiche Mischkost darstellen. Diese abwechslungsreiche Kost lässt sich mittels Ernährungskreis der Deutschen Gesellschaft für Ernährung (DGE) einfach erklären. Jedes Lebensmittel unterscheidet sich durch seinen speziellen Nährstoffgehalt von den anderen. Bestimmte Lebensmittel weisen jedoch ähnliche Nährstoffgehalte auf und das macht sie untereinander austauschbar. Deshalb kann man sie zu Gruppen zusammenfassen, die wiederum zum Ernährungskreis zusammengefügt wurden. Damit der Körper alle Nährstoffe in der richtigen Menge erhält, müssen wir die Lebensmittel geschickt kombinieren. Wie, das zeigt der Ernährungskreis der Deutschen Gesellschaft für Ernährung.

Die Größe der einzelnen Kreisausschnitte symbolisiert die Bedeutung der darin skizzierten Nahrungsmittel für eine gesunde Ernährung.

Wählt man seine Lebensmittel in der richtigen Menge aus allen Gruppen (der Schwerpunkt liegt auf den Gruppen 1 bis 5) und achtet man zusätzlich auf Abwechslung innerhalb der Gruppen, hat man einen sehr einfachen Leitfaden für eine gesunde Ernährung, die sich aufgrund der vielen Wahlmöglichkeiten nach den eigenen Vorlieben gestalten lässt.

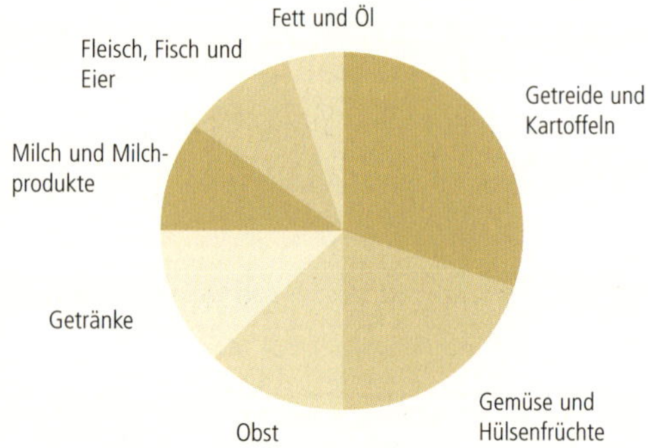

Ernährungskreis der deutschen Gesellschaft für Ernährung

Gruppe 1: Lebensmittel, die viel Stärke enthalten, wie Getreideprodukte (z. B. Brot, Nudeln und Müsli), Kartoffeln, Speisestärke

Diese Lebensmittel enthalten viel Eisen, Magnesium, B-Vitamine und Ballaststoffe.

Gruppe 2: Gemüse und Hülsenfrüchte

Sie liefern die Vitamine A, B und C, Magnesium, Kalium, Eisen, Calcium und Ballaststoffe. Vitamin B sorgt für gute Nerven und eine schöne Haut.

Gruppe 3: Obst

Obst ist der beste Vitamin-C-Spender. Mangel kann zu Müdigkeit, Leistungsschwäche und Infektionsanfälligkeit führen.

Gruppe 4: Getränke

Sie versorgen uns mit Wasser. Man braucht es z. B. für den Transport der Nährstoffe und zum Quellen der verdauungsfördernden Ballaststoffe im Darm. Wer gut aussehen und eine schöne Haut haben will, sollte auch täglich viel trinken – vor allem Getränke ohne Kalorien und Zucker. Mineralwasser, Obstsäfte mit Wasser verdünnt, Kräuter- und Früchtetees löschen den Durst, ohne dick zu machen. Seit einiger Zeit gibt es auch „Energy drinks“, die angeblich Energie, „Flügel“ oder sonstige Kräfte verleihen sollen. Dahinter steckt nichts anderes als viel Zucker und Koffein. Wer davon viel und regelmäßig trinkt, wird nicht nur viel Geld los, sondern braucht sich nicht zu wundern, wenn er auch dann nicht zur Ruhe kommt, wenn er gerne seine Ruhe hätte.

Gruppe 5: Milch und Milchprodukte

Sie sind verhältnismäßig reich an Calcium, Vitamin A und Vitamin B12. Calcium festigt Knochen und Zähne. Wer auch hier nicht zu viel Kalorien zu sich nehmen will, sollte eher zu fettarmen Milchprodukten greifen, das heißt, zu solchen, die nur 1,5 % Fett enthalten.

Gruppe 6: Fleisch, Wurst und Fisch

Sie liefern Eisen, Jod, Vitamin A und D sowie B-Vitamine. Eisen steckt im Fleisch. Ein Mangel kann zu Blutarmut, Müdigkeit und Schwäche führen. Unsere Lebensmittel sind von Natur aus jodarm. Unser Körper braucht aber Jod für die Schilddrüse, den „Motor“ unseres Körpers. Deshalb ist es wichtig, 1- bis 2-mal pro Woche Seefisch zu essen und jodiertes Speisesalz zu verwenden bzw. Brot und Wurst zu verzehren, die mit jodiertem Speisesalz hergestellt sind.

Gruppe 7: Streich- und Kochfette

Sie enthalten die Vitamine A und E und wichtige Fettsäuren. Vitamin A braucht der Körper für Augen, Haut und Schleimhäute. Fette enthalten viele Kalorien und werden vom Körper besonders leicht in Form von Körperfett gespeichert. Wer also nicht unnötig viele Fettpölsterchen bilden will, sollte mit Fett zum Streichen, Kochen und Braten sehr sparsam umgehen. Vorsicht! Fett ist versteckt in vielen Lebensmitteln – vor allem in solchen, die frittiert sind, in Schokolade, Eiscreme und Süßigkeiten.

Zehn Regeln der gesunden Ernährung

Gesunde Ernährung ist die Basis für körperliches Wohlbefinden und im Sport die Voraussetzung für körperliche Leistungsfähigkeit. Obwohl den meisten von uns die Bedeutung einer richtigen „gesunden“ Ernährung bewusst ist, sieht die Wirklichkeit oft anders aus. In unserer Wohlstandsgesellschaft spielt fehlerhaftes Ernährungsverhalten leider eine entscheidende Rolle bei der Entstehung von Zivilisationskrankheiten wie Adipositas, Diabetes mellitus, Herzinfarkt, erhöhten Blutfettwerten und Bluthochdruck.

Gesunde Ernährung sollte nicht zu einer komplizierten Wissenschaft werden, die im Alltag nur schwer durchführbar ist und in Stress ausartet. Essen ist Genuss, Essen soll Spaß machen und Essen soll das Wohlbefinden fördern.

Wer die folgenden Tipps im Alltag umsetzt, trägt sehr viel zu einer gesunden und ausgeglichenen Ernährung bei, hat Genuss beim Essen, beugt Gewichtsproblemen vor und schützt sich vor ernährungsabhängigen Erkrankungen.

- Vielseitig essen – aber nicht zu viel: Die richtigen Lebensmittel – in der richtigen Menge gegessen und getrunken – halten fit und schlank.
- Fettarm essen: Denn zu viel Fett macht fett und krank. Butter oder Margarine nur dünn aufs Brot streichen. Nicht zu vergessen, dass in Wurst, Käse, Schlagobers, Pommes frites, Mayonnaise, Kuchen, Nüssen und Schokolade auch Fett enthalten ist.
- Würzig, aber nicht zu salzig essen: Denn zu viel Salz verändert den Eigengeschmack der Speisen. Zum Würzen können auch frische Kräuter und Gewürze verwendet werden und wenn Salz, dann Jodsalz.
- Wenig Süßes essen: Zucker ist der Feind unserer Zähne und liefert keine Nährstoffe. Es lohnt sich, mit Zucker, Süßigkeiten, Cola, Limonaden und Fruchtsaftgetränken sparsam umzugehen.
- Häufiger Vollkornprodukte essen: Wie Vollkornbrot, Naturreis oder Vollkornnudeln, denn sie liefern Kraft, regulieren unser Sättigungsgefühl und tragen zur Gesundheit bei.
- Reichlich Gemüse, Kartoffeln und Obst essen: Diese Lebensmittel sind z. B. gute Vitamin-C-Spender, Letzteres braucht man zur Stärkung unserer Abwehrkräfte gegen Infektionen.
- Weniger tierisches Eiweiß essen: vor allem in Form von Fleisch und Wurst. Auch pflanzliches Eiweiß aus Getreide, Hülsenfrüchten und Gemüse, ergänzt mit Milch oder Ei, ist ein guter Baustoff für unseren Körper und unsere Muskeln.
- Mit Verstand trinken: und auf alkoholische Getränke verzichten. Sie können – regelmäßig und in größeren Mengen konsumiert – zur Droge werden und den Körper zerstören.
- Öfter kleinere Mahlzeiten essen: Das hält fit! Das Essen in Ruhe genießen und es sich bewusst schmecken lassen.
- Schonend zubereitete Lebensmittel essen: Zu hohe Gartemperaturen und zu langes Garen und Warmhalten zerstören einen großen Teil der wertvollen Vitamine und Mineralstoffe.

Kohlenhydratreiche Lebensmittel

Getreide und Getreideprodukte

Unsere Getreidearten sind die Grundlage der Ernährung!

Im Getreidekorn sind fast alle für den Menschen wichtigen Nährstoffe enthalten und für den Großteil der Menschen bilden Getreide und Getreideerzeugnisse die wichtigste Nahrungsgrundlage.

Manche Getreidearten werden als ganzes Korn verwendet (Vollweizen, Roggen, Rollgerste, Dinkel, Hirse, Naturreis), die meisten werden aber auf verschiedene Weise weiterverarbeitet (z.B. Schälen, Schleifen, Dämpfen, Walzen, Mahlen usw.).

Wir kennen verschiedene Erzeugnisse:

Flocken aus Hafer, Gerste, Weizen, Dinkel, Mais

Grieß (fein und grob) aus Weizen, Dinkel, Mais

Vollkornmehl und -schrot aus Getreidearten (mit und ohne Keimling) spielen in der Vollwertkost eine wichtige Rolle.

Mehl aus Reis, Hafer, Weizen, Roggen, Dinkel

Stärke aus Mais, Weizen, Reis (nur zum Stärken der Wäsche)

Alle Getreideprodukte und die aus ihnen hergestellten Teigwaren sind durch ihre Bekömmlichkeit und die leichte Zubereitung in der einfachen als auch in der feinen Küche sehr beliebt.

Roggen- und Weizenmehl sind die Grundlage für die Brotbäckerei, Vollkornmehle und -schrote werden zur Herstellung von Spezialbroten (Pumpernickel, Keimlingsbrot usw.), Teig- und Backwaren verwendet. Ihre Haltbarkeit ist begrenzt.

Weizenmehl kommt als glattes und griffiges Mehl in den Handel und wird zu Kuchen, Backwaren und Teigwaren verarbeitet. Glattes Mehl eignet sich zur Herstellung von Biskuit, Germteig, Strudel- und Blätterteig. Griffiges Mehl wird zweckmäßigerweise für Rührteig, Mürbteig und mürben Germteig verwendet.

Teigwaren werden aus Weizenmehl bzw. -grieß oder Hartweizengrieß, Wasser und Eiern hergestellt. Sie müssen beim Kochen in viel Wasser aufquellen können. Die Zugabe von etwas Öl verhindert das Zusammenkleben der Teigwaren. Nach dem Garen werden sie mit heißem Wasser gespült, um nicht nochmals erwärmt werden zu müssen. Sie sind vielseitig verwendbar und stellen eine preiswerte Ergänzung für viele Gerichte dar. In der Vollwertkost verwendet man Teigwaren aus Vollkornmehl.

Stärke wird aus dem Mehlkörper der Getreidearten, aber auch aus Kartoffeln hergestellt. Die reinen Stärkeprodukte haben keinen Eigengeschmack und verkleistern nach einer kurzen Kochzeit. Sie werden als Bindemittel für Süßspeisen, Suppen und Soßen verwendet und können bei Backwaren, die mit viel Eiern hergestellt werden, einen kleinen Teil des Mehles ersetzen. Sand- und Biskuitteige werden durch Zusatz von Stärkemehl feiner.

Mais- und Weizenstärke dicken ein bis zwei Stunden nach dem Kochen nach und eignen sich daher zur Bereitung von sturzfähigen Speisen (Pudding). Sie sind auch Bestandteil der käuflichen Puddings und Kaltdesserts.

Kartoffelstärke dickt nicht nach, ergibt daher keine sturzfähige Speise und wird zum Dicken von Suppen und Soßen sowie zur Herstellung von Kartoffelknödeln verwendet.

Brot ist das wichtigste Getreideerzeugnis und Grundnahrungsmittel. Nach dem verwendeten Mehl kann man zwischen verschiedensten Broten unterscheiden. Aus ernährungsphysiologischer Sicht ist Brot ein wichtiger Lieferant von Kohlenhydraten und daher ein bedeutender Energiespender. In Vollkornbroten ist der Gehalt an Energie und Vitamin B1 höher als in gewöhnlichem Weißgebäck. Im Gegensatz zum Weißgebäck ist Schwarzbrot sehr förderlich für die Verdauung.

Wichtige Inhaltsstoffe im Vollkornbrot: Hochwertiges Eiweiß aus dem Keim und den Randschichten des Kornes, Lecithin, Vitamin B1, B2, Niacin und E, ferner Eisen und Fluor sind wesentliche Bestandteile von Vollkornerzeugnissen. Schwarzbrot und Vollkornbrot fördern und erhalten die Zahngesundheit.

Hierher gehört auch die Herstellung von Breien aus Hafernährmitteln (Flocken, Mark, Mehl). Die Bereitung von Breispeisen führt im Allgemeinen zu keinen hohen Verlusten an Vitamin B, da die Herstellung der Breie nicht lange dauert und das Kochwasser mit verwendet wird.

Zucker und Süßstoffe

Zur Zubereitung von allen Süßspeisen, aber auch zum Würzen so mancher Speisen ist eine Beigabe von Zucker bzw. Alternativsüßstoffen notwendig. Zucker war in früheren Zeiten ein kostbares und teures Nahrungs- und Würzmittel. Es wurde daher sehr sparsam in der Küche verwendet. Erst als der Rohrzucker vom Rübenzucker in Europa abgelöst wurde, stieg der Zuckerverbrauch und damit der Genuss von Süßwaren, besonders bei Kindern. Die jetzige Abneigung gegen Zucker aus gesundheitlichen Gründen ist verständlich, kann aber durch ein

Mittelmaß an Zuckerverbrauch in jeder Familie günstig beeinflusst werden.

Die Verwendung von Zucker in der Kinderernährung

- Kinder haben ein natürliches Verlangen nach Zucker.
- Mit süßen Hauptspeisen wie Reisauflauf, Grießschmarren u. Ä. kommt man dem Kindergusto auf gesunde Art entgegen.
- Obstsäfte, Marmeladen, Kompotte sowie Trockenobst müssen in der Tageskost richtig eingeplant werden. Nie knapp vor einer Mahlzeit reichen, denn das nimmt den Appetit auf die Hauptmahlzeit.
- Beim Schulfrühstück zwischen Süßem und Gesalzenem wechseln, z.B. Mehlspeisen, pikante Brote und Obst.
- Kinder möglichst von allen Süßwarenautomaten fern halten, aber Gaben an Süßigkeiten selbst einplanen.
- Hunger nach Süßem verleitet zum Naschen.

Für die Ernährung des Kindes bietet Honig einen besonderen Vorteil, da er neben der Zufuhr hochwertiger Nähr- und Wirkstoffe auch für eine bessere Verwertung des Calciums sorgt.

Hier sollen auch die guten Eigenschaften des echten Bienenhonigs gewürdigt werden. Neben einer Mischung von 80 % Trauben- und Fruchtzucker enthält Honig etwa 0,3 % Eiweiß und mindestens 0,2 % Mineralstoffe sowie Vitamine der B-Gruppe und Vitamin C. Er wirkt günstig auf Herz- und Blutkreislauf. Ein Löffel Honig, in lauwarmem Wasser aufgelöst und vor dem Schlafengehen genommen, beruhigt nervöse Menschen und lässt sie leichter einschlafen.

Die Verwendung von Zucker in der Küche

Der Zuckeranteil einer Mehlspeise steht in einem ausgewogenen Gleichgewicht zu den anderen Zutaten. Jede Änderung ist nur durch Ausprobieren möglich. Zuckergaben können jedoch nach eigenem Ermessen bei verschiedenen Zubereitungsarten reduziert werden. So zum Beispiel:

- bei Glasuren und Cremen,
- bei Aufläufen,
- bei Germteigen,
- beim Belag von Strudelteigen,
- beim Bestreuen einfacher Mehlspeisen mit Zucker,
- bei Kompotten, Fruchtsalaten und Säften
- bei Marmelade (Risiko der verminderten Haltbarkeit).

Die Hauptzuckerarten im Handel sind der Normalkristall-, Feinkristall-, Back-, Würfel-, Staub- und Streuzucker. Brauner Rohzucker von der Zuckerrübe, aber auch vom Zuckerrohr werden in der Küche für Lebkuchen und besonders zur Zubereitung von Vollwertspeisen verwendet. Der mit Vitaminen, Mineralstoffen und Spurenelementen angereicherte Vollzucker ist eine wertvolle Ergänzung in der Zuckerauswahl. Außerdem gibt es im Handel noch Fruchtzucker, Traubenzucker, Malzzucker, den wertvollen Honig und Ahornsirup.

Zur Herstellung von Marmeladen oder Gelees und zum Eindicken von Kompotten steht der Gelierzucker zur Verfügung.

Für die Ernährung von Zuckerkranken, aber auch bei Reduktionskost sind Zuckerersatzstoffe notwendig. Sie haben eine hohe Süßkraft, ohne den Stoffwechsel zu belasten.

Süßstoffe

Bei bestimmten Erkrankungen dürfen Saccharose und Glucose nur in begrenzten Mengen aufgenommen werden. Deshalb werden in der Diabetikerkost Zuckeraustauschstoffe und künstliche Süßstoffe eingesetzt.

Süßstoffe sind Zuckerersatzprodukte, die mindestens 10 Mal süßer schmecken als Zucker. Sie liefern keine oder nur sehr wenige Kalorien und lassen sich aufgrund ihrer geringen Masse nicht wie Zucker verarbeiten. Süßstoffe werden bei diätetischen Lebensmitteln (z. B. für Diabetiker) eingesetzt.

Zuckeraustauschstoffe sind die Zuckeralkohole Sorbit, Xylit, Mannit, Maltit, Lactit und Isomalt sowie die Zuckerart Fructose (Fruchtzucker). Ihr Geschmack entspricht dem von Zucker. Ihre Süßkraft liegt in der Größenordnung von Zucker oder etwas darunter. Sie lassen sich technologisch ähnlich wie Zucker verarbeiten und sind als Zuckerersatz speziell für Diabetiker geeignet. Sie gehören zu den kalorienhaltigen Süßungsmitteln.

Eiweißreiche Lebensmittel

Milch und Milchprodukte

Für unsere tägliche Ernährung ist die Milch ein besonders wertvolles Vollnahrungsmittel. Sie ist in jeder Art, als Frischmilch, Sauermilch oder als Milchprodukt (Käse, Topfen, Butter usw.) sowie als Grundlage vieler Speisen, der Lieferant für Eiweiß, Fett, Kohlenhydrate, Mineralstoffe und Vitamine. Infolge ihrer günstigen Zusammensetzung vermag die Milch die natürliche Widerstandskraft des Körpers auch gegen manche Gifte zu stärken. Milch und Milchprodukte bilden für das heranwachsende Kind – auch nach dem Säuglingsstadium – eine der wichtigsten Ernährungshilfen. Mit keinem anderen Lebensmittel von gleichem Kalorienwert können so günstige und nachhaltige Wirkungen auf Gesundheit und Wachstum der Kinder erzielt werden wie durch Milch und Milcherzeugnisse.

Folgende Trinkmilchsorten sind auf dem österreichischen Markt im Handel erhältlich, bei denen durch Pasteurisieren der sorgfältig gereinigten Milch alle unerwünschten Mikroorganismen zerstört werden, die gesundheitsfördernden Wirkstoffe jedoch erhalten bleiben: **Vollmilch, Babymilch** – nach besonderen Vorschriften keimarm gewonnene Vollmilch mit natürlichem Fettgehalt – und **Magermilch.**

Sauermilcharten entstehen durch Einwirkung von Milchsäurebakterien. Durch sie erfolgt eine Umwandlung des Milchzuckers in Milchsäure, die fäulnishemmend wirkt.

Saure Milch ist sehr erfrischend und verdauungsfördernd und wird in den Molkereibetrieben aus Milchsäurebakterien-Reinkulturen hergestellt. Als **Diätbuttermilch** oder als **geschlagene Buttermilch** bezeichnet man saure Milch mit geringem Fettgehalt (1 %).

Jogurt ist eine besondere Form der Sauermilch, die durch Verwendung von Jogurtkulturen gewonnen wird und einen höheren Säuregrad als gewöhnliche Sauermilch aufweist.

Als **Kefir** bezeichnet man die unter Verwendung von Kefirkörnern und Hefekulturen gewonnene Sauermilch.

Buttermilch, frisch genossen, ist wegen ihres reichlichen Lecithingehaltes ein sehr erfrischendes Getränk und fettarm, enthält aber alle anderen Wirkstoffe der Milch (Eiweiß, Calcium, Vitamine). Bei der Herstellung von Butter aus Rahm bleibt Milchflüssigkeit übrig, daraus wird durch Zugabe von Milchsäurebakterien die frisch säuerlich schmeckende Buttermilch.

Als **Schlagobers,** auch Schlagsauerrahm oder Obers (Sahne) genannt, bezeichnet man süße Sauerrahmsorten mit einem Fettgehalt von 36 %. Sauerrahm mit niederem Fettgehalt (ca. 15 %) wird **Kaffeeobers** genannt.

Saurer Sauerrahm (ca. 10 % Fett) wird durch Ansäuern aus süßem Sauerrahm gewonnen, Crème fraîche (36 %) ist besonders fettreich.

Die Dauermilcherzeugnisse **Haltbarmilch** (H-Milch, H-Schlagobers, H-Kaffeeobers), **Sterilmilch, Kondensmilch** und **Trockenmilch** sind auch ohne Kühlung haltbar und werden direkt aus der Packung oder entsprechend verdünnt oder aufgelöst verwendet.

Den verschiedenen **Milchprodukten** werden Fruchtsäfte, Früchte, Schokolade, Kaffee, Kakao usw. zugesetzt. Diese Produktpalette wird dauernd erweitert.

Aber auch **Käse und Topfen** sind gesund und bereichern unsere vielfältige Milchproduktpalette.

Topfen stellt eine der bekömmlichsten Eiweißquellen dar. Für Speisezwecke verwendet man Streichtopfen (Herstellung im Anhang beschrieben) und gekörnten Topfen; für manche Mehlspeisen ist trockener Topfen besser geeignet.

Magermilchtopfen, der nahezu kein Fett enthält, ist besonders für fettfreie Diät zu empfehlen.

Käse enthält hochwertiges Eiweiß und Calcium. Da kaum nennenswerte Mengen von Calcium durch andere Nahrungsmittel, wie Brot, Fleisch, Gemüse, Teigwaren, Zucker und Süßigkeiten, dem Körper zugeführt werden, ist die Versorgung mit diesem für Knochen und Zähne, Nerven, Herz und Kreislauf sehr wichtigen Mineralstoff am sichersten über Käse, Topfen und Milch zu erreichen. In den österreichischen Käsereibetrieben werden viele Sorten Käse erzeugt, mit denen sich sehr schmackhafte Gerichte herstellen lassen.

Eier

Im Handel unterscheidet man Eier nach den Gewichtsklassen (XL, L, M, S) sowie den Güteklassen. Über diese Güteklassen definiert man die Qualität von Eiern. Eier der Güteklasse A sind sauber, besonders frisch und ungewaschen und weisen eine unverletzte Schale auf. A-Eier sind sozusagen die Essklasse. Eier der Güteklasse B dürfen ausschließlich als Industrieware verwendet werden. Seit 2004 findet man direkt auf dem Ei Angaben zur Haltungsform und Herkunft. Als Code für Eier aus Biohaltung steht dann 0, für Freilandeier 1, Bodenhaltung 2 und für Käfighaltung 3. Die nachfolgenden Ziffern informieren über die genaue Herkunft.

Die Frische der Eier erkennt man daran, dass beim Schütteln des Eies kein Geräusch entsteht oder das Ei im Wasserbad untergeht. Bei einem älteren Ei vergrößert sich die Luftkammer am dicken Ende. Die Luft unter der Schale lässt das Ei hochsteigen.

Die Eier sollen immer kühl und geruchsfrei gelagert werden.

Bei der Zubereitung von Speisen wirken Eier als Bindemittel, als Lockerungs- und Dickungsmittel. Sie verfeinern die Gerichte. Gerichte aus Eiern wie Eierspeisen, gefüllte Eier usw. sind beliebte kleine Mahlzeiten.

Ratschläge für die Verwendung des Eies in der Küche

Um sorglos Eier in der Küche verwenden zu können, sollen einige Ratschläge beachtet werden:

Alle Gerichte, die Eier in jeder Form enthalten, sollen aufgrund der Salmonellengefahr mindestens auf 75 °C erhitzt werden. Das kann durch Aufschlagen über Dampf, besser noch durch Backen oder Kochen geschehen.

Rohes Eiklar, Eidotter oder ganze rohe Eier lassen sich in Speisen vermeiden, indem man:

- geschlagenen Eischnee durch Schlagobers ersetzt.
- zum Festigen von Cremen Eidotter mit etwas Milch und Maisstärkepulver (z. B. 1 Eidotter, ca. 125 ml Milch, 20 g Maisstärkepulver) aufkocht (Schneerute verwenden), einige Blatt Gelatine beimengt und die dickbreiige Masse unter die Creme zieht. Gelatine nach Gebrauchsanweisung verwenden.
- gekochte Blitzmayonnaise zubereitet.
- auf rohe Eidotter verzichtet, z. B. bei Cremen für Torten, Tiramisu usw.

- nach eigenem Ermessen das im Großhandel pasteurisierte Trockeneiweiß verwendet.

Salmonellen

Alle Lebensmittel, die nicht erhitzt werden, können Salmonellen enthalten. Risikofaktoren in der Küche sind derzeit in erster Linie Geflügel und Eier, Fleisch, Fisch und Meeresfrüchte. Es ist zwar nicht jedes Geflügel und auch nicht jedes Ei mit Salmonellen belastet, aber Salmonellen haben keine Chance, wenn die Lebensmittel ausreichend erhitzt werden. Sie haben ebenso keine Chance, wenn belastete Lebensmittel sorgfältig von anderen Speisen getrennt werden.

Tipps beim Einkauf

- Kaufen Sie Geflügel nur in Geschäften, wo es strikt getrennt von anderen Waren angeboten und mit eigenen Arbeitsgeräten zerlegt wird.
- Kaufen Sie zuerst Wurst und als Letztes das Huhn.
- Kaufen Sie nur sauberes, bratfertiges Geflügel.
- Geflügel muss flüssigkeitsdicht verpackt sein.
- Kaufen Sie nur unversehrte Eier und achten Sie auf das Ablaufdatum.

Tipps bei der Lagerung

- Bei Kühlschranktemperatur vermehren sich Salmonellen kaum.
- Tiefkühlen versetzt Salmonellen in einen Tiefschlaf.
- Auch im Kühlschrank gilt strikte Trennung von anderen Waren.
- Beim Auftauen auf die Auftauflüssigkeit achten – sie sollte nicht auf andere Lebensmittel tropfen.

Tipps bei der Zubereitung

- Geflügel und Fleisch immer gut durchbraten – 75 °C Kerntemperatur.
- Panierreste nicht weiterverwenden.
- Verzichten Sie auf Speisen mit Eiern mit kurzer Kochzeit und geringer Temperatur.
- Rohe Eier dürfen nur für Speisen verwendet werden, die während des Kochens mehrmals aufwallen.
- Spiegeleier müssen auf beiden Seiten gebraten werden.

Sauberkeit in der Küche

- Während des Hantierens mit Geflügel, Fisch und Eiern niemals bereits fertig zubereitete Speisen anfassen, die nicht mehr gekocht werden.
- Alle Geräte, Schneidbretter, Maschinen sowie Geschirr, die für die Zubereitung von Geflügel verwendet werden, müssen sofort gründlich gereinigt werden.
- Verwenden Sie keine Holz-, sondern Kunststoffschneidbretter.
- Eischalen nicht herumliegen lassen.
- Um eine Übertragung zu vermeiden, ist auf peinliche Sauberkeit zu achten.

Fettreiche Lebensmittel

Fette und Öle

Fett ist ein wesentlicher Bestandteil aller Lebewesen. Auch der Mensch braucht das Fett zur Bildung seiner Körpersubstanz, als Wärmeschutz, als Energiespender und in der Küche bei der Zubereitung der Speisen. Für die menschliche Ernährung stehen in erster Linie die natürlichen Fette aus dem Tier- und Pflanzenreich zur Verfügung, aber auch die Fette der Lebensmittelindustrie findet man in der modernen Küche.

Die Verwendbarkeit der Fette ist abhängig von ihren Eigenschaften (flüssig, weich, hart), ihrem Geschmack, ihrer Haltbarkeit, ihrer Verdaulichkeit usw. Die flüssigen und weichen

Fette, welche schon bei Körpertemperatur schmelzen (Öle, Butter, Margarine), sind leichter verdaulich als jene Fette, die beim Schlachten der Tiere gewonnen werden (Schweineschmalz, Rindertalg).

Butter nimmt eine Sonderstellung ein. Sie ist das einzige tierische Fett, das vom lebenden Tier stammt und ohne Erhitzen vollkommen unverändert gewonnen wird.

Butter ist kein reines Fett, sondern enthält auch Wasser, Salze, Milchsäure, Vitamine, Duft- und Aromastoffe und erfreut sich daher der größten Wertschätzung. Sie hat als Streichfett eine große gesundheitliche Bedeutung, sie verleiht aber auch den Speisen einen guten und feinen Geschmack. Bei verschiedenen Krankheiten ist Butter bekömmlicher als andere Fette.

Durch Erhitzen der Butter wird das **Butterschmalz** gewonnen, welches wasserfrei ist und einen intensiven Eigengeschmack aufweist. Es wird als Koch- und Backfett verwendet.

Das Fett unserer Schlachttiere (Schweine, Enten, Gänse, Rinder, Schafe) wird durch Ausschmelzen des Fettgewebes gewonnen. Es ist vollkommen wasserfrei und hat meist einen ausgeprägten Geschmack.

Schweineschmalz aus dem Rücken- und Bauchspeck hat einen höheren Schmelzpunkt als Butter, der allerdings von der Fütterung der Tiere abhängig ist. Es wird sowohl als Streichfett als auch für Koch- und Bratzwecke verwendet.

Gänse- und Entenfett sind sehr weich. Es ist nur Streichfett und wird vorteilhaft mit Schweinefett gemischt.

Rindertalg schmilzt erst bei hohen Temperaturen, ist nicht streichfähig und findet heute in der Küche kaum noch Verwendung. Auch in der Margarineerzeugung ist seine Bedeutung gering.

Margarine wird heute in bester Qualität und in Spitzenprodukten angeboten. Zur Margarineerzeugung werden hauptsächlich hochwertige Pflanzenfette und Pflanzenöle verwendet, die mit Wasser, Magermilch und unter Zugabe von Vitaminen, Geschmacksstoffen und sonstigen Bestandteilen verarbeitet werden. Margarine hat eine butterähnliche Beschaffenheit, einen niederen Schmelzpunkt, einen guten Geschmack und Geruch und ist vielseitig verwendbar. Delikatessmargarine kann als Streichfett verwendet werden und hat in der Diätküche große Bedeutung, falls tierische Fette verboten sind oder vermieden werden sollen.

Öle werden aus den Keimlingen, Samen und Früchten ölhaltiger Pflanzen gewonnen (z. B. aus Mais, Sonnenblumen- und Kürbiskernen, aus Raps, Lein, Mohn, Sojabohnen, Erdnüssen, Oliven usw.). Sie sind wasserfreie, reine Fette verschiedener Qualität. Besonders geschätzt als Salat- und Speiseöle sind Maiskeim-, Sonnenblumen-, Kürbiskern-, Oliven- und Rapsöl. In der Regel kommen Öle flüssig als Palmkern- und Kokosöl, aber auch in Platten und in halbweichem Zustand in den Handel. Die Öle tragen entweder den Namen der Pflanzen, aus denen sie gewonnen werden, oder als Mischöle Phantasienamen.

Kaltgepresste Öle (dunklere Farbe) sind besonders wertvoll.

Sie werden – im Gegensatz zu den heiß gepressten Ölen – durch ein besonders schonendes Verfahren gewonnen. Dabei werden die ölhaltigen Samenkörner ohne Wärmezufuhr und unter Vermeidung von hohem Druck mechanisch ausgepresst. Die Temperaturen steigen bei diesem Prozess nicht über 40 °C.

Kaltgepresste Öle haben einen hohen Gehalt an mehrfach ungesättigten Fettsäuren und werden für die Zubereitung von kalten Speisen verwendet. Zum Braten bei hohen Temperaturen sind sie nicht geeignet.

Richtlinien für die Auswahl und die Verwendung der Fette

- Wenig, aber gutes Fett verwenden und auch den Fettgehalt der einzelnen Nahrungsmittel beachten!
- Pflanzliches und tierisches Fett verwenden!
- Als Streichfette gelten Butter, Qualitätsmargarine und Schmalz.
- Für Koch- und Backzwecke (100 °C) können alle Fettarten verwendet werden.
- Als Bratenfett, zum Backen im schwimmenden Fett, zum Rösten und Grillen (180 bis 200 °C) können Schmalz, Plattenfette und Öle gut verwendet werden. Butter und Margarine sind dafür nicht geeignet, da sich Röstprodukte bilden.
- Öle eignen sich auch zur Herstellung von Marinaden, Mayonnaisen und als Zugabe bei der Germteigbereitung (der Teig wird geschmeidiger).
- Überhitztes und ranziges Fett ist gesundheitsschädlich!

Aufbewahrung und Haltbarkeit der Fette

Alle Fette sind leicht verderblich. Sie werden durch Luft und Licht ranzig und talgig und nehmen fremde Gerüche an. Die Dauer der Haltbarkeit beträgt bei kühler und dunkler Lagerung:

Butter oder Margarine im Kühlschrank	bis zu 2 Monaten
Butter oder Margarine im Gefriergerät	bis zu 6 Monaten
Schmalz	3 bis 6 Monate
Speiseöle verschlossen, in dunklen Flaschen und Dosen	bis zu 12 Monaten
Speiseöle verschlossen, in durchsichtigen Flaschen	bis zu 6 Monaten

Vitamin- und mineralstoffreiche Lebensmittel

Gemüse und Kartoffeln

Gemüse, besonders Grüngemüse, soll so oft wie möglich im Speiseplan aufscheinen und auch der einfachste Speisezettel lässt sich damit abwechslungsreich gestalten. Gemüse ist ein unentbehrlicher Lieferant für Vitamine, Mineral- und Ballaststoffe. Im Winter ist vor allem Sauerkraut eine preisgünstige Vitaminquelle. Das Gemüseangebot des Marktes und auch des Hausgartens sollte mehr berücksichtigt werden.

Hinweise zur schonenden Zubereitung von Gemüse und Kartoffeln

Die Vitamine als wichtige Bestandteile unserer Nahrung sind hochwirksame Schutzstoffe für unsere Gesundheit. Deshalb ist die Kenntnis der richtigen Behandlung von Gemüse und Kartoffeln wichtig.

Durch Zerkleinern, Schälen, Reiben oder Welkenlassen der Gemüseblätter kommt es zu erheblichen Einbußen an Vitaminen. Vitaminverluste vermeidet man durch rasches Waschen des Gemüses, nie darf es lange im Wasser liegen. Je zarter die Blätter, desto größer sind die Verluste. Hat man Gemüse im eigenen Garten, soll man dieses immer erst knapp vor der Verwendung ernten.

Gemüse nie in viel Wasser kochen, sondern zugedeckt kurz dämpfen und wenig umrühren oder im Dampfgarer zubereiten. Kurz vor dem Anrichten zubereiten, nicht lange „lauwarm“ stehen lassen! Gemüsewasser nach Möglichkeit verwenden!

Von großer Bedeutung ist auch die Kenntnis der richtigen Lagerung von Wintergemüse und Kartoffeln. Die Lagertemperatur sollte niedrig (+3 bis +5 °C) sein, da bei höherer Temperatur die Lagerverluste größer werden. Bei starker

Lichteinwirkung und bei Verletzungen sind die Nährstoffverluste größer. Unvermeidlich ist ein nach langer Lagerung auftretender Verlust an Vitamin C durch die Aufnahme von Sauerstoff.

Werden Kartoffeln richtig gelagert und zubereitet, bilden sie auch in der frischkostarmen Jahreszeit eine preiswerte Quelle für das lebenswichtige Vitamin C.

Beim Kochen von Kartoffeln in der Schale treten viel geringere Verluste an Vitamin C auf als bei geschälten Kartoffeln. Die größten Einbußen an Vitamin C entstehen bei längerem Aufbewahren gekochter Kartoffeln, besonders in stark zerkleinertem Zustand oder beim Nachrösten. Verhältnismäßig gering sind die Verluste beim kurzen Dämpfen (Druckkochtopf oder Dampfgarer).

Bei der Zubereitung von Kartoffeln ist Folgendes zu beachten:

- Wenn möglich sollen Kartoffeln in der Schale gedämpft oder leicht überbacken oder im Rohr gebraten werden.
- Wenn geschält werden muss, dann möglichst dünn, um jede Art von Verlust zu vermeiden; wertvolle Wirkstoffe liegen knapp unter der Schale (insbesondere Mineralstoffe).
- Nach dem Schälen sollte sogleich die Zubereitung erfolgen, damit kein unnötiger Nährstoffverlust entsteht.
- Geschälte Kartoffeln sollen niemals längere Zeit im Wasser liegen bleiben, da wertvolle Wirkstoffe ausgelaugt werden.
- Nach dem Zubereiten sollen Kartoffeln bald gegessen werden, da durch längeres Warmhalten große Verluste an Vitamin C eintreten können.
- Gekochte Kartoffeln nicht in den Kühlschrank geben und nicht wieder aufwärmen (schwer verdaulich!); möglichst zu Teigen oder anderen Gerichten verarbeiten.

Gewürze und Kräuter – gut würzen will gelernt sein

Die Würzstoffe sind Beigaben, die unsere Nahrung wohlschmeckend und appetitanregend machen. Sie regen den Geruchs- und Geschmackssinn an und wirken fördernd auf die Verdauungsvorgänge. Niemals aber zu viel würzen, der besondere Geschmack der Speise soll nur unterstützt werden. Die meisten Würzen haben wenig oder keinen Nährwert, sondern nur Geschmackswert. Eine Ausnahme bilden die Küchenkräuter, die im frischen Zustand Vitamine enthalten. Beim Würzen soll diesen natürlichen Kräutern gegenüber den modernen Gewürzmischungen der Vorzug gegeben werden.

Salz ist das einzige Würzmittel aus dem Bereich der Minerale. Als wesentlicher Bestandteil des Blutes ist es für die Gesunderhaltung des Körpers von entscheidender Wichtigkeit. Die tägliche Salzaufnahme ist lebensnotwendig. Eine Empfehlung zur Salzreduktion wird aktuell lediglich bei salzsensitiven Hypertonie-Patienten angeraten. In der Vorratswirtschaft ist Salz ein unverzichtbares Konservierungsmittel.

Im Handel werden jodiertes Speisesalz, mit Mineralien, z.B. Fluor angereicherte Spezialsalze, diverse Gewürzsalze und auch Meersalze angeboten. Salz ohne Jodzusatz wird nur auf ausdrücklichen Wunsch angeboten.

Um die Speisen schmackhaft zuzubereiten, bieten sich die vielen nachstehend angeführten Würzstoffe an, die, mit Sorgfalt und Liebe verwendet, eine reichliche Geschmacksauswahl darstellen.

Würzkräuter

erfreuen sich zu Recht großer Beliebtheit, sie können frisch geerntet, eingefroren oder getrocknet werden. Eingefrorene Kräuter sind geschmackvoller als getrock-

nete, sie behalten außerdem einen Teil ihrer Vitamine.

Basilikum eignet sich durch sein kräftiges Aroma für Fleisch-, Fisch- und Nudelgerichte, aber auch für Gemüse und Soßen.

Bohnenkraut findet man in jedem Kräutergarten. Es wird für kräftig zu würzende Speisen wie z. B. Beuschel, Eintopf oder Fisolengemüse verwendet.

Hinweis: Bohnenkraut soll nicht mit Thymian verwechselt werden.

Dille lässt sich leicht im Garten (Balkon, Topf) ziehen. Die zarten Blätter werden, fein gehackt, für Fisch-, Kartoffel- und Fisolengerichte verwendet. Die Blütenstände sind ein wichtiges Gewürz zum Einlegen von Gurken. Eingefrorene Dille behält ihren Geschmack.

Hinweis: Beigefügte Dille nicht mehr aufkochen.

Estragon ist bekannt als Würze für Essig und Kren. In der Küche eignet er sich für Suppen, Fleisch-, Fisch- und Geflügelgerichte; in Kräutermischungen darf er nicht fehlen.

Kerbel soll möglichst frisch für Suppen, Kartoffelspeisen, Salate und Kräuterbutter verwendet werden. Kerbel ist auch zum Zieren von Fleisch- und Fischgerichten geeignet.

Kresse wird gerne selbst gezogen und gilt im Frühjahr und Winter als Vitaminspender. Sie ist besonders geeignet für Salate.

Liebstöckel oder Maggikraut ist ein unverwüstliches Würzkraut mit sehr schmackhaften Blättern, die nur sparsam verwendet werden dürfen.

Besonders zum Einputzen von Fleisch- und Knochensuppen (Maggigeschmack), aber auch für Kartoffelspeisen und Eintopf geeignet.

Majoran, frisch verwendet, ist besonders würzig. Im Handel steht er getrocknet zur Verfügung. Er gehört in Kartoffelspeisen, geröstete Innereien, Faschiertes und vor allem zum Würzen von Blut- und Leberwurst.

Hinweis: Zwischen den Handflächen fein zerrieben, wird der Geschmack viel intensiver.

Melisse hat einen zarten Zitronengeschmack und kann gemeinsam mit Petersilie zu Faschiertem und Fleischgerichten verwendet werden. Melisse allein eignet sich für Soßen und Aufstriche und zur Sirupbereitung.

Oregano, wilder Majoran ist das Gewürz für italienische Speisen wie Pizza, Nudelgerichte usw.

Petersilie ist sehr beliebt und von hohem Wert, da sie reich an Vitamin C ist und Mineralstoffe enthält. Krauspetersilie eignet sich zum Verzieren. Gehackte Petersilie soll erst den fertigen Suppen, dem Gemüse, den Soßen oder Kartoffelspeisen knapp vor dem Anrichten beigefügt werden.

Hinweis: Petersilie nicht mehr aufkochen.

Pfefferminze hat einen sehr ausgeprägten Geruch und Geschmack, der besonders für Lammgerichte und Soßen geeignet ist.

Rosmarin ist ganz besonders aromatisch und das Gewürz für südländische Speisen, Wild, Fisch, Geflügel, Faschiertes und Kräutermischungen.

Salbei ist speziell für Kalb-, Lammfleisch, Leber und Soßen geeignet.

Trockengewürze

stehen in reicher Auswahl zur Verfügung. Es sind entweder ganze oder gemahlene, getrocknete Pflanzenteile. Sie sollen in gut verschlossenen, beschrifteten Vorratsdosen oder -gläsern aufbewahrt werden und sind vor Lichteinfall zu schützen.

Anis hat einen süßlichen, würzhaften Geschmack. Er wird für Brot, Kuchen und Bäckereien, aber auch zur Herstellung von Likör verwendet.

Fenchel gehört auch in jede Gewürzmischung für Brot und Kleingebäck. Als Fencheltee wirkt er lindernd bei Verdauungsstörungen, besonders bei Säuglingen.

Ingwer kommt entweder als Wurzel oder fein gemahlen in den Handel. Der scharfe, sehr würzige Ingwer wird für Fleischspeisen, Backwerk und Kompotte verwendet.

Kardamom ist ein sehr kräftiges Gewürz, hauptsächlich für Lebkuchen, Weihnachtsgebäck und Kuchen.

Koriander sind kleine, kugelige Früchte. Sie eignen sich ganz oder gemahlen als Brotgewürz, für die Lebkuchenbäckerei und sind auch in Wurstgewürzmischungen zu finden. Frischer Koriander eignet sich hervorragend für Spargelgerichte.

Kümmel ist ein sehr beliebtes, unentbehrliches Gewürz für alle Kartoffel-, Kraut- und Fleischspeisen. Er macht die Speisen bekömmlicher.

Lorbeerblätter haben einen kräftigen, leicht bitteren Geschmack. Beizen, Wild- und Fischgerichte sowie eingelegte Gurken werden damit gewürzt.

Muskatnuss, fein aufgerieben, eignet sich für Einmachgerichte, Kartoffelspeisen, Semmelknödel und einige Gemüse.

Muskatblüte wird für Kuchen und würziges Kleingebäck fein gehackt zum Einputzen von klarer Suppe ganz verwendet.

Hinweis: Wegen des besonders intensiven Geschmacks sparsam verwenden.

Nelken sind getrocknete Blütenknospen und werden im Ganzen für Kompotte und Glühwein, gemahlen für Lebkuchen, Kleingebäck und Kuchen verwendet.

Paprika kann mildwürzig, aber auch scharf sein. Er würzt Fleisch-, Fisch- und Kartoffelgulasch sowie Gurken- und Kürbisgemüse. Auch für Aufstriche ist er unentbehrlich.

Hinweis: Paprika wird in heißem Fett bitter, daher nur aufschäumen lassen und sofort mit einem Spritzer Essig oder einer Aufgussflüssigkeit löschen.

Pfefferkörner gehören zum Würzen von Fleisch- und Knochensuppen, in die Beize und zu Wildgerichten. Frisch gemahlener Pfeffer ist viel aromatischer und würzt Fleischgerichte, Soßen, Salate, Eiergerichte usw.

Piment oder Neugewürzkörner im Ganzen werden meist gemeinsam mit Pfefferkörnern verwendet. Gemahlen gehört das Neugewürz in die Wurstgewürzmischung und gemeinsam mit Zimt zu Weihnachtsbäckereien.

Safran ist ein sehr teures Gewürz, das nur in der speziellen Küche als Färbe- und Gewürzmittel, z. B. für Reisgerichte, Verwendung findet.

Senfkörner sind die Hauptwürze zum Einlegen von Gurken, Essiggemüse und auch die Grundlage zur Herstellung von Speisesenf.

Vanilleschoten werden wie Zimtrinden bei der Zubereitung von Kompotten, Cremen und Süßspeisen verwendet.

Hinweis: Vanilleschoten in einen mit Staubzucker gefüllten Behälter (Glas) einlegen, gut verschließen. Nach drei Wochen ist der Zucker aromatisiert und ergibt echten Vanillezucker.

Wacholderbeeren gehören in Beizen, zu Wild, Fisch und Sauerkraut.

Zimtstangen verwendet man für Kompotte, Obstspeisen und Glühwein, gemahlen verfeinert das Zimtpulver Apfel-, Nuss- und Mohnfülle, Lebkuchen und würziges Kleingebäck.

Gewürzmischungen stehen im Handel zur Verfügung, z. B. Grill-, Pasteten- und Pizzagewürz. Sie bedeuten eine Arbeitserleichterung gegenüber selbst hergestellten Mischungen.

Sonstige Würzmittel

Zu der Gruppe der sonstigen Würzmittel zählen alle im Handel erhältlichen, sehr intensiven Geschmacksgeber. Sie dürfen oft nur in geringsten Mengen den Speisen beigefügt werden.

Aromen sind künstlich hergestellte Geschmacksstoffe wie Vanillin-, Zitronen-, Rum- und Bittermandelaroma.

Hinweis: Nur tropfenweise verwenden!

Cumberlandsoße, Sojasoße und Worcestersoße sind Geschmacksgeber für spezielle, bekannte Gerichte.

Essig steht als Weinessig, Obstessig, Kräuteressig (Hesperidenessig) oder Balsamessig zur Auswahl.

Gemüseextrakte enthalten einen Gemüseauszug, pflanzliches Öl, Bierhefeextrakt, Gewürze und Petersilie.

Glutamat ist als Streuwürze im Handel. Es hebt den Eigengeschmack der Speisen.

Ketchup besteht aus kräftig gewürztem Tomatenmark, wird hauptsächlich als Beilage zu Grillgerichten, aber auch zum Würzen verwendet.

Rindfleischextrakte werden im Handel als Flüssiggewürze, Pasten, Würfel oder gekörnt angeboten. Sie enthalten natürliche Fleischextrakte, Salz, Stärke, tierische und pflanzliche Fette.

Sardellenpaste eignet sich für Aufstriche, Wildsoßen und Beuschel. Sie ist im Geschmack schärfer als kleine Sardellenringe.

Senf wird hauptsächlich als mittelscharfer „Estragonsenf" oder als süßlicher „Kremser Senf" angeboten.

Tomatenpaste ist konzentriertes Tomatenmark und wird hauptsächlich zum Nachwürzen verwendet.

Natürliche Geschmacksgeber

sind Würzhilfen, die es ermöglichen, Speisen mild zu salzen, und durch ihre Beigabe einen guten Gesamtgeschmack ergeben.

Kapern sind in Essig eingelegte Blütenknospen und werden für Soßen, Wildgerichte, Beuschel u. Ä. verwendet.

Kren, frisch gerissen, eignet sich für Soßen, Vorspeisen und als Beigabe zu kaltem Fleisch und Würsteln. Im Handel wird er in einer Essig-Salz-Marinade angeboten.

Porree gehört in die Fleischsuppe eingeputzt und eignet sich zu pikanten Salaten, zu Porreesuppe und -gemüse.

Hinweis: Mit Butter und Brösel abgeschmalzener Porree ist sehr schmackhaft.

Reibkäse (Parmesan) ist eine Geschmackszutat zu Nudelgerichten der italienischen Küche, aber auch für Suppen und gratinierte Speisen geeignet.

Sardellenringerln haben einen aromatisch scharfen Geschmack und eignen sich, fein geschabt, zum Würzen von Fleischspeisen, Aufstrichen bzw. gefüllten Eiern und zum Garnieren.

Schalotten sind kleine Zwiebeln mit feinem Geschmack. Mit der Schale in die klare Suppe eingeputzt, geben sie Farbe und Geschmack.

Schnittlauch nimmt unter den Gewürzkräutern eine besondere Stellung ein. Er ist reich an Vitamin C und nahrungseigenem Eisen. Dieses gesundheitlich wertvolle Würzmittel wird zu Salaten, Suppen, Soßen, auf Butter und Topfen sowie zu verschiedenen Eierspeisen verwendet.

Weine, Cognac, Rum, aber auch **Liköre** werden in der Küche laut Rezept oder nach Phantasie verwendet.

Zitronen-, aber auch **Orangenschalen** sind in der Küche unentbehrlich. Unbehandelte

Zitronen heiß waschen, trocknen, die gelbe Schale fein abreiben oder dünn schälen. Übrig gebliebene Schalen (geschält oder gerieben) mit feinem Kristallzucker vermengen, in verschließbare Gläser füllen.

Hinweis: Das Mitschälen der weißen Schale vermeiden, sie ist bitter.

Zucker kann in kleinen Mengen bei verschiedenen Speisen als Würzmittel betrachtet werden (Salatmarinaden, Kochsalat, gedünstetes Kraut, ...).

Zwiebel, in Ringe oder würfelig geschnitten, soll möglichst roh verwendet werden. Man kann sie glasig anlaufen oder goldgelb rösten lassen.

Hinweis: Eine kleine Zuckerbeigabe beim Rösten fördert die Farbbildung und verhindert das Bitterwerden (z. B. Zwiebelringerln für Kartoffelpüree).

Obst

Auch Obst ist wegen seines hohen Vitamin-, Mineralstoff- und Ballaststoffgehalts von großer Bedeutung für eine ausgewogene Ernährung. Es ist besonders geschmackstoffreich und appetitanregend.

Im Kernobst, Steinobst und Beerenobst liegen die Kohlenhydrate in Form von Stärke, Traubenzucker, Fruchtzucker und Ballaststoffen vor. Obst ist ein rascher Energielieferant, da Traubenzucker sofort vom Blut aufgenommen werden kann. Der hohe Wassergehalt wirkt erfrischend und durstlöschend. Der Energiegehalt schwankt mit dem Kohlenhydratgehalt.

Schalenobst liefert vor allem Fett mit reichlich ungesättigten Fettsäuren. Der Energiegehalt von Schalenobst ist dadurch relativ hoch. Obst ist ein wichtiger Vitamin-, Mineralstoff- und Ballaststofflieferant. Beeren-, Stein- und Kernobst liefern reichlich Vitamin C, Vitamine des B-Komplexes und Karotin. Der Mineralstoffgehalt ist je nach Obstart unterschiedlich. Schalenobst liefert besonders Calcium, Magnesium und Eisen. Der Gehalt an Vitamin E und Folsäure ist hervorragend. Als bioaktive Stoffe werden Pflanzenfarbstoffe, Gerbstoffe, Fruchtsäure und Aromastoffe bezeichnet. Sie liefern keine Energie, sind aber unentbehrliche Nahrungsmittelbestandteile. Es wurde bewiesen, dass es eine enge Beziehung zwischen den bioaktiven Stoffen im Obst und dem menschlichen Stoffwechsel gibt.

Obst enthält eine Reihe von Stoffen, die auf die Verdauung positiv einwirken. Auch die Fruchtsäure wirkt erfrischend, appetit- und kreislaufanregend. Die Duft- und Aromastoffe fördern die Sekretion der Verdauungsdrüsen und beeinflussen über das Nervensystem den Stoffwechsel.

Beim Einkauf sollte auf Qualität und Reife besonders geachtet werden.

Grundsätze der Vollwerternährung

Eine sehr propagierte Form der Ernährung ist heute die Vollwertkost, durch welche man versucht, verschiedene Krankheiten zu verhindern oder zu lindern.

Ein möglichst großer Anteil der Lebensmittel soll naturbelassen, nicht bearbeitet und nicht konserviert sein. Ist aber eine Konservierung erforderlich, so sind Tiefgefrieren und Dörren die geeignetste Form der Haltbarmachung.

Die Verträglichkeit der Nahrungsmittel ist bei jeder Person zu berücksichtigen. Fünf kleine Mahlzeiten sind zu empfehlen.

Jede Mahlzeit soll vitamin- und mineralstoffreich sein, darum stellt die Frischkost einen wichtigen Anteil der Gesamtkost dar. Rohe Gerichte sollten immer zu Beginn einer warmen Mahlzeit gereicht werden.

Um einen größeren Sättigungswert der Nahrung zu erreichen, sollen Gebäcke, Brote, Teige und Teigwaren aus Vollmehl zubereitet werden. Der Sättigungswert und der Anteil an lebenswichtigen Stoffen sind höher. Durch gutes Kauen und Einspeicheln wird die Verträglichkeit der Speisen sehr gefördert.

Zucker, Fett und Salz sind einzuschränken. Der Wunsch nach Süßigkeiten kann durch süßes Obst und Trockenfrüchte gestillt werden. Als Fette sind Butter und hochwertige Öle zu bevorzugen, jede Überhitzung ist zu vermeiden. Die Verwendung von Küchenkräutern hilft, den Gebrauch von Salz und scharfen Gewürzen zu vermindern.

Nach Möglichkeit ist das Säure-Basen-Gleichgewicht zu beachten. Basenbildner sind vor allem Obst, Gemüse, Kartoffeln, Milch, Sauerrahm und pflanzliche Öle. Säurebildner sind Fleisch, Fisch, Käse, Süßspeisen aus weißem Mehl, Zucker, Schokolade, Kaffee, Kakao und Tee.

Getreideprodukte, Milchprodukte, Kartoffeln, Gemüse und Obst sind die Grundlagen der Ernährung; Fleisch und Fleischwaren, Fisch, Käse und Eier sind Ergänzungsnahrungsmittel.

In der Vollwertkost wird durch Austausch von behandelten durch naturbelassene Lebensmittel der gesundheitliche Wert erhöht.

Bei Kochversuchen ist es ratsam, schon ausprobierte Rezepte zu verwenden, da die Eigenschaften der Vollwertprodukte zu berücksichtigen sind. Zum Beispiel ist das Vollmehl kräftiger und schwerer, ebenso der Rohzucker, dafür muss man beim Honig und beim Öl die weiche Konsistenz beachten.

Foto: Fotolia.com / fotofund

II

Ich und meine Küche

Grundausstattung

Die folgenden Arbeitsgeräte gehören zur Grundausstattung jeder Küche. Eine sinnvoll und praktisch zusammengestellte Basis an Küchenhilfen, Geräten und Geschirren erleichtert nicht nur die Arbeit in der Küche, sondern sorgt vor allem für eine effiziente Vorgangsweise beim Kochen.

Maschinelle Küchenhilfen

- Küchenmaschine, elektrisch
- Handmixer, elektr.
- Mixstab, elektr.
- Entsafter, elektr.
- Zitruspresse, elektr.
- Kaffeemühle, elektr.
- Kaffee-Tee-Automat, elektr.
- Toaster, elektr.
- Grillgerät, elektr.
- Eierkocher, elektr.
- Fleischmaschine mit versch. Aufsätzen
- Universalmaschine zum Reiben und Hacheln
- Kirschenentkerner

Geschirr zum Kochen und Braten

- Dampfdrucktopf
- Druckbratpfanne

gemeinsamer Deckel

- doppelte Bratpfanne
- Serie von Töpfen
- Serie von Reinen
- Serie von kochfestem Glasgeschirr
- Topf zum Dünsten
- Fischtopf
- Römertopf
- Auflaufformen
- Omelettepfannen

Kleingeräte für das Kochen

- Schöpfer verschiedener Größen
- Knödelschöpfer
- Schmarrenschaufel
- Küchenfreunde
- Kochlöffel
- Sprudler
- Fleischgabel
- Spicknadel
- Dressiernadel
- Rouladennadeln
- Butterformer
- Kugelausstecher
- Apfelausstecher
- Eierteiler
- Knoblauchpresse
- Wendezange
- Trichter
- „Flotte Lotte"
- Metallsiebe (Tee, Suppe, Nudeln)
- Spätzlesieb
- Universalhobel
- Krauthobel
- Krenreißer
- Reibeisen, grob/fein
- Schneidbretter
- Schneidbrett mit Saftrinne

Schneidgeräte

- Küchenmesser
- Gemüseputzmesser
- Wellenschliffmesser
- Sägemesser
- Wiegemesser
- Käsemesser
- Kartoffelschäler
- Zwiebelschneider
- Geflügelschere
- Küchenschere

Geschirr zum Teigrühren und Backen

- Rührschüsselsatz
- Weitlinge
- Tortenform
- Kuchenform
- Rehrückenform

- Gugelhupfform
- Reifform
- Puddingform

Kleingeräte zum Mehlspeisbacken

- Nudelwalker
- Rüttelsieb
- Schneebesen
- Palette
- Teigkarten
- Teigschaber
- Fettpinsel
- Teigrädchen
- Teiglineal
- Keksausstecher-Garnitur
- Schaumrolleneisen
- Glasierrost (Kuchengitter)
- Dressiersack oder Spritzsack
- Handzitronenpresse
- Strudeltuch

Sonstiges

- Küchenwaage
- Pfeffermühle
- Dosenöffner
- Deckelöffner
- Korkenzieher
- Bierflaschenöffner
- Schleifstein
- Messbecher
- Backblechpapier
- Bratfolie
- Alufolie
- Frischhaltefolie

Technische Hilfsmittel und deren Bedienung

Die Koch- und Essgewohnheiten der Menschen haben sich in den letzten Jahrzehnten gewandelt. Momentan geht der Trend zu einer leichten und gesunden Küche mit viel Gemüse und wenig Fett, die jedoch gleichzeitig sehr geschmackvoll sein soll. Andererseits finden sehr viele Fertiggerichte und Tiefkühlprodukte Verwendung. Für die geschmackvolle Zubereitung kommen auch deshalb sehr unterschiedliche Geräte zum Einsatz. Viele Arbeitsgeräte stehen heute einer Hausfrau zur Verfügung.

Eines der wichtigsten Geräte in einer Küche sind die elektrischen Back- und Bratgeräte. Die thermostatische Regelung (Ober- und Unterhitze) gewährleistet eine gleichmäßige Hitzeverteilung. Cerankochplatten eignen sich für unterschiedliche Kochgeschirrgrößen und sind leicht zu reinigen. Im Gegensatz zum Brat- und Backofen, der mit Ober- und Unterhitze arbeitet, wird beim Heißluftgerät die erhitzte Luft mit einem Ventilator von allen Seiten zugeführt. Dies erlaubt ein Garen verschiedenster Produkte auf mehreren Ebenen mit Einschubblechen.

Induktionsherde arbeiten mit Magnetwellen, nicht mit Hitze. Das Prinzip des Induktionsherdes ist die direkte Beheizung des Topfbodens mit starken Magnetfeldern und gewährleistet ein genaues Garen.

In der schnellen Küche ermöglichen Mikrowellengeräte ein rasches Erhitzen von Speisen und Getränken. Mikrowellengeräte haben einen Einstellrost oder ein Einstellblech. Alle Gefäße sollen in die Mitte gestellt werden und das Essen soll nicht zu lange gegart werden. Durch das Garen und Aufwärmen im Essgeschirr ist die Verwendung der Mikrowelle sehr zeit- und arbeitssparend. Zu beachten ist aber die Verwendung von spülmaschinenfestem Glas-, Porzellan-, Steingut- und Kunststoffgeschirr.

Dampfgaren besitzt eine bereits jahrtausendealte Tradition, die Wurzeln sind in China zu finden, wo das Dämpfen von Speisen schon immer die Hauptzubereitungsart war und auch heute noch ist. Wahrscheinlich haben die Menschen sogar noch vor der Entdeckung des Feuers ihre Nahrung über heißen Quellen gegart. Das Zubereiten von Speisen mit Dampf gilt weltweit als die gesündeste Garmethode. Im Gegensatz zum herkömmlichen Kochen, bei dem das Gargut im Wasser zubereitet wird, liegen beim Dampfgaren die Speisen über kochendem Wasser auf Dampfeinsätzen mit perforierten Böden. Durch die Löcher strömt heißer Wasserdampf direkt auf und zwischen das Gargut und umschließt es von allen Seiten. Daher können beim Dampfgaren auch mehrere Einsätze übereinander gestapelt werden. Da die Speisen nicht im Wasser liegen, laugen sie auch nicht aus und lebenswichtige Vitamine und Mineralstoffe bleiben fast vollständig erhalten.

Richtlinien für das Backen und Braten mit dem Elektrobackrohr

Backgut	Vorheizen	Schiene	Einstellung in °C	Backzeit in Min.	Stromlos in Min.
Mürbteig (Knetteig)					
Kleingebäck	ja	Mitte	200–210	5–8	–
Nussmürbteig	ja	Mitte	190–210	10	–
Linzer Schnitten	ja	Mitte	200–210	15–20	–
Obstkuchen	ja	Mitte	210–230	30–35	5
Käsestangerln	ja	Mitte	200–210	8–10	5
Rührteig (Backpulverteig)					
Torte	–	unten	175–190	45–60	10
Gugelhupf	–	unten	175–180	60–70	10
Schnitten – Blechkuchen	–	Mitte	200–210	15–20	–
Schnitten mit Obstbelag	–	Mitte	200–210	20–30	–
Sandmasse (Gleichschwerkuchen)					
Bischofsbrot	–	unten	175–190	45–60	10
Schnitten – Blechkuchen	–	Mitte	200–210	15–20	–
Schnitten mit Obstbelag	–	Mitte	210–230	30–35	5
Sacherschnitten	–	Mitte	200–210	10–15	–
Torte	–	unten	175–190	60–90	10
Biskuit					
Torte	–	unten	175–190	45–60	10
Nusstorte	–	unten	175–190	40–45	10
Rolle	ja	Mitte	200–230	10–15	–
Anisbögen	ja	Mitte	210–230	6–8	–

Backgut	Vorheizen	Schiene	Einstellung in °C	Backzeit in Min.	Stromlos in Min.
Blätterteig (Butterteig)					
Butterfertigteig	ja	Mitte	230–250	10–15	–
Topfenblätterteig	ja	Mitte	200–230	10–15	–
Lebkuchen					
Schnitten	ja	Mitte	210–230	10–15	–
Geformter Lebkuchen	ja	Mitte	210–230	5–8	–
Brandteig	ja	Mitte	230–250	15–20	5
Germteig					
bei leicht geöffnetem Rohr gehen lassen	–	unten	60	60	–
Buchteln	–	Mitte	190–200	30–40	5
Striezel	–	unten	175–190	30–40	5
Gugelhupf (kleine Masse)	–	unten	175–190	50–60	10
Gugelhupf (große Masse)	–	unten	180–190	60–70	10
Germmürbteig (Kipferln, Strudel)	–	Mitte	190–210	25–30	10
Eiweißbäckerei					
Baisers	ja	Mitte	100–125	nach Bedarf	–
Nussmasse	ja	Mitte	120–140	nach Bedarf	–
Kokosmasse	ja	Mitte	140–160	nach Bedarf	–
Ausgezogener Strudel					
Topfen-, Apfel-, Fleischstrudel	ja	Mitte	210–230	20–30	5
Aufläufe					
zum Durchbacken	–	Mitte	230–250	30–45	–
zum Überbacken	ja	Mitte	250–275		
Überkrusten (Gratinieren)	ja	Mitte	275 bis Endstellung	nach Bedarf	–
Warmhalten von Speisen	ja	unten	60–80	nach Bedarf	–
Sterilisieren	–	unten	175	nach Bedarf	–
Fische	ja	unten	200–250	nach Bedarf	–
Braten					
Faschierter Braten	–	Mitte	170–190	60	10
Kalbsbraten	–	Mitte	190–210	80	10
Schweinsbraten	–	Mitte	210–230	90	10
Rindsbraten	–	Mitte	190–210	60	10
Huhn	ja	unten	190–210	60	10
Roastbeef	ja	Mitte	210–230	20–30	5

Richtlinien für die Verwendung eines Elektroherdes mit Heißluftbackrohr

Vergleich der Temperaturbereiche. Es entspricht in der Wirkung auf das Gargut:

Temperatur im herkömmlichen Backrohr in °C	Temperatur im Heißluftbackrohr in °C
50	50
80	80
100	90
120	100
140	120
160	140
180	150
200	160
220	170
250	180
300	200

Wenn die Temperatur über Kennzahlen oder Symbole vorzunehmen ist, so hilft diese Tabelle nur bedingt. Außerdem ist zu beachten, dass die Temperaturangaben bei den verschiedenen Herdmarken schwanken können.

Die aufgrund der Versuche empfohlene Temperaturauswahl lautet:

160 °C für das Braten von Fleisch in Stücken von mehr als 500 g. Das vorbereitete Fleisch wird auf den Rost gelegt und in das kalte Backrohr gegeben. Auf die Einschubleiste darunter wird ein Backblech zum Auffangen des Fettes geschoben. Nur mageres Wildfleisch und Hackbraten kommen direkt auf das Blech. Das Wenden des Bratens entfällt. Pro Zentimeter Fleischhöhe rechnet man 12 bis 15 Minuten Bratzeit.

170 bis 180 °C für kleine Stücke und Geflügel bis zu 2 kg

170 °C können beim Backen als Mittelhitze gelten. Die Backzeit liegt bei Beschickung in einer Ebene bei flachen Kuchen und Kleingebäck um 5 Minuten und bei mittelhohen Kuchen und Gugelhupf bis zu 10 Minuten unter den üblichen Zeiten. Wird in mehreren Ebenen gegart, so entspricht die Backdauer der sonst üblichen Zeit, überschreitet sie jedoch manchmal bis zu 15 Minuten.

160 °C rechnet man für höhere Kuchen.

180 °C für Rouladen, Brandteig und Blätterteig

160 bis 175 °C sind für das Sterilisieren in Gläsern mit 750 ml bis 1 kg Inhalt zu empfehlen. Bei diesen Temperaturen beginnt das Aufsteigen der Luftperlen um 20 bis 30 Minuten früher als im herkömmlichen Backrohr.

175 °C wählt man zum Auftauen von Tiefkühlkost.

Der Mikrowellenherd

Die Vorteile der Mikrowellengeräte sind:

- die kurze Erhitzungszeit von fertigen Speisen und Getränken.
- das rasche Auftauen von Tiefkühlwaren und kleinen Portionen von Fertiggerichten für Kinder und Kranke, die auf Vorrat zubereitet und eingefroren wurden.

Bei Neuanschaffung von Elektroherden können auch kombinierte Geräte gekauft werden. In diesen Geräten kann im Backrohr nicht nur auf herkömmliche Weise gedünstet, gebraten und gebacken werden, sondern es können sich auch fertige Speisen und Getränke trink- bzw. essfertig erwärmen lassen.

Zum Erwärmen der Speisen sollten keine Gefäße aus Metall, Metallfolie (Aluminium) oder Metallgitter verwendet werden, da diese die Mikrowellen abschirmen und die Speisen kalt bleiben. Weitaus geeigneter sind hingegen Behälter aus Glas, Keramik, Porzellan oder hitzebeständigen Kunststoffen.

Jede Anschaffung und Verwendung eines Mikrowellengerätes setzt eine Einschulung voraus.

Die Nachteile der Mikrowellengeräte sind:

Es kann passieren, dass ein Teil des Essens schon heiß, ein anderer Teil aber noch kalt ist, das hängt dann mit einer ungleichen Energieverteilung in der Mikrowelle zusammen. Dem helfen Drehteller in der Mikrowelle ab. Die Nahrung in der Mikrowelle wird zuerst von außen erwärmt, deswegen benötigen kleine Portionen weniger Kochzeit als große. Aus diesem Grund sollten größere oder dichtere Stücke wie die erwähnten Kartoffeln eher am Rand der Platte platziert werden und die kleineren und weniger festen Bestandteile, wie etwa Gemüse, eher in der Mitte des Tellers. Außerdem braucht ein einziges Stück auf dem Teller weniger Zeit als viele verschiedene. Das liegt daran, dass sich die insgesamt vorhandene Energie auf alle Stücke verteilen muss.

Bei einigen Mikrowellengerichten bleiben mehr Vitamine erhalten. Das liegt an der höheren Energie einer Mikrowelle und der damit verbundenen kürzeren Zubereitungszeit. Mineralstoffe bleiben unabhängig von der Zubereitung prinzipiell unberührt. Sie können sich beim Kochen jedoch im Wasser lösen oder in Soßen konzentrieren.

Das Kochen mit dem Druckkochtopf

Die Garzeit kann im Druckkochtopf bis zu 70 % reduziert werden, bei Gerichten mit langer Kochzeit sogar bis zu 90 %.

Kochgut	Normale Kochzeit	Kochen mit Druck	Zeitersparnis
Knochensuppe	150 Min.	20 Min.	87 %
Gemüsesuppe	50 Min.	8 Min.	84 %
Sauerkraut	20 Min.	10 Min.	50 %
Bohnen, getr.	45 Min.	5 Min.	89 %
Kartoffeln	25 Min.	6 Min.	76 %
Rinderbraten	120 Min.	35 Min.	71 %
Rindfleisch & Selchfleisch, gek.	120 Min.	35 Min.	71 %
Suppenhuhn, gek.	90 Min.	25 Min.	45 %

Das Kochen mit dem Dampfgarer

Die verkürzten Kochzeiten im Dampfgarer vermindern den Energieverbrauch um ca. 30 bis 40 %.

Kochgut	Energieersparnis
Kartoffeln	20 %
Hülsenfrüchte	44 %
Rote Rüben	65 %

Der Verlust an Vitaminen und Mineralstoffen ist bei richtiger Druckeinstellung durch die verkürzte Kochzeit ebenfalls geringer.

Brat- und Backtabelle für Gasherde

Diese Tabelle soll der Hausfrau Hinweise über Reglerstellungen und Garungszeiten für Gasherde geben, deren Backrohr mit einer automatischen Temperaturregelung ausgestattet ist. Da die Länge der Garungszeiten bekanntlich auch von Menge und Art des Rezeptes abhängt, kann diese Tabelle nur Richtwerte angeben.

Speisen	Reglerstellung	Schiene	Back- oder Bratzeit in Min.	Vorheizzeit in Min.
Kleine Bäckerei				
Kekse	3	oben	10–20	10
Traumbäckerei	2–1/2	oben	10–15	10
Dattelstangen	1	oben	20–30	–
Mürbteigkekse	2	oben	20	10
Biskuitschnitten	4	oben	10–15	10
Zimtkarten	2–1/2	oben	10–15	10
Blätterteige				
Topfenecken	5	oben	15–20	15
Cremeschnitten	6	oben	15–20	15
Schaumrollen	6	oben	15–20	15
Mürbteige				
einfacher Mürbteig	2–1/2	oben	30–40	15
feiner Mürbteig	2–1/2	oben	25–40	15
brauner Mürbteig	3	oben	35–45	15
Linzer Torte	3	Mitte	60	–
Rührteige				
Blitzkuchen	3	Mitte	30–40	15
Kärntner Torte	3	Mitte	40	–
Topfentorte	2–1/2	unten	60	–
Weihnachtstorte	3	Mitte	50–60	–
Haselnusstorte	2–1/2	Mitte	55–60	–
Mandelkuchen	2–1/2	Mitte	35	–
Gleichgewichtskuchen mit Kirschen	2–1/2	Mitte	40–50	15
Gleichgewichtskuchen mit Obstbelag	2–1/2	Mitte	50–60	15
Biskuitteige				
Biskuittorte	3–1/2	Mitte	40	15
Biskuitroulade	4	oben	12–15	15
Nussbäckerei	1	oben	50	–

Speisen	Reglerstellung	Schiene	Back- oder Bratzeit in Min.	Vorheizzeit in Min.
Strudelteige				
Apfelstrudel	3–1/2	oben	30–35	–
Topfenstrudel	3–1/2	oben	30–40	–
Brandteig				
Krapfen	5	oben	20–25	15
Windbäckerei				
Spanischer Wind	1	oben	30–40	–
Kokosbusserln	1	oben	35–45	–
Germteige				
Golatschen	2–1/2	oben	35–40	15
Gugelhupf	3	unten	55–65	15
Striezel	2	Mitte	50–60	–
Auflauf				
Reisauflauf	3–1/2	Mitte	55–60	–
Einlagen				
Schöberln	3	Mitte	35–40	–
Warme Vorspeisen				
Gelegte Kartoffeln	4	Mitte	20	–
Gefüllte Tomaten	5	Mitte	20	–
Gratinierte Gemüse				
Karfiol	4	Mitte	35–45	–
Spinat	4	Mitte	35–45	–
Schwarzwurzeln	4	Mitte	35–45	–
Braten				
Geflügel	4	unten	50	–
Wild (Bratzeit nach Größe)	4	unten	70	–
Fleisch (große Stücke)	6	unten	80–160	–
Fleisch (kleine Stücke)	5	Mitte	30–60	15
Roastbeef	8	Mitte	15–30	–
Fisch, gebraten (je nach Art)	4	Mitte	20–45	–
Fisch, gedünstet	2	Mitte	30–50	–

Hygiene in der Küche

Ein wesentlicher Faktor in der Speisenzubereitung ist, Speisen auch so zu produzieren, dass die Gesundheit der Konsumenten nicht gefährdet wird. Durch richtiges Verhalten in der Küche können wir zu einer hygienischen Speisenherstellung beitragen. Dabei stehen die persönliche Hygiene sowie die Lebensmittel- und Betriebshygiene im Vordergrund.

Hygienebereiche in der Küche		
Persönliche Hygiene	***Lebensmittelhygiene***	***Betriebshygiene***
körperliche Sauberkeit	sorgfältige Auswahl der Produkte und Hilfsmittel	regelmäßige Reinigung und Desinfektion von Küche und Nebenräumen, Maschinen und Geräten
saubere Arbeitskleidung	hygienische Aufbewahrung der Lebensmittel	Schädlingsbekämpfung
Gesundheitsvorsorge	rasche und hygienisch einwandfreie Verarbeitung und Ausgabe der Speisen	Abfallbeseitigung

Hygiene am Arbeitsplatz

Zur persönlichen Hygiene zählt auch das Tragen einer Kopfbedeckung, um die Haare gänzlich abzudecken. Kurze, gepflegte Bärte sowie kurze, saubere, nicht lackierte Fingernägel sind zulässig. Während der Tätigkeiten in der Küche sind Arm- und Fingerschmuck, Armbanduhren und Piercing im Gesicht nicht erlaubt. Das Reinigen und Desinfizieren der Hände vor jedem Arbeitsbeginn und nach jeder Pause, nach jedem Kontakt mit Schmutzigem, nach jedem Kontakt mit Geflügel, Eiern und Fleisch und nach jeder WC-Benützung sind unumgänglich.

Das Tragen einer hellen, kochfesten Arbeitskleidung leistet einen wesentlichen Beitrag zur Sicherheit und Gesundheit.

Wesentliche Bereiche der Lebensmittelhygiene sind Einkauf und Lagerung der Rohware, Vor- und Zubereitung sowie Reinigung und Entsorgung.

Die Lagerung der Vorräte und Lebensmittel soll verpackt oder abgedeckt erfolgen, um eine Geruchsübertragung und eine Verunreinigung zu vermeiden. Bei der Lagerung ist auf die Temperatur zu achten und diese auch zu kontrollieren.

Für die Vor- und Zubereitung sind die Arbeitsflächen zu trennen und anschließend gründlich zu reinigen. Möglichst auch Schneidbretter aus Kunststoff verwenden. Holz bietet durch die vielen Schnitte und Risse eine ideale Grundlage für Mikroorganismen, um sich zu vermehren. Bretter sollen von Zeit zu Zeit abgeschliffen werden und niemals aufeinander liegen. Sie müssen luftig und stehend gelagert werden, damit sie schnell trocknen können. Bei empfindlichen Speisen sind Einweghandschuhe zu benutzen. Speisen sollen nicht über einen längeren Zeitraum warm gehalten werden. Die Qualität leidet darunter und hitzeempfindliche Vitamine werden zerstört, außerdem wird eine vermehrte Keimbildung vermieden.

Grobe Verschmutzungen von Arbeitsflächen und Geräten umgehen und entfernen, um ein Antrocknen zu vermeiden. Wisch- und Geschirrtücher sehr häufig wechseln. Sie bieten ein optimales Klima für die Vermehrung von Mikroorganismen und übertragen sie gleichzeitig auf saubere Gegenstände. Abfälle immer getrennt sammeln und während der Nahrungszubereitung abdecken und anschließend umgehend entleeren.

Reinigen und Desinfizieren gehören zu den wichtigsten Hygienemaßnahmen. Sie müssen gezielt und systematisch durchgeführt werden.

Zur Reinigung des Arbeitsplatzes, der Küchengeräte und Werkzeuge müssen geruchslose Reinigungs- und Desinfektionsmittel sowie Trinkwasser verwendet werden, um eine Keimübertragung zu vermeiden.

Nach einer gründlichen Reinigung erfolgt eine Desinfektion. Die Reinigung ist deshalb wichtig, weil Schmutzrückstände die Mikroorganismen vor der Desinfektionswirkung schützen. Nur durch eine sorgfältig durchgeführte Reinigung und Desinfektion wird die Zahl der Keime reduziert.

Verwendung und Einkauf von Lebensmitteln

Nach wie vor werden in österreichischen Haushalten vor allem frische Lebensmittel verwendet. Fertiggerichte werden von drei Viertel der Österreicher ab und zu verwendet, wobei vor allem Tiefkühlgemüse an Attraktivität gewonnen haben. Der Spruch „Essen und Trinken hält Leib und Seele zusammen" kommt nicht von ungefähr.

Nahrungsmittel sind Lebensmittel, die notwendig sind, damit wir gesund sein und unsere Leistung erbringen können. Ausschlaggebend sind die Inhaltsstoffe, wie jedem bekannt sein dürfte, aber für uns als mündige Konsumenten sollte es genauso wichtig sein zu wissen, woher unsere Lebensmittel kommen und wie sie produziert wurden.

Für den Lebensmitteleinkauf sollten Herkunft und Sicherheit im Vordergrund stehen. Unsere heimischen Bauern sind bemüht, naturnah oder biologisch produzierte, qualitativ hochwertige Lebensmittel zu erzeugen.

Bewusst einkaufen heißt:

- Österreichische Produkte,
- regionale Produkte sowie
- Produkte aus der heimischen Landwirtschaft kaufen.

Hochwertiges Lebensmittel bedeutet:

- kurze Transportwege
- wenig Verpackungsmaterial
- naturnah produziert
- aus der Region
- frische Produkte
- qualitätsgeprüfte Lebensmittel

Ziel des Einkaufens ist es, die beste Qualität zum bestmöglichen Preis zu erhalten.

Mengenberechnungen

Es gibt Richtwerte für die Berechnung der Lebensmittelmengen, die zur exakten Kalkulation dienen und vor zu großen Speisenresten bewahren. Die Berechnung richtet sich nach der Personenanzahl, Menüzusammenstellung, nach dem Alter, nach der Jahreszeit und nach der körperlichen oder geistigen Arbeit der Personen in einem Haushalt.

Mit Hilfe von Rezepten, Richtwerten oder der Verzehrsmengen lassen sich genaue Mengenberechnungen durchführen. Diese Mengenberechnungen werden in jedem Betrieb durchgeführt, da sie viele Vorteile bieten:

- Gewährleistung gleichmäßiger Mengen
- wirtschaftliches Denken
- Waren- und Leistungskontrolle
- Unterlage für den Einkauf und die Speisenplanung

Grundmengen und Richtwerte

Suppe	
Suppe	1/8–1/4 l
Eintopf	1/4–1/2 l
Suppeneinlagen	
Reis, Teigwaren	1–2 dag
Hülsenfrüchte, trocken	2–3 dag
Soße	1/16–1/10 l
Fleisch	
Schnitzel, Kotelett, Steak, Braten	15–18 dag
Ragout	12–15 dag
ohne Knochen	15 dag
Fisch	20–30 dag
Fischfilet	15 dag
Huhn, Pute	20–25 dag
Ente, Gans	30–40 dag
Aufschnitt	5–10 dag
Käse	
1 Portion	10–15–20 dag
Beilagen	
Kartoffeln, roh	15–20 dag
Teigwaren	4–5 dag
Teigwaren als Hauptgericht	6–8 dag
Reis	5–6 dag
Semmeln	1/2–1 Stück
Gemüse und Obst	
Frischgemüse	15–20 dag
Tiefkühlgemüse	10 –15 dag
Hülsenfrüchte	6–8 dag
Blattsalat	5 dag
Obst	15–20 dag
Eier	
1 Ei	5–6 dag
5 Eidotter	ca. 10 dag
4 Eiklar	ca. 10 dag
1 Eigericht	3 Stück

Zur genauen Feststellung des mengenmäßigen Warenaufwandes müssen aber auch die Gewichtsverluste durch das Aufteilen und Zurichten, die Lagerung, den Knochenanteil und das Garen berücksichtigt werden.

Knochenanteil

Kalb:	30 %
Lamm:	30 %
Rind:	25 %
Schwein:	20 %

Gewichtsverlust – Fisch

Forelle:	30–40 %
Zander:	40–45 %
Karpfen:	60–65 %
Seezunge:	50–55 %

Gewichtsverlust – Geflügel

Huhn:	30–35 %
Rebhuhn:	20–25 %
Gans, Pute:	35–40 %
Ente:	30–35 %

Gewichtsverlust – Fleisch und Wild

Fleisch:	15–20 %
Hase:	50–55 %
Reh:	35–40 %
Hirsch:	40–45 %

Richtlinien für die Speiseplanerstellung

Der Speiseplan und die Kostart sind die Grundlage für die Speisenzubereitung. Die Zusammensetzung der Kost hat den Ernährungsgrundsätzen zu entsprechen, auf den Personenkreis abgestimmt zu sein und wirtschaftlichen Überlegungen gerecht zu werden. Menüs sind Speisenfolgen – aufeinander abgestimmte Gänge –, die in festgelegter Reihenfolge serviert werden.

Die Erstellung eines Menüs beginnt die Hausfrau grundsätzlich mit dem Hauptgang. Die passende Beilage, Vorspeise und Dessert werden in der angegebenen Reihenfolge zugeordnet. Das Menü beginnt mit leichten Speisen, das Hauptgericht bildet den Höhepunkt, zum Ausklang werden wieder leichte Speisen gereicht.

Grundsätze der Speiseplanerstellung:

- personenkreisbezogene Grundsätze
- wirtschaftliche Grundsätze
- ernährungsphysiologische Grundsätze

Grundsätze für die Speiseplanerstellung		
Personenkreisbezogene Grundsätze	***Wirtschaftliche Grundsätze***	***Ernährungsphysiologische Grundsätze***
Wahl der Kostart (Krankenkost, Normalkost, ...)	Betriebliche Voraussetzungen: Ausstattung der Küche, Ausnutzung der Kochstellen, Arbeitsablauf, ...	Energiegehalt der Speisen
Berücksichtigung des Alters	Organisatorische Aspekte: Einkauf, Region, Arbeitszeit, Verwendung von Halb- und Fertigprodukten, Tradition, Essenszeiten, ...	Nähr- und Wirkstoffgehalt der Speisen und schonende Zubereitung
Berücksichtigung der Berufsgruppe	Kalkulatorische Aspekte: Planung der Speisenfolge, Resteverwertung, saisonale Küche, Küchengarten, Jahreszeit, Angebote, Kosten, ...	richtige Verteilung der Nährstoffe
Berücksichtigung der Religion und Nationalität		Sättigungs- und Verdauungswert
Beachtung des landesüblichen Geschmacks		auf Abwechslung, Farbe, Geschmack, Geruch, Konsistenz, Form und Aussehen achten
Einplanung besonders beliebter Gerichte		

Foto: Shutterstock.com / iravgustin

III

Grundlagen der Ernährung

Lebensmittelqualität

Lebensmittelqualität ist die Summe aller Anforderungen wie z. B. Beschaffenheit, Eigenschaften oder Zustand, die man an ein Lebensmittel stellt.

Lebensmittelqualität ist:

- die Summe aller wertbestimmenden Bestandteile.
- die Summe aller Eigenschaften eines Produktes, das den gewünschten Zweck erfüllt.
- keine Qualität ohne Festlegung des Anspruches.

Die Lebensmittelqualität ist definiert durch:

- gesetzliche Vorschriften,
- Vereinbarungen über Qualitätsstandards und
- Vorstellungen und Erwartungen der Verbraucher.

Lebensmittelqualität ist eine Sammlung vieler Einzelwerte und jedes Lebensmittel hat demnach einen Gesundheitswert, Genusswert, Eignungswert, psychologischen Wert, kulturellen Wert, ökologischen Wert sowie ökonomischen Wert.

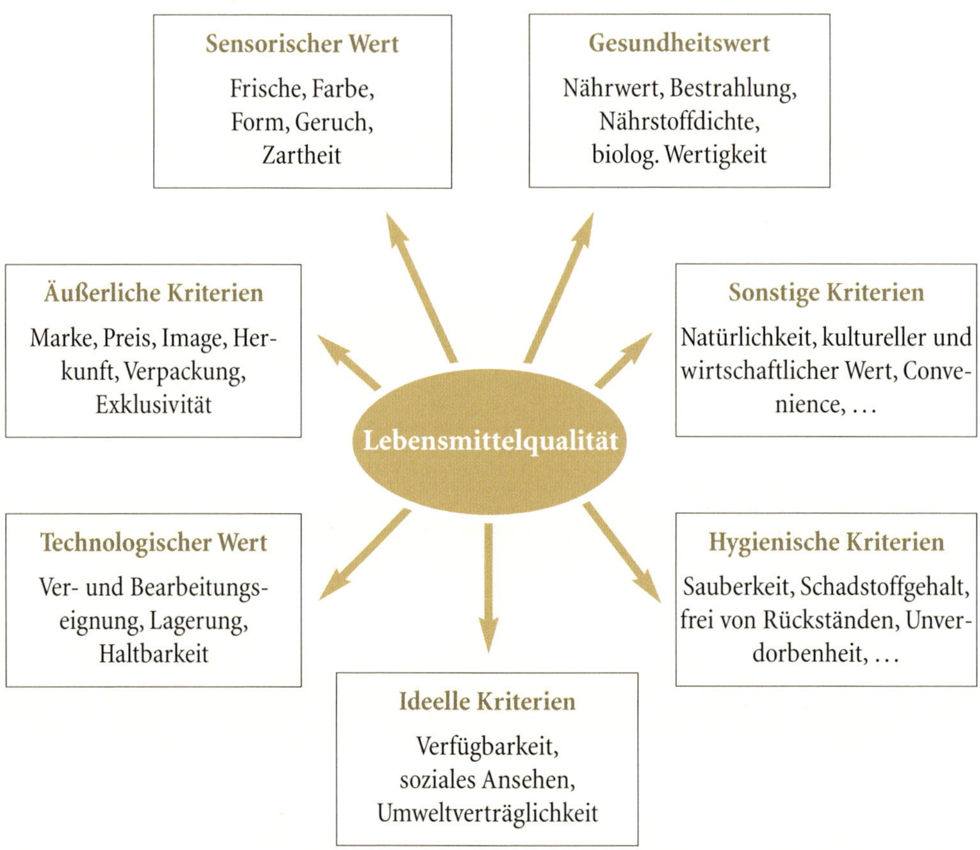

Qualitätsverluste können beim Transport, bei der Verteilung, der Lagerung, bei der Verarbeitung und Zubereitung entstehen.

Die Zubereitung der Speisen hat zwar sehr viele positive Auswirkungen auf die Qualität eines Produktes, aber leider kann es auch zu negativen Auswirkungen wie Nährstoffverlusten durch Auslaugen, Schälen, Licht und Hitzeeinwirkung kommen. Außerdem können sich unerwünschte Gerüche und Geschmacksstoffe bilden, Farb- und Aromastoffe auslaugen und so die Konsistenz verändern.

Behandlung der Lebensmittel

Vorbereitung der Lebensmittel		
Küchentechnischer Begriff	***Arbeitsvorgang***	***Arbeitsregeln***
Waschen	Schmutz, Staub, Erde entfernen.	Waschen immer vor dem Zerkleinerungsvorgang durchführen, nicht auslaugen, mit kaltem Wasser waschen.
Putzen	Nicht verwendbare Teile entfernen, abschneiden, ausschneiden, ...	Mit Hilfe eines Messers durchführen, Nahrungsmittel dabei nicht im Wasser liegen lassen.
Schälen	Schale und feine Haut entfernen.	Mit einem fein geschliffenen Messer möglichst dünn schälen.
Auswässern	Bitterstoffe, Süßstoffe, unangenehme Geschmacksstoffe entfernen.	Im kalten Wasser werden die Stoffe ausgelaugt (z. B. Endiviensalat).
Schneiden	Zerkleinern der Nahrungsmittel in Stücke, Würfel, Scheiben, Streifen, ...	Erst kurz vor der Weiterverarbeitung zerkleinern.

Verarbeitungstechniken

Blanchieren

Kurze Hitzebehandlung, Gemüse und Obst vor dem Tiefkühlen ins kochende Wasser geben, Lebensmittelqualität bleibt erhalten, Mandeln, Tomaten und Pfirsiche lassen sich dadurch besser schälen.

Auftauen

Im Kühlschrank Gefrierware antauen und weiterverarbeiten.

Hobeln, Raspeln und Reiben

Schneiden von Gemüse in feine längliche Teile oder dessen Zerkleinern mit der Küchenmaschine.

Mahlen

Gewürze, Nüsse, Mohn, Kaffee, Getreide mit verschiedenen Mühlen mahlen.

Faschieren

Fleisch, Gemüse, Obst oder Kartoffeln werden mittels Küchenmaschine zerkleinert.

Rühren, Schlagen und Kneten

Für verschiedenste Teige werden die Lebensmittel vermischt, dazu werden Küchenmaschine, Kunststofflöffel, Schneebesen, Rührschüsseln verwendet, durch schnelle Kreisbewegungen werden die Zutaten geschmeidig und schließen Luft ein.

Garmachungsmethoden

Lebensmittel werden mit Hilfe von Hitze durch chemische und biochemische Vorgänge für den Menschen genieß- und verwertbar gemacht. Dabei sind küchentechnische Grundsätze zu beachten. Durch die verschiedensten Methoden werden die Lebensmittel bekömmlicher und verdaulich. Der Genusswert steigt durch die Bildung von Aroma-, Duft- und Röststoffen. Bei der Verwendung von Vollkornprodukten verlängert sich die Garzeit und der Flüssigkeitsbedarf ist erhöht.

Kochen

ist Garen von Lebensmitteln in viel Wasser oder anderen Flüssigkeiten. Alles, was ausgelaugt werden soll, muss kalt zugestellt werden (Knochen, Gemüse, Wurzelwerk, Suppengrün). Alles, was nicht ausgekocht werden darf, muss in die kochende Flüssigkeit gelegt werden (Tafelspitz, Rindfleisch).

Die Garzeit soll dabei so kurz wie möglich gehalten werden.

Vorteile: Viele Geschmacks- und Nährstoffe gehen in das Wasser über, Zellwände werden gelockert, Eiweiß gerinnt, Eigengeschmack bleibt erhalten.

Nachteile: Kochen benötigt viel Energie, langes Kochen wirkt sich negativ auf die wasserlöslichen Bestandteile aus, übergarte Lebensmittel verlieren schnell die Form.

Garziehen oder Pochieren

ist das Garen in reichlich Flüssigkeit bei einer Temperatur unterhalb des Siedepunktes. Beim Einlegen der empfindlichen Lebensmittel den Topf von der Kochstelle nehmen. Während des Garens darf die Flüssigkeit nur köcheln.

Vorteile: Garziehen ist schonender als Kochen und eignet sich für alle Lebensmittel mit lockerer Zellstruktur.

Nachteile: Ein Teil der Nähr- und Geschmacksstoffe geht in die Flüssigkeit über, der Verlust durch Auslaugen von Mineralstoffen ist relativ hoch.

Dämpfen

ist Garen in strömendem Wasserdampf. Das Produkt kommt nicht mit Wasser in Berührung.

Vorteile: Es ist ein Nährstoffe schonendes Garen, Eigengeschmack und Farbe bleiben erhalten und die Auslaugeverluste sind sehr gering.

Nachteile: Es verringert den Anteil an hitzeempfindlichen Vitaminen.

Dampfdruckgaren

ist Garen in einem fest verschlossenen Topf unter Druck. Voraussetzung ist die einwandfreie Beschaffenheit des Dampfdrucktopfes. Niemals mit Gewalt öffnen!

Vorteile: Es spart Zeit und Energie, man kann mit Siebeinsätzen mehrere Lebensmittel gleichzeitig garen.

Nachteile: Fleisch kann an Farbstoffen verlieren.

Dünsten

ist Garen im eigenen Saft unter Zugabe von wenig Flüssigkeit und wenig Fett, damit sich die erwünschten Aromastoffe bilden. Man darf nie scharf bräunen und nie zu viel Flüssigkeit aufgießen.

Vorteile: Es ist das nähr- und wirkstoffschonendste Garverfahren, geeignet für Lebensmittel mit zarter Struktur, aber auch für die Schonkost.

Nachteile: keine Bräunung oder Röststoffe, wenig Soße.

Schmoren
ist ein kombiniertes Verfahren von Anbraten in heißem Fett und unterZugabe von wenig Flüssigkeit in einem Topf. Nach dem Anbraten nie zu viel Flüssigkeit aufgießen, sonst wird das Lebensmittel gekocht. Schmorzutaten wie Wurzelgemüse, Tomaten oder Zwiebeln vor dem ersten Aufgießen anbräunen.

Vorteile: Der Eigensaft bleibt im Lebensmittel, es bilden sich Röststoffe, die Farbe und Geschmack beeinflussen, sehr geschmacksintensiv, es entsteht viel Soße.

Nachteile: schwer verdauliche Speisen, für die Schonkost nicht geeignet.

Braten
ist Garen bei hohen Temperaturen mit oder ohne Fett, mit oder ohne Flüssigkeit in heißer, feuchter Luft.

Vorteile: Es eignet sich gut für große Fleischstücke, durch Bräunung und Krustenbildung sehr kräftiger Geschmack.

Nachteile: schwer verdaulich, viel Energie.

Backen
ist Garen in trockener, heißer Luft bei unterschiedlichen Temperaturen und gleichzeitiger Bräunung, bei neuen Herden erspart man sich das Vorheizen, Backtrennpapier erleichtert das Abnehmen vom Blech.

Vorteile: Es entstehen Röststoffe. Wenn größere Mengen auf einmal gebacken werden und Umluft verwendet wird, sollte man den Garraum vollständig ausnutzen.

Nachteile: hoher Energieverbrauch, übergelaufener Teig erfordert hohen Reinigungsaufwand.

Grillen
ist Garen unter Einwirkung starker Strahlungs- oder Kontaktwärme, es entsteht keine Soße.

Vorteile: schonende, schnelle Garmethode mit Bräunung, besonders bei Fleisch und Fisch eine schmackhafte Form der Zubereitung.

Nachteile: Nur für kleine Fleischstücke geeignet und bei unsachgemäßer Bedienung können Benzpyrene entstehen.

Frittieren
ist Garen unter Bräunung im heißen Fett, richtige Fettverwendung ist zu beachten, Backfette nicht überhitzen, zu oft verwendetes Fett ist gesundheitsschädlich (Peroxidbildung).

Vorteile: eine besondere Geschmacksrichtung, hoher Kaloriengehalt der Speisen.

Nachteile: Wegen des hohen Fettgehaltes nur in geringen Mengen auf den Speiseplan setzen.

Foto: Shutterstock.com / Fotografiche

IV

Vorratshaltung

Ein gut geführter Haushalt, besonders ein Haushalt im ländlichen Raum, verlangt eine rationelle Vorratswirtschaft. Die Hausfrau muss in den Zeiten, in denen größere Mengen von Lebensmitteln anfallen, Vorräte für knappere Zeiten schaffen. Sie soll das preiswürdige Angebot des Marktes ausnützen. Auf diese Art lässt sich der Zeit raubende tägliche Einkauf vermeiden und der Speisezettel kann durch das ganze Jahr hindurch abwechslungsreich, gesund und kostengünstig zusammengestellt werden.

Man unterscheidet einen Grundvorrat an Lebensmitteln, die ohne zu verderben ein Jahr halten, z.B. Reis, Teigwaren, Hülsenfrüchte, Schmalz, Öl, Fleischkonserven, Fischvollkonserven, Salz, Zucker, und einen zusätzlichen Vorrat an Lebensmitteln, die etwa sechs Monate lang Qualität und Aussehen behalten, z.B. Grieß, Haferflocken, kochfertige Suppen, Gemüse- und Obstkonserven, Honig, Schokolade, Speck, Dauerwürste, Sauerkraut, Essig, Gewürze, Tee, Kaffee, Kakao und verschiedene Fertiggerichte.

Alle Vorräte müssen rechtzeitig gegen neue ausgetauscht werden, sodass sie noch in gutem Zustand gegessen werden können. Sie sind daher laufend zu überprüfen.

Durch falsche oder unsachgemäße Aufbewahrung können die Lebensmittel verderben. Damit gehen der Familie, aber auch der Volkswirtschaft große Werte verloren.

Es sind daher bei der Aufbewahrung aller Vorräte verschiedene Gesichtspunkte zu berücksichtigen:

- Vorratsräume, die neben oder sehr nahe der Küche liegen, sind gut und zweckentsprechend. Ihre Fenster sollen nach Osten oder Norden zeigen. Die Größe der Vorratsräume richtet sich in erster Linie nach der Größe der Familie und den dafür nötigen Vorräten. Diese sollen so übersichtlich wie möglich untergebracht werden. Die Fenster müssen eine gute Lüftung ermöglichen und im Sommer mit Fliegengittern versehen werden. Als Fußboden eignet sich ein glatter, fugenloser, leicht zu reinigender Belag.
- Die Vorratsräume sollen kühl, trocken, luftig und ungezieferfrei sein. Bei Neubauten vermeidet man Durchgänge und Kaminanschlüsse, um den Raum stets kühl halten zu können. Ebenso sollen Kühlschrank und Tiefgefriergeräte nicht im Vorratsraum aufgestellt werden, da sie bei Betrieb Wärme abgeben.
- Um den Raum möglichst auszunützen, sollen alle Stellagen und Schränke mit Zahnleisten versehen sein, die ein Verstellen der einzelnen Bretter je nach Höhe der verschiedenen Behälter erlauben.
- Ordnung und Übersichtlichkeit in der Unterbringung der Vorräte erleichtern die Arbeit und ersparen Verluste.

Aufbewahrung und Konservierung von Lebensmitteln

Aufbewahrung

Aromatische Lebens- und Genussmittel in gut verschließbaren Glas-, Blech-, Porzellan- oder Kunststoffbehältern aufbewahren; Lebensmittel, die Feuchtigkeit anziehen, wie Zucker und Salz, müssen trocken gelagert werden.

Stark riechende oder gärende Lebensmittel sollen möglichst getrennt von Milch und Butter aufbewahrt werden.

Im Allgemeinen sind Lebensmittel und Konserven lichtempfindlich und müssen daher dunkel gelagert werden.

Konservierung

Die Haltbarmachung der Lebensmittel verhindert für längere Zeit das Verderben durch

Schimmel, Gärung und Fäulnis. Die Tätigkeit der Kleinlebewesen, die diese Erscheinungen unter Einwirkung von Licht, Luft, Wärme und Feuchtigkeit hervorrufen, wird unterbunden.

Konservierungsregeln

- Man verwendet nur gesundes, frisches Einmachgut (Obst, Gemüse, Fleisch).
- Alle Gefäße (Gläser, Flaschen usw.) müssen sauber sein. Sie werden in heißem Wasser (oder im Geschirrspüler) mit einem Spülmittel gut ausgewaschen und mit heißem, klarem Wasser ausgespült und zum Abtropfen und Abtrocknen auf reine Tücher gestürzt. Ein Abwischen mit Tüchern ist zu unterlassen.
- Gummiringe, Gummikappen, Korke werden vor der Verwendung in heißer Reinigungslösung gewaschen, geschwemmt und evtl. in klarem Wasser ausgekocht.
- Verschlusspapier, Einsiedespagat und kleine Gummiringe müssen vorbereitet sein.

Konservierungsmethoden

1. **Tiefgefrieren** ist die sicherste, einfachste und natürlichste Methode, Lebensmittel längere Zeit frisch zu erhalten. Diese Konservierungsart nimmt wenig Zeit und Kraft in Anspruch und verursacht verhältnismäßig wenig Kosten. Die Nahrungsmittel behalten ihr Aussehen, ihren Geschmack und Geruch, ihre Zusammensetzung und damit den vollen Nährwert.
2. **Erhitzen – Sterilisieren:** Die Hitze tötet die Kleinlebewesen unter gleichzeitigem Luftabschluss. Das Eindringen von neuen Bakterien wird dadurch verhindert. Der natürliche Geschmack und die wertvollen Nährstoffe der Lebensmittel bleiben weit gehend erhalten und die Konserven sind lange haltbar (Gemüse, Obst, Fleisch).
3. **Einsalzen:** Die Wirkung beruht teilweise auf der wasserentziehenden Eigenschaft des Salzes und teilweise auf der Entstehung einer Milchsäuregärung und der damit verbundenen bakterienhemmenden Wirkung (Gemüse, Fleisch).
4. **Räuchern – Selchen:** Der Wasserentzug durch die erhöhte Temperatur und die Bestandteile des Rauches bewirken die Haltbarmachung. Je länger der Räucherprozess dauert, desto haltbarer ist das Fleisch. Ein Nachteil ist der hohe Gewichtsverlust.
5. **Milchsäure:** Sie gehört zu den ältesten bekannten Konservierungsstoffen. Ihre Wirkung wird bei der Herstellung von Sauerkraut, Sauergurken und anderem Sauergemüse genutzt. Aber auch viele andere Lebensmittel einschließlich tierische Produkte können durch die Milchsäuregärung haltbar gemacht werden. Sauermilch und Sauerrahm sowie manche Käsesorten sind besondere Beispiele für diese Konservierungsart. Auch aus gesundheitlichen Gründen ist die Milchsäure anderen Konservierungszusätzen vorzuziehen.
6. **Essigzusatz:** Essig verhindert Fäulnis, Gärung und Schimmelbildung (Gemüse, evtl. Obst).
7. **Alkoholzusatz:** Alkohol tötet jedes Kleinlebewesen, ist aber nicht für alle Nahrungsmittel verwendbar (Obst ist gut geeignet).
8. **Zuckerzusatz:** Eine etwas größere Zuckermenge (bei Marmeladen, Gelees und Fruchtsäften) hemmt die Tätigkeit der Kleinlebewesen und fördert das Eindicken (Gelieren).
9. **Gelierende Zusätze** (Gelierzucker) werden bei der Marmelade- und Geleebereitung angewendet. Sie sind reine Naturprodukte, die aus Obst gewonnen werden und dem menschlichen Körper nicht schaden.
10. **Trocknen:** Den Nahrungsmitteln wird Wasser entzogen, die Kleinlebewesen verlieren die Möglichkeit, sich zu entwickeln.

11. **Chemische Zusätze:** Sie wirken meist hemmend für Gärung und Fäulnis, sollen aber nur mit Vorsicht verwendet werden. Kinder und Magenkranke dürfen mit chemischen Mitteln versetzte Konserven nicht zu sich nehmen.

Tipps für die Aufbewahrung und Konservierung von Obst und Gemüse

Schimmel entsteht auf Marmelade, wenn diese nicht gut verschlossen war oder sie zu wenig Zucker enthält oder zu wenig lange gekocht wurde. Schimmel auf Dunstobst hat undichte Gummiringe (alte Gummiringe) oder ausgeschlagene Deckel oder ausgeschlagene Glasränder als Ursache (Eindringen von Luft).

Gärung wird durch wilde Hefepilze hervorgerufen und kann bei Marmeladen, Säften und zuckerreichem Konservierungsgut entstehen. (Bei der Wein- und Mostbereitung ist die Gärung erwünscht.) Durch Luftabschluss und Erhitzen wird die Gärung unterbunden.

Kahmbildung zeigt sich bei sauren Gurken, sauren Bohnen, Sauerkraut und Kompott zuerst als dünne Haut, die dann immer stärker und faltiger an der Oberfläche wird. Luftzutritt begünstigt die Kahmbildung.

Schimmelige Marmelade und den Inhalt aufgegangener Gläser sollte man nicht mehr verwenden.

Fäulnis hat als Ursache Fäulnisbakterien. Durch Fäulnis verdorbene Lebensmittel sind zum Genuss nicht geeignet. Besonders eiweißreiche Nahrungsmittel verderben leicht durch Fäulnis.

Alle Kleinlebewesen werden durch mehr oder minder starke Hitze, durch Luft- und Wasserentzug abgetötet oder in ihrer Wirkung gehemmt.

Aufbewahrung und Konservierung von Fleisch

Fleisch ist infolge seines hohen Eiweißgehaltes und seines verhältnismäßig hohen Gehaltes an Wasser ein sehr leicht verderbliches Nahrungsmittel. Um es genussfähig zu erhalten, können verschiedene Methoden angewendet werden.

Für eine kurzfristige Aufbewahrung eignet sich der Kühlschrank. Längere Haltbarkeit erreicht man durch Beizen. Diese Methode findet aber nur noch selten Anwendung.

Pökeln oder Einsalzen

Diese Methode dient nicht nur dazu, das Fleisch längere Zeit aufbewahren zu können, sondern gewährt auch eine beliebte Abwechslung in der Zubereitung. Außerdem ist es als Vorbereitung zum Selchen wichtig. Das Salz schützt vor dem Verderben, beeinträchtigt aber den Geschmack des Fleisches. Je weniger Würze verwendet wird, desto eher behält das Fleisch seinen Eigengeschmack. Fleisch, das gepökelt werden soll, muss vollkommen ausgekühlt sein. Es wird in gleich große Stücke mit glatten Schnittflächen geteilt und die Knochen werden so weit als möglich ausgelöst. Auf 1 kg Fleisch rechnet man 40 bis 50 g Salz, Kümmel, Knoblauch und Wacholder nach Geschmack. Als Gewürze können auch noch Korianderkörner, Petersilie, Sellerieblätter, frischer oder getrockneter Majoran und Thymian, einige Salbei- und Lorbeerblätter und Zwiebeln, alles fein gehackt, verwendet werden. Sie sind aber nicht für die Haltbarkeit notwendig.

Man kann auf diese Fleischmenge auch 5 g Zucker geben, um den Salzgeschmack etwas abzuschwächen.

Die Dauer des Pökelns richtet sich nach der Größe der Fleischstücke. Für kleinere Stücke von 1,5 bis 3 kg beträgt sie zwei bis drei Wochen, für größere Stücke (z. B. für ganze Schinken) bis zu sechs Wochen. Beim Heißpökeln ist die Zeit kürzer.

Das Fleischschaff soll aus Kunststoff mit einem Deckel gefertigt sein. Nach jeder Verwendung wird es mit heißer Reinigungslösung behandelt und mit klarem, heißem Wasser nachgeschwemmt sowie gut ausgetrocknet.

Nasspökeln I

Für 1 kg Fleisch 250 bis 375 ml Wasser, 60 g Salz, weißen Kandis- oder Kristallzucker, 3 g Salpeter, etwas Pfeffer.

Ein Teil des Salzes wird mit Pfeffer und Salpeter gemischt und damit werden die gut ausgekühlten Fleisch- und Speckstücke eingerieben. In das saubere Fleischschaff wird etwas Salz gestreut, zuerst werden die Speckstücke und dann wird das Fleisch so dicht wie möglich eingelegt. Das Wasser wird mit dem übrigen Salz und Zucker kurz aufgekocht und erkaltet langsam über das Fleisch gegossen. Die Flüssigkeit muss immer über dem Fleisch stehen. Wenn nötig, abgekochtes Wasser nachgießen.

Nasspökeln II

Diese Art ist besonders für die wärmere Jahreszeit geeignet. Für 50 kg Fleisch rechnet man 20 bis 25 l Wasser, 2,5 kg (Nitrit-)Salz, 375 ml weißen Kandiszucker und 150 g Salpeter. Alles wird zusammen so lange gekocht, bis ein hineingegebenes frisches Ei oben schwimmt (5–6 h) .Erkaltet wird die Flüssigkeit über das mit Gewürzen eingeriebene, fest in das Holzfass geschlichtete Fleisch gegossen und beschwert.

Trockenpökeln

Für diese Art des Pökelns ist ein Fleischschaff aus Kunststoff sehr praktisch. Für 1 kg Fleisch verwendet man 40 bis 50 g Salz, 60 bis 100 g Zucker, 2 g gestoßenen Pfeffer, Kümmel, Wacholderbeeren, Gewürze nach Geschmack und Knoblauchwasser.

Die gut ausgekühlten Fleischstücke werden mit einer Mischung aus Salz, Pfeffer, Kümmel und den weiteren Gewürzen eingerieben, recht dicht in das Schaff gefüllt und jede weitere Schicht wird mit Knoblauchwasser befeuchtet. Wacholderbeeren werden dazwischengestreut.

Heißpökeln

Für 1 kg Fleisch werden 60 bis 70 g Salz erhitzt und damit wird das Fleisch recht gut eingerieben. Es bleibt am besten auf einem Fleischladen frei liegen.

Schnellpökeln

Mit käuflichen Pökelsalzen eignet sich diese Methode vor allem für die warme Jahreszeit. Die Gebrauchsanweisung ist genau einzuhalten (Consil-Methode).

Selchen

Mit dem Holzrauch dringen fäulnishemmende Stoffe in das Fleisch ein, diese machen es haltbar und trocken. Der Gewichtsverlust kann bis zu 30 % betragen.

Nur vollkommen abgetrocknetes Fleisch darf geselcht werden. Der Rauch muss das Fleisch trocken und warm, aber nicht zu heiß umgeben. Am besten wird im Intervall geselcht. Man verwendet nur Hartholz (Weichholz gibt Harzgeschmack). Schinken und Schulter selcht man zwei bis drei Wochen; Dauerwürste drei bis vier Tage.

Gutes Selchfleisch ist goldbraun und fühlt sich vollkommen trocken, aber nicht zäh an.

Aufbewahrung und Konservierung von Gemüse

Gemüse zu konservieren ist eine der dankbarsten und schönsten Aufgaben. Viel Überschuss des Sommers kann verwertet werden und der Speisezettel des Winters wird dadurch abwechslungsreich. Wichtig ist, dass nur junges, frisch geerntetes Gemüse sofort am Erntetag verarbeitet wird und dass eine möglichst billige und rasche Methode die Rentabilität der Arbeit gewährleistet. Grundbedingung für die Haltbarkeit der Gemüsekonserven ist die sorgfältige Ernte sowie eine reinliche und genaue Arbeit.

Einlagern und Einmieten

Es dürfen nur spät reifende Gemüsesorten möglichst spät im Herbst geerntet und gelagert werden. Das Gemüse muss trocken sein und soll vollkommen unbeschädigt in einen sauberen, luftigen Keller, der nicht zu warm sein darf (nicht über 4 °C), eingebracht oder im Freien in Mieten oder Mistbeeten eingeschlagen werden.

Für die Kellereinwinterung eignen sich alle Wurzelgemüse, Endiviensalat, Kohlrabi, Kohl und Karfiol.

Das Gemüse wird entweder in Sand eingeschlagen oder auf Lattenrosten (Kohlgemüse) aufgelegt.

In Mieten können Wurzelgemüse, Kraut, Kohl und Kohlrabi eingewintert werden.

Im Mistbeet werden Endiviensalat, Karfiol, Kohlrabi und Petersilie überwintert.

Im Freien, an geschützten Stellen oder etwas abgedeckt, lässt man Sprossenkohl, Vogerlsalat, Kren, Petersilie und Porree stehen.

Einsalzen und Einsäuern

Einsalzen

Verschiedenes Wurzelgemüse (Karotten, Sellerie, Petersilie) wird fein gerieben oder grob faschiert und mit 150 g Salz auf 1 kg Gemüsemasse vermengt, gut in Gläser gedrückt und Letztere gut verschlossen. Die Verwendung erfolgt für Suppen und Soßen.

Einsäuern

wird bei der Sauerkraut- und Salzgurkenbereitung angewendet. Die bei der Gärung entstandene Milchsäure verhindert das Verderben des Gemüses und fördert die Verdauung. Der Vitamingehalt des Gemüses bleibt weit gehend erhalten. Die Gewürzzutaten haben einerseits die Aufgabe, die Schimmelbildung zu verhindern, andererseits die Gärung zu beschleunigen.

Sauerkrautbereitung

10 kg Weißkraut, 50 bis 100 g Salz, 10 g Zucker, Kümmel, Wacholderbeeren nach Geschmack, Lorbeerblätter

Das abgelegene Weißkraut wird fein gehobelt und in ein mit Krautblättern ausgelegtes Fass oder, bei kleineren Mengen, in einen Steinguttopf lagenweise sehr gut eingestampft. Zwischen die einzelnen Lagen werden die vermengten Zutaten gegeben. Zuletzt wird mit Krautblättern abgedeckt und mit Brettern oder einem Deckel beschwert. In einem Raum von 12 bis 14 °C erfolgt die Gärung, die nach drei bis vier Wochen beendet sein soll. Der sich bildende Schaum wird immer wieder abgeschöpft.

Essigkonservierung

Gurken, grüne Tomaten, Pilze, Mischgemüse (Mixedpickles) und verschiedene Salate können mit Essig haltbar gemacht werden. Um die Schärfe des Essigs zu mildern, können Zucker, Salz und Gewürze zugesetzt werden. Wenn nicht sterilisiert wird, muss die Essiglösung stärker sein, um die konservierende Wirkung zu gewährleisten.

Trocknen

Getrocknet werden Pilze und Küchenkräuter. Das junge, zarte Gemüse wird geputzt, zerkleinert und entweder an der Luft, im Backofen oder im elektrischen Dörrapparat getrocknet. Wichtig sind die Luftzufuhr und eine staubfreie Trocknungsmöglichkeit. Es darf nicht zu heiß getrocknet werden, da sonst der Trocknungsvorgang erschwert oder verhindert wird (Bildung einer zähen Außenschicht).

Getrocknete Gemüse und Kräuter werden kühl, trocken und luftig hängend oder in gut verschließbaren Behältern aufbewahrt und öfter kontrolliert. Pilze werden bei einer Temperatur von höchstens 50 bis 60 °C getrocknet und dürfen vor dem Trocknen nur geputzt, aber nicht gewaschen werden.

Geeignet sind: Herren- und Steinpilze, Eierschwammerln, Morcheln, Birkenpilze, Champignons, evtl. Butterpilze

Konservieren in Gläsern

Das tadellos geputzte und schnell gewaschene Gemüse wird zwei bis drei Minuten in stark kochendem Salzwasser (halbprozentig) blanchiert (nicht zudecken), dann abgeseiht und gründlich kalt abgespült. Das kalte Gemüse wird in die vorbereiteten Gläser gefüllt, mit der kalten Aufgussflüssigkeit aufgegossen, die Gläser werden verschlossen und sofort sterilisiert. Die Sterilisierzeit richtet sich nach der Glasgröße und nach dem jeweiligen Gemüse. Fast alle Gemüsearten, mit wenigen Ausnahmen, müssen sehr lange sterilisiert werden. Das Erhitzen der Gemüsekonserven erfolgt möglichst langsam, die Sterilisierzeit rechnet man vom Beginn des Kochens an und darf nicht unterbrochen werden.

Als Aufgussflüssigkeit verwendet man:

- abgekochtes, ausgekühltes einprozentiges Salzwasser
- reines, kaltes Wasser
- Salz-Essig-Lösungen
- Essig-Zucker-Lösungen
- Zuckerlösungen

Es können folgende Gemüse konserviert werden: Erbsen, Bohnen, Tomaten, Gurken, Spargel, Paprika, Rote Rüben und Pilze.

Sterilisierzeiten für Gemüse

Gemüseart	*Aufgussflüssigkeit*	*Sterilisierzeit für 1-kg-Glas*
Erbsen	Salzwasser	90 Minuten 100 °C
Bohnen (Fisolen)	Salzwasser	90 Minuten 100 °C
Spargel (60 Minuten vor dem Kochen auswässern)	leichtes Salzwasser	90 Minuten auf 100 °C erhitzen
rohe Tomaten, gebrochen	leichtes Salzwasser	60 Minuten auf 100 °C erhitzen
rohe Tomaten, ganz, geschält oder ungeschält	Salz- oder Essiglösung	15 Minuten auf 75 °C vorsichtig erhitzen
Tomatensalat	Essiglösung	10 Minuten auf 75 °C erhitzen
Gewürz- und Essiggurken	Essiglösung + Gewürze oder Essig-Zucker-Lösung	15 Minuten auf 80 °C erhitzen
Senfgurken	Essiglösung + Gewürze	15 Minuten auf 80 °C erhitzen
Gurkensalat	Essiglösung	10 Minuten auf 75 °C erhitzen
Paprika, ungefüllt, gefüllt mit Kraut	Tomatensoße, Salzwasser	30 Minuten auf 100 °C erhitzen
Rote Rüben, roh	Essig-Salz-Lösung + Gewürze	60 Minuten auf 100 °C erhitzen
Rote Rüben, vorgekocht	Essig-Salz-Lösung + Gewürze	25 bis 30 Minuten auf 100 °C erhitzen

Rezepte für die Gemüsekonservierung

Erbsen

Zarte junge Erbsen werden ausgelöst, in kochendem Salzwasser kurz aufgekocht (nicht zudecken), gut und gründlich abgeschreckt und in Gläser gefüllt. Die Gläser dürfen nicht zu voll gefüllt werden, da die Erbsen beim Sterilisieren aufquellen. Als Aufgussflüssigkeit dient einprozentiges Salzwasser. Die verschlossenen Gläser werden 90 Minuten sterilisiert.

Grüne Bohnen

Die jungen zarten Fisolen werden entweder ganz, gebrochen oder geschnitten in Salzwasser gut vorgekocht, abgeschreckt, in Gläser gefüllt, mit einprozentiger kalter Salzlösung übergossen und 90 Minuten sterilisiert.

Spargel

Der frisch gestochene Spargel, der im Frühjahr nicht gedüngt werden durfte, wird geputzt und vorsichtig vorgekocht, bis die Stangen etwas biegsam geworden sind. Die Spargelstangen werden dann entweder ganz oder in Stücke geschnitten in Gläser gefüllt, mit reinem, kaltem Salzwasser aufgegossen und sterilisiert.

Tomaten

Reife Früchte werden gewaschen, halbiert, mit der Schnittfläche nach unten und trocken in Gläser geschlichtet. Mit nassem Gummiring und Deckel verschlossen ca. 60 Minuten sterilisieren. Erst beim Verbrauchen passieren. 1-l-Gläser ergeben eine Tomatensoße für vier Personen. Auf diese Weise können größere Mengen Tomaten rasch verarbeitet werden.

Tomatenmark

Die sehr reifen Früchte werden gewaschen, zerschnitten, mit etwas Zwiebelzusatz weich gekocht, passiert, eingedickt in Flaschen gefüllt und sterilisiert oder im Dampfentsafter 20 Minuten erhitzt, durchpassiert und wie Süßmost weiterbehandelt.

Grüne Tomaten

Die Zubereitung erfolgt wie bei Salat aus reifen Früchten, nur kommt ein Zusatz von Zwiebeln, Pfefferkörnern und Senfkörnern dazu; die Gläser werden eine halbe Stunde sterilisiert.

Senfgurken I

Große, reife Gurken werden geschält, geteilt, entkernt, in fingerlange und fingerdicke Stücke geschnitten und über Nacht gut eingesalzen. Dann trocknet man sie ab oder lässt sie abtropfen. Die Gurkenstücke werden in Gläser geschlichtet und mit einer kalten Essiglösung übergossen. Als Gewürzzutaten verwendet man Senf- und Pfefferkörner, Krenscheiben, kleine Schalottenzwiebeln, nach Belieben Karottenscheiben. Nach dem Verschließen wird vorsichtig sterilisiert.

Senfgurken II, nicht sterilisiert

Zubereitung und Gewürze wie bei den sterilisierten Senfgurken

Essiggurken I

Kleine, feste Einlegegurken werden gut gebürstet und gewaschen. In Gläser füllen und mit aufgekochter Essiglösung mit folgenden Gewürzzutaten übergießen: etwas Zucker, Senf- und Pfefferkörner, Dille, Krenscheiben, Zwiebeln, Lorbeerblatt, Piment, Weinlaub, Estragon und Weichselblätter. Der Essig wird zu gleichen Teilen mit Wasser verdünnt. Die Blattgewürze können auch roh mit eingelegt werden. Wird Gewürzessig verwendet, so bleiben die Gewürzzutaten weg. Das Sterilisieren der Gläser erfolgt vorsichtig auf die angegebene Temperatur (siehe Tabelle).

Essiggurken II, nicht sterilisiert

Kleine Einlegegurken werden gewaschen, gebürstet und in Gläser geschlichtet. Mit aufgekochter Essiglösung mit folgenden Gewürzzutaten übergießen: Zucker, Senf- und Pfefferkörner, Krenscheiben. Die Gläser bis zum Rand befüllen und sofort verschließen.

Salzgurken

Größere Einlegegurken werden entspitzt, gewaschen, gebürstet und über Nacht ausgewässert. Mit Estragon, Gurkenkraut, Krenscheiben, Bohnenkraut, Dille, Senfkörnern usw.

werden die Gurken in Gläser oder Steintöpfe eingelegt. Mit einer 5-prozentigen kalten Salzlösung übergießen und an einem nicht zu kalten Ort der Gärung überlassen. Nach acht bis zehn Tagen ist die Gärung beendet und die Gläser werden frisch verschlossen und kühl aufbewahrt.

Jägergurken

Große grüne Gurken werden in nicht zu feine Scheiben geschnitten und in ein Gurkenglas geschlichtet. Pfeffer- und Senfkörner sowie kleine Zwiebeln werden mit eingelegt. Die Aufgussflüssigkeit ist eine Salz-Essig-Lösung, in der die Gurken 10 Minuten auf 80 °C erhitzt werden.

Gurkensalat

Geschälte Gurken werden in Scheiben geschnitten, die Kerne womöglich entfernt, in Gläser gefüllt, mit einer Essiglösung übergossen und vorsichtig erhitzt (siehe Tabelle).

Paprika

Die geputzten, abgebrühten Paprikaschoten werden ineinander geschichtet in Gläser eingelegt und entweder mit Salzwasser oder Tomatenmark übergossen und sterilisiert.

Die abgebrühten Paprika können auch mit fein geschnittenem, eingesalzenem Weißkraut gefüllt werden, kommen dann in Gläser und werden mit Salzwasser übergossen und sterilisiert.

Paprikakraut

Die Paprika werden feinnudelig geschnitten und fest in Gläser eingefüllt. Mit einer Salz-Essig-Lösung übergießen und 30 Minuten sterilisieren.

Paprika mit Tomaten

Die geputzten Paprika werden feinnudelig geschnitten, gut eingesalzen und bleiben 60 Minuten stehen. In der Zwischenzeit Tomaten in Scheiben schneiden. Tomaten und Paprika miteinander vermengen, in Gläser füllen und 30 Minuten ohne Aufgussflüssigkeit auf 100 °C erhitzen.

Rote Rüben

Die Rüben werden entweder roh oder gekocht verwendet. Die geschälten und blättrig geschnittenen Rüben werden in Gläser gefüllt, mit einer Essig-Salz-Lösung übergossen, mit Krenscheiben und Kümmel gewürzt und sterilisiert.

Rote Rüben in Essig, nicht sterilisiert

Die gewaschenen Roten Rüben werden weich gekocht, geschält, in Stücke geschnitten und mit den Gewürzen (Kümmel, Kren) in einen Steintopf gelegt. Der mit Zucker, Salz und Wasser aufgekochte Weinessig (1 l Essig, 500 ml Wasser, 3 Esslöffel Zucker, 1 Teelöffel Salz) wird kalt über die Rüben gegossen. Diese werden beschwert, sodass die Flüssigkeit darüber steht, und der Steintopf wird mit Zellophan verbunden.

Essiggemüse

Zarte grüne Bohnen, kleine Karotten, Erbsen, Karfiolröschen, Kohlrabiwürfel, Selleriekugeln oder -scheiben in Salzwasser weich kochen. Kleine Perlzwiebeln oder Schalotten, kleine Herrenpilze oder Champignons in Essigwasser weich kochen. Kleine Gurken und kleine unreife Maiskolben oder Maiskörner gut einsalzen und einige Stunden stehen lassen. Rote und grüne Tomaten sowie kleine Paprikaschoten roh verwenden. Alle vorbereiteten Zutaten werden entweder bunt durcheinander oder geschichtet in Gläser gegeben. Der Essig (1 l Essig, 1 Teelöffel Zucker, etwas Estragon und Salz) wird aufgekocht und heiß über das Gemüse gegossen. Der Essig muss reichlich über dem Gemüse stehen.
Sterilisierzeit: 50 Minuten bei 80 °C.

Russenkraut

1 kg Kraut, 500 g Gurken, 750 g Zwiebeln, 500 g grüne Tomaten, 250 g Paprika, 2 Karotten, Salz, 500 ml Weinessig, 50 g Zucker, 5 bis 6 Lorbeerblätter, je 1 EL Pfeffer-, Senf- und Gewürzkörner. Kraut und Gurken hobeln, Zwiebeln, Tomaten und Paprika feinblättrig schneiden und Karotten grob raspeln. Alles mit Salz vermischen und einige Stunden stehen lassen. Den mit Wasser verdünnten Essig (2 : 1) mit Zucker und Gewürzen aufkochen. Heiß darüber gießen und

durchmengen. Das Russenkraut in Gläser füllen und diese bis zum Rand mit dem restlichen Essigwasser auffüllen und mit Pergamentpapier verschließen. Mehrmalige Kontrolle des Einmachgutes ist notwendig. In Patentgläser gefüllt, wird das Russenkraut 10 Minuten bei 80 °C erhitzt und ist dadurch besser haltbar.

Zucchinisalat

1 kg Zucchini, 3 Paprika (gelb, rot, grün), 3 große Zwiebeln, 5 Knoblauchzehen, 1 Sellerieknolle, 500 ml Essig, 250 ml Wasser, 3 TL Salz, 150 g Zucker, 1 EL Senfkörner, 3 Lorbeerblätter, Piment- und Pfefferkörner

Zucchini grob raspeln, Paprika in Streifen und Zwiebeln in Ringe schneiden, Knoblauchzehen fein hacken und Sellerie fein raspeln. Essig mit Wasser und den Gewürzen aufkochen. Gemüse dazugeben und ca. 5 bis 6 Minuten kochen. In Gläser füllen und noch heiß verschließen. Statt Zucchini kann auch Kürbis verwendet werden.

Eingelegter Knoblauch

Knoblauch schälen (um das Schälen zu erleichtern, vorher heiß überbrühen), Weißwein, Essig, Wasser, Salz, Zucker und Einlegegewürz aufkochen. Die Knoblauchzehen ca. 3 Minuten mitkochen und noch heiß in Gläser füllen. Vor dem Verschließen etwas Öl darüber gießen (Haltbarkeit).

Aufbewahrung und Konservierung von Obst

Einlagern

Zum Einlagern eignet sich nur Kernobst, das vollkommen gesund und einwandfrei ist. Die Lagerung erfolgt am besten in Kellern oder kühlen Obstkammern. Den Winter über ist eine laufende sorgfältige Kontrolle nötig. Alles faulende oder kranke Obst muss sofort entfernt werden.

Konservieren in Gläsern

Jede Obstart ist vor dem Waschen zu sortieren. Angefaultes, schimmeliges, gärendes oder überreifes Obst ist zu entfernen. Am besten eignet sich frisch gepflücktes Obst.

Marmelade

Für Marmelade werden reife Früchte roh passiert, faschiert oder im Mixer zerkleinert (Kernobst vorher mit wenig Wasser weich kochen) und bei starker Hitze eingekocht. Oft umrühren, damit der Fruchtbrei nicht anbrennt. Dann wird der nötige Zucker, und zwar auf 1 kg Fruchtmark 500 bis 750 g Zucker, zugesetzt und noch etwa 10 bis 15 Minuten stark wallend bis zur Gelierprobe gekocht. Heiß in die vorbereiteten Gläser füllen und sofort verschließen. Je kürzer die Kochzeit der Marmelade, desto schöner und besser sind Farbe und Geschmack. Weite, flache Geschirre aus schwerem Material sind für die Marmeladebereitung nötig. Bei einem Einkochvorgang sollen nicht mehr als 2 kg Früchte auf einmal verarbeitet werden.

Marmelade mit Pektinzusatz

Schwer gelierende Früchte, wie Erdbeeren, Himbeeren und Marillen, werden am besten mit pektinhaltigen Zusätzen oder mit pektinhaltigem Zucker (Gelierzucker) zubereitet. Durch die kurze Kochdauer erzielt man größere Mengen Marmelade mit schöner Farbe, besserem Aroma und höherem Vitamingehalt. Immer muss aber genau nach der Gebrauchsanweisung vorgegangen werden.

Kaltgerührte Marmelade

Dafür eignen sich Erdbeeren, Himbeeren und Ribiseln. Zu dem roh passierten Fruchtmark gibt man Feinkristallzucker im Verhältnis 1 : 1 und rührt sehr lange. Rascher erfolgt die Herstellung im Mixer. Zuerst werden die Früchte zerkleinert und dann wird die gleiche Gewichtsmenge Zucker zugegeben und 3 Minuten weiter gerührt. Farbe, Aroma und Vitamine bleiben bei dieser Art der Konservierung besonders gut erhalten.

Jam oder Konfitüre

wird aus Beeren- oder Steinobst gleich wie Marmelade zubereitet, doch werden die Früchte nicht passiert, sodass im fertigen Produkt noch erkennbare Fruchtstücke vorhanden sind. Besonders gutes Jam erhält man unter Beigabe von Geliermitteln.

Röster

ist kompottähnlich. Die Herstellung erfolgt wie bei Marmelade. Die Früchte, Marillen oder Zwetschken, werden entsteint, ganz oder zerkleinert mit 200 bis 400 g Zucker und eventuell 125 ml Wasser pro 1 kg Frucht weich gekocht, in Gläser gefüllt und 10 Minuten sterilisiert.

Nelken, Zimtrinde und Zitronenschale können als Gewürze beigegeben werden.

Gelee

wird aus frischem Obst verschiedener Früchte mit reichlich Zuckerzusatz gekocht. Nicht alle Früchte eignen sich zur Geleebereitung, jedoch fast alle zur Herstellung von Marmelade. Aus den Rückständen des Gelees kann man noch Marmelade bereiten. Fruchtgelee stellt man aus Früchten her, die viele Gelierstoffe enthalten, und diese finden sich hauptsächlich im unreifen Obst. Mit zunehmender Reife gehen sie immer mehr verloren.

Gut geeignet sind Stachelbeeren, Äpfel, Ribiseln und Quitten.

Für die Geleebereitung wird der klare Saft aus den vorsichtig weich gekochten Früchten durch Ablaufen durch ein Seihtuch gewonnen oder im Dampfentsafter bereitet und in möglichst flachem Gefäß in kleinen Mengen ca. 10 Minuten gekocht, abgeschäumt und nach dem Zuckerzusatz (auf 1 l 600 bis 800 g Zucker) bis zur Geleeprobe weiter gekocht, heiß in Gläser gefüllt und sofort verschlossen. Wird der Augenblick des Gelierens übersehen und zu lange gekocht, verliert das Gelee an Farbe und Geschmack und wird sirupartig.

Marmelade- oder Gelierprobe: Ein Tropfen Marmelade geliert auf einem kalten Porzellanteller oder Marmelade fällt in glatten Flocken vom Kochlöffel.

Kompott

Die Haltbarkeit wird durch das Erhitzen und den luftdichten Abschluss (Patentglas) erreicht. Der Zuckerzusatz dient nur der Geschmacksverbesserung.

Zur Kompottbereitung eignet sich jedes Obst, nur muss es ausnahmslos gesund und nicht zu weich sein. Die ganzen oder geteilten Früchte können geschält oder auch roh in die Gläser kommen und werden mit der kalten Aufgussflüssigkeit übergossen.

Als Aufgussflüssigkeit verwendet man klares Wasser, abgekochtes, ausgekühltes Zuckerwasser, Essig-Zucker-Lösung, Süßmost, Rum-Zucker-Lösung oder trockenen Zucker zum Einstreuen. Auf 1 l Aufgussflüssigkeit rechnet man 250 bis 400 g Zucker. Beim Füllen der Gläser ist darauf zu achten, dass der Inhalt dicht und sorgfältig eingeschlichtet wird. Die Aufgussflüssigkeit darf nur ca. zwei Finger breit unter den Rand des Glases reichen. Die mit Gummiring, Deckel und Spange verschlossenen Gläser werden sterilisiert.

Dieses hat langsam und gleichmäßig zu erfolgen. Besondere Vorsicht ist nötig, wenn Früchte eingelegt werden sollen, die leicht platzen oder in der Lösung zu steigen beginnen (Ringlotten, Erdbeeren). Die Sterilisierzeit liegt zwischen 10 und 30 Minuten bei 75 bis 90 °C und richtet sich nach der Härte des Obstes. Dann schaltet man ab und lässt es im Einsiedetopf oder im Backrohr erkalten. Müssen mehr Gläser sterilisiert werden, nimmt man die erste Partie Gläser heraus, stellt sie eng zusammen und bedeckt sie mit Tüchern, um sie vor Luftzug zu schützen. Die neue Partie Gläser muss wieder mit kaltem Wasser ins Backrohr gestellt werden.

Konservieren durch Trocknen

Es eignet sich fast jedes nicht zu wasserreiches Obst, wie Birnen, Äpfel, Zwetschken, Kirschen, Heidelbeeren usw., zum Trocknen. Das Obst muss jedoch gut ausgereift und einwandfrei sein. Fleckige, wurmige und überreife Früchte sind nicht zu verwenden. Harte Birnen werden in einer einprozentigen Zuckerlösung kurz vorgekocht, ehe sie getrocknet werden, da sie sonst grau werden.

Trocknungsmöglichkeiten

- Trocknen an der Luft an warmen, schönen Tagen, entweder auf weißem Papier oder auf einem Tuch oder auf Schnüre gezogen (Apfelringe)
- Trocknen im Backofen oder im Rohr: Die Tür muss dabei etwas offen stehen, damit ein ständiger Luftzug über das nicht zu dicht aufgelegte Obst streichen und die Feuchtigkeit abziehen kann. Das Obst muss öfter gewendet werden.
- Trocknen auf Hürden auf dem Herd ist nur für kleinere Mengen geeignet.
- Trocknen in elektrisch betriebenen Apparaten ist für größere Mengen geeignet, man erzielt hochwertiges Dörrobst. Wichtig ist auch hier eine gute Luftzirkulation.

Bei allen Trocknungsarten ist Vorsicht nötig. Die Hürden müssen regelmäßig umgewechselt, bereits trockenes Dörrgut muss ständig entfernt werden. Der Trocknungsprozess ist beendet, wenn sich das Obst trocken anfühlt. Es muss dann gut abkühlen, ehe es aufbewahrt wird. Die Dörrtemperatur liegt zwischen 70 und 80 °C.

Die Aufbewahrung des Trockenobstes erfolgt kühl, trocken hängend, durch häufiges Kontrollieren, wenn nötig Nachtrocknen.

Verwendung: Am Tag vorher sorgfältig waschen, über Nacht in kaltem Wasser einweichen und dann zu Kompott weich kochen. Trockenobst ist auch eine gesunde und gute Nascherei für die gesamte Familie (Vollwertkost).

Rezepte für Marmeladen, Kompotte, Gelees und Röster

Apfelmarmelade

Äpfel, auch Falläpfel, werden ausgeschnitten, gewaschen, mit Wasser knapp bedeckt weich gekocht, passiert, bis zur Marmeladedicke eingekocht, mit dem nötigen Zucker (400 g auf 1 kg Mus) kurz aufgekocht und heiß eingefüllt. Mit Birnen, Zwetschken, grünen Tomaten, Brombeeren oder Himbeeren erhält man eine gute Mehrfruchtmarmelade.

Ribiselmarmelade

Die entstielten Ribiseln werden weich gekocht, bis sie platzen, dann passiert. Ungefähr 10 Minuten ohne Zucker und weitere 10 Minuten mit Zucker bis zur Geleeprobe kochen. Man gibt 600 g Zucker auf 1 kg Fruchtmark. Ribiselmarmelade kann mit Kirschen, Erdbeeren oder Himbeeren gemischt werden.

Ribiselmarmelade als Preiselbeerersatz

Nachdem die Beeren bis zum Platzen gekocht wurden, schöpft man etwas Saft ab und lässt die Früchte nochmals 10 Minuten ohne Zucker kochen. Anschließend mit 400 bis 500 g Zucker pro 1 kg Fruchtmark weitere 10 Minuten bis zur Geleeprobe kochen. Zur Geschmacksverbesserung kann man zum Schluss Rotwein zugeben.

Zwetschken-, Marillen- und Pflaumenmarmelade

Die entsteinten Früchte werden entweder roh faschiert oder weich gekocht passiert. Etwa 15 Minuten eindicken und mit 400 g Zucker pro 1 kg Mark schnell zu Marmelade fertig kochen. Besonders fein ist die Marmelade aus geschälten Früchten, sie muss allerdings dann sehr rasch fertig werden, damit die helle Farbe gut erhalten bleibt.

Himbeer-, Erdbeer-, Brombeer- und Preiselbeermarmelade
Die Beeren werden im Sieb vorsichtig gewaschen und am besten am Abend vorher mit 500 g Zucker auf 1 kg Frucht eingezuckert. Dann wird alles 10 Minuten rasch und wallend gekocht. Der restliche Zucker von 250 g pro 1 kg Frucht wird kurz mitgekocht und die Marmelade heiß in Gläser gefüllt.

Roh gerührte Erdbeermarmelade
1 kg Beeren werden mit 1 kg Zucker mindestens 60 Minuten kalt gerührt, bis die Masse dick wird. Die Marmelade wird kalt in Gläser gefüllt und diese sofort verbunden. Die so hergestellte Marmelade ist äußerst schmackhaft und ausgiebig. Kühle, trockene Aufbewahrung!

Apfelmus
Äpfel, die nicht lagerfähig sind, werden ausgeschnitten, gewaschen, mit Wasser bedeckt weich gekocht und passiert. Dem Mus wird nach Geschmack Zucker zugesetzt. Es wird dick eingekocht, mit etwas Rum verbessert und heiß in Gläser gefüllt. Wird das Mus kalt eingefüllt, müssen die Gläser 10 Minuten auf 75 bis 80 °C erhitzt werden.

Apfelkäse, Quittenkäse
Die Äpfel oder Quitten werden wie für Mus vorbereitet, mit sehr wenig Wasser weich gekocht, passiert und sehr dick eingekocht. Dann werden auf 1 kg Mus 500 bis 600 g Zucker zugesetzt und so lange unter ständigem Rühren gekocht, bis der Löffel stecken bleibt. Diese dicke Masse wird 1 cm hoch auf feuchtes Pergamentpapier aufgestrichen oder in flache, kalt ausgespülte Formen gefüllt. Nach dem Trocknen werden Stücke oder Formen geschnitten bzw. ausgestochen und in Kristallzucker gewälzt. Nach nochmaligem Übertrocknen wird der Obstkäse trocken aufbewahrt.

Powidl
Sehr reife Zwetschken (die Haut muss um den Stängel bereits etwas einschrumpfen) werden entsteint, etwas zerschnitten oder faschiert und ohne Wasser so dick eingekocht, bis der Löffel stecken bleibt. Dann wird das Ganze heiß in Gläser, Steintöpfe oder Holzkistchen, die mit Pergamentpapier ausgelegt sind, gefüllt und aufbewahrt.

Zwetschkenröster, Marillenröster
Die halbierten, ungeschälten Früchte werden mit etwas Wasser so lange gekocht, bis die Haut runzelig zu werden beginnt. Dann wird der nötige Zucker (1 kg Frucht, 300–400 g Zucker) zugesetzt und noch kurz weiter gekocht, bis der Saft klar ist. Der überkühlte Röster wird in Gläser gefüllt, diese werden verschlossen und 10 Minuten auf 75 bis 80 °C erhitzt.

Kirschen-, Weichselfleisch
Entstielte, entsteinte Früchte werden mit wenig Wasser gekocht, bis sie runzelig werden. Dann werden auf 1 kg Frucht 400 g Zucker zugesetzt und bis zur Geleeprobe weiter gekocht. Die Masse wird heiß in die Gläser gefüllt und diese werden sofort verschlossen.

Zwetschken-, Marillen-, Pflaumenjam
Die blanchierten, geschälten und entsteinten Früchte werden rasch zum Kochen gebracht und kurz durchgekocht, sodass noch Fruchtfleischteile erhalten bleiben. Nach Geschmack wird Zucker zugesetzt und damit nochmals höchstens 10 Minuten gekocht. Das heiße Jam wird sofort in Gläser gefüllt, diese werden verschlossen und in der Regel nicht sterilisiert.

Erdbeerjam
Die im Sieb gewaschenen Erdbeeren werden weich gekocht, mit 500 bis 750 g Zucker auf 1 kg Frucht einige Male aufwallen lassen und entweder heiß in Gläser füllen und diese sofort verschließen oder überkühlt in Gläser füllen und 10 Minuten auf 75 °C vorsichtig erhitzen. Zu rasches Erhitzen bringt die Erdbeeren zum Steigen. Da Erdbeeren leicht anlaufen und wenig Gelierfähigkeit aufweisen, ist die Bereitung von Jam mit Geliermitteln sehr zu empfehlen.

Birnen- und Apfelkompott
Die geschälten Birnen oder Äpfel werden in

gleichmäßige Spalten geschnitten (kleine Birnen können ganz bleiben, der Stiel wird dann nur gekürzt und abgeschabt), in kochendem Wasser halbweich gekocht, in Gläser geschlichtet und mit einer kalten Zuckerlösung (300 g Zucker auf 1 l Wasser) übergossen, die Gläser werden verschlossen und 20 Minuten auf 80 bis 85 °C erhitzt.

Reifere Birnen und Äpfel können auch roh in die Gläser kommen und werden 30 Minuten sterilisiert.

Um die Birnen und Äpfel hell zu erhalten, werden sie bis zum Einfüllen in ein Tuch gelegt, das durch schwaches Essig- oder Zitronenwasser gezogen wurde.

Birnen in Essig-Zucker-Lösung

Die Birnen werden wie oben zubereitet, in einer Essig-Zucker-Lösung (Weinessig nach Geschmack mit Wasser verdünnt, auf 1 l 400 bis 500 g Zucker, Nelken, Zimtrinde, Zitronenschale, 10 Minuten gekocht) halbweich gekocht, in Gläser gefüllt und sterilisiert (20 Minuten, 80–85 °C).

Zwetschken-, Ringlotten-, Pflaumen- und Marillenkompott

Ganze, halbierte, ungeschälte oder geschälte Früchte werden in Gläser gefüllt, mit Zuckerlösung (1 l Wasser, 300 bis 400 g Zucker) übergossen und sterilisiert (25 Minuten auf 85 °C). Zu rasches Erhitzen bringt die Früchte zum Steigen.

Kirschen- und Weichselkompott

Die entstielten, tadellosen Kirschen oder Weichseln werden roh in Gläser gefüllt, mit Zuckerlösung übergossen und langsam auf 75 bis 80 °C erhitzt. Die Temperatur muss 20 Minuten lang gehalten werden.

Kompott auf andere Art

5 kg einer Obstart (Erdbeeren, Kirschen, Pflaumen, Weichseln, Zwetschken, Ringlotten) werden gewaschen und in einer Lösung von 1,5 l Wasser und 1 kg Zucker weich gekocht. Dabei wird, wenn nötig, abgeschäumt und ehe die Früchte ganz weich sind, werden 250 ml Rum zugesetzt, der nur ganz kurz mitkochen darf. Das kochend heiße Kompott wird sofort in Gläser gefüllt, diese werden verschlossen und aufbewahrt.

Apfelgelee

Die unreifen Äpfel werden von schlechten Stellen befreit (mit Kerngehäuse und Schale), knapp mit Wasser bedeckt und weich gekocht (nicht umrühren!). Der durch ein Tuch abgeseihte Saft wird mit 500 bis 600 g Zucker auf 1 l rasch bis zur Geleeprobe gekocht und das fertige Gelee heiß in Gläser gefüllt.

Ribisel- und Stachelbeergelee

Die gewaschenen Früchte werden mit sehr wenig Wasser bis zum Platzen gekocht, der Saft wird abgeseiht, zunächst ohne Zucker ca. 15 Minuten und dann mit 750 bis 800 g Zucker auf 1 l zu Gelee verkocht. Gutes Ribiselgelee ist hellrot, Stachelbeergelee ist goldgelb.

Gehobelte Äpfel (für Strudel, Kuchen usw.)

Nicht lagerfähige Äpfel werden gewaschen, ausgeschnitten und rasch auf einem rostfreien, groben Gemüsehobel mit der Schale zerkleinert. Fest in Patentgläser eindrücken, diese ohne Aufgussflüssigkeit verschließen und 30 Minuten sterilisieren.

Rumtopf (Steinguttopf oder Glas)

Auf je 500 g Früchte rechnet man 300 bis 500 g Zucker und 500 ml guten ca. 60-prozentigen Rum. Die Früchte werden so verwertet, wie sie nach der Jahreszeit anfallen, sie müssen vollkommen ausgereift und unbeschädigt sein.

Die Beeren lässt man mit dem Zucker bedeckt einige Zeit Saft ziehen, ehe sie mit der Rummenge in den Topf kommen, die übrigen Früchte kommen gleich in den Topf. Marillen und Pfirsiche werden blanchiert, halbiert und entsteint. Ringlotten und Zwetschken können mit den Kernen verwendet werden. Äpfel und Birnen werden geschält, vom Kerngehäuse befreit und in kleinere Stücke geschnitten. Frische

Ananasstücke runden den Geschmack ab. Die Rum-Zucker-Flüssigkeit soll immer 1 bis 2 cm über den Früchten stehen. Der Rumtopf muss immer gut mit Zellophanpapier verbunden werden und kühl und dunkel stehen. Zu Weihnachten können die ersten Kostproben entnommen werden.

Fruchtsaftgewinnung durch Dampfentsaften

Zur Fruchtsaftgewinnung eignen sich unsere Beerenfrüchte, wie Ribiseln, Himbeeren, Brombeeren, Erdbeeren, Heidelbeeren, Holunder und Berberitzen, aber auch Zwetschken, Marillen, Kirschen, Weichseln und Rhabarber. Die Zubereitung ist einfach, benötigt nicht viel Zeit und ist nicht arbeitsintensiv. Fruchtsäfte sind gesundheitsfördernd und sollen für Kinder, Jugendliche und Kranke weit gehend verwendet werden.
Die Früchte werden rasch gewaschen, Ribiseln samt den Stielen entsaftet. Rhabarber wird in Stücke geschnitten und Holunder nur grob gerebelt. Gut abgetropft werden sie eingezuckert oder auch ohne Zucker in den Fruchtkorb des Dampfentsafters gefüllt.

Für 1 kg Früchte rechnet man an Zucker:

Ribiseln	200–500 g
Himbeeren	500 g
Brombeeren und Heidelbeeren	200–300 g
Erdbeeren	150–300 g
Kirschen und Weichseln	200–400 g
Holunder	200–300 g
Rhabarber	300–500 g
Berberitzen	300–500 g

Beim Zustellen wird der Wassertopf drei Viertel mit Wasser gefüllt. Auf den Safttopf mit Ablassrohr und Abfüllschlauch wird der mit Früchten gefüllte Korb aufgesetzt und der Dampfentsafter mit einem Bogen Pergamentpapier und Deckel geschlossen. Die Zeit des Entsaftens wird vom Beginn des Kochens an gerechnet. Entsaftungsdauer ist ca. 60 bis 80 Minuten; 10 kg Beeren ergeben ca. 6 bis 7 l Saft.

Beim Abfüllen wird zuerst ca. 1 l Saft, der zu süß und zu wenig heiß ist, in ein Gefäß abgefüllt und wieder in den Fruchtkorb gegossen. Ansonsten wird der heiße Saft direkt in die gut gewaschenen und vorgewärmten Flaschen (60 °C) abgefüllt und mit ausgekochten Gummikappen oder Korken verschlossen. Bei Gummikappenverschluss werden die Flaschen randvoll gefüllt, bei Korkverschluss 3 bis 5 cm unter dem Rand. Die Korken werden verbunden und verwachst.

Süßmostgewinnung

Unter Süßmost versteht man frisch gepressten und dann sterilisierten Fruchtsaft (Apfelsaft, Apfel- und Birnensaft gemischt, Traubensaft). Der Wert des Süßmostes liegt in seinem hohen Gehalt an Vitamin C und in seiner durch die Fruchtsäure und den Fruchtzucker erfrischenden Wirkung. Er hat eine besondere Bedeutung in der Kinder- und Krankenkost. Sauber gewonnenen, frischen Most lässt man einige Stunden in einem kühlen Raum stehen, damit er klar wird. Der Saft wird entweder kalt in Flaschen gefüllt und im Einsiedetopf auf 75 °C (Thermometer in eine Flasche einhängen) sterilisiert und nach Erreichen der Temperatur mit Gummikappen verschlossen oder in einem emaillierten Topf auf 75 °C erhitzt und mittels ausgekochtem Schöpfer und Trichter in die vorbereitete Flasche gefüllt.

Bei größeren Mengen wird die Süßmostglocke verwendet. Die Wirkungsweise der Süßmostglocke besteht darin, dass der Saft den Doppelmantel der Glocke, die in kochendes Wasser eingehängt wird, von unten nach oben durchfließt und unter Kontrolle der Temperatur (75 °C) direkt in die Flaschen gefüllt und sofort verschlossen wird.

Aufbewahrung und Konservierung von Eiern

Das Verderben der Eier wird durch Kleinlebewesen hervorgerufen, die durch die poröse Kalkschale in das Innere des Eies eindringen und den Inhalt verderben. (Es entsteht ein fäulnisähnlicher Vorgang.) Alle Konservierungsmaßnahmen haben daher den Zweck, die Poren der Kalkschale zu verschließen und dadurch das Eindringen der Kleinlebewesen zu verhindern.

Durch die moderne Geflügelhaltung und die bessere Legeleistung unserer Hennen stehen im Allgemeinen das ganze Jahr über genügend Eier zur Verfügung. Es werden daher heute viel weniger Eier konserviert als früher. Es gibt aber immer noch viele preisbewusste und sparsame Hausfrauen, die das billige und größere Angebot der warmen Jahreszeit ausnützen und für den Winter einen Eiervorrat anschaffen, indem sie Eier einlegen.

Aufbewahrung

Luftig, kühl und dunkel auf Eierständern – die Eier müssen öfter gewendet werden.

In den Frühsommermonaten, in denen die meisten Eier anfallen, werden vollkommen frische, saubere und einwandfreie Eier durch die verschiedensten Methoden haltbar gemacht. Um die Eier auf ihre Konservierungseignung zu prüfen, wird die Lichtprobe oder die Klopfprobe angewendet.

Lichtprobe

Man hält das Ei in einem dunklen Raum mit der Hand umschlossen gegen grelles Licht. Frische Eier erscheinen gleichmäßig hell und klar, dunkle Flecken lassen ein Bebrüten oder Fäulnis vermuten, Sprünge in der Schale werden festgestellt. Je größer die Luftblase, desto älter ist das Ei.

Klopfprobe

Je zwei Eier werden leicht gegeneinander geklopft, wobei sich Sprünge leicht feststellen lassen.

Konservieren durch Tiefgefrieren

Voller Nährwert, Vitamine und Mineralstoffe der Lebensmittel bleiben durch das Tiefgefrieren für lange Zeit unverändert. Die eingefrorenen Nahrungsmittel halten sich verlustlos, ohne jeden Zusatz von Konservierungsmitteln, monatelang, oft über ein Jahr.

Das Tiefgefrieren nimmt unter allen Konservierungsarten besonders wenig Zeit und Kraft in Anspruch. Es verursacht keine hohen Kosten, kann zu jeder Jahreszeit angewendet werden und ist auch für kleine Lebensmittelmengen geeignet.

Durch diese Konservierungsmethode können alle unvorhergesehenen oder durch Rekordernten an Obst und Gemüse anfallenden Lebensmittelmengen auch in der warmen Jahreszeit sofort haltbar gemacht werden.

Jede Hausfrau bedient sich daher heute des Tiefgefrierens zur Lebensmittelkonservierung. Dieses Verfahren trägt wesentlich dazu bei, die Familie gesund zu erhalten, und bringt wirtschaftliche Vorteile.

Folgende Grundsätze sind zu beachten:

1. Die Gefriertruhe oder der Gefrierschrank sollen groß genug gewählt werden. Ein Haushalt mit sechs Personen benötigt eine Gefriertruhe mit 300 bis 400 l Inhalt.

   100 l Rauminhalt fassen

   50 bis 70 kg Fleisch oder
   30 bis 100 kg Obst oder
   30 bis 60 kg Gemüse.

2. Von allen Nahrungsmitteln eignet sich Fleisch am besten für diese Konservierungsart.
3. Von Gemüse und Obst werden jene Arten eingefroren, die sich nur schlecht lagern lassen.
4. Zum Gefrieren verwendet man nur Lebensmittel bester Qualität, die sorgfältig vorbereitet werden und vollkommen ausgekühlt sein müssen.
5. Die Verpackung muss luft- und wasserdampfdicht sein, der Verschluss sorgfältig, ebenso die Beschriftung.
6. Bei ca. minus 35 °C wird rasch eingefroren, bei minus 18 °C gelagert. Da die Lagerzeit nicht unbegrenzt ist, wird ein Lagerbuch geführt, in welchem Datum und Art des Gefriergutes einzutragen sind.
7. Vor der Verwendung werden die tiefgefrorenen Lebensmittel meist auf- oder angetaut. Wenige Nahrungsmittel werden im gefrorenen Zustand verarbeitet bzw. verkocht.

Geeignetes Verpackungsmaterial

- Kunststoff (Polyäthylen) als Meterware oder Säckchen
- Alufolie und Alubehälter
- Kunststoff-Tupperware, in Dosenform: sehr gut verwendbar
- Wachspapier in Form von Bechern, Tüten und Karton
- Verschlussmaterial: Bindfaden, Gummiringe, Metallstreifen, Metallklammern

Das Auftauen und die Verwendung von Tiefgefrierprodukten

- Auftauzeiten und Auftaumethoden richten sich nach den Gerichten und ihrer Verwendung.
- Gemüse kann in der Regel unaufgetaut verwendet und zubereitet werden.
- Flache Fleisch- und Fischstücke werden nur kurz angetaut oder unaufgetaut verarbeitet.
- Fleisch zum Kochen muss nur antauen und wird sofort zugestellt.
- Geflügel muss ganz auftauen, Geflügelteile lässt man antauen.
- Fleisch zum Dünsten und Braten lässt man antauen und setzt es dann zu.
- Backwaren können im Rohr bei 50 °C aufgetaut werden.
- In Alufolie oder Alubehältern eingefrorene Lebensmittel können in der Verpackung im Rohr (Kuchen) oder im kochenden Wasser (Gemüse, Fertiggerichte) aufgetaut werden.
- Die Garzeiten eingefrorener Lebensmittel sind etwa um ein Drittel kürzer.
- Angetaute und aufgetaute Lebensmittel sollen bald verwendet werden. Sie dürfen nicht wieder eingefroren werden.

Einfrieren von Fleisch

Das Fleisch unserer Haustiere und Wildfleisch lässt sich sehr gut durch diese Methode konservieren. Mageres Fleisch eignet sich besser als fettes, ebenso das Fleisch jüngerer Tiere. Vor dem Einfrieren muss das Fleisch abliegen, und zwar:

Schweinefleisch	1 bis 2 Tage
Rindfleisch	5 bis 7 Tage
Kalbfleisch	2 bis 3 Tage, damit es an Geschmack und Aussehen nicht verliert
Wild	8 bis 10 Tage, in der Decke oder im Federkleid, jedoch ohne Eingeweide

Knochen werden möglichst ausgelöst. Schnittflächen durch Trennen der Muskeln und Muskelwände vermeiden, um Saftverluste zu verhindern. Wird geschnitten, dann so, dass das Fleisch eine gleichmäßige, viereckige Form erhält.

Vor dem Einfrieren wird das Fleisch mit einem sauberen Tuch abgetrocknet. Ausgelöste Stücke (Karree, Brust- und Bauchfleisch) werden gerollt und eventuell gebunden. Für Schnitzel wird das Fleisch geschnitten, für Gulasch gewürfelt, Fleischreste werden faschiert. Zwischen die Schnitzel wird eine Einfrierfolie gelegt.

Wurst-, Selch- und Surfleisch halten sich ein bis vier Monate. Ungewürztes und ungesalzenes Fleisch ist sechs bis acht Monate haltbar, ohne einen Qualitätsverlust zu erleiden. Ein längeres Einfrieren ist unrentabel.

Ein Fleischpaket soll nicht mehr als 2,5 kg wiegen. Jedoch richtet sich die Größe nach der Anzahl der im Haushalt lebenden Personen. Ein Fleischpaket mit 1 bis 1,5 kg taut bei Zimmertemperatur in etwa fünf Stunden auf. Es ist jedoch besser, das Fleisch schon am Vortag aus dem Gefrierfach zu nehmen und in den Kühlschrank zu geben, wo das An- oder Auftauen sehr gleichmäßig, aber in längerer Zeit erfolgt. Ein Auftauen in der warmen Küche ist nicht angebracht. Fleisch soll vor der Verwendung meist nicht ganz auftauen, da sehr rasch ein Saftverlust auftritt. Schnitzel oder kleinere Stücke können auch in gefrorenem Zustand zubereitet werden. Aufgetautes Fleisch muss sofort zubereitet werden, ein nochmaliges Einfrieren ist nicht zu empfehlen. Die Qualität wird verschlechtert.

Einfrieren von Gemüse

Alles Gemüse muss frisch geerntet und spätestens eine Stunde nachher eingefroren werden. Es darf keine faulen und kranken Stellen aufweisen.

Das Gemüse wird gereinigt, geputzt, sortiert, zerkleinert und überkocht (blanchiert). Zum Blanchieren kommt es in einen Drahtkorb oder in einen Beutel aus grob gewebtem Stoff und wird je nach Zartheit 2 bis 4 Minuten in stark kochendes Wasser gehängt. (Kein Salzwasser verwenden!)

Nach dem Blanchieren wird das Gemüse ebenso lang (2–4 Minuten) unter fließendem Wasser oder in Eiswasser abgekühlt, zwischen Tüchern abgetrocknet, in die vorbereiteten Säckchen oder Behälter gefüllt und sofort eingefroren. Richtig eingefrorenes Gemüse behält seine schöne natürliche Farbe, liegt locker im Säckchen und ist nicht zu einem Klumpen zusammengefroren (gutes Trocknen, rasches Einfrieren!).

Eingefrorenes Gemüse ist ein halbes Jahr lagerfähig, dann nimmt es an Güte ab.

Rezepte für eingefrorenes Gemüse

Gemüse für Suppe

Kohlrabi, Karotten, Fisolen, Erbsen oder Karfiol werden nach dem Waschen geschnitten (nicht reißen oder reiben – Saftverlust), durcheinander gemengt, vorgekocht, übertrocknet und eingefroren. Bei der Verwendung kommt das Gemüse in gefrorenem Zustand sofort in die vorbereitete, kochende Einmach und wird 10 Minuten weiter gekocht. Im Dampfdruckkochtopf 2 bis 4 Minuten.

Vorteilhaft werden kleine Portionen eingefroren, gerade so viel, wie für eine Suppe gebraucht wird.

Fisolen

sind dafür sehr gut geeignet. Bei der Zubereitung in gefrorenem Zustand in die kochende Einbrenn geben.

Erbsen

sind ebenfalls sehr gut geeignet. Bei der Zubereitung in gefrorenem Zustand sofort in heißes Fett geben und dünsten oder in kochendes Wasser einlegen und weich kochen, mit Butter anrichten.

Karfiol

ist mäßig geeignet. Bei der Zubereitung in gefrorenem Zustand in kochendes Salzwasser geben oder besser dämpfen.

Kohlrabi
eignet sich sehr gut. Bei der Zubereitung in gefrorenem Zustand in kochendes Salzwasser geben, kurz aufkochen lassen und mit Petersileinmach fertig bereiten oder mit Butter und Bröseln anrichten.

Gurken
sind mäßig geeignet. Nur grüne Gurken verwenden, schälen, halbieren, entkernen, grob hobeln, abtropfen lassen, sofort in Säckchen füllen und umgehend in die Tiefkühltruhe geben. Die Gurkenscheiben dürfen nicht zu einem Klumpen zusammenfrieren. Bei der Zubereitung kommen die noch gefrorenen Gurken in eine Schüssel und werden mit einer Öl-Essig-Marinade übergossen und aufgetaut. Mit blättrig geschnittenen Kartoffeln schmeckt der Salat besser.

Paprika
in Streifen schneiden oder im Ganzen blanchieren. Geschnittene Paprika eignen sich für Letschogemüse; die ganzen Paprika können gefüllt oder ungefüllt eingefroren werden.

Spinat
ist gut geeignet. Der gewaschene, vorgekochte Spinat wird passiert (nicht faschiert – Metallgeschmack) oder gemixt, dicht in Becher gefüllt und eingefroren. Bei der Zubereitung kommt der etwas aufgetaute Spinat in die vorbereitete Einmach, muss rasch durchkochen und wird abgeschmeckt.

Schnittlauch und Petersilie
Fein geschnittenen Schnittlauch und abgezupfte Petersilienblätter in kleinen Portionen einfrieren.

Einfrieren von Obst

Das Obst muss reif geerntet und sofort eingefroren werden. Es darf keine faulen und kranken Stellen aufweisen. Es wird gewaschen und kann ganz, geschält, entkernt oder geteilt (tischfertig) eingefroren werden. Beerenobst wird durch Überbrausen mit kaltem Wasser gereinigt und erst dann entstielt.

Obst kann auf dreierlei Arten eingefroren werden:

1. ohne Zucker: geeignet für Kirschen und Zwetschken (Diabetiker)
2. mit Kristallzucker: 1 Teil Zucker auf 5 Teile Früchte – geeignet für Beerenfrüchte
3. mit einer Zuckerlösung: aufgekocht und ausgekühlt – 500 bis 700 g Zucker auf 1 l Wasser

Obst wird in Kunststoffsäckchen und Kunststoffbehältern, in Glasbehältern, in Flaschen mit weitem Hals (für Saft), aber nicht in Alubehälter eingefüllt und eingefroren.

Allgemeines über die Güte von eingefrorenem Obst

Es eignet sich zum Rohessen nicht unbedingt, hat aber bei der Verwendung zu Cremes und Fruchtkuchen einen angenehmen Geschmack. Eingezuckertes Obst hält sich bis zu einem Jahr, ungezuckertes bis zu einem halben Jahr in der Tiefkühltruhe, dann verliert es an Qualität. Beim Verbrauch muss ungezuckert eingefrorenes Obst entweder vor dem Auftauen eingezuckert oder in einer Zuckerlösung aufgetaut werden (zur Vermeidung einer Braunfärbung).

Rezepte für eingefrorenes Obst

Holunder
vor dem Entstielen waschen, abtropfen lassen, entstielt in Becher oder Säckchen füllen, bei der Zubereitung in gefrorenem Zustand in Zuckerwasser werfen.

Ribiseln, Brombeeren, Himbeeren und Heidelbeeren
sind sehr gut geeignet für Kompott, Kuchenbelag, Fruchtschaum, Obstsalat.

Erdbeeren
sind gut zum Einmengen unter Schlagobers und eignen sich gut zu Fruchtschaum, Kompott und Creme.

Bei der Zubereitung werden die Früchte in angetautem Zustand mit Zucker vermengt und entweder unter das steife Schlagobers gezogen oder schaumig geschlagen.

Ringlotten und Zwetschken
eignen sich mäßig. Geeignet für Kuchenbelag, halbiert und entkernt, und für Kompott. Für Kuchenbelag werden die Früchte erst dann aus der Kühltruhe genommen, wenn der Teig bereits auf dem Blech liegt. Sie werden in gefrorenem Zustand aufgelegt und der Kuchen wird sofort in das Rohr geschoben. Anstelle des Bleches verwendet man besser eine Bratpfanne, um das Abfließen des Fruchtsaftes zu verhindern.

Für Zwetschkenknödel kommen die noch gefrorenen ganzen Früchte sofort in die Teighülle und werden umgehend in kochendes Salzwasser eingelegt. Die Kochzeit ist etwas länger als bei Knödeln mit frischen Früchten.

Marillen und Pfirsiche
sind gut geeignet für Fruchtschaum und Kuchenbelag.

Falläpfel
werden gehobelt, roh oder vorgekocht in Behältern oder in zwei ineinander gesteckten Säckchen eingefroren. Die Apfelschnitzel werden mit Zucker überstreut, zugedeckt, kurz gedünstet; dann lässt man sie abtropfen und auskühlen. Verwendung: Strudel und Kuchen.

Will man die Äpfel für Kompott verwenden, werden die Apfelspalten kurz in Zucker-Zitronen-Lösung gekocht, abgeseiht und nach dem Auskühlen eingefroren.

Einfrieren von Fertiggerichten

Selbst hergestellte Fertig- und Halbfertiggerichte können sehr gut eingefroren werden und erleichtern durch die Möglichkeit der raschen Zubereitung die Arbeit in der Küche. Die Herstellerfirmen der Tiefgefriergeräte liefern viele Anleitungen und die eigene Geschicklichkeit und Überlegung bieten viele Möglichkeiten.

Der Zeitaufwand für die Bereitung von Speisen für mehrere Mahlzeiten ist nur unwesentlich höher als für eine Mahlzeit, macht sich aber bei der Verwendung bezahlt.

Gut geeignet sind zum Einfrieren: Fleischspeisen, Faschiertes, Suppeneinlagen aus Fleisch und Innereien, Eintopfgerichte, gekochte und auch rohe Knödel, Gemüse ohne Einbrenn, Germgebäck, Blätterteig, Mürbteig und Backpulverteig, ebenso daraus hergestellte Backwaren.

Fertiggerichte sollen höchstens zwei bis drei Monate gelagert werden.

Rezeptteil

Die Mengenangaben bei den Zutaten sind im Allgemeinen für sechs Personen berechnet.

Bei einzelnen Rezepten wird sowohl bei den Zutaten als auch bei der Zubereitung auf verschiedene andere Speisen hingewiesen, deren Zutaten und Zubereitung an anderer Stelle des Buches in Rezeptform beschrieben werden. In diesem Fall sucht man das entsprechende Rezept im Stichwortverzeichnis.

Die im Rezeptteil verwendeten Abkürzungen gelten für Elektroherde mit Ober- und Unterhitze und bedeuten:

T = Temperaturangabe
B = Back- oder Bratzeit
o. Sch. = obere Schiene
m. Sch. = mittlere Schiene
u. Sch. = untere Schiene
EL = Esslöffel
TL = Teelöffel
KL = Kaffeelöffel
P. = Päckchen
g = Gramm
ml = Milliliter
n. B. = nach Belieben

Foto: Shutterstock.com / HandmadePictures

V

Aufstriche und kleine Häppchen

Topfenaufstrich

- **250 g Topfen, 125 ml Sauerrahm, 75 ml Buttermilch; Salz, Pfeffer, Schnittlauch oder verschiedene Kräuter (Bärlauch), anstatt der Kräuter wahlweise nur mit Kümmel**

Topfen, Sauerrahm und Buttermilch verrühren, würzen, mit Kräutern oder Kümmel verfeinern.

Liptauer

- **125 g Butter, 250 g Topfen oder Brimsen, 125 ml Sauerrahm; Schnittlauch, 1 EL Kapern, 1 EL Zwiebel, 2 Essiggurkerln, 1 TL Senf, Paprika, Kümmel, Pfeffer**

Butter flaumig rühren, Topfen und Sauerrahm unterheben. Fein gehackte Zutaten untermengen, kräftig würzen.

Sardellenbutter

- **125 g Butter; 1 EL Sardellen oder Sardellenpaste**

Fein geschabte Sardellen oder Sardellenpaste unter die flaumig gerührte Butter mengen.

Kräuterbutter

- **125 g Butter, 2 EL gehackte Kräuter: Schnittlauch, Dille, Kerbel, Estragon, Basilikum, Petersilie, Zwiebel, Salz**

In die flaumig gerührte Butter die fein gehackten Kräuter untermengen und salzen.

Knoblauchbutter

- **125 g Butter, 4 Knoblauchzehen, Salz, Pfeffer**

In die flaumig gerührte Butter die gepressten Knoblauchzehen untermengen und würzen.

Kartoffelkäse

- **250 g Kartoffeln, 50 g Butter, 125 ml Sauerrahm, 1 große Zwiebel, Pfeffer, Salz, Schnittlauch n. B.**

Unter die abgetriebene Butter die frisch gekochten, ausgekühlt geriebenen Kartoffeln, fein gehackte Zwiebel und Sauerrahm mengen, kräftig würzen, mit fein gehacktem Schnittlauch bestreuen.

Eieraufstrich

- **6 hart gekochte Eier, 2 EL Butter, 1 TL Senf, Salz, Pfeffer, 75 ml Sauerrahm, Schnittlauch n. B.**

Butter flaumig rühren und mit den Gewürzen vermischen. Fein gehackte Eier und Sauerrahm unterheben. Abschmecken und mit fein gehacktem Schnittlauch bestreuen.

Leberaufstrich

- **150 g Leber, 20 g Fett, 1 kleine Zwiebel, 125 g Kartoffeln, 1 Essiggurkerl; 3 EL Sauerrahm, Salz, Petersilie n. B.**

Blättrig geschnittene Leber und fein gehackte Zwiebel kurz in Fett rösten, mit den gekochten, ausgekühlten Kartoffeln faschieren, mit würfelig geschnittenem Essiggurkerl, fein gehackter Petersilie und Sauerrahm vermengen, mit Salz abschmecken. Leberaufstrich rasch verbrauchen!

Selchfleischaufstrich

- **125 g Selchfleischreste, 1 gekochte Kartoffel, 50 g Hartkäse; 1 Essiggurkerl, Salz, Kapern, Senf**

Selchfleisch, gekochte Kartoffel und Käse reiben, fein geschnittenes Essiggurkerl und Gewürze untermengen.

Fleischaufstrich

- **125 g Fleischreste, 1 Tomate, verschiedene Kräuter**

Fleischreste mit Tomate und Kräutern faschieren, abschmecken. Aufstrich bald verbrauchen!

Wurstaufstrich

- **250 g Wurst; 1 EL Butter, 2 EL Mayonnaise oder Sauerrahm, Pfeffer, Paprikapulver, 1 mittlere Zwiebel**

Flaumig gerührte Butter mit Mayonnaise, faschierter Wurst und Gewürzen vermengen, kräftig abschmecken.

Sardinenaufstrich

- **200 g Butter, 4 Sardinen, 1 Zwiebel; Salz, Senf, Paprikapulver, Petersilie n. B.**

Unter die flaumig gerührte Butter gehackte Sardinen und fein gehackte Zwiebel, etwas Senf, Paprika, Petersilie und Salz untermengen.

Fischaufstrich

- **300 g Tunfisch (Dose), 20 g Butter, 2 hart gekochte Eier, 1 Zwiebel, Salz, Pfeffer**

Butter flaumig rühren und Tunfisch unterheben. Eier und Zwiebel fein hacken. Alles vermischen und gut würzen.

Belegte Brote

- **6 Schwarzbrotscheiben, 40 g Butter; 120 g Wurst oder Schinken, 120 g Käse, 6 Sardinen, 6 Essiggurkerln, 3 hart gekochte Eier**

Brotscheiben mit Butter bestreichen, appetitlich mit Wurst, Käse, Sardinen, Fächergurkerln und Eischeiben belegen.

Belegte Weißbrotscheiben

- **12 Weißbrotscheiben**
  Belag: 60 g Sardellenbutter oder Butter, 100 g Schinken oder Selchfleisch, 100 g Zunge, 100 g Braten oder Wurst, 50 g Hartkäse, 6 Essiggurkerln, 2 hart gekochte Eier, 2 Tomaten, Schnittlauch n. B.

Brotscheiben mit Butter bestreichen, appetitlich mit Schinken oder Selchfleisch, Zunge, Braten oder Wurst, Käse, Essiggurkerln, Eischeiben und Tomaten belegen und mit fein gehacktem Schnittlauch bestreuen.

Vegetarierbrötchen

- **6 Vollkornbrotschnitten**
  Belag: 60 g Butter, 120 g Käse, 3 hart gekochte Eier, Tomaten, Schnittlauch

Brotscheiben mit Butter bestreichen, appetitlich mit Käse, Eischeiben und Tomaten belegen und mit fein gehacktem Schnittlauch bestreuen.

Pikante Happen

- **4 Brotschnitten (ca. 3 x 3 cm würfelig geschnitten), 3 Salzstangerln (in Scheiben geschnitten), 24 St. Käsekekse**
  Belag: 50 g Wurst, 100 g Selchfleisch, 100 g Braten, 5 Käsescheiben; 2 Tomaten; Essiggurkerln, Äpfel, Sardellenringerln sowie Oliven n. B.

Brotunterlage bestreichen, mit verschiedenen appetitlich zurechtgeschnittenen Zutaten belegen, mit Tomaten, Essiggurkerln, Äpfeln usw. garnieren und mit Spießchen feststecken.

Jägerwecken

- **1 Sandwichwecken**
  Fülle: 200 g Butter, 100 g Selchfleisch, 100 g Zunge, 100 g Bratenreste, 200 g Käse, 2 Essiggurkerln, Sardellenpaste, Senf, Pfeffer, Salz

Für die Fülle Butter abtreiben, würfelig geschnittenes Fleisch, Käse und Essiggurkerln untermengen und würzen.
Sandwichwecken aushöhlen, Fülle fest hineindrücken, in Pergamentpapier einhüllen und bis zur Verwendung kalt stellen; zum Anrichten in Scheiben schneiden.

Sandwichtorte

- **Weißbrot- oder Bauernbrotlaib**
  Topfenaufstrich: 75 g Butter, 125 g Topfen, 1 EL Senf, etwas Paprika, Salz; 200 g Wurst, 200 g Selchfleisch oder Braten, 200 g Käse, 3 hart gekochte Eier, Essiggurkerln, Petersilie n. B.

Brotlaib entrinden, 4- bis 5-mal durchschneiden. Für den Topfenaufstrich alle Zutaten miteinander verrühren. Brotflächen mit Topfenmasse bestreichen; abwechselnd mit Wurst, Selchfleisch oder Braten- und Käsescheiben, blättrig geschnittenen Essiggurkerln und Eischeiben belegen, zusammensetzen, beschweren und mit fein gehackter Petersilie garnieren.

Eingebackene Würstel

- **3 Paar Frankfurter oder Bratwürste; 250 g Mehl, 80 g Fett, 1/2 P. Backpulver, Salz, Pfeffer, Muskat, 180 g Topfen, 1 Ei; Ei zum Bestreichen**

Aus den Zutaten einen Mürbteig bereiten, ausrollen, Rechtecke schneiden, Würstel der Quere nach einschneiden, pro Rechteck ein Würstel einschlagen, mit Ei bestreichen und backen.

T: 200 °C, B: 15–20 Minuten, m. Sch.

Statt Mürbteig kann auch Topfenbutter- oder Blätterteig verwendet werden.

Schinkenkipferln

➤ **100 g Butter, 100 g Mehl, 100 g gekochte Kartoffeln, Salz**
Fülle: 250 g Selchfleisch oder Schinken, 1 Eidotter; Eiklar zum Bestreichen

Butter, Mehl und passierte Kartoffeln sowie Salz zu einem Mürbteig verarbeiten, 30 Minuten rasten lassen, ausrollen, in Vierecke schneiden. Gehackten Schinken oder Selchfleisch mit Eidotter vermengen, Fülle mittig auf das jeweilige Viereck setzen, Kipferln formen, mit Eiklar bestreichen und backen.

T: 200 °C, B: 20–25 Minuten, m. Sch.

Überbackene Brote

➤ **1 kg Hausbrot, 300 g Schinken, 250 g geriebener Käse, 250 ml Sauerrahm, Muskat, Schnittlauch, Petersilie, Pfeffer**

Brot in Scheiben, Schinken in dünne Streifen schneiden und mit den restlichen Zutaten vermischen. Die Masse auf die Brote streichen und im Rohr überbacken.
T: 220 °C, B: 5 Minuten, o. Sch.

Pikanter Kranzkuchen

➤ **500 g Mehl, 30 g Germ, 250 ml Milch, 60 g Butter, 2 Eidotter, Salz**
Fülle: 100 g Speck, 100 g Selchfleisch, 100 g Zwiebeln, 1 Knoblauchzehe, Pfeffer, Petersilie; Ei zum Bestreichen

Germteig bereiten, 0,5 cm dick zu einem Rechteck ausrollen. Für die Fülle Speck, Selchfleisch, Zwiebel und Knoblauch kleinwürfelig schneiden, anrösten und würzen. Teig damit belegen und dicht einrollen; der Länge nach durchschneiden und beide Hälften wie eine Schnecke gegeneinander drehen. Entweder als Striezel oder als Kranz auf das befettete Blech legen, nochmals kurz gehen lassen, mit Ei bestreichen und backen.

T: 190 °C, B: 30–40 Minuten, m. Sch.

Pikante Brandteigkrapferln

➤ **125 ml Wasser, 40 g Butter, Salz, 100 g Mehl; 2–3 Eier, 1/2 TL Backpulver**
Käsefülle: 60 g Butter, 120 g Streichkäse, Salz, Paprika
Schinkenfülle: 120 g Schinken, 1 hart gekochtes Ei, 1 Essiggurkerl, 1 kleiner Apfel, 1–2 EL Sauerrahm

Aus den Zutaten einen Brandteig bereiten, mit Kaffeelöffel kleine Häufchen aufs Blech setzen und backen. Für die Käsefülle Butter und Käse abrühren, würzen. Für die Schinkenfülle Schinken, Ei, Essiggurkerl und Apfel fein schneiden oder hacken und mit Sauerrahm vermengen. Die ausgekühlten Krapfen füllen, mit grünem Salat und Tomaten anrichten.

Butterteigpasteten

➤ **Butterteig.**
Fülle: Fleischreste, Pilze, Erbsen; Zwiebel, Petersilie, Pfeffer, Salz

Aus dem dick ausgerollten Butterteig Scheiben und gleich große Ringe ausstechen, mit Eiklar zusammensetzen und backen. Die übrig gebliebenen kleineren Scheiben ebenfalls backen. Für die Fülle Zutaten zerkleinern, kurz rösten und gut würzen. Die ausgekühlten Pasteten füllen, mit den kleinen Scheiben abdecken.

Butterteigpasteten mit Preiselbeeren

➤ **Butterteig; Preiselbeeren**

Pasteten backen, wie oben beschrieben, mit Preiselbeeren füllen, zu Wild und Rindsbraten servieren.

Gemüsesulz

➤ **1 kg Gemüse (Karotten, Erbsen, Fisolen, Kohlrabi, Broccoli, Zuckermais, Karfiol, Gelbe Rüben), 12 Blatt Gelatine, 750 ml Suppe, Salz**

Gemüse in Salzwasser bissfest kochen. Gelatine in etwas kalter Suppe einweichen, in die gut gewürzte heiße Suppe einrühren – nicht mehr aufkochen! Gemüse in die Suppe geben und die Masse in eine kalt ausgespülte Form (Tortenform, Rehrückenform, kleine Gugelhupfformen) gießen. Fertige Sulz mit Zwiebeln, Essig und Öl anrichten.

Aspik

➤ **2 Schweinsfüße, 250 g Wadschinken, 500 g Schwarten, 5 l Wasser; Wurzelwerk, Zwiebel, Pfeffer und Gewürzkörner, Lorbeerblatt, Essig, Salz; 4 Eiklar**

Zerkleinerte Füße, Fleisch, Schwarten und Wurzelwerk kalt zustellen, 4 Stunden langsam kochen, mit Essig und Gewürzen noch 1 Stunde weiter kochen, abseihen und erstarren lassen. Die Oberfläche vom Fett vollkommen befreien, die gesulzte Masse nochmals erhitzen, den leicht geschlagenen Eischnee untermengen, zum Kochen bringen, dabei weiter schlagen; dann stehen lassen, bis sich die Flüssigkeit klärt, abschäumen und durch ein feuchtes Tuch in eine feuerfeste Glasschüssel abseihen. Es ist vorteilhaft, vor dem Abseihen etwas Suppe sulzen zu lassen und auf die Festigkeit zu prüfen.

Falsches Aspik

➤ **500 ml Fleischsuppe, Fischsud oder Gemüsewasser; Salz, Essig, evtl. Suppenwürze; 8–10 Blätter Gelatine**

Gelatine in etwas kalter Suppe einweichen, zur gut gewürzten heißen Suppe seihen, verrühren, in eine mit kaltem Wasser ausgeschwenkte Form gießen und erstarren lassen.

Trockenaspik

Verwendung nach Gebrauchsanweisung, eignet sich für gesalzene und gesüßte Speisen.

„Hinzenbacher" Jausensalat

➤ **4 Knacker, 3 hart gekochte Eier, 1 kleine Salatgurke oder Essiggurkerl, 1 gelber Paprika, 5 Radieschen, 2 Zwiebeln,**
250 g gekochte Fisolen
Marinade: 250 ml Sauerrahm, 125 ml Jogurt, 2 EL Essig, Salz, Pfeffer, Zucker, Kräuter

Knacker und Eier in Scheiben schneiden, Gurke, Paprika und Radieschen stiftelig schneiden, Zwiebeln in Ringe und Fisolen in Stücke schneiden. Zutaten in eine Schüssel geben, mit Marinade übergießen und vermischen. Für die Marinade die Zutaten vermischen und abschmecken.

Foto: Shutterstock.com / A. Zhuravlev

VI

Salate

Salatmarinade I

➤ **100 ml Essig, 1 EL Salz, 1–2 EL Zucker, 400 ml Wasser**

Vorratsmenge; in einer Flasche gut verschlossen und kühl aufbewahren.

Salatmarinade II

➤ **125 ml Sauerrahm oder Jogurt, 1 TL Salz, 1–2 TL Zucker, verschiedene fein gehackte Kräuter**

Zutaten kurz vor dem Anrichten verrühren.

Häuptelsalat

➤ **3 Häuptel Salat, Marinade I, 3 EL Öl; Schnittlauch n. B.**

Salat von welken Außenblättern befreien, große Blätter teilen, evtl. starke Rippen entfernen, Herzchen ganz lassen; Blatt für Blatt waschen, abtropfen lassen, vor dem Anrichten Öl und Marinade untermischen, mit fein gehacktem Schnittlauch bestreuen.

Endivien- oder Chinakohlsalat

➤ **1–2 Häuptel, Marinade I, 3 EL Öl, Senf oder Zucker**

Salat von welken Blättern befreien, gründlich waschen, nudelig schneiden, vor dem Anrichten mit Öl und Marinade vermengen. Salat nicht auswässern, der bittere Geschmack wird durch Zugabe von Zucker oder Senf gemildert.

Vogerlsalat

➤ **300 g Vogerlsalat, Marinade I, 1–2 EL Öl**

Vogerlsalat putzen, waschen, mit Öl und Marinade vermengen, anrichten. Mit Kartoffelsalat vermischt, schmeckt er besonders gut.

Kalter Krautsalat

➤ **750 g Kraut, Salz, Kümmel; Essig, Zucker, 3 EL Öl**

Fein gehobeltes Kraut leicht salzen, mit Kümmel bestreuen, kurz ziehen lassen, mit Essig, etwas Zucker und Öl abschmecken.

Rotkrautsalat

➤ **750 g Rotkraut, Salz, Kümmel; Essig, Saft einer Orange, Zucker, 3 EL Öl**

Fein gehobeltes Kraut leicht salzen, mit Kümmel bestreuen, kurz ziehen lassen, mit Essig, Orangensaft, etwas Zucker und Öl abschmecken.

Warmer Krautsalat

➤ **750 g Kraut, Salz, Kümmel; Essig, Zucker, 50 g Speck**

Gehobeltes Kraut leicht salzen, Kümmel drüberstreuen, vermischen, kurz ziehen lassen, mit kochendem, leicht gezuckertem Essigwasser übergießen, durchmengen und zuletzt glasig geröstete Speckwürfel über das Kraut geben, vermengen und abschmecken.

Gedünsteter Krautsalat

➤ **750 g Kraut, 1 Zwiebel, 1 TL Fett, Salz, Kümmel, etwas Weißwein; Essig, 50 g Speck oder Bratenfett**

Fein gehackte Zwiebel anrösten, gehobeltes Kraut, Salz, Kümmel dazugeben und mit etwas Weißwein dünsten, mit Essig würzen und mit gerösteten Speckwürfeln oder heißem Bratenfett übergießen.

Zichoriensalat

➤ **3–4 Chicorée, Mayonnaise oder 125 ml Schlagobers, 2 Äpfel, Zitronensaft, Zucker, Salz**

Chicorée einmal der Länge nach halbieren, den bitteren Strunk herausschneiden, in feine Ringe schneiden und sofort mit Salz und Zucker, gewürzter Mayonnaise oder Schlagobers vermischen und mit würfelig geschnittenen Äpfeln und Zitronensaft vermengen.

Fisolensalat

➤ **750 g Fisolen, Salz; 2 EL Öl, 1 Zwiebel, Pfeffer, Essig, Zucker**

Geschnittene Fisolen in wenig Salzwasser kochen, noch warm mit Öl, fein gehackter Zwiebel und Pfeffer vermischen, mit Essig und Zucker abschmecken, Kochwasser für die Marinade verwenden. Fisolensalat soll mindestens 1 Stunde vor dem Anrichten zubereitet werden.

Gurkensalat

➤ **1 kg Gurken, unverdünnte Marinade I, 2 EL Öl, Knoblauch, Borretsch oder Dille; Sauerrahm oder Buttermilch**

Gurken schälen, hobeln, mit Marinade vermengen, mit fein gehacktem Knoblauch und Borretsch fertig abschmecken, sofort anrichten. Besser verträglich ist Gurkensalat, wenn er gehobelt mit Sauerrahm oder Buttermilch zubereitet wird.

Gurken mit Schale

➤ **500 g kleine Gurken, unverdünnte Marinade I, 2 EL Öl**

Gurken waschen, fein hobeln, mit Öl und Marinade vermengen.

Hinweis: Gurkensalat wird schwer verdaulich, wenn er eingesalzen und später ausgedrückt wird – gerade der Saft ist das Bekömmlichste –, also Salz nach dem Öl dazugeben, außer man verwendet eine fertige Marinade.

Kürbissalat

➤ **500 g Speisekürbis, unverdünnte Marinade I, 2 EL Öl, Senf, Schnittlauch oder Dille**

Fein gehobelten Kürbis mit Öl beträufeln, mit Marinade und fein gehackten Kräutern vermischen, vor dem Anrichten nochmals nachwürzen. Der Geschmack lässt sich mit fein geriebener Zwiebel oder säuerlichen Äpfeln verbessern.

Tomatensalat

➤ **500 g Tomaten, unverdünnte Marinade I, 2 EL Öl, 1 Zwiebel, Basilikum**

Tomaten in Scheiben schneiden, mit Öl, Marinade, gehackter Zwiebel und Basilikum vermischen, wenn nötig vor dem Anrichten nachwürzen.

Paprikasalat

➤ **500 g Paprika, 1 Zwiebel, 125 ml Sauerrahm, 2 EL gehackte Nüsse oder Kürbiskerne, Salz, Zucker, Pfeffer, 2 EL Essig**

Paprika säubern, waschen, nudelig schneiden, mit geschnittenen Zwiebeln, Nüssen, Sauerrahm und Gewürzen vermischen. Zum Verfeinern können ein paar Tropfen Kürbiskernöl verwendet werden.

Spinatsalat

➤ **250 g Spinat, Marinade I, 1 EL Öl**

Jungen Spinat waschen, evtl. nudelig schneiden, mit Öl und Marinade vermengen.

Roter-Rüben-Salat I

➤ **750 g Rote Rüben, Marinade I, Kümmel, Kren**

Gekochte Rote Rüben blättrig oder stiftelig hobeln, mit Marinade, Kümmel und geriebenem Kren vermengen, nach einigen Stunden nachwürzen. Der Salat ist zum Aufbewahren für längere Zeit geeignet.

Roter-Rüben-Salat II

➤ **750 g Rote Rüben, Marinade I, Kümmel, Kren**

Rote Rüben waschen, roh schälen, hobeln, mit Kümmel vermischen, in wenig Salz-Essig-Wasser weich dünsten, nachwürzen, mit Kren bestreuen. Dieser Salat kann sofort verwendet werden.

Karottensalat I

➤ **500 g Karotten, Marinade I, 1 EL Öl, Petersilie**

Gekochte Karotten blättrig schneiden, mit Öl, Marinade und fein gehackter Petersilie vermengen.

Karottensalat II

➤ **250 g Karotten, 250 g Äpfel; Zitronensaft, Salz, Zucker, 1 EL Öl**

Fein geriebene Karotten, grob gerissene Äpfel mit Zitronensaft, Zucker, Salz und Öl vermischen, abschmecken.

Rettichsalat

➤ **500 g Rettich, Marinade I, 2 EL Öl, evtl. Pfeffer, Schnittlauch n. B.**

Geschälten, grob gerissenen Rettich leicht salzen, nach kurzer Wartezeit mit der Marinade, Öl und Gewürzen anmachen und mit fein geschnittenem Schnittlauch bestreuen.

Sellersiesalat

➤ **500 g Sellerie, Marinade I, 2 EL Öl**

Geputzte Sellerieknollen weich kochen, blättrig oder stiftelig schneiden, mit Öl und Marinade vermengen, kräftig abschmecken.

Selleriesalat mit Kartoffeln

➤ **250 g Sellerie, 250 g Kartoffeln, Marinade I, 1 EL Öl**

Gekochte Sellerie und Kartoffeln blättrig schneiden, mit Marinade und Öl vermengen.

Selleriesalat mit Äpfeln

➤ **250 g Sellerie, 250 g Äpfel, Zitronensaft, Salz, Zucker, 1 EL Öl**

Geputzte rohe Sellerie fein aufreißen, mit grob gerissenen Äpfeln vermengen und abschmecken.

Champignonsalat

➤ **600 g Champignons, Salz, Essig; 1 kleine Zwiebel, Zucker**

Champignons putzen, waschen, halbieren, in wenig leichtem Salz-Essig-Wasser kochen, überkühlt die klein geschnittene Zwiebel untermengen, die Marinade etwas zuckern und nachwürzen.

Porreesalat I

➤ **500 g Porreestangen, 100 g gekochte Champignons (aus der Dose), 50 g Ananasstücke, 250 ml Sauerrahm, Salz, etwas Zucker, 2 EL Essig, Schnittlauch n. B.**

Porreestangen putzen, waschen, ringelig schneiden, mit den blättrig geschnittenen Champignons und den anderen Zutaten vermischen und abschmecken. Mit fein geschnittenem Schnittlauch bestreuen.

Porreesalat II

➤ **400 g Porreestangen, Salz, Essig, etwas Zucker, Öl; Schnittlauch**

Porreestangen putzen, waschen, ringelig schneiden, mit Essig, Salz, etwas Zucker und Öl marinieren, mit fein gehacktem Schnittlauch bestreuen.

Hinweis: Dieser Porreesalat ist eine gute Ergänzung zum Kartoffelsalat.

Kartoffelsalat

➤ **750 g Kartoffeln, Marinade I, 3 EL Öl, 1 große Zwiebel, evtl. Pfeffer**

Kleine, speckige Kartoffeln kochen, schälen, ausgekühlt blättrig schneiden, mit fein geschnittener Zwiebel, Öl und Marinade vermengen, 1 Stunde ziehen lassen, evtl. nochmals nachwürzen.

Kartoffelsalat mit Mayonnaise

➤ **750 g Kartoffeln, Mayonnaise, Essig, Salz, Zucker, Senf, Pfeffer**

Gekochte, blättrig geschnittene Kartoffeln unter die eher scharf gewürzte Mayonnaise mengen. Dieser Salat muss mindestens 1 Stunde ziehen.

Französischer Salat

➤ **500 g Kartoffeln, 125 g Sellerie, 125 g grüne Erbsen, 1 mittlere Karotte, 2 kleine Äpfel, 2 Essiggurkerln; Mayonnaise, Essig, Zucker, Salz**

Gekochte, ausgekühlte Kartoffeln, Karotten und Sellerie kleinwürfelig schneiden, mit kurz blanchierten grünen Erbsen, kleinwürfelig geschnittenen Äpfeln und Essiggurkerln und mit dicker, besonders gut gewürzter Mayonnaise vermengen, längere Zeit ziehen lassen. Der Salat eignet sich als Beilage zu gebackenen Fleischspeisen und als Ergänzung zu verschiedenen kalten Fleischgerichten (kalte Platten, russische Eier usw.).

Bohnensalat

➤ **300 g Bohnen, 1 Zwiebel, Marinade I, 2 EL Öl**

Weich gekochte Bohnen noch warm mit fein gehackter Zwiebel, Marinade und Öl vermengen und gut abschmecken.

Linsensalat

➤ **300 g Linsen, 1 Zwiebel, Marinade I, 2 EL Öl**

Weich gekochte Linsen noch warm mit fein gehackter Zwiebel, Marinade und Öl vermengen und gut abschmecken.

Fleischsalat I

➤ **Rindfleischreste, 2 EL Öl, Marinade I, 1 große Zwiebel; Salatblätter**

Rindfleischreste nudelig schneiden, mit Öl, Marinade und fein gehackter Zwiebel vermengen, anrichten und mit Salatblättern garnieren.

Fleischsalat II

➤ **200 g Rindfleischreste, 200 g Bratenreste, 200 g Selchfleisch oder Wurst, 1–2 Äpfel, 3 Essiggurkerln, Mayonnaise, Essig, Zucker, Salz, Kapern, Senf, Schnittlauch**

Zutaten feinwürfelig schneiden, unter die gut gewürzte Mayonnaise mengen, 1 Stunde kalt stellen, mit Essiggurkerln, hart gekochten Eiern und Tomaten verzieren.

Ochsenmaulsalat

➤ **500 g Ochsenmaul, Salz; 2 EL Öl, Essig, Pfeffer, Zwiebel**

Ochsenmaul weich kochen, feinnudelig oder blättrig schneiden, wie Salat zubereiten.

Foto: Shutterstock.com /sheff

VII

Rohkost

Alle Obst- und Gemüsesorten sind zur Rohkost geeignet.

Rohe Speisen geben Lebenskraft und fördern das Wachstum. Durch das Kochen der Speisen gehen viele Wertstoffe verloren. Eine sehr eiweißhaltige Nahrung bildet viel Säure im Körper, deshalb ist die Beigabe von Nahrungsmitteln wie grünen Pflanzen und Früchten ein guter Ausgleich.

Früchte und Gemüse enthalten Vitamine, die in keinem anderen Nahrungsmittel enthalten sind. Vitamin C finden wir fast ausschließlich in pflanzlicher Nahrung. Es ist sehr hitzeempfindlich und geht durch Kochen zum größten Teil verloren. Auch die übrigen Vitamine finden sich reichlich in Obst und Gemüse. Pflanzenkost enthält außerdem alle Mineralstoffe, die unser Körper zur Gesunderhaltung benötigt, und ist reich an Ballaststoffen.

Der Vorteil der Rohkost besteht darin, dass die in den Nahrungsmitteln enthaltenen Vitamine, Mineralstoffe und ätherischen Öle nicht durch Kochen zerstört werden. Durch Rohkost wird die Darmtätigkeit besonders angeregt und der Körper wird wegen des geringen Kochsalz- und Eiweißgehaltes entlastet.

Insbesondere bei der Ernährung von Schulkindern und Berufstätigen ist darauf zu achten, dass die Nahrung mit Rohkost aufgewertet wird. Gekochte Speisen müssen kalt gestellt und bei Bedarf aufgewärmt werden. Durch die Beigabe von frischen Kräutern, Salaten, Sauerrahm oder Butter erfolgt die notwendige Aufwertung.

Besonders eignen sich z. B. Karotten, frisch aus der Erde, zarte Kohlrabi, Radieschen, frische junge Zwiebeln, Tomaten sowie ganz frische Pilze (Champignons und Steinpilze) und auch frische Kräuter sehr gut. Rohkostsalate sind außerdem wertvolle Vorspeisen.

Zubereitung:

1. **Gut waschen,** zerkleinern (reiben, hacken, reißen), wo nötig, schälen.
2. **Würzen:** Da Rohkost nicht ausgelaugt wird, ist Salz kaum nötig. Wenn trotzdem gesalzen wird, dann nur in Spuren und, wenn möglich, für die Rohkost Reformsalz (z. B. Selleriesalz) verwenden.
3. **Zucker:** Wenn möglich, zum Süßen Honig verwenden.
4. **Essig:** Kleine Mengen von gutem Weinessig oder Obstessig verwenden. Zitronensaft oder Süßmost machen sich ausgezeichnet auf grünem Salat oder auf Fruchtsalat.
5. **Öle:** Alle Pflanzenöle wie Maiskeim-, Kürbiskern-, Sonnenblumen-, Oliven-, Distel-, Erdnuss- und Rapsöl bevorzugt verwenden.
6. **Kräuter:** Schnittlauch, Petersilie, Kerbel, Brunnenkresse, Estragon, Kümmel, Salbei, Basilikum, Rosmarin usw. sowie Zwiebel, Knoblauch und Porree

Damit Rohkost ausgiebiger wird, gibt man Hafermark und -flocken dazu. Das im Haferkorn enthaltene Vitamin B1 sowie Eiweiß und Fett bereichern die Salate, ebenso alle Arten von Nüssen, die durch ihren Eiweiß- und Fettgehalt den Geschmack abrunden.

Viele Rohkostgerichte werden durch Zugaben von Obers, Sauerrahm, Jogurt oder süßer Milch erst zu einem wirklichen Genuss.

Immer aber soll Rohkost frisch zubereitet werden, besonders wenn eine der angegebenen Milcharten verwendet wird.

Haferflocken sollen vorher eingeweicht werden (Wasser). Geriebene Äpfel, Sellerie und Karotten müssen sofort mit Zitronensaft beträufelt werden, um das Braunwerden zu verhindern.

Sauerkrautsalat I

➤ **500 g Sauerkraut, Öl, Salz nach Bedarf, etwas Zucker, Kümmel, Schnittlauch und Zwiebel n. B.**

Sauerkraut kurz schneiden, Öl untermengen und würzen, mit fein gehacktem Schnittlauch und Zwiebelringen anrichten.

Sauerkrautsalat II

➤ **500 g Sauerkraut, 2 Äpfel, 1 Karotte, 2 EL Jogurt, etwas Senf, Öl, etwas Zucker, wenn nötig Essig, 1 kleine Zwiebel**

Sauerkraut kurz schneiden, Äpfel und Karotten hobeln oder reiben, mit den anderen Zutaten mischen und mit den Zwiebelringen anrichten.

Karottensalat

➤ **500 g Karotten, Salz, Zucker, Zitronensaft, 3 EL Sauerrahm**

Geriebene Karotten mit Zitronensaft, Salz und Zucker vermengen und mit Sauerrahm anrichten.

Kohlrabisalat

➤ **2–3 Kohlrabi, Salz, Zitronensaft, 3 EL Sauerrahm**

Zubereitung wie Karottensalat

Rohkost mit Äpfeln und Rettichen

➤ **1–2 Rettiche, 3–4 Äpfel, Zitronensaft, Öl, etwas Zucker und Salz**

Geriebene Rettiche und Äpfel mit Zitronensaft, Öl, Zucker und Salz abmischen.

Rohkost mit Sellerie und Äpfeln

➤ **3 Äpfel, 1 große Sellerieknolle, 1 kleine Zwiebel, Öl, Zitronensaft, Salz**

Geputzte Sellerie, Äpfel und Zwiebel reiben, mit Zitronensaft, Öl und Salz abschmecken.

Rohkost mit Salzgurken

➤ **1 große Salzgurke, 2–3 Äpfel, 1 Sellerieknolle, 1 Rote Rübe, 1 Zwiebel, 1 kleines Salathäuptel, Öl, Zitronensaft, Salz, fein geschnittene Kräuter**

Salzgurke ganz fein schneiden, Äpfel, Sellerieknolle, Rote Rübe reiben und Zwiebel klein schneiden, würzen und grob geschnittenen Salat und Kräuter darunter mengen. Verfeinern lässt sich das Gericht mit Sauerrahm.

Pikanter Gurkensalat

➤ **1 Salatgurke, Öl, Salz, Jogurt oder Sauerrahm; Dille, Petersilie, Borretsch n. B., 1 Zwiebel, etwas Paprikapulver**

Gewaschene Gurke mit der Schale fein hobeln, mit Öl beträufeln und dann erst salzen, damit der Saft nicht ausgezogen wird. Jogurt oder Sauerrahm cremig rühren und mit fein gehackten Kräutern und fein geschnittener Zwiebel vermischen. Kurz vor dem Essen über den Salat geben und mit etwas Paprikapulver bestreuen.

Gemischter Rohkostsalat

➤ **1 Salatgurke, 250 g Tomaten, 2 grüne Paprika, 1 EL Kräuter (Dille, Petersilie, Schnittlauch, Borretsch, Basilikum) n. B., Öl, Essig oder Zitronensaft, Salz, etwas Zucker**

Gewaschene Gurke hobeln, Tomaten und Paprikaschoten nudelig schneiden, Öl, Essig oder Zitronensaft, Salz, Zucker und fein gewiegte Kräuter darunter mengen. Ausgiebiger wird der Salat, wenn er mit Schnittlauchröllchen bestreuten Eischeiben garniert wird.

Birchermüesli (1 Portion)

➤ **1 EL Haferflocken, 3 EL Wasser, 1 Apfel oder wahlweise 150 g Beeren, Saft einer halben Zitrone, 1 EL Honig, 1 Banane, 100 g Trockenfrüchte, 1 EL Nüsse, 125 ml Milch oder Jogurt**

Haferflocken einweichen, geriebenen Apfel mit Zitronensaft und Honig unter die gequollenen Flocken mischen, Trockenfrüchte einweichen und zerschneiden. Werden Beeren oder Bananen verwendet, diese mit einer Gabel zerdrücken; bei Tisch Milch und Nüsse dazugeben.

Foto: Shutterstock.com / Christian Fischer

VIII

Suppen und Suppeneinlagen

Suppen und Suppeneinlagen

Was der Suppe Geschmack und Charakter gibt, soll nicht im Hauptgericht wiederkehren.

Teigwaren als Suppeneinlage sollen möglichst in Salzwasser gekocht werden und abgeschreckt in die klare Suppe kommen.

Etwas zu viel Salz in der Suppe lässt sich durch Mitkochen einer rohen Kartoffel mildern.

Warm zugedeckte Suppen werden bei längerem Stehen leicht sauer.

Eidotter zum Legieren etwas salzen, wirkt gelber und färbt die Suppe appetitlicher.

Grüne Kräuter (Petersilie und Schnittlauch) nie mitkochen, sondern erst vor dem Anrichten in den Suppentopf, noch besser auf jeden Teller geben oder zur Selbstbedienung in einer Schüssel auf den Tisch stellen.

Angewärmte Teller verfeinern den Geschmack der Suppe.

Rohe Milch verbessert gebundene Gemüse- und Kartoffelsuppen, wenn sie knapp vor dem Anrichten dazugegeben wird; sie darf nicht mitgekocht werden.

Wenn man kurz vor dem Anrichten ein kleines Stück frische Butter einrührt, kann man damit den Geschmack der Suppe ganz wesentlich verbessern.

Verschiedene Zubereitungsmethoden von Bindungsmitteln für Suppen und Soßen

Gebundene Suppen, Gemüsegerichte und Soßen erreichen ihre Konsistenz und Eigenart durch das Beifügen von Dickungsmitteln. Es bleibt der Köchin überlassen, welche Art sie wählt, entweder die nach Angabe des Kochbuches oder abgeändert aus gesundheitlichen Gründen.

Hier seien die meist üblichen Methoden angeführt:

1. Ein kräftiges Dickungsmittel ist die dunkle Zwiebel- und Petersileinbrenn, z. B. für Beuschel. In heißem Fett etwas Kristallzucker hellbraun färben, Mehl beimengen, rösten, zur Halbzeit fein gehackte Zwiebel zufügen, weiterrösten, bis die gewünschte Farbe erreicht ist, dann Petersilie nur noch aufbrausen lassen.

Hinweis: Die mit Hilfe von Zucker gefärbte Einbrenn ist nicht bitter. Gehackte Zwiebeln nie vor dem Mehl ins Fett geben, durch zu lange Röstzeit werden sie zu dunkel.

2. Helle Einmach ist ein Dickungsmittel für viele Suppen und Gemüsegerichte.

3. Das Dicken von Suppen erreicht man durch Mitkochen von geriebenen Kartoffeln und auch Legieren mit in kaltem Wasser versprudeltem Ei oder Eidotter; immer in die kochende Suppe geben.

4. Als Dickungsmittel eignet sich auch Maisstärke, in Wasser, Milch, Schlagobers oder Sauerrahm angerührt.

5. Mit Hafermark, das man kurz vor dem Aufkochen in die Suppe einmengt und etwas quellen lässt, erreicht man eine gesunde, wohl schmeckende Eindickung des Gerichtes. Dies ist auch zuträglicher, als die Suppen mit viel Einbrenn ausgiebiger zu machen.

6. Für leichte, gebundene Suppen kann folgende Methode angewendet werden: Zum Beispiel Kartoffelwürfel mit fein geschnittener Zwiebel in Butter anrösten, aufgießen, salzen, weich kochen, mixen und als Dickungsmittel für Suppen und auch Soßen verwenden.

Klare Suppen

Helle Rindsuppe, gekochtes Rindfleisch

➤ **1 kg Rindfleisch mit Knochen, 2 l Wasser, Salz; 300 g Wurzelwerk (Karotten, Sellerie, Petersilie), 1 Zwiebel, 50 g Leber**

Fleisch und Knochen kurz waschen; Knochen, geputztes Wurzelwerk, kleine Zwiebel mit Schale und Leber kalt zustellen; wenn die Suppe kocht, salzen, Fleisch hinzufügen, zugedeckt schwach kochen lassen. Geschmacklich verbessern lässt sich die Suppe je nach Jahreszeit mit Zwiebelgrün oder Porree, etwas Kohlrabi, Kohl, Karfiolstrunk, Tomaten oder Tomatenschalen, Pilze, etwas Maggikraut. Kochzeit: ca. 90 Minuten

Dunkle Knochensuppe

➤ **Knochen (Rind oder Schwein), Wurzelwerk, 2 Zwiebeln, 20 g Fett, 2 l Wasser, Salz**

Knochen, Wurzelwerk und zuletzt Zwiebeln in heißem Fett leicht rösten und mit kaltem Wasser zustellen; salzen. Kochzeit: 60 Minuten

Selchfleischsuppe

➤ **Selchfleisch, Wurzelwerk, Zwiebel, Wasser**

Zubereitung wie Rindsuppe. Passende Einlagen sind Grieß, Reis, Kartoffelwürfel. Vor dem Einkochen der Einlage Suppe abfetten, nach Geschmack salzen, notfalls Wasser beifügen.

Wurzelwerksuppe

➤ **Wurzelwerk (Karotten, Sellerie, Petersilie), 1 große Zwiebel, 20 g Fett, Salz, 1 l Wasser**

Geputztes, zerkleinertes Wurzelwerk und grob geschnittene Zwiebel leicht in Fett rösten, mit kaltem Wasser zustellen, salzen, evtl. Suppenwürze zufügen. Guter Ersatz für Fleischsuppe.
Kochzeit: 30 Minuten

Klare Gemüsesuppe

➤ **500 g Gemüse (Sellerie, Karotten, Fisolen, Kohlrabi, Kartoffeln, grüne Erbsen, Karfiol, Tomaten), Salz; 20 g Butter, Petersilie, Schnittlauch n. B., 1 l Wasser**

Das zerkleinerte Gemüse in Salzwasser weich kochen. Geschmack mit etwas Butter und fein gehackten Kräutern verbessern.

Fertigsuppen

Nach Gebrauchsanweisung. Aus guten Suppenextrakten können Fertigsuppen hergestellt werden.

Baumwollsuppe

➤ **30 g Butter, 2 Eier; 2 gestrichene EL Mehl, Salz; Muskatnuss, Petersilie oder Schnittlauch n. B.**

Im Kochtopf Butter zerlassen. In die lauwarme Butter die versprudelten Eier einrühren, mit Mehl und 100 ml kaltem Wasser glatt rühren, mit 750 ml kochendem Gemüse- oder Salzwasser aufgießen, kurz aufkochen und gut abschmecken. Mit fein gehackten Kräutern bestreuen.

Eintropfsuppe

➤ **2 Eier, etwas Wasser, Salz, Mehl nach Bedarf**

Eier, Salz, etwas Wasser versprudeln, mit Mehl zu einem glatten, weichen Tropfteig verrühren und in die kochende Suppe in langen, feinen Nudeln einlaufen lassen.

Eierstichsuppe

➤ **2 Eier, 3 EL Milch oder Schlagobers, Salz, Petersilie oder Schnittlauch n. B.**

Milch oder Schlagobers, Eier, Salz versprudeln, gehackte Petersilie hinzufügen, in bebutterte Form füllen, in heißem Wasserbad stocken lassen; stürzen, aufschneiden und zu klarer Suppe servieren.

Hafermarkeingetropftes

➤ **2 Eier, 1 EL Milch oder Wasser, 2 EL Hafermark, Salz**

Eier mit Milch oder Wasser abrühren, das Hafermark untermengen, nach kurzem Rasten den Tropfteig in die kochende Suppe einlaufen und kurz aufkochen lassen; abschmecken. Gutes Aufrühren ist notwendig.

Frittatensuppe

➤ **500 ml Milch, 2 Eier, Salz, 150 g Mehl**

Milch, Eier, Salz und Mehl zu einem Tropfteig anrühren, Palatschinken backen, nach dem Auskühlen nudelförmig schneiden und zu klarer Suppe servieren.

Frittatenwurstsuppe

➤ **Palatschinkenteig. Abtrieb: 60 g Butter, 3 Eidotter, Salz, Petersilie n. B. , 3 Eiklar**

Palatschinken backen und schneiden; Butter und Eidotter abtreiben, fein gehackte Petersilie, Salz, die geschnittenen Frittaten und zuletzt den Eischnee untermengen. Die Masse zu einer Wurst formen, in eine feuchte Serviette einrollen, an beiden Enden zubinden und in Salzwasser kochen. In Scheiben schneiden und zur Suppe servieren. Kochzeit: 40–50 Minuten

Nudel- und Fleckerlsuppe

➤ **200 g Mehl, 1 Ei, Salz, etwas Wasser**

Mehl, Ei, Salz und Wasser nach Bedarf zu einem festen Nudelteig verkneten, zu Laibchen formen, dünn auswalken, trocknen lassen und feine Nudeln oder Fleckerln schneiden, in die Suppe einkochen.

Reibgerstelsuppe

➤ **200 g Mehl, 1 Ei, Salz, etwas Wasser**

Aus den Zutaten bereitet man einen sehr festen, trockenen Nudelteig, reibt ihn am Reibeisen auf und kocht das Gerstel kurz vor dem Anrichten in die wallende Suppe ein. Dieses Reibgerstel lässt sich auch zur Zubereitung einer Milchspeise verwenden.

Schlickkrapferlsuppe

➤ **Nudelteig: 200 g Mehl, 1 Ei, Salz, etwas Wasser**
Fülle: 200 g Fleischreste, 1 Ei, 50 g Fett, etwas fein gehackte Zwiebel und Petersilie, Salz, Pfeffer

Für die Fülle die faschierten Fleischreste mit gerösteter Zwiebel, den Gewürzen und dem Ei gut abmischen und kleine Kugeln formen. Den nicht zu festen Nudelteig dünn ausrollen, eine Reihe Fleischkugeln 6 bis 8 cm weit voneinander auflegen. Die Teigfläche zwischen den Kugeln mit Eiklar bestreichen, den Teig darüber schlagen, festdrücken, Krapferln ausstechen und in die kochende Suppe einlegen.
Kochzeit: 10–12 Minuten

Brandteignüsse in der Suppe

➤ **125 ml Milch, 20 g Butter, 80 g Mehl, 2 Eier; Fett zum Ausbacken**

Milch und Butter zum Kochen bringen, das Mehl dazugeben, so lange rühren, bis sich die Masse vom Topf und vom Kochlöffel löst. In die etwas überkühlte Masse 1 Ei nach dem anderen einrühren. Mit einem Kaffeelöffel Nockerln formen und in heißem Fett herausbacken. Hübsche Figuren lassen sich mit einem Spritzsack erzielen.

Butternockerlsuppe I

➤ **100 g Butter, 2 Eidotter, Salz, 200 g Mehl, etwas Milch, 2 Eiklar**

Butter und Eidotter abtreiben, salzen, Mehl und Milch einschlagen und zuletzt den Eischnee unterheben. Aus der Masse Nockerln formen und in die kochende Suppe einlegen.
Kochzeit: 4–5 Minuten; Probenockerl

Butternockerlsuppe II

➤ **50 g Butter, 2 Eidotter, 2 Semmeln, Salz, Muskatnuss, 2 Eiklar, 1–2 EL Mehl**

Butter und Eidotter abtreiben, die eingeweichten, ausgedrückten und passierten Semmeln untermengen, würzen, Eischnee und Mehl unterheben, Nockerln formen und in die kochende Suppe einlegen. Kochzeit: 5 Minuten; Probenockerl

Bröselknöderlsuppe

➤ **40 g Butter, 1 Ei, 2 Semmeln, 40 g Semmelbrösel, Salz, Petersilie n. B.**

Butter flaumig abtreiben, Ei, die eingeweichten, ausgedrückten und passierten Semmeln, Salz, fein gehackte Petersilie und Brösel dazugeben. Eine halbe Stunde rasten lassen, kleine Knödel formen und in die Suppe einkochen. Kochzeit: 5 Minuten Man kann die Knöderln auch im Fett herausbacken.

Bröselknöderln mit Schinken oder Hirn

➤ **Bröselknöderlmasse**
50 g Schinken oder Hirn und 20 g Butter

Unter die Bröselknöderlmasse mengt man entweder fein gehackten Schinken oder in heißem Wasser gehäutetes, fein gehacktes und in Butter geröstetes Hirn.

Semmelknödelsuppe

➤ **2 Semmeln, 20 g Fett, Petersilie n. B., 1 Ei, etwas Milch, 1–2 EL Mehl, Salz**

Die Semmeln würfelig schneiden, fein gehackte Petersilie kurz in Fett anrösten, zu den Semmeln geben; Milch, Ei und Salz absprudeln, unter die Semmeln mengen, zuletzt das Mehl locker einmischen. Kleine Knödel formen und in die Suppe einkochen.

Semmelpofesensuppe

➤ **2 Semmeln, 125 ml Milch, Salz, 1–2 Eier; Fett zum Ausbacken**

Semmelscheiben mit Milch anfeuchten, in versprudeltes Ei tauchen und in heißem Fett goldbraun herausbacken.

Goldschnittl- oder Goldwürfelsuppe I

➤ **2 Semmeln, 2 Eier, 3 EL Milch, Salz; Butter zum Ausbacken**

Semmeln blättrig oder würfelig schneiden. Ei, Salz und Milch verrühren, mit den Semmeln vorsichtig vermengen, etwas anziehen lassen und in heißer Butter herausbacken.

Goldschnittl- oder Goldwürfelsuppe II

➤ **2 Semmeln; Fett zum Ausbacken.**
Backteig: 125 ml Milch, Salz, 1 Ei, 100 g Mehl

Semmeln in Streifen schneiden, in Backteig tauchen und herausbacken.

Mehlschöberlsuppe

➤ **50 g Butter, 2–3 Eidotter, Salz, 100 g Mehl, etwas Milch, 2–3 Eiklar**

Butter und Eidotter flaumig abtreiben, salzen, Mehl und Milch untermengen, Eischnee unterheben. In einer bebutterten und bemehlten Schöberlform (Pfanne) backen. Nach dem Erkalten in schiefe Vierecke schneiden.
T: 190 °C, B: 25 Minuten, m. Sch.

Biskuitschöberlsuppe

➤ **3 Eiklar, 3 Eidotter, 60 g Mehl, Salz**

In den fest geschlagenen Eischnee vorsichtig Eidotter, Mehl und Salz unterheben. In einer bebutterten und bemehlten Schöberlform backen, erkaltet schneiden. Mit gehackter Petersilie lässt sich der Geschmack verbessern.
T: 190 °C, B: 25 Minuten, m. Sch.

Grießsuppe

➤ **60 g Grieß, 30 g Butter, 2 l Suppe**

Grieß in Butter anrösten, mit Suppe aufgießen und verkochen lassen. Kochzeit: 3–5 Minuten. Man kann den Grieß auch ungeröstet in die Suppe einkochen und sie mit versprudeltem Ei verbessern.

Grießgerstelsuppe

➤ **100 g Grieß, 1 Ei, Salz**

Das versprudelte Ei salzen, mit dem Grieß vermischen, anziehen lassen. Mit den Händen zerreiben und in die Suppe einkochen.

Suppe mit Grießreis

➤ **1 Ei, 50 g Butter, Salz, etwas Milch, 100 g Grieß**

Ei schaumig rühren, weiche Butter einrühren, Salz, Milch und Grieß untermengen. Die Masse einige Zeit stehen lassen, dann durch ein Sieb in die wallende Suppe drücken.

Speckgrießknöderlsuppe

➤ **60 g Selchspeck, 250 ml Milch, 120 g Grieß, 1 Ei, Salz nach Bedarf, evtl. Muskatnuss**

Speck kleinwürfelig schneiden, glasig werden lassen, mit Milch aufgießen, Grieß einkochen. In die überkühlte Masse das Ei einrühren, würzen, Knöderln formen und in die Suppe einkochen.

Grießnockerlsuppe I

➤ **1 Ei, 30 g Butter, 70 g grober Grieß, 1 EL Wasser, Salz, etwas Muskatnuss**

Weiche Butter, Ei, Grieß, Wasser, Salz und Muskat gut abrühren. Masse eine Stunde rasten lassen. Ist der Teig zu weich, etwas Grieß, ist er zu fest, etwas Wasser dazugeben. Nockerln formen, in die leicht wallende Suppe einlegen und 10 bis 12 Minuten schwach kochen lassen.

Grießnockerlsuppe II

➤ **1 Kaffeeschale Sauerrahm, 1 Ei, Salz, Grieß nach Bedarf**

Sauerrahm, Ei, Salz und so viel Grieß abrühren, dass ein dicklicher Teig entsteht, aus dem man sofort Nockerln formt und diese in die kochende Suppe einlegt. Unbedingt Probenockerl einkochen.

Grießschöberlsuppe

➤ **500 ml Milch, 100 g Grieß, Salz; 60 g Butter, 3 Eidotter, 3 Eiklar**

Grieß und gesalzene Milch zu einem dicken Brei verkochen. Butter und Eidotter abtreiben, den überkühlten Grießbrei einrühren und den Eischnee unterheben. Die Masse in einer bebutterten und bemehlten Schöberlform backen und ausgekühlt in Vierecke schneiden. Die Masse reicht für 2 Mahlzeiten. Die fertigen Schöberln können eingefroren werden.
T: 200 °C, B: 30 Minuten, m. Sch.

Grießstrudelsuppe

➤ **Strudelteig: 200 g Mehl, Salz, 1 EL Öl, 1 Ei, lauwarmes leichtes Essigwasser
Fülle: 60 g Butter, 2 Eidotter, 100 g Grieß, Salz, etwas Sauerrahm, 2 Eiklar**

Strudelteig herstellen. Butter, Eidotter, Grieß, Salz und Sauerrahm abtreiben, Eischnee unterheben. Die Masse auf den ausgezogenen Strudelteig streichen, einrollen, in Stücke teilen und in kochendes Salzwasser einlegen.
Kochzeit: 20 Minuten.
Es ist vorteilhaft, den eingerollten Strudel mit bemehltem Kochlöffelstiel in Stücke zu teilen und dann erst durchzuschneiden. Die Schnittränder zusammendrücken. Zum Kochen eine flache Kasserolle verwenden.

Milzschnittensuppe

➤ **2–3 Semmeln, 30 g Butter, 1 Eidotter, 100 g Milz, 1 Zwiebel, Petersilie n. B., Salz, Pfeffer, Majoran; Fett zum Ausbacken**

Semmeln in kleine, fingerdicke Scheiben schneiden. Butter und Eidotter schaumig abrühren, geschabte Milz, gehackte Zwiebel und Petersilie, Salz, Pfeffer und Majoran dazugeben, abrühren. Die Masse auf eine Seite der Semmelscheibchen streichen und diese in heißem Fett, zuerst mit der bestrichenen Seite nach unten, herausbacken.

Leberreissuppe

➤ **100 g Rindsleber, 2 Semmeln, 2 fein gehackte Zwiebeln, 30 g Schweinefett, Petersilie, 1 Ei, Pfeffer, Majoran, etwas Brösel**

Leber und eingeweichte, ausgedrückte Semmeln mit gerösteter Zwiebel und fein gehackter Petersilie faschieren, würzen und mit Bröseln und Ei festigen. Die Masse durch ein Leberreissieb oder ein umgekehrtes Reibeisen in die wallende Suppe drücken.

Leberknödelsuppe

➤ **120 g Leber, 2 Semmeln, 30 g Fett, 1 fein gehackte Zwiebel, Petersilie n. B., Pfeffer, Majoran, 1 Ei, etwas Brösel**

Zubereitung wie Leberreis. Aus der Masse Knödel oder Nockerln formen und in die kochende Suppe einlegen.
Kochzeit: 10 Minuten; Probeknödel

Leberschöberlsuppe

➤ **60 g Butter, 2 Eidotter, 100 g Leber, 3 Semmeln, Salz, Pfeffer, Majoran, 1 Zwiebel, Petersilie, 2 Eiklar, etwas Brösel**

Butter und Eidotter abtreiben. Leber, eingeweichte, ausgedrückte Semmeln, Zwiebel und Petersilie faschieren, zusammenmischen, würzen, Eischnee und Brösel unterheben. Die Masse in einer bebutterten und bemehlten Pfanne backen und überkühlt in Würfel schneiden.
T: 190 °C, B: 30–40 Minuten, m. Sch.

Leberschnittensuppe

- **150 g Kalbs- oder Geflügelleber; 1 Ei, Salz, Muskat, Semmelbrösel nach Bedarf, 4 Scheiben Weißbrot oder Semmel, 1 Ei; Fett zum Ausbacken**

Klein geschabte Leber mit Ei, Salz, Muskat und Brösel vermengen. Auf die dünnen Brotscheiben streichen und diese in heißem Fett, zuerst mit der bestrichenen Seite nach unten, herausbacken.

Leberstrudelsuppe

- **Strudelteig. Fülle: 400 g Kalbs- oder Geflügelleber, 1 Zwiebel, etwas Fett, Petersilie n. B., Salz, Pfeffer, Muskatnuss**

Strudelteig herstellen. Leber zusammen mit der Zwiebel fein faschieren. Zusammen mit klein gehackter Petersilie anrösten, würzen. Den Strudelteig ausziehen, die Lebermasse darauf streichen, den Teig einrollen, in Stücke schneiden und in Salzwasser kochen. Kochzeit: 10 Minuten
Man kann den Strudel auch auf bebuttertem Blech backen und dann in Stücke schneiden.

Fleischknödelsuppe

- **40 g Fett, 1 Ei, 120 g Fleischreste, fein gehackte Zwiebel und Petersilie, Salz, Pfeffer, Majoran, Brösel**

Fett und Ei abtreiben, faschierte Fleischreste, geröstete Zwiebel und Petersilie untermengen, würzen und mit Bröseln festigen. Masse anziehen lassen, kleine Knödel formen und in die kochende Suppe einlegen.
Kochzeit: 10 Minuten; Probeknöderl

Lungenstrudelsuppe

- **Strudelteig**
  Fülle: 400 g Lunge, 1 Zwiebel, Petersilie n. B., 40 g Fett, Salz, Pfeffer, Majoran

Strudelteig herstellen. Lunge in einer leichten Beize kochen, faschieren, mit fein gehackter Zwiebel und Petersilie rösten, würzen. Den Strudelteig ausziehen, die Lungenmasse aufstreichen, den Teig einrollen, in Stücke schneiden und in Salzwasser kochen. Kochzeit: 10 Minuten
Man kann den Strudel auch auf bebuttertem Blech backen und dann in Stücke schneiden. Lungenstrudel ist auch als Beilage zu Gemüse und Salat geeignet.

Fleischstrudelsuppe

- **Strudelteig**
  Fülle: 400 g Fleischreste, Zwiebel, Petersilie, 40 g Fett, Salz, Pfeffer, Majoran

Zubereitung wie Lungenstrudelsuppe

Gebundene Suppen

Einbrennsuppe

- **60 g Fett, 80 g Mehl, 1 Zwiebel, Salz, Kümmel; evtl. Petersilie und Ei**

In Fett Mehl hell rösten, gehackte Zwiebel hinzufügen und weiter rösten, mit 1 l Wasser oder klarer Suppe aufgießen, mit Salz und Kümmel würzen und gut verkochen lassen.
Einlage: Brotwürfel.
Verbesserung: Suppe mit versprudeltem Ei legieren, mit fein gehackter Petersilie bestreuen.

Einmachsuppe

- **60 g Butter, 60 g Mehl, Salz, Petersilie n. B., Muskat, Zitronenschale**

Mehl in Butter goldgelb rösten, zuletzt gehackte Petersilie beifügen, nochmals kurz durchrösten lassen, mit 1 l Wasser oder Suppe aufgießen, würzen und gut verkochen lassen.
Änderung: Petersilie kann auch zum Schluss zur Suppe gegeben werden.

Kalbskopfsuppe

- **500 g Kalbskopf, Wurzelwerk, 1 Zwiebel, Salz, Pfeffer; 60 g Butter, 60 g Mehl, Petersilie**

Kalbskopf wie Rindfleisch zustellen, weich kochen, Fleisch noch heiß von den Knochen lösen und würfelig schneiden. Einmach mit Suppe aufgießen, verkochen lassen und abschmecken.
Einlage: Fleischwürfel, Semmelstangerln

Hühnereinmachsuppe

- **Hühnerjunges (Kopf, Hals, Herz, Magen, Leber), Wurzelwerk, 1 Zwiebel, Salz**
  Petersileinmach: 60 g Butter, 60 g Mehl, Petersilie n. B., Muskat

Hühnerjunges mit Wurzelwerk, halbierter Zwiebel und Salz mit 1 l Wasser zusetzen, weich kochen und abseihen. Helle Petersileinmach mit Hühnersuppe aufgießen, gut verkochen lassen, abschmecken und zuletzt das klein geschnittene Fleisch beifügen. Einlage: Semmelstangerln, Bröselknöderln, Karfiolröschen oder grüne Erbsen

Hirnsuppe

➤ **200 g Hirn, 60 g Butter, 80 g Mehl, Salz, Pfeffer**

Das Hirn mit heißem Wasser übergießen, enthäuten und fein hacken. In eine gut verkochte Einmachsuppe geben, nochmals aufkochen und würzen. Einlage: Semmelstangerln.
Änderung: Hirn kann mit fein gewiegter Zwiebel und Petersilie in Butter geröstet werden.

Gebundene Ochsenschleppsuppe

➤ **400 g Ochsenschlepp, Wurzelwerk, 1 Zwiebel, 40 g Fett, Salz, Pfeffer, Gewürzkörner, Lorbeerblatt; 40 g Fett, 60 g Mehl; 4 EL Rotwein, Pfeffer und Paprika**

Den Schlepp in Stücke schneiden, mit fein geschnittenem Wurzelwerk und feinwürfeliger Zwiebel braun rösten, mit 1 l kochendem Wasser und Gewürzen zustellen. Dunkle Einbrenn mit abgeseihter Suppe aufgießen, gut verkochen lassen und abschmecken.

Hinweis für dunkle Einbrenn: In heißem Fett einen halben TL Kristallzucker hellbraun erhitzen, Mehl hinzufügen, Einbrenn fertig rösten.
Einlage: Semmelstangerln, von den Knochen abgelöste Fleischstücke

Gulaschsuppe

➤ **300 g Fleisch (Rind oder Schwein), 200 g Zwiebeln, 60 g Fett, 1 EL Paprikapulver, Essig, Salz, Kümmel, Majoran; 30 g Mehl, 200 g Kartoffeln**

Die fein geschnittene Zwiebel goldgelb rösten, Paprikapulver, etwas Essig, das kleinwürfelig geschnittene Fleisch hinzufügen, würzen, weiter rösten, mit etwas Wasser aufgießen. Das Fleisch weich dünsten, stauben, kurz rösten, aufgießen und mit kleinwürfelig geschnittenen, rohen Kartoffeln fertig kochen. Nochmals abschmecken.

Gemüsesuppe

➤ **500 g verschiedenes Gemüse (Sellerie, Karotten, Fisolen, Kohlrabi, grüne Erbsen, Kartoffeln, Karfiol, Tomaten); 60 g Butter, 60 g Mehl, Petersilie n. B., Salz**

Das zerkleinerte Gemüse in Salzwasser weich kochen, Petersileinmach mit Gemüsewasser aufgießen, aufkochen lassen, Einmach zum Gemüse geben und abschmecken. Hinweis: Feste Gemüsearten zuerst und weiche später einkochen.

Kohlsuppe

➤ **300 g Kohl, 100 g Kartoffeln, Salz; 40 g Fett, 40 g Mehl, 1 Zwiebel, Knoblauch, Pfeffer**

Geschnittenen Kohl mit rohen Kartoffelscheiben in wenig Salzwasser weich kochen, stampfen, Zwiebeleinbrenn hinzufügen, aufgießen, verkochen lassen. Mit Knoblauch, Pfeffer und Salz abschmecken. Einlage: Brotwürfel, Selchfleischwürfel oder Würstelscheiben

Kohlrabisuppe

➤ **400 g Kohlrabi, Salz; 40 g Butter, 60 g Mehl, Petersilie n. B., Pfeffer**

Zubereitung wie Gemüsesuppe

Karfiolsuppe

➤ **1 Rose Karfiol, Salz, 60 g Butter, 60 g Mehl; Muskat, Zitronenschale, Petersilie n. B.**

Karfiol in Röschen teilen, in Salzwasser weich kochen. Einmach mit Gemüsewasser aufgießen, gut verkochen lassen, mit Muskat, Zitronensaft und fein gehackter Petersilie abschmecken.
Einlage: Karfiolröschen, Semmelstangerln oder Bröselknöderln

Porreesuppe

➤ **300 g Porree; 60 g Butter, 60 g Mehl, Salz, Muskat, Zitrone**

Porree in Scheiben schneiden, in Salzwasser weich kochen. Einmach hinzufügen, würzen.
Einlage: Semmelstangerln

Spinatsuppe

➤ **350 g Spinat; 60 g Butter, 80 g Mehl, 250 ml Schlagobers, Salz und Knoblauch**

Spinat in wenig Salzwasser weich kochen, mixen. Einmach hinzufügen, mit Schlagobers und Wasser aufgießen, aufkochen lassen und abschmecken. Einlage: Butternockerln. Aufwerten kann man die Suppe, indem man etwas Spinat roh mixt und vor dem letzten Aufkochen beifügt.

Selleriesuppe

➤ **300 g Sellerie; 60 g Butter, 60 g Mehl, Pfeffer, Salz, Petersilie, Zitronensaft**

Selleriestücke in Salzwasser weich kochen, passieren, mit Einmach und 750 ml Gemüsewasser vermengen, verkochen lassen und würzen.
Einlage: Semmelstangerln

Tomatensuppe

➤ **500 g Tomaten; 60 g Butter, 60 g Mehl, Salz, Zucker, Essig**

Tomaten weich kochen, passieren, mit heller Einmach vermengen, verkochen und kräftig würzen. Einlage: Reis, Kartoffelwürfel, Teigwaren

Schwammerlsuppe

➤ **500 g Herrenpilze oder Champignons; 60 g Butter, 60 g Mehl, Salz, 125 ml Sauerrahm, Pfeffer, Petersilie**

1. **Variante:** Pilze blättrig schneiden, in Butter dünsten, stauben, kurz rösten, mit 750 ml Wasser aufgießen, durchkochen, würzen und zuletzt den Sauerrahm beifügen.
2. **Variante:** Pilze blättrig schneiden, in wenig Wasser kochen, helle Petersileinmach hinzufügen, aufgießen, verkochen lassen, abschmecken und Sauerrahm beifügen.

Waldviertler Eierschwammerlsuppe

➤ **500 g Eierschwammerln; 1 kleine Zwiebel, 60 g Butter, 60 g Mehl, Salz, Pfeffer, 2 gekochte Kartoffeln, 125 ml Schlagobers, Petersilie**

Fein gehackte Zwiebel mit blättrig geschnittenen Pilzen in Butter anschwitzen, mit Mehl stauben, gar rösten. Mit 500 ml Suppe aufgießen. Würfelig geschnittene, vorgekochte Kartoffeln dazugeben. Würzen, Schlagobers beigeben und mit gehackter Petersilie bestreuen.

Kartoffelsuppe

➤ **500 g Kartoffeln; 100 g Karotten, 50 g Petersilwurzel, 60 g Fett, 60 g Mehl, 2 Zwiebeln, Salz, Pfeffer, Majoran oder Maggikraut n. B.**

Geschälte, würfelig geschnittene Kartoffeln, Karotten und Petersilwurzel in 1 l Salzwasser weich kochen, Zwiebeleinbrenn beifügen, durchkochen lassen, abschmecken. Verbesserung: Blättrig geschnittene Pilze mitkochen, evtl. Sauerrahm beifügen. Die saure Kartoffelsuppe kocht man mit Pfeffer, Gewürzkörnern, Beizkräutl (= Thymian) und Essig.

Kartoffelbreisuppe, Prager Breisuppe

➤ **500 g Kartoffeln, Salz; 40 g Fett, 60 g Mehl, 250 ml Milch, Pfeffer, 100 g Selchfleisch**

Kartoffeln schälen, vierteln, in Salzwasser kochen, stampfen, passieren oder mixen. Einmach mit Milch oder Wasser aufgießen, mit Kartoffeln verkochen lassen, nachwürzen.
Einlage: gekochte Selchfleischwürfel
Resteverwertung für Kartoffelbrei

Erbsenbreisuppe

➤ **200 g Erbsen; 40 g Fett, 40 g Mehl, 1 Zwiebel, Salz, Pfeffer, Suppenwürze**

Verlesene, am Vortag eingeweichte Erbsen ohne Salzzugabe im Einweichwasser weich kochen oder tiefgekühlte Erbsen kochen, passieren, helle Zwiebeleinbrenn hinzufügen, verkochen lassen, kräftig würzen. Bei Verwendung des Dampfdrucktopfes entfällt das Einweichen am Vortag. Genügend Wasser verwenden!
Einlage: geröstete Semmelstangerln oder Brotwürfel
Geschmacksverbesserung durch Speckwürfel

Linsensuppe

➤ **200 g Linsen; 40 g Fett, 40 g Mehl, 1 Zwiebel, Lorbeerblatt, Thymian, Salz, Pfeffer, Essig**

Zubereitung wie Erbsensuppe, Linsen nicht passieren

Bohnensuppe

➤ **200 g Bohnen (weiße oder rote); 40 g Fett, 40 g Mehl, 1 Zwiebel, Salz; 20 g Butter, 1 TL Paprikapulver**

Zubereitung wie Linsensuppe. Nach dem Anrichten das in Butter aufgeschäumte Paprikapulver auf die Suppe geben. Nicht darunter rühren.

Serbische Bohnensuppe

➤ **200 g Bohnen, 50 g Selchspeck, 1 Zwiebel; 40 g Fett, 40 g Mehl, Salz, Knoblauch, Essig, 1 TL Paprikapulver, 10 g Butter**

Bohnen mit würfelig geschnittenem Speck und fein geschnittener Zwiebel in 500 ml Wasser kochen. Einmach hinzufügen, verkochen lassen und kräftig würzen. Zuletzt in Butter aufgeschäumtes Paprikapulver hinzufügen.

Krensuppe

➤ **4 Semmeln, zwei EL Kren (frisch oder aus dem Glas), Salz, Suppenwürze, Muskat, 30 g Butter**

Blättrig geschnittene Semmeln und Kren in 750 ml kaltem Wasser oder kalter Suppe zustellen, aufkochen, gut versprudeln, würzen, Butter hinzufügen.

Brotsuppe

➤ **200 g Schwarzbrot (Reste); 60 g Fett, 1 Zwiebel, Salz, 1 Ei; 1 Paar Würstel**

Brotwürfel mit gehackter Zwiebel in Fett rösten, mit 750 ml Wasser aufgießen, verkochen, gut versprudeln, würzen und mit verquirltem Ei legieren. Einlage: blättrig geschnittene Würstel

Feine Reibkäsesuppe

➤ **60 g Butter, 90 g Mehl; 250 ml Milch, 90 g Reibkäse, 2 Eidotter, Salz, Pfeffer**

Helle Einmach mit Milch aufgießen, geriebenen Käse und Eidotter untermengen, mit 250 ml Suppe aufgießen und mit Salz und Pfeffer würzen.

Rahmsuppe

➤ **1 l Wasser, 1 TL Kümmel, Salz, 250 ml Sauerrahm, 1 EL Mehl, evtl. Essig, Schnittlauch n. B.**

Wasser mit Kümmel, Salz und einem Spritzer Essig zum Kochen bringen, Sauerrahm und Mehl versprudeln, in das kochende Wasser durch ein Sieb einrühren und aufkochen lassen. Mit fein geschnittenem Schnittlauch anrichten. Da diese Suppe sehr leicht anbrennt, empfiehlt es sich, sie im Wasserbad fertig zu machen. Statt Sauerrahm kann auch Buttermilch verwendet werden.

Egerländersuppe

➤ **300 g Kartoffeln, 200 g Karotten, 750 ml Fleisch- oder Ersatzsuppe, Salz; 1–2 Eier, Petersilie n. B.**

Kartoffeln roh schälen, Karotten putzen, beides grob reiben, in der Suppe weich kochen; Eier mit etwas Wasser aufschlagen, in die Suppe einrühren, einmal aufkochen, nachwürzen, fein gehackte Petersilie hinzufügen.

Spargelsuppe

➤ **1 kg Spargel (grün oder weiß), Salz, Zucker, 1 Eidotter, 125 ml Schlagobers, Kräutersalz, Pfeffer, 125 ml geschlagenes Obers**

Spargel putzen, am einfachsten mit dem Schälmesser, in kurze Stücke schneiden, in Salzwasser weich kochen (etwas Zucker im Kochwasser vermindert den bitteren Geschmack). Spargelspitzen extra kochen und für die Garnierung zurücklegen. Weich gekochte Spargelstücke pürieren und mit verquirltem Eidotter und Schlagobers legieren, mit Kräutersalz und Pfeffer nachwürzen. Nicht mehr aufkochen lassen. Die Suppe anrichten und mit den gekochten Spargelspitzen und dem geschlagenen Obers garnieren. Einlage: geröstete Semmelwürfel

Krautsuppe

➤ **500 g Weißkraut, 1 Zwiebel, 200 g Staudensellerie, 2 Tomaten, 1 grüne Paprika, Petersilie n. B., Salz, Pfeffer, Kümmel, Chili, Suppenwürze**

Das Gemüse in kleine Stücke schneiden, in einen Topf geben, mit 1 l Wasser aufgießen, würzen und kochen.

Foto: Shutterstock.com / Tiramisu Studio

Foto: Shutterstock.com / pilipphoto

IX
Fleischgerichte

Die Fleischteile des Rinds und ihre Verwendung

1. Lungenbraten:	Grillen, Englischbraten (Beefsteak), Dünsten
2. Rostbraten:	Grillen, Braten (Rumpsteak), Dünsten
3. Beiried:	Grillen, Englischbraten, Dünsten
4. Tafelspitz mit Tafelstück:	Kochen, Dünsten
5. Weißes Scherzel:	Braten, Dünsten, Gulasch
6. Schwarzes Scherzel:	Kochen, Dünsten
7. Ortschwanzl (Schale):	Kochen, Dünsten
8. Hüferschwanzl:	Kochen, Braten, Dünsten, Gulasch
9. Hüferscherzel:	Kochen, Braten, Dünsten
10. Zapfen:	Dünsten
11. Rieddeckel:	Kochen
12. Mageres und fettes Meisel:	Kochen, Gulasch
13. Kamm:	Pökeln und Räuchern, Gulasch
14. Tristel:	Kochen
15. Brustkern:	Kochen
16. Dünnes, mittleres und dickes Kügerl:	sehr gutes Kochfleisch
17. Beinfleisch (Platte, Schermrippe):	Kochen
18. Hinteres und vorderes Pratzl:	Gulasch
19. Schulter, Kruspelspitz:	Kochen
20. Hinteres, Ausgelöstes:	sehr gutes Kochfleisch
21. Riedhüfel:	Kochen
22. Schlepp:	sehr gutes Kochfleisch

Die Fleischteile des Kalbs und ihre Verwendung

1. Schlögel:	Braten, Dünsten, Schnitzel
2. Schlussbraten:	Braten
3. Nierenbraten:	Braten
4. Karree:	Braten, Koteletts
5. Schulter:	Braten, Schnitzel, Reisfleisch, Einmachfleisch
6. Hals:	Gulasch, Reisfleisch, Einmachfleisch
7. Brust:	Füllen, Braten
8. Wammerl:	Füllen und Braten, Gulasch, Reisfleisch
9. Haxel:	Braten, Backen, Sulz
10. Stelze:	mit Knochen gebraten als Stelze, ausgelöst als Kalbsvögerln
11. Kopf:	Backen, Braten, Suppe
12. Hirn:	Backen, Rösten mit Ei, Schöberln und Rouladen für Suppe
13. Nieren:	Rösten mit Ei
14. Leber:	Backen, Braten, Füllen, verschiedene Suppeneinlagen
15. Lunge, Herz und Zunge:	Beuschel und Lungenstrudel
16. Bries:	Backen, Braten oder als Eingemachtes

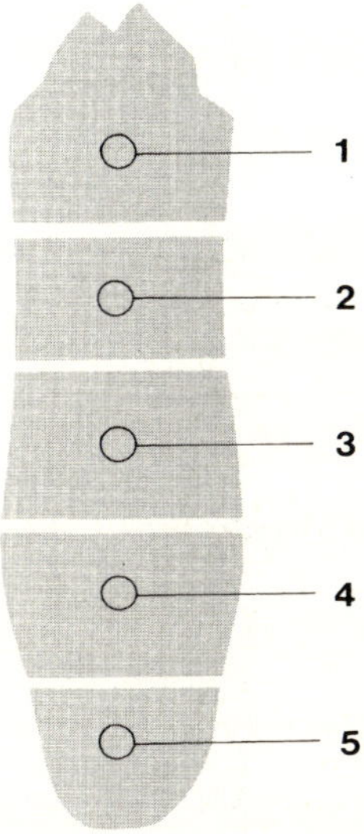

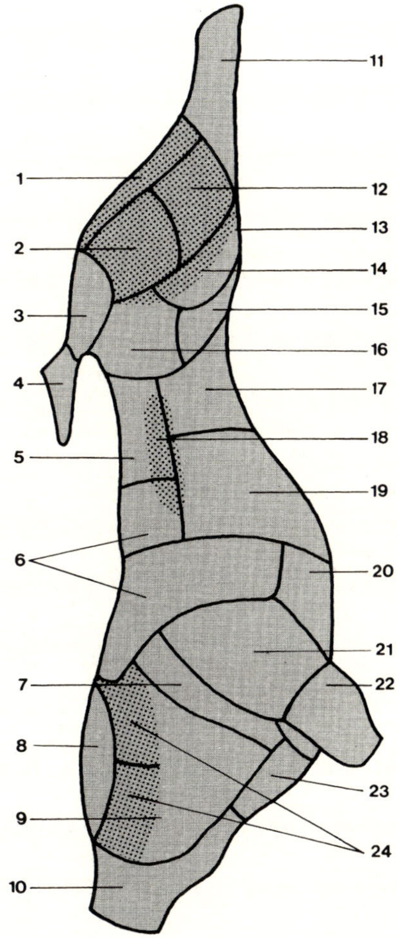

Teilung des Rinds nach Wiener Art

Brust (oben)
1 Bauchfleisch
2 Dünnes Kügerl
3 Mittleres Kügerl
4 Dickes Kügerl
5 Brustkern

Bezeichnung der Fleischteile lt. Zeichnung oben rechts
(die gerasterten Teile liegen an der Innenseite):

1 Weißes Scherzel, 2 Tafelstück, 3 Tafelspitz, 4 Schlepp, 5 Beiried, 6 Rostbraten, 7 Mageres Meisel, 8 Kamm, 9 Fettes Meisel, 10 Hals (Tristel), 11 Hinteres Pratzl, 12 Schwarzes Scherzel, 13 Zapfen, 14 Ortschwanzel (Schale) – Innenseite: 15 Hieferscherzel, 16 Hieferschwanzel, 17 Riedhüfel, 18 Lungenbraten, 19 Platte (Zwerchried oder Palisade), 20 Rieddeckel, 21 Schulter, 22 Vorderes Pratzl, 23 Brustkern, 24 Hinteres und vorderes Ausgelöstes

Im Fleischergewerbe gibt es noch zusätzliche Unterteilungen und Bezeichnungen einzelner Fleischteile des Rinds, die jedoch für den Haushalt nicht wesentlich sind.

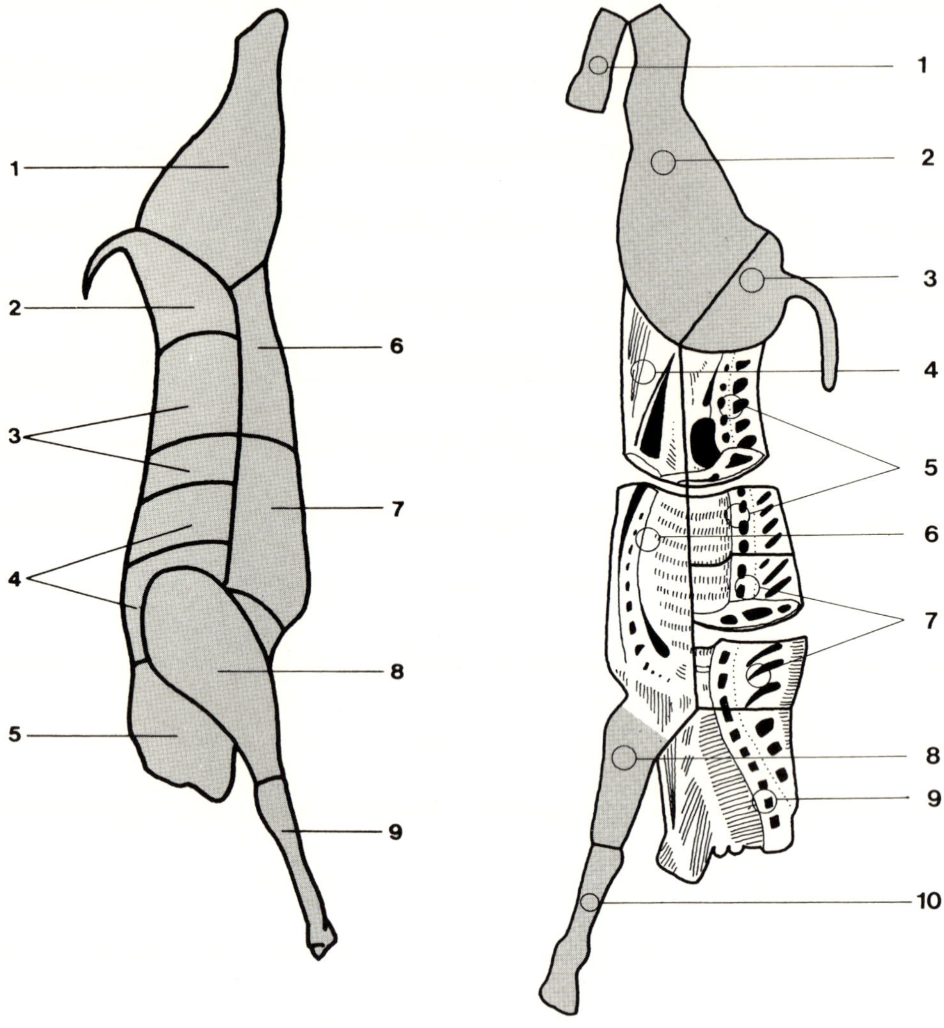

Teilung des Kalbs

Außenansicht (links)

1 Schlögel
2 Schlussbraten
3 Nierenbraten
4 Karree
5 Hals
6 Bauchfleisch (Wammerl)
7 Brust
8 Schulter
9 Haxel

Innenansicht (rechts)

1 Haxen
2 Schlögel
3 Schlussbraten
4 Wammerl
5 Nierenbraten
6 Brust
7 Karree
8 Schulter
9 Hals
10 Haxel

Das Aufarbeiten des Schweins

Das Schwein wird für die Fleischverwertung oder für das Tiefgefrieren (wie nachstehend angeführt) zerlegt und folgender Verwendung zugeführt:

Verwendung der Fleischteile

1. Schlögel:	Braten, Schnitzel, Selchen (Schinken)
2. Karree:	Koteletts, Braten, Schnitzel
3. Schopfbraten:	Koteletts, Selchen
4. Schulter:	Dünsten, Faschieren, Gulasch, Reisfleisch, Selchen (Rollschinken)
5. Schweinslungenbraten:	Grillen
6. Brust:	Füllen, Braten, Kochen, Gulasch, Selchen (Kaiserfleisch)
7. Bauchfleisch:	Kochen, Krautfleisch, Krenfleisch, Reisfleisch, Gulasch, Selchen (Selchspeck)
8. Zunge:	Kochen, Selchen, für Presswurst
9. Stelzen:	Braten, Kochen, Backen, Sulz
10. Haxel:	Backen, Sulz

Verwendung der Innereien

Hirn:	ausgebacken, Hirn mit Ei, Hirnsuppe, -schöberln, -nockerln
Leber:	ausgebacken, geröstet und gesäuert, Leberknödel, -schöberln, -nockerln, -reis, -würste, -punkel (oder Leberschedl)
Milz:	Milzwurst, -schnitten, -rolle, -nockerln
Nieren:	geröstet und gesäuert, zusammen mit Hirn
Beuschel:	eingemacht, Lungenstrudel
Netz:	Netzbraten, -wurst, Saumeisen
Blut:	für Würste

Für das Selchen ist es günstig, das Schwein in große Stücke zu zerlegen.
Dabei ist zu beachten, dass die Schnittflächen glatt bleiben.

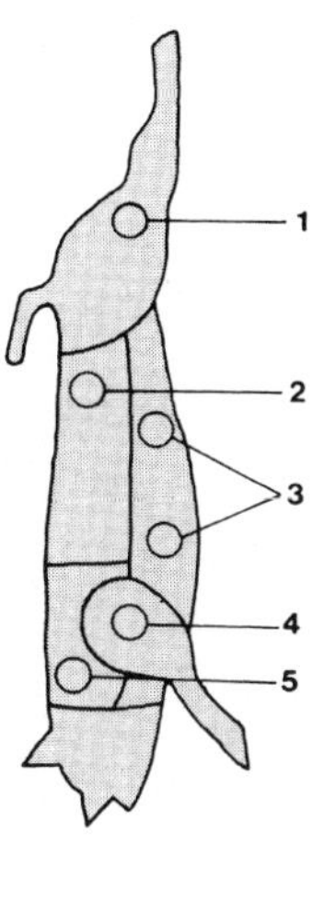

Teilung des Schweins

Jungschwein (links)

1 Schlögel
2 Karree
3 Bauch- und Brustfleisch
4 Schulter
5 Schopfbraten

Außenansicht eines Fleischschweins (rechts)

1, 12 Haxel	*7 Schopfbraten*
2 Schlögel	*8 Stelzen*
3 Schlussbraten	*9 Bauchfleisch*
4 Kurze Koteletts	*10 Brust*
5 Karree	*11 Schulter*
6 Lange Koteletts	*13 Jungfernbraten (Fischerl)*

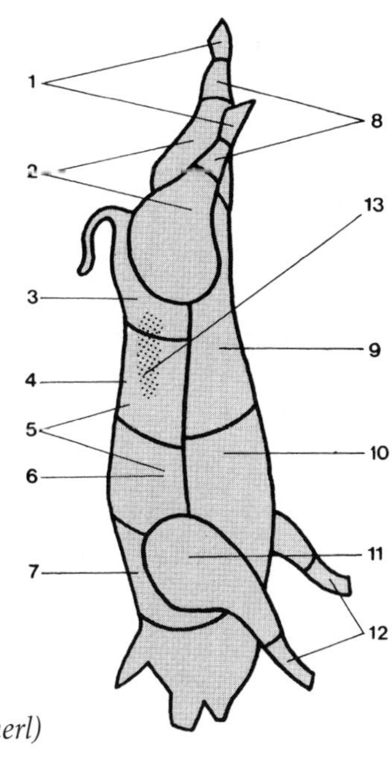

Die Fettgewinnung

Beim Zerlegen des Schweins fallen der fettreiche Bauchfilz und der Rückenspeck an. Der Filz wird enthäutet, vom Rückenspeck werden die Schwarten abgezogen. Der Speck wird in gleichmäßig kleine, der Filz in größere Würfel geschnitten, zugestellt und während des Ausbratens öfter umgerührt.

Inzwischen werden die gut gereinigten, trockenen, emaillierten Schmalzgefäße bereitgestellt. Wenn sich das Fett klärt und nicht mehr schäumt, kann es abgefüllt werden. Mit Hilfe eines Siebes, das man in die Fettpfanne einhängt, lassen sich die Grammeln am Boden halten und das Fett ist leicht herauszuschöpfen. Die verbleibenden Grammeln goldgelb rösten und abpressen.

Bei sorgfältiger Arbeitsweise erhält man zweierlei Qualitäten von Grammeln:

1. vom Filz für besondere Mehlspeisen,
2. vom Rückenspeck die größere Menge.

Das gut ausgelassene Fett ist rein weiß und hat eine wellige Oberfläche. Es ist sehr lange haltbar, wenn es lichtgeschützt und kühl aufbewahrt wird. Schmalzgefäße nur lose zudecken, evtl. Pergamentpapier unter den Deckel einlegen.

Die Verwendung der Fleischteile von Ziegen und Lämmern

Ziegen- und Lämmerfleisch ist nicht so beliebt wie die anderen Fleischarten, obwohl es etwas billiger, nahrhaft, leicht verdaulich ist und eine angenehme Abwechslung in den täglichen Speisezettel bringt.

1. **Schlögel:** Braten, Dünsten, Gulasch, nach Wildbretart
2. **Karree:** Koteletts, Braten, Backen, Dünsten
3. **Hals und Kopf:** Kochen, Einmachen, Gulasch
4. **Bauch- und Brustfleisch:** Braten, Füllen, Kochen, Einmachen
5. **Schulter:** Braten, Kochen, Einmachen, Gulasch, mit Wurzelwerk kochen

Das Herrichten des Kaninchens

Nach dem Ausbluten hängt man das Tier an den Hinterfüßen auf, schneidet das Fell beim Fußgelenk rundherum ab und an der Innenseite der Schenkel bis zum After auf. Dann wird das Kaninchen, der Mitte des Bauches entlang, bis zum Unterkiefer und an den Vorderfüßen ebenfalls aufgeschnitten. Nun zieht man das Fell ab und nagelt es, mit der Innenseite nach außen, fest ausgespannt über ein Brett zum Trocknen. Diese Fellbehandlung ist vorteilhafter als die sonst übliche Methode, das Fell unaufgeschnitten herunterzuziehen. Nun schneidet man die Bauchdecke auf, nimmt die Innereien samt Gedärmen heraus und gibt diese weg. Von der Leber wird die Galle entfernt. Beuschel, Nieren, Milz, Rippenfleisch, Schulter, Hals und Kopf werden als „Hasenjunges“ verwendet. Den Rücken und die Hinterläufe rechnet man zum „alten Hasen“, der meist gebraten wird.

Das Herrichten des Wildbrets

Feldhasen, Rehe und Hirsche müssen etwas abhängen und werden dann genauso abgezogen, ausgenommen und geteilt wie Kaninchen. Beim Reh heißt der Rücken „Ziemer“. Hals, Kopf, Bauchfleisch und die Innereien verwendet man als „Hasen- oder Rehjunges“, Rücken und Läufe für verschiedene Braten, Schnitzel u. dgl., die Schulter wird meist zu Gulasch verarbeitet. Das Fleisch dieser Tiere lässt man mehrere Tage abliegen, damit die Faser gelockert wird. Wild hat stets festes Fleisch und fast kein Fett. Hat man einen Kühlraum zur Verfügung, so kann man das Fleisch dort längere Zeit hängen lassen. Sonst legt man es in eine Beize oder schlägt es in ein Essigtuch ein, das man alle zwei Tage wechselt. Will man es länger aufbewahren, legt man es in die Gefriertruhe, wobei jedes Stück für sich gut zu verpacken ist. Große Bratenstücke werden durch das Spicken saftiger und der Geschmack von Fleisch und Saft wird verbessert.

Das Herrichten des Geflügels und die notwendige Hygiene bei der Aufarbeitung

Das geschlachtete, gut ausgeblutete Tier wird gerupft (trocken bei Enten und Gänsen, Hühner nass oder trocken), geputzt, ausgenommen und je nach Verwendung geteilt.

Die gesamte Aufarbeitung des Geflügels muss unter sehr hygienischen Bedingungen geschehen.

Eine Berührung während des Zurichtens mit anderen Lebensmitteln ist sorgfältig zu vermeiden. Das Geflügelfleisch muss nach dem Aufarbeiten unter fließendem Wasser gewaschen, getrocknet und in einer Schüssel zugedeckt im Kühlschrank (+2 bis +6 °C), möglichst gesondert von den anderen Lebensmitteln, bis zur Weiterverwendung aufbewahrt werden.

Die Arbeitsgeräte, Tischplatten sowie Hände sofort nach Beendigung der Arbeit sorgfältig mit heißem Wasser und Spülmittel säubern.

Schneidbretter aus Kunststoff sind hygienischer. Putztücher sollen unbedingt auskochbar sein oder man verwendet die hygienischen Einwegtücher.

Das Vorrichten des Feldhasen

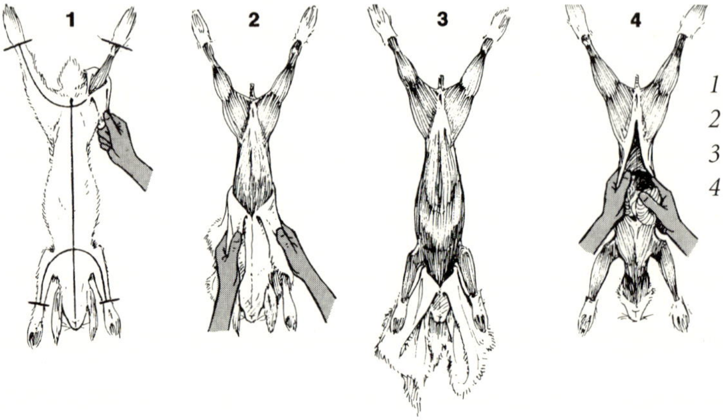

1 Aufschneiden des Fells
2 Abziehen des Fells
3 Auslösen des Kopfs
4 Ausnehmen der Gedärme

Spicken mit Speckkeilen

Vorstechen

Spicken längs der Fleischfasern

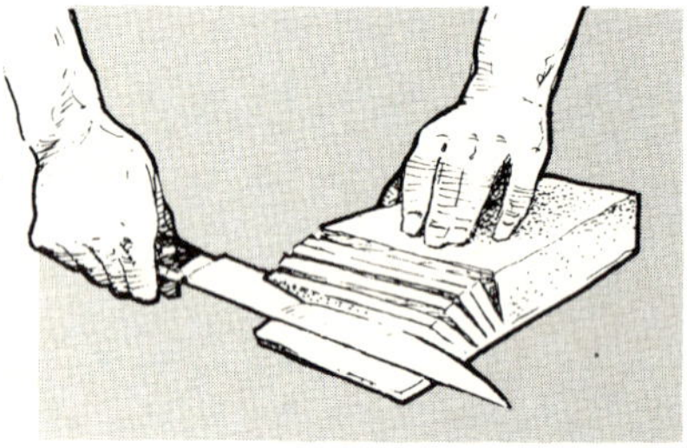

Speckschneiden

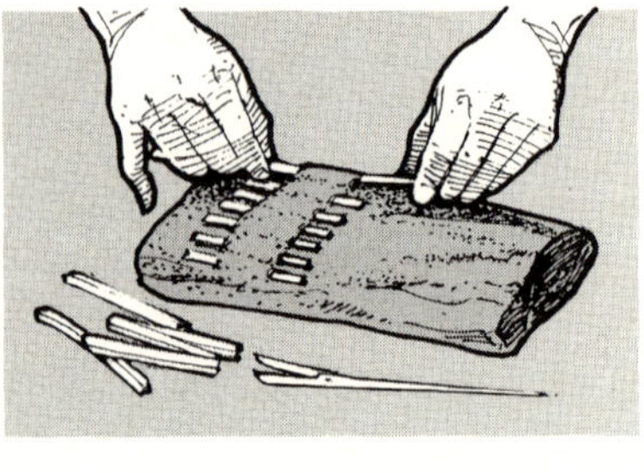

Das Herrichten des Geflügels

Bei der Schlachtung und Aufarbeitung von Geflügel ist auf größtmögliche Hygiene zu achten.

Schlachten und Vorrichten von Geflügel

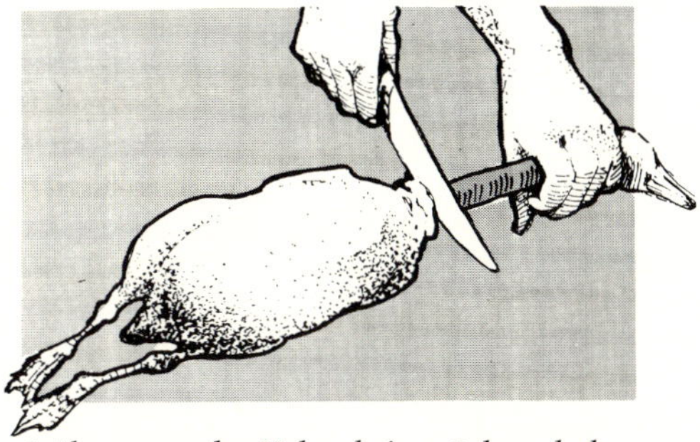

1 Abtrennen des Halses bei zurückgeschobener Halshaut

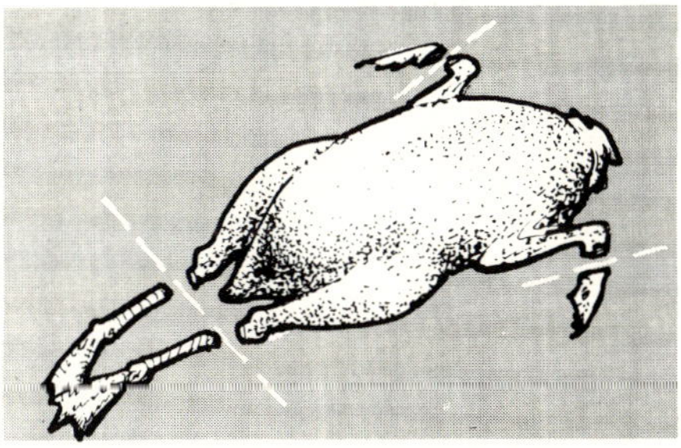

2 Abtrennen der Flügel und Füße

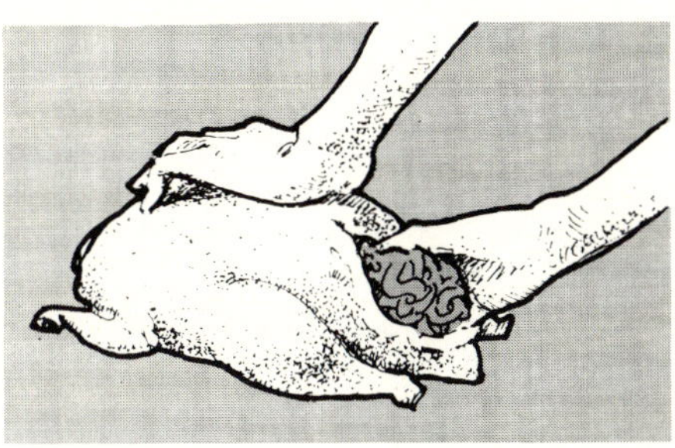

3 Ausnehmen

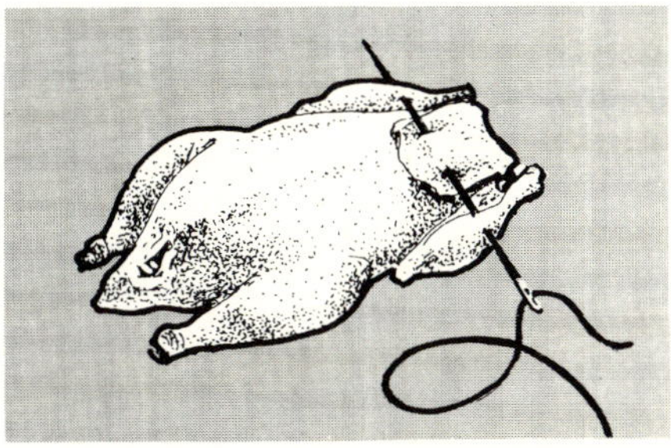

4 Erfassen der Halshaut und Durchstechen der Flügel

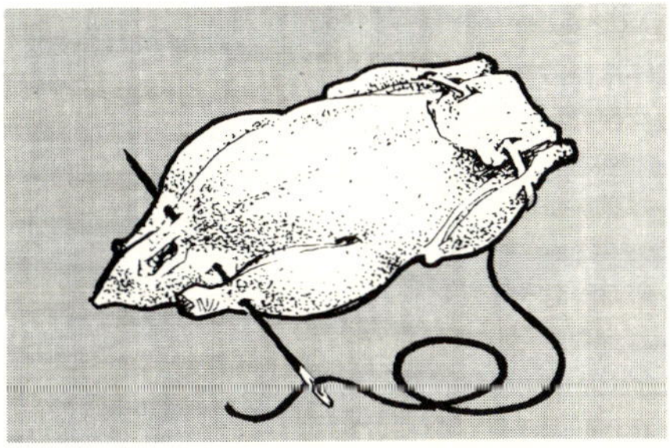

5 Das fertig dressierte Huhn

Tranchieren und Vorrichten von Geflügel

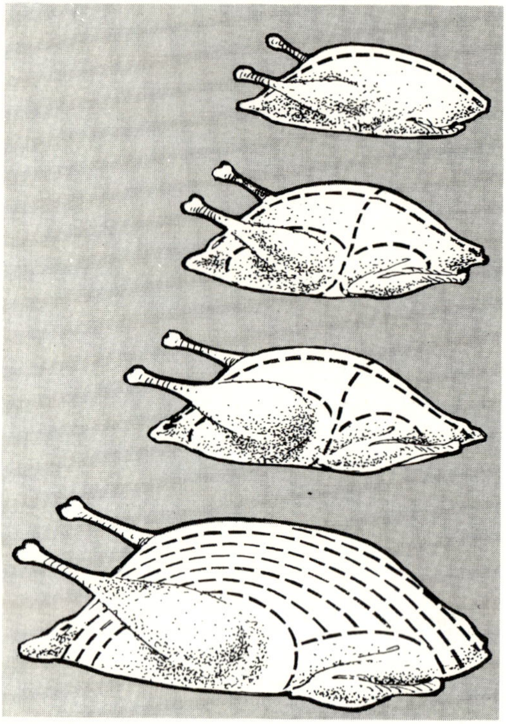

Von oben nach unten:
Taube, Fasan, Huhn, Gans

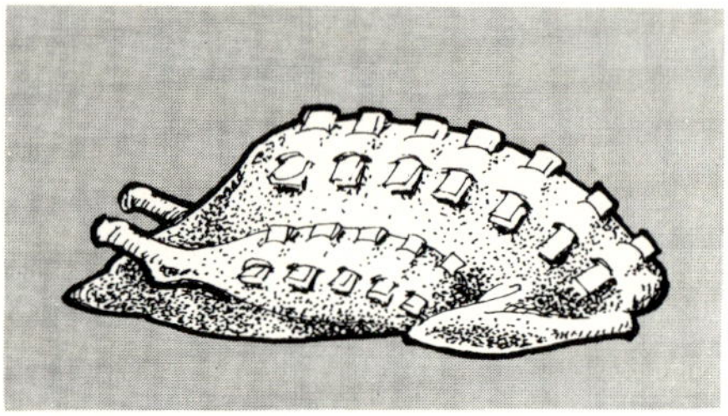

gespickter Fasan

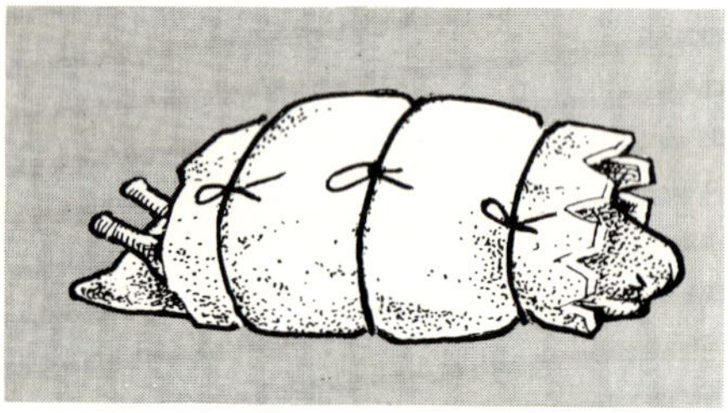

zum Braten vorgerichtetes Rebhuhn

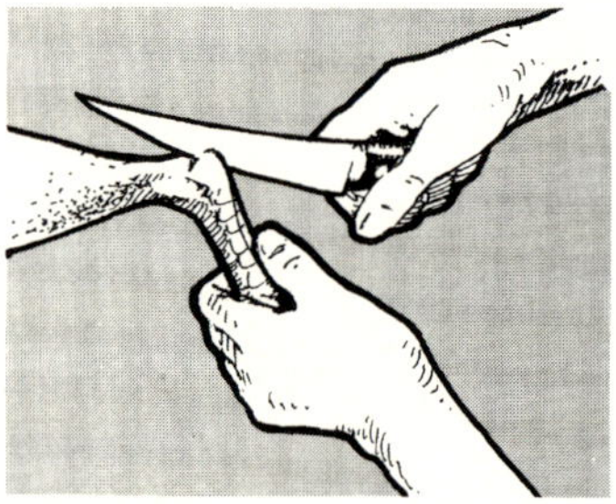

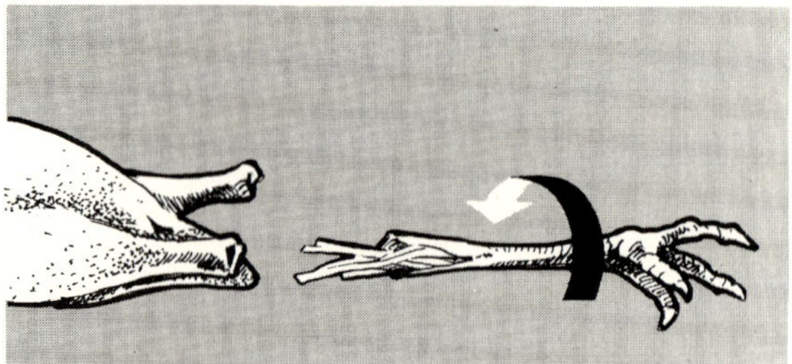

Methode des Entfernens der Füße eines Truthahnes: links: Außenhaut einschneiden – rechts: Füße so lange drehen, bis die Sehnen abreißen, dann herausziehen

Wurstrezepte

Blutwürste (Blunzen)

➤ **1 Teil Kopffleisch, 1 Teil Stichfleisch, 1 Teil Schwarten, Speck und Grammeln, 1 Teil Semmelwürfel, 4 Zwiebeln, Fett zum Rösten, Pfeffer, Neugewürz, Majoran, Beizkräutl (= Thymian), geriebene Muskatnuss, Salz, 2 Teile Blut, 1 Teil Suppe**

Gekochtes, mageres Fleisch, Schwarten, Grammeln und geröstete, fein gehackte Zwiebeln faschieren, das fette Fleisch und den Speck kleinwürfelig schneiden, mit den Semmelwürfeln und Gewürzen gut vermengen, mit Suppe und Blut übergießen. Die Masse in gut vorbereitete Därme lose füllen, in heißem Wasser bis zu 60 Minuten ziehen lassen. Die Wurst ist fertig, wenn beim Anstechen kein Blut, sondern klares Fett austritt. Blutwürste werden in Fett gebraten. Beilagen: Kartoffeln und Sauerkraut. Kalt aufgeschnitten für Brettljausen.

Geselchte Blutwürste

➤ **1 Teil mageres sowie 2 Teile fettes Kopf- und Stichfleisch, 1 Teil Schwarten, Salz, Pfeffer, Neugewürz, Majoran, Blut nach Bedarf**

Das gekochte Fleisch und die Schwarten faschieren, würzen und so viel Blut hinzufügen, dass die Masse zusammenhält; in Därme füllen, in heißem Wasser ziehen lassen, bis zum Anstechen klares Fett austritt. Würste trocknen lassen, 2 bis 3 Tage je nach Größe selchen.
Geselchte Blutwürste eignen sich für kalten Aufschnitt.

Leberwürste

➤ **1 Teil Kopffleisch, 1 Teil Schwarten, 1 Teil fettes Stichfleisch und 4 Zwiebeln, 1 Teil Leber, 1 Teil Semmelwürfel, Salz, Pfeffer, Neugewürz, Majoran, etwas Suppe; Fett zum Rösten**

Gekochtes Kopffleisch, Schwarten, Stichfleisch und geröstete Zwiebeln faschieren, rohe Leber zweimal faschieren, mit in Suppe aufgeweichten Semmelwürfeln und Gewürzen vermengen, etwas Suppe beifügen, in Därme füllen und im heißen Wasser ziehen lassen. Leberwürste werden in Fett gebraten. Beilagen: Kartoffeln, Sauerkraut

Streichleberwurst I

➤ **1 Teil mageres Kopffleisch, 2 Teile fettes Kopf- und Stichfleisch, 1 Teil Leber, Salz, Pfeffer, Neugewürz, 150 ml Knoblauchwasser (150 ml Wasser mit 10 Knoblauchzehen kochen)**

Das gekochte Fleisch und die kurz angeröstete Leber zweimal faschieren, mit Salz, Pfeffer, Neugewürz und Knoblauchwasser würzen, in Gläser füllen und sterilisieren. Streichleberwurst kann für kurze Zeit eingefroren werden.

Streichleberwurst II

➤ **1 Teil mageres Schweinefleisch (Abfälle), 2 Teile fettes Schweinefleisch (Halsfleisch), 1 Teil Leber, Salz, Pfeffer, Neugewürz, Knoblauchwasser**

Das rohe magere Fleisch faschieren, sehr gut abkneten, die rohe Leber zweimal faschieren, das fette Fleisch kleinwürfelig schneiden, darunter mengen und gut würzen, in Gläser füllen und 2 Stunden sterilisieren.

Geräucherte Leberwurst

➤ **1 Teil mageres sowie 2 Teile fettes Kopf-, Hals- und Bauchfleisch, 1 Teil Leber, Zwiebel nach Belieben, Knoblauch, Kümmel, Pfeffer, Salz**

Gekochtes, mageres Fleisch, Leber und Zwiebel faschieren, fettes Fleisch in Würfel schneiden, vermengen, würzen, in Därme füllen, 1 Stunde ziehen lassen, bis zum Auskühlen leicht beschweren, 2 bis 3 Tage selchen.

Sulz

➤ **2 Teile Kopffleisch, 1 Teil Schweinsfüße, Wurzelwerk, Pfeffer- und Gewürzkörner, Lorbeerblatt, Salz**

Kopffleisch und Schweinsfüße mit blättrig geschnittenem Wurzelwerk und Gewürzen langsam kochen, abseihen, abgelöstes Fleisch in breite Streifen schneiden, mit gut gewürzter Suppe übergießen, bis alle Zutaten bedeckt sind, und erstarren lassen. Zu dünne Suppe durch längeres Kochen eindicken. Die fertige Sulz mit Zwiebel, Essig und Öl anrichten.

Presswurst

➤ **2 Teile Kopffleisch, 1 Teil Rüssel und Zunge, 1 Teil Schweinsfüße, Wurzelwerk, Pfeffer- und Gewürzkörner, Lorbeerblatt**

Zubereitung wie Sulz; entweder in Kunststoffsack oder gut geputzten und ausgewässerten Schweinsmagen füllen, in heißem Wasser mindestens 1 Stunde ziehen lassen und nach dem Erkalten beschweren.
Variation: Durch Untermengen von 3 EL Schweinsblut wird die Presswurst rot gefärbt.

Bratwürste

➤ **2 Teile mageres Fleisch, 1 Teil fettes Fleisch, Salz, Pfeffer, Zitronenschale, Knoblauchwasser, evtl. Semmelwürfel**

Fleisch zweimal faschieren, würzen, Knoblauchwasser untermengen, sehr gut abkneten, lose in Dünndärme füllen und zu 20 cm langen Paaren abdrehen. Für Bratwürste zum Einfrieren ist es vorteilhaft, die Masse mit eingeweichten Semmeln zu strecken. Bratwürste kurz vorkochen, bis sie gleichmäßig heiß sind, in Fett braten. Beilagen: Kartoffeln, gedünstetes Kraut oder Krautsalat

Saumeisen

➤ **1 Teil mageres Fleisch, 1 Teil fettes Fleisch, Salz, Pfeffer, Koriander, Schweinsnetz**

Fleisch zweimal faschieren, würzen, gut durchkneten, einige Zeit stehen lassen, aus dem Brat Knödel formen, Netz in Vierecke schneiden, Knödel darin einschlagen, mit Spagat kreuzweise binden. Der Spagat soll so lang sein, dass die Enden zum Aufhängen beim Selchen reichen. Bei Verwendung werden die Saumeisen gekocht, mit Sauerkraut und Kartoffeln angerichtet oder kalt aufgeschnitten.

Gerichte mit Rindfleisch

Rindsbraten mit Sauerrahmsoße

➤ **900 g Beiried, 80 g Speck, Salz, Pfeffer; 50 g Fett, 200 g Wurzelwerk, 1 Zwiebel, Pfeffer- und Gewürzkörner, Lorbeerblatt, Thymian; 125 ml Sauerrahm, 20 g Mehl**

Fleisch mit Speckkeilen längs der Faser spicken, salzen, pfeffern, in heißem Fett anbraten, blättrig geschnittenes Wurzelwerk, Zwiebel und Gewürze hinzufügen, rösten, mit Suppe (Wasser) aufgießen, im Rohr oder auf kleiner Flamme zugedeckt weich dünsten. Saft passieren, mit Sauerrahm und Mehl aufkochen und abschmecken. Änderung: Man kann ein Stück Schwarzbrot zum Eindicken mitdünsten oder den Saft mit Mehl stauben, etwas anrösten, aufgießen, verkochen lassen und den Sauerrahm zuletzt hinzufügen. Beilagen: Serviettenknödel, Bandnudeln, Preiselbeeren
T: 190–210 °C, B: 90 Minuten, u. Sch.

Rindsbraten natur

➤ **900 g Rindfleisch, 80 g Speckstreifen, Salz, Pfeffer, 30 g Fett; 2 EL Sauerrahm**

Fleisch mit feinen Speckstreifen spicken, salzen, pfeffern, in heißem Fett anbraten, aufgießen, zugedeckt langsam braten, öfter begießen, Natursaft abschmecken, aufgeschnittenes Fleisch mit etwas Sauerrahm übergießen.
Beilagen: Preiselbeeren, Reis und Salat

Gedünsteter Tafelspitz

➤ **900 g Tafelspitz, Salz, Pfeffer; 200 g Wurzelwerk, 750 ml Wasser**

Blättrig geschnittenes Wurzelwerk, Salz, Gewürze und Wasser in einen Topf geben, in die heiße Suppe das Fleisch einlegen und zugedeckt dünsten. Beilagen: Salzkartoffeln, Semmelkren

Mostbraten

➤ **900 g Rindfleisch, 80 g Speckstreifen, Salz, Pfeffer, Wurzelwerk, 2 Zwiebeln, 50 g Fett; 250 ml Most; 30 g Fett, 20 g Mehl; Kren**

Fleisch mit feinen Speckstreifen spicken, salzen, pfeffern, mit blättrig geschnittenem Wurzelwerk und fein gehackter Zwiebel anbraten, mit Most aufgießen, weich dünsten. Passierten Saft mit heller Einmach binden und mit Kren abschmecken. Beilagen: Kartoffelknödel, Serviettenknödel, kalter Krautsalat

Lungenbraten mit Sauerrahmsoße

➤ **900 g Beiried, 80 g Speck, Salz, Pfeffer; 50 g Fett, 200 g Wurzelwerk, 1 Zwiebel, Pfeffer- und Gewürzkörner, Lorbeerblatt, Thymian; 125 ml Sauerrahm, 20 g Mehl**

Fleisch mit Speckkeilen längs der Faser spicken, salzen, pfeffern, in heißem Fett anbraten, blättrig geschnittenes Wurzelwerk, fein gehackte Zwiebel und Gewürze hinzufügen, rösten, mit 250 ml Suppe (Wasser) aufgießen, im Rohr oder auf kleiner Flamme zugedeckt weich dünsten. Saft passieren, mit Sauerrahm und Mehl aufkochen und abschmecken. Änderung: Man kann ein Stück Schwarzbrot zum Eindicken mitdünsten oder den Saft mit Mehl stauben, etwas anrösten, aufgießen, verkochen lassen und den Sauerrahm zuletzt hinzufügen.
Beilagen: Kartoffelknödel, Semmelknödel, Bandnudeln, Rotkraut

Lungenbratenschnitten (Beefsteak)

- **1 kg Lungenbraten, Öl, Salz, Mehl, 50 g Fett, etwas Butter und Suppe**

Lungenbraten enthäuten, in 3 cm dicke Scheiben schneiden, mit Öl bestreichen, aufeinander legen. Eine Seite in Mehl tauchen und in sehr heißem Fett herausbraten und vor dem Anrichten salzen. Saft entfetten und mit Butter und etwas Suppe aufkochen, abschmecken. Anmerkung: Schnitzel beim Wenden nicht anstechen, das Fleisch soll innen noch rosig sein. Schnitzel nicht im Saft liegen lassen, da sie sonst hart werden. Beilagen: Sauce tartare, Preiselbeeren, Salat, Reis und Kartoffeln

Beiriedschnitten (Rumpsteak)

- **1 kg Beiried, Öl, Salz, Mehl, 50 g Fett, etwas Butter und Suppe**

Das Fleisch enthäuten, in 2 cm dicke Scheiben schneiden, mit Öl bestreichen, aufeinander legen. Eine Seite in Mehl tauchen und in sehr heißem Fett herausbraten und vor dem Anrichten salzen. Saft entfetten und mit Butter und etwas Suppe aufkochen, abschmecken. Anmerkung: Schnitzel beim Wenden nicht anstechen, das Fleisch soll innen noch rosa sein. Schnitzel nicht im Saft liegen lassen, da sie sonst hart werden.
Beilagen: gedünstete Karotten, grüne Erbsen und Fisolen

Rostbraten natur

- **1 kg Rostbraten, Senf, Salz, Pfeffer, Mehl, 50 g Fett**

Rostbratenscheiben einschneiden, mit Senf bestreichen, salzen, pfeffern, eine Seite in Mehl tauchen, in heißem Fett braun braten, auf vorgewärmter Platte anrichten, Saft entfetten, mit 250 ml Suppe aufgießen, aufkochen, abschmecken, dem Fleisch beigeben, sofort servieren.
Beilagen: Kartoffeln, Nudeln, frische Salate

Maschinrostbraten

- **900 g Rostbraten, Salz, Pfeffer, Mehl, 50 g Fett; 500 g Kartoffeln, 200 g Essiggurkerln**

Rostbratenscheiben einschneiden, salzen, pfeffern, eine Seite in Mehl tauchen, beidseitig in heißem Fett braun braten, mit 250 ml Suppe aufgießen. Halbweich dünsten, rohe, großblättrig geschnittene Kartoffeln beifügen, nochmals aufgießen, fertig dünsten, abschmecken und mit blättrig geschnittenen Essiggurkerln anrichten. Beilage: Nudeln

Zwiebelrostbraten

- **900 g Rostbraten, Salz, Pfeffer, Mehl; 50 g Fett, 1 Zwiebel; 3 Zwiebeln, 50 g Fett**

Rostbratenscheiben einschneiden, salzen, pfeffern, eine Seite in Mehl tauchen, braun braten, zuletzt im Bratenfett fein gehackte Zwiebel rösten, mit 250 ml Suppe aufgießen, Fleisch einlegen, weich dünsten, abschmecken. 3 Zwiebeln in Ringe schneiden, etwas salzen, in Mehl wenden und in Fett rösten, über den angerichteten Rostbraten streuen.
Beilagen: Salzkartoffeln, Reis

Sardellenrostbraten

- **900 g Rostbraten, Salz, Pfeffer, Mehl, 50 g Fett; 2 Zwiebeln, 2 Sardellen, Zitronenschalen, Petersilie n. B.; 20 g Mehl, 125 ml Sauerrahm**

Rostbraten einschneiden, salzen und pfeffern, eine Seite in Mehl tauchen, in heißem Fett anbraten. Zwiebeln, Sardellen, Zitronenschale und Petersilie fein hacken, im Bratenfett gar rösten, stauben, nochmals rösten, aufgießen, Rostbratenscheiben hinzufügen, weich dünsten. Zuletzt Sauerrahm hinzufügen und abschmecken.
Beilagen: Semmelknödel, Serviettenknödel, Salat

Gefüllter Rostbraten

- **1 kg Rindsschnitzel, Salz, Pfeffer; 200 g Wurzelwerk, 30 g Zwiebeln, 60 g Fett; 125 ml Sauerrahm Fülle: 100 g Reis, 30 g Fett, 20 g Zwiebeln; 150 g Selchfleisch**

Für die Fülle den gedünsteten Reis mit fein gehackter, gerösteter Zwiebel und klein geschnittenem Selchfleisch vermengen. Rostbratenscheiben einschneiden, salzen, pfeffern, mit Fülle bestreichen, einrollen und mit Zahnstochern befestigen. Blättrig geschnittenes Wurzelwerk und fein gehackte Zwiebel in Fett rösten, aufgießen, Rostbratenrollen einlegen, weich dünsten. Rollen herausheben, Wurzelwerk stauben, rösten, aufgießen, verkochen lassen und passieren. Zuletzt Fleisch und Sauerrahm beifügen, abschmecken und nochmals aufkochen. Beilagen: Reis, Kartoffeln, Salat

Pickelsteiner Rostbraten

- **900 g Rostbraten, Salz, Pfeffer, Mehl, 40 g Fett; 200 g Wurzelwerk, 1 Zwiebel, 200 g Kartoffeln, Lorbeerblatt, Majoran, Thymian, Knoblauch, Essig**

Rostbraten einschneiden, salzen, pfeffern, eine Seite in Mehl tauchen, in heißem Fett abbraten. Wurzelwerk, Zwiebel und Kartoffeln grobnudelig schneiden, mit den Rostbratenscheiben und Gewürzen in einen Topf geben, mit 250 ml Suppe aufgießen und zugedeckt dünsten. Beim Garen im Rohr braucht die Speise wenig Beaufsichtigung. Beilagen: Nudeln, Kartoffeln
T: 200 °C, B: 60–80 Minuten, u. Sch.

Gespicktes Rindsschnitzel

- **1 kg Beiried, 60 g Speckstreifen, Salz, Pfeffer, Mehl; 60 g Fett, 20 g Mehl, 60 g Zwiebeln, 1 TL Kapern, 1 TL Sardellen, 2 Essiggurken, 125 ml Sauerrahm**

Rindsschnitzel einschneiden, mit feinen Speckstreifen spicken, salzen und pfeffern, eine Seite in Mehl tauchen, in heißem Fett anbraten. Im Bratenfett Mehl, fein gehackte Zwiebeln, Kapern, Sardellen und Essiggurkerln anrösten, mit 250 ml Wasser aufgießen, Schnitzel zur Soße geben, weich dünsten, mit Sauerrahm verbessern und abschmecken. Beilagen: Semmelknödel, Kartoffeln, Rotkraut, Fisolen

Rindsgulasch

- **900 g Gulaschfleisch, 100 g Fett, 600 g Zwiebeln, 1–2 TL Paprikapulver, Essig, Salz, Kümmel, Majoran, Knoblauch n. B., 20 g Mehl**

Geschnittene Zwiebeln in heißem Fett goldgelb rösten, die Hälfte Paprika, etwas Essig, würfelig geschnittenes Fleisch, Salz und Gewürze beifügen, gar rösten, aufgießen und weich dünsten. Gutes Gulasch zum Dünsten wenig aufgießen, das Wasser soll ganz verkochen, damit die Zwiebeln im klaren Fett zerkochen können. Vor dem letzten Aufgießen mit Mehl stauben; rösten, verkochen lassen und abschmecken. Das restliche Paprikapulver in heißem Fett verrühren, mit etwas Wasser aufgießen und auf das fertige Gulasch geben.
Beilagen: Nockerln, Spätzle, Salzkartoffeln, Gebäck

Bei allen Gulaschspeisen wird dem gerösteten Zwiebel Paprikapulver zugesetzt und sofort mit etwas Essig gelöscht. Dadurch erhält der Gulaschsaft die schöne rote Farbe, ohne dass der Geschmack verändert wird.

Zwiebelfleisch

- **900 g Gulaschfleisch (Schwein oder Rind), 100 g Fett, 600 g Zwiebeln, Essig, Salz, Kümmel, Majoran, 20 g Mehl**

Geschnittene Zwiebeln in heißem Fett goldgelb rösten, etwas Essig, würfelig geschnittenes Fleisch, Salz und Gewürze beifügen, gar rösten, aufgießen und weich dünsten. Gutes Zwiebelfleisch zum Dünsten wenig aufgießen, das Wasser soll ganz verkochen, damit die Zwiebel im klaren Fett zerkochen kann. Vor dem letzten Aufgießen mit Mehl stauben; rösten, verkochen lassen und abschmecken. Beilagen: Nockerln, Kartoffelknödel

Ungarisches Gulasch

- **900 g Gulaschfleisch (Schwein oder Rind), 100 g Fett, 600 g Zwiebeln, 1–2 TL Paprikapulver, Essig, Salz, Kümmel, Majoran, Knoblauch n. B., 20 g Mehl, 400 g Kartoffeln, 100 g Essiggurkerln**

Geschnittene Zwiebeln in heißem Fett goldgelb rösten, die Hälfte Paprika, etwas Essig, würfelig ge-

schnittenes Fleisch, Salz und Gewürze beifügen, gar rösten, aufgießen und weich dünsten. Gutes Gulasch zum Dünsten wenig aufgießen, das Wasser soll ganz verkochen, damit die Zwiebel im klaren Fett zerkochen kann. Vor dem letzten Aufgießen mit Mehl stauben und abschmecken. Das restliche Paprikapulver in heißem Fett verrühren, mit etwas Wasser aufgießen und über das fertige Gulasch geben. In diesem Gulasch dämpft man nun die würfelig geschnittenen Kartoffeln und mengt zuletzt die blättrig geschnittenen Essiggurkerln ein.
Beilagen: Bauernbrot, dunkles Gebäck

Zigeunergulasch

➤ **60 g Speck, 30 g Fett, 300 g Zwiebeln, 1–2 TL Paprikapulver, Essig; 500 g Rindfleisch, 250 g Lammfleisch, Salz, Kümmel, Majoran, 250 g Schweinefleisch, Tomatenmark, Essiggurkerln n. B.**

Kleinwürfelig geschnittener Speck mit Fett und fein gehackten Zwiebeln goldgelb rösten, Paprikapulver, Essig, würfelig geschnittenes Rind- und Lammfleisch, Salz, Kümmel und Majoran beifügen, gar rösten, aufgießen, dünsten. Zur halben Kochzeit Schweinefleischwürferln und Tomatenmark hinzufügen, fertig dünsten. Zuletzt Essiggurkerlscheiben darunter mengen und abschmecken.
Beilagen: Nockerln, Gebäck

Spanisch Frikko

➤ **600 g Rindfleisch, 1 kg Kartoffeln, 1 Zwiebel, Salz, Kümmel, Petersilie n. B.; 250 ml Suppe, 125 ml Sauerrahm, 2 EL Mehl**

Fleisch in Würfel schneiden, in Salzwasser halbweich kochen. In einer befetteten Pfanne lagenweise rohe Kartoffelscheiben, Fleischwürfel, gehackte Zwiebel und Petersilie, Salz und Kümmel geben, mit Kartoffelscheiben abschließen. Sauerrahm mit Suppe und Mehl versprudeln, darüber gießen und im Rohr dünsten. Beilage: Bauernbrot.
T: 210 °C, B: 40–60 Minuten, u. Sch.

Gespicktes Rindsherz

➤ **900 g Rindsherz, 60 g Speck, Salz, 40 g Fett, 200 g Wurzelwerk, 1 große Zwiebel, Pfeffer- und Gewürzkörner, Lorbeerblatt; 20 g Mehl, 125 ml Sauerrahm**

Rindsherz enthäuten, mit Speckstreifen spicken, salzen, mit blättrig geschnittenem Wurzelwerk, fein gehackter Zwiebel und Gewürzen in Fett braten, öfter aufgießen, fertig braten, Saft stauben, mit 250 ml Wasser aufgießen, verkochen, passieren, Sauerrahm dazugeben, abschmecken und nochmals aufkochen.
Beilagen: Semmelknödel, Kartoffeln, warmer Krautsalat.
T: 190–200 °C, B: 90 Minuten, m. Sch.

Geröstete Rindsniere

➤ **600 g Rindsniere, 50 g Fett, 150 g Zwiebeln; 20 g Mehl, 125 ml Sauerrahm, Salz, Essig, Majoran, Pfeffer**

In heißem Fett fein gehackte Zwiebeln goldgelb rösten, blättrig geschnittene Rindsniere hinzufügen, rösten, wenig aufgießen, weich dünsten, Saft stauben, wieder aufgießen, mit Essig, Salz, Majoran und Pfeffer würzen. Nach dem Aufkochen Sauerrahm hinzufügen. Beilage: Kartoffeln

Rindsbeuschel

➤ **600 g Rindsbeuschel, 200 g Wurzelwerk, 2 Zwiebeln, Salz, Essig, Pfeffer- und Gewürzkörner; 60 g Fett, 1 TL Zucker, 60 g Mehl; Majoran oder Beizkräutl (= Thymian)**

Rindsbeuschel mit Wurzelwerk, grob geschnittenen Zwiebeln und Gewürzen weich kochen, dunkle Zwiebeleinbrenn bereiten, mit 500 ml Suppe aufgießen, verkochen, würzen, Beuschel nudelig schneiden, zur Soße geben. Änderung: Gekochtes Wurzelwerk und Zwiebeln passieren, zur Soße geben, mit Sauerrahm und Paprikapulver den Geschmack verbessern. Beilage: Böhmische Knödel
Dunkle Einbrenn: siehe Ochsenschleppsuppe

Rindszunge

➤ **Rindszunge roh, gepökelt oder geselcht**

Rindszunge weich kochen, Haut abziehen und in Scheiben schneiden. Beilagen: für frische Zunge Soßen (z. B. Dillsoße), für gepökelte oder geräucherte Zungen Erbsen- oder Kartoffelpüree

Gerichte mit Kalbfleisch

Kalbsnierenbraten

➤ **1 kg Nieren- oder Schlussbraten, Salz, 20 g Fett; 20 g Butter, 10 g Maisstärkemehl**

Aus dem Nierenbraten die Knochen und die Niere lösen, salzen, die Niere auf das Fleisch legen, einrollen und mit Spagat binden. Das Fleischstück von allen Seiten anbraten, unter öfterem Begießen fertig braten, den Saft mit einer Butterkugel verbessern (Butter mit Maisstärkemehl abmischen). Beilagen: Reis, Salat
T: 200 °C, B: 80–90 Minuten, m. Sch.

Kalbsbraten mit Sauerrahmsoße

➤ **1 kg Kalbsschlögel, 30 g Speck, Salz, 30 g Fett; 125 ml Sauerrahm, 10 g Maisstärkemehl**

Kalbfleisch enthäuten, mit Speckstreifen spicken, salzen, in Fett anbraten, unter öfterem Begießen fertig braten, den Saft mit Sauerrahm und Maisstärkemehl aufkochen und abschmecken. Man kann den Saft auch mit einer Butterkugel (s. O.) verbessern.
Beilagen: Reis, Salat, Apfelkompott
T: 200 °C, B: 80–90 Minuten, m. Sch.

Landler Kalbsschlögel

➤ **1 kg Kalbsschlögel, 30 g Paprikaspeck, Salz, Thymian, Lorbeerblatt, Zitronenschale, 30 g Fett, 125 ml Sauerrahm**

Kalbsschlögel enthäuten, mit Speckstreifen spicken, salzen und mit fein gehackten Gewürzen einreiben, braten. Saft entfetten und mit Sauerrahm aufkochen.
Beilagen: Reis, Semmelknödel, Salat
T: 190–220 °C, B: 90–100 Minuten, u. Sch.

Gefüllte Kalbsbrust

➤ **1 kg Kalbsbrust, Salz, 40 g Fett; 20 g Butter Fülle: 2 Semmeln, 1 Ei, etwas Milch, 30 g Butter, Salz, Petersilie n. B.**

Kalbsbrust von den Rippen lösen, untergreifen, salzen, füllen, mit Spieß zustecken oder mit Zahnstochern fixieren. Für die Fülle Semmelwürfel mit versprudeltem Ei und Milch, fein gehackter Petersilie, weicher Butter und Salz vermischen, ziehen lassen. Brust in heißem Fett und etwas Wasser langsam braten, öfter begießen, um ein Zerreißen des Bratens zu vermeiden. Saft entfetten und mit 1 EL Butter verbessern. Ausgelöste Rippen kann man mitbraten. Besonders saftig wird der Braten in einer geschlossenen Bratpfanne. Beilagen: Salat, Mischgemüse, Apfelkompott
T: 200–220 °C, B: 90 Minuten, u. Sch.

Naturschnitzel

➤ **900 g Kalbsschnitzel, Salz, Mehl, 50 g Fett; 20 g Butter**

Schnitzel einschneiden, salzen, eine Seite in Mehl tauchen, beidseitig anbraten. Bratensaft entfetten, Butter hinzufügen, aufgießen, Schnitzel im Saft dünsten, abschmecken.
Beilagen: Reis, Salat, Kompott

Rahmschnitzel

➤ **900 g Kalbsschnitzel, Salz, Mehl, 50 g Fett; 20 g Butter, etwas Sauerrahm und Zitronensaft**

Schnitzel einschneiden, salzen, eine Seite in Mehl tauchen, beidseitig anbraten. Bratensaft entfetten, Butter hinzufügen, aufgießen, Schnitzel im Saft dünsten, abschmecken. Den Saft mit etwas Sauerrahm und Zitronensaft verbessern.
Beilagen: Reis, Prinzesskrapferln, Kartoffeln, Salat

Champignonschnitzel

➤ **900 g Kalbsschnitzel, Salz, Mehl, 50 g Fett; 100 g Champignons, Petersilie n. B.**

Schnitzel einschneiden, salzen, eine Seite in Mehl tauchen, beidseitig anbraten. Blättrig geschnittene Champignons und fein gehackte Petersilie hinzufügen, aufgießen, zugedeckt im Rohr dünsten.
Beilagen: Reis, Salat

Paprikaschnitzel

➤ **900 g Kalbsschnitzel, Salz, Mehl, 50 g Fett; 50 g Speck, 100 g Zwiebeln, Paprikapulver, Essig; 125 ml Sauerrahm, 10 g Maisstärkemehl**

Schnitzel einschneiden, salzen, eine Seite in Mehl tauchen, auf beiden Seiten braun braten, mit 250 ml Wasser oder Suppe aufgießen. Kleinwürfelig geschnittenen Speck und nudelig geschnittene Zwiebeln rösten, Paprikapulver und Essig dazugeben, den Bratensaft beifügen, Schnitzel einlegen, dünsten. Abschmecken, mit Sauerrahm und Maisstärkemehl verbessern. Beilagen: Spätzle, Kartoffeln

Kalbskoteletts

➤ **1 kg Kalbskoteletts, Salz, Mehl, 50 g Fett; 20 g Butter**

Koteletts einschneiden, salzen, eine Seite in Mehl tauchen, beidseitig anbraten. Bratensaft entfetten, Butter hinzufügen, aufgießen. Koteletts im Saft dünsten, abschmecken. Koteletts schneidet man mit je einer Rippe und einem Wirbelstück.
Beilagen: Kartoffeln, Reis, Mischgemüse, Salat

Wiener Schnitzel

➤ **900 g Kalbsschlögel, Salz, Mehl, 2 Eier, Brösel; Fett zum Ausbacken**

Schnitzel einschneiden, salzen, in Mehl wenden, in versprudeltes Ei tauchen, in Brösel wenden und in heißem Fett herausbacken.
Beilagen: Reis, Salat, Kompott

Gebackene Koteletts

➤ **900 g Kalbskoteletts (Schweinskoteletts), Salz, Mehl, 2 Eier, Brösel; Fett zum Ausbacken**

Koteletts einschneiden, salzen, in Mehl wenden, in versprudeltes Ei tauchen, in Brösel wenden und in heißem Fett herausbacken.

Pariser Schnitzel

➤ **900 g Kalbsschlögel, Salz, Mehl, 2 Eier; Fett zum Ausbacken**

Schnitzel einschneiden, salzen, in Mehl wenden und in Ei tauchen, herausbacken und sofort anrichten. Beilagen: Reis, Salat, Apfelkompott

Eingemachtes Kalbfleisch

➤ **900 g Kalbsschulter, 30 g Butter, Salz; 40 g Butter, 40 g Mehl; Petersilie n. B., Muskatnuss, Zitronensaft;
Einlage: Bröselknöderln, Karfiolröschen**

Würfelig geschnittene Kalbsschulter in Butter rösten, mit 350 ml Wasser oder Suppe aufgießen, weich dünsten, Petersileinmach hinzufügen, verkochen lassen, würzen und zuletzt gekochte Bröselknöderln und Karfiolröschen vorsichtig dazugeben. Weitere Einlagen sind Karottenwürfel und grüne Erbsen.

Kalbsgulasch

➤ **900 g Kalbsschulter, 60 g Fett, 300 g Zwiebeln, Paprikapulver, Essig, Salz; 20 g Mehl, 125 ml Sauerrahm**

Fein geschnittene Zwiebeln in heißem Fett glasig anlaufen lassen, Paprika, etwas Essig, würfelig geschnittenes Kalbfleisch dazugeben, gar rösten, mit 500 ml Wasser aufgießen, weich dünsten. Vor dem letzten Aufgießen stauben, nochmals gut verkochen, abschmecken, mit Sauerrahm verbessern.
Beilage: Spätzle

Kalbsragout

➤ **600 g Kalbsschulter, 40 g Fett, Salz; 125 ml Sauerrahm, 20 g Maisstärkemehl, Petersilie n. B., etwas Butter**

Fleisch in Würfel schneiden, in heißem Fett rösten, salzen, mit 250 ml Wasser oder Suppe aufgießen, weich dünsten, Sauerrahm und Maisstärkemehl versprudeln, einkochen, Soße mit Butter und fein gehackter Petersilie verbessern und abschmecken.
Beilage: Spätzle

Gebratene Kalbsnuss

➤ **1 kg Kalbsnuss, 3 Frankfurter, Salz, Pfeffer, 500 g Kalbsknochen, 4 EL Öl, 125 ml Wasser, 1/2 TL Mehl**

Fleisch mit einem Messer längs anschneiden und Würstel hineinlegen. Mit Spagat umwickeln. Beidseitig kräftig würzen. Knochen in die Bratpfanne legen und das Fleisch mit der schönen Seite nach unten darauf legen. Mit Öl übergießen. Im vorgeheizten Rohr unter ständigem Begießen braten. Nach ca. 45 Minuten wenden. Aus der Pfanne heben, Knochen stauben, gar rösten und mit Wasser ablöschen, noch ein wenig einkochen lassen und dann abseihen.

Gespickte Kalbsleber

➤ **900 g Kalbsleber, 80 g Speck, 40 g Fett; 20 g Mehl, Salz, etwas Sauerrahm**

Leber mit Speckkeilen spicken, ungesalzen in heißem Fett unter fleißigem Begießen braten. Saft stauben, aufgießen, aufkochen und abschmecken, mit Sauerrahm verbessern.
Beilagen: Reis, Salat
T: 190–200 °C, B: 35 Minuten, m. Sch.

Gefüllte Kalbsleber

➤ **900 g Kalbsleber, 40 g Fett; Salz, etwas Sauerrahm**
Fülle: 30 g Speck, 20 g Zwiebeln, 70 g Brösel oder 2 Semmeln, 1 Ei, etwas Sauerrahm, Salz, Pfeffer, Petersilie

Für die Fülle kleinwürfelig geschnittenen Speck zerlassen, fein gehackte Zwiebeln mitrösten, mit Brösel oder mit eingeweichten, ausgedrückten Semmeln, Ei, Sauerrahm, Salz, Pfeffer und fein gehackter Petersilie vermengen. Leber untergreifen, füllen, mit Zahnstochern fixieren, in heißem Fett braten, öfter begießen, Saft abschmecken.
Beilagen: Salat, Kompott
T: 190–200 °C, B: 40–50 Minuten, m. Sch.

Geröstete Kalbsleber

➤ **600 g Kalbsleber, 60 g Fett, 300 g Zwiebeln, Salz**

Fein geschnittene Zwiebeln goldgelb rösten, blättrig geschnittene Leber kurz mitrösten, salzen und anrichten. Änderung: Zwiebeln rösten, herausheben, Leber in Zwiebelfett rösten, zusammen anrichten, bei Tisch salzen.
Beilagen: Kartoffeln, Gebäck

Kalbsleberrisotto

➤ **600 g Kalbsleber; 100 g Fett, 200 g Zwiebeln, 250 ml Reis, 500 ml Suppe, Salz, Pfeffer; Parmesan**

Fein gehackte Zwiebeln goldgelb rösten, blättrig geschnittene Leber kurz mitrösten, Reis, Suppe, Salz, Pfeffer beifügen und langsam dünsten. Beim Anrichten mit Parmesan bestreuen. Beilage: Salat

Leberfilet mit Speckscheiben

➤ **600 g Kalbsleber, etwas Fett; 300 g Frühstücksspeck, Salz, Pfeffer, Apfelscheiben**

Leber portionieren, in wenig Fett rasch abbraten, salzen und pfeffern, Speckscheiben einschneiden, ebenfalls abbraten und mit geschälten, abgebratenen Apfelscheiben anrichten und garnieren.
Beilagen: Kartoffeln, Essiggurkerln

Gebackene Leber

➤ **900 g Kalbsleber; Mehl, Ei, Brösel; Fett zum Ausbacken, Salz**

Leber in Scheiben geschnitten in Mehl wenden, in versprudeltes, leicht gesalzenes Ei tauchen und in Brösel wenden und im heißen Fett herausbacken.
Beilage: Kartoffelsalat

Gebackenes Bries oder Hirn

➤ **600 g Bries oder Hirn; Salz, Mehl, Ei, Brösel; Fett zum Ausbacken**

Bries oder Hirn heiß überbrühen, enthäuten, waschen, abtrocknen, in Stücke teilen, salzen, panieren und herausbacken. Beilage: Kartoffelsalat

Hirnpofesen

➤ **6 Semmeln, 125 ml Milch, 1 Kalbshirn, 30 g Butter, Petersilie, Pfeffer, Salz; 2–3 Eier; Fett zum Ausbacken**

Semmeln in dünne Scheiben schneiden (je zwei sollen zusammenhängen), Ränder in Milch tauchen. Enthäutetes, gehacktes Hirn in Butter und fein gehackter Petersilie rösten, salzen und pfeffern. Damit die Semmelscheiben füllen, in versprudelte Eier tauchen und backen.
Beilage: grüner Salat

Hirnwürstel

➤ **Omelettenteig, 1 Kalbshirn, 2 Zwiebeln, 30 g Butter, Petersilie, 1–2 Eier, Salz, Pfeffer**

Für die Fülle Hirn und fein gehackte Zwiebeln rösten, mit fein gehackter Petersilie, Eiern, Salz und Pfeffer vermischen. Omeletten mit Hirnfülle bestreichen, einrollen, halbieren, panieren und in heißem Fett backen. Beilage: Salat

Gebackener Kalbskopf und gebackene Kalbsfüße

➤ **1 kg Kalbskopf und -füße; Wurzelwerk, 2 Zwiebeln, Salz; Mehl, Ei, Brösel; Fett zum Ausbacken**

Geputzter Kalbskopf sowie vorbereitete Kalbsfüße in Wurzelsuppe weich kochen, Fleisch von den Knochen lösen, noch warm pressen, in Scheiben schneiden, panieren und in heißem Fett herausbacken. Beilage: Kartoffelsalat

Gebratene Kalbsstelze oder Kalbskopf

➤ **1 kg Kalbsstelze oder Kalbskopf, Salz, 50 g Fett; 20 g Butter**

Kalbsstelze oder -kopf salzen, in heißem Fett unter öfterem Begießen braten, Saft entfetten, Butter beifügen und abschmecken.
Beilagen: Reis, Salat
T: 190–210 °C, B: 70–80 Minuten, u. Sch.

Beuschel (Kalbsbeuschel)

➤ **900 g Beuschel, Salz, Essig, 200 g Wurzelwerk, Zwiebel, Thymian, Lorbeerblatt, Pfeffer- und Gewürzkörner; 60 g Fett, 1/2 TL Zucker, 60 g Mehl, Zwiebel, Petersilie n. B., Saft und Schale einer Zitrone, 1 Sardelle, 10 Kapern, 125 ml Sauerrahm; Paprikapulver**

Kalbsbeuschel in Beize kochen, ausgekühlt das Beuschel nudelig schneiden, dunkle Zwiebel-Petersil-Einbrenn mit Kochsud aufgießen, verkochen lassen. Gut würzen und geschnittenes Beuschel und Sauerrahm beifügen. Über das angerichtete Beuschel in Fett aufgeschäumtes Paprikapulver geben.
Beilagen: Semmelknödel, Böhmische Knödel

Gerichte mit Schweinefleisch

Schweinsbraten

➤ **1 kg Schulter (Karree), Salz, Kümmel, Knoblauch, Pfeffer**

Fleisch würzen, in sehr heißem Rohr unter Zugabe von etwas Wasser anbraten, mit der Schwarte nach unten in mäßig heißem Rohr weiter braten; sobald die Schwarte weich ist, nach oben drehen, in kleine Vierecke schneiden (Schröpfen) und unter öfterem Begießen fertig braten. Saft abschmecken.
Beilagen: Semmelknödel oder Kartoffelknödel, Krautsalat
T: 210–230 °C, B: 90 Minuten, m. Sch.

Schweinsbraten auf normannische Art

➤ **1 kg Schweinsschlögel, Salz, Knoblauch; 500 ml Milch, Apfelscheiben**

Fleisch mit Knoblauch spicken, salzen, langsam braten, in der letzten Viertelstunde mit Milch übergießen, fertig braten, abschmecken, mit gebratenen Apfelscheiben anrichten.
Beilagen: Waldviertler Knödel, Salat

Gefüllte Schweinsbrust

➤ **1 kg Schweinsbrust, Salz, Kümmel**
Fülle: 4 Semmeln, 2 Eier, 125 ml Milch, Salz, Muskat, Petersilie

Schweinsbrust untergreifen, mit Salz und Kümmel einreiben, füllen, mit Zahnstocher fixieren, langsam braten. Zubereitung der Fülle siehe gefüllte Kalbsbrust. Beilagen: Salat, Kartoffeln
T: 210–230 °C, B: 90 Minuten, u. Sch.

Schweinsröllchen

➤ **1 kg Schnitzelfleisch; Salz, Senf, Sardellenpaste, 80 g Speck, 2 Essiggurkerln; Mehl und Fett**

Schnitzel einschneiden, leicht salzen, mit Senf und Sardellenpaste bestreichen, mit Speckstreifen und Gurkerlscheiben belegen, einrollen, mit Zahnstochern festigen, in Mehl tauchen, in heißem Fett anbraten, mit etwas Wasser oder Suppe aufgießen und weich dünsten, abschmecken.
Beilagen: Kartoffeln, Krautsalat

Schwalbennester

➤ **6 Schweinsschnitzel; Salz, Pfeffer, Petersilie n. B., 6 hart gekochte Eier, 6 Blatt Schinken, Mehl, Fett; 125 ml Sauerrahm, 10 g Maisstärkemehl**

Schnitzel einschneiden, salzen, pfeffern, mit grob gehackter Petersilie bestreuen. Die Schnitzel mit Schinkenblatt und Ei im Ganzen belegen und einrollen, mit Zahnstochern befestigen, in Mehl tauchen und im heißen Fett anbraten, mit 250 ml Suppe aufgießen und weich dünsten. Saft mit Sauerrahm und Maisstärkemehl kurz aufkochen und kräftig abschmecken. Schweinsrollen durchschneiden, mit Schnittfläche nach oben anrichten.
Beilagen: Kartoffelpüree, Reis, Salat

Pikante Steaks (Schweins- oder Kalbsschnitzel)

➤ **1 kg Schweinsschnitzel oder Kalbsschnitzel (2 cm dick), Salz; Fett zum Braten; 10 g Butter, 10 g Mehl**
Fülle: 1 EL Tomatenmark, 1 EL Senf, etwas Öl, Würzkräuter, 100 g Käse, 100 g Schinken, 100 g Essiggurkerln

Für die Fülle Tomatenmark mit Öl, Senf und Würzkräutern abrühren, würfelig geschnittenen Käse, Schinken und Essiggurkerln beifügen. Schnitzel zu einer Tasche aufschneiden, salzen, füllen, mit Zahnstochern zustecken, in heißem Fett gut durchbraten, auf vorgewärmter Platte anrichten. Saft entfetten, mit Butterkugerl (s. Kalbsnierenbraten) aufkochen, abschmecken und Soße zu den Steaks servieren.
Beilagen: Reis, Gebäck, Salat

Lungenbraten natur

➤ **900 g Schweinslungenbraten, 80 g Speck, Salz, Pfeffer, 50 g Fett**

Fleisch häuten, mit feinen Speckstreifen spicken, salzen und pfeffern, in heißem Rohr unter fleißigem Begießen mit entstehendem Fett braten. Beim Wenden nicht anstechen. Fleisch muss gebraten innen noch ein wenig rosa sein. Natursaft abschmecken.
Beilagen: Reis, Preiselbeeren, Salat, Kompott.
T: 210 °C, B: 30–40 Minuten, m. Sch.

Lungenbraten im Reismantel

➤ **700 g Schweinsfilet, Salz, Pfeffer, 40 g Butter, 2 Eier, 200 g gekochter Reis, 150 g Emmentalerkäse, 1 Bund Petersilie, 150 g durchzogener Speck, 1 mittlere Zwiebel, 3 EL Öl, 1 Schweinsnetz**

Butter mit einer Prise Salz schaumig rühren, nach und nach die Eier, den Reis, den geriebenen Käse und die gehackte Petersilie untermengen. Den klein geschnittenen Speck mit der Zwiebel anbraten und mit der Reismasse vermischen. Öl erhitzen, den zugeputzten Lungenbraten darin von allen Seiten kurz anbraten, die Reismasse auf dem Schweinsnetz verteilen, Lungenbraten auflegen und mit dem Netz umwickeln, eventuelle Netzreste wegschneiden.

Variante mit Semmelhülle (Semmelknödelteig) möglich. Im Rohr braten.
T: 220 °C, B: 25 Minuten, m. Sch.

Gebratene Schweinskoteletts

➤ **1 kg Koteletts, Salz, Kümmel; Mehl, Fett**

Koteletts salzen, mit Kümmel bestreuen, eine Seite in Mehl tauchen, in heißem Fett braun braten und auf vorgewärmtem Teller anrichten. Saft entfetten, mit etwas Suppe aufkochen, abschmecken und zum Fleisch servieren.
Beilagen: Kartoffeln, Reis, Mischgemüse

Gedünstete Schweinskoteletts

➤ **1 kg Koteletts, Salz, 40 g Fett, 1 Zwiebel, Kümmel, 10 g Mehl**

Koteletts salzen, rasch anbraten, im Bratenfett gehackte Zwiebel, Kümmel und Mehl rösten, mit 150 ml Wasser aufgießen, Koteletts im Saft weich dünsten, abschmecken.
Beilagen: Wickelknödel, Grießknödel

Schweinskoteletts in Paprikasoße

➤ **1 kg Koteletts, Salz, Mehl, 60 g Fett, 100 g Zwiebeln, Paprikapulver, 1 EL Weinbrand, 125 ml Sauerrahm, 10–20 g Mehl**

Koteletts klopfen, einschneiden, salzen, eine Seite in Mehl tauchen, auf beiden Seiten anbraten, mit 150 ml Wasser aufgießen. Nudelig geschnittene Zwiebeln rösten, Paprikapulver in 1 EL Weinbrand aufgelöst dazugeben, den Bratensaft beifügen, dünsten. Sauerrahm und Mehl verrühren, in den Bratensaft einrühren und abschmecken.
Beilagen: Spätzle, Kartoffeln, Salat

Schweinskoteletts „Philipp"

➤ **6 Stück ausgelöste Koteletts, Salz, Pfeffer aus der Mühle, 50 g Butter, 50 g Käse**
Zwiebelpüree: 500 g Zwiebeln, 20 g Butter, 125 ml Suppe, 1 TL Maisstärkemehl, Salz, Pfeffer, Muskatnuss, 1 Bund Petersilie

Für das Zwiebelpüree Zwiebeln fein schneiden, in kochendem Salzwasser blanchieren und in einem Sieb gut abtropfen lassen. Zwiebeln in erhitzter Butter dämpfen, ohne Farbe nehmen zu lassen. Mit der Suppe aufgießen und verkochen lassen. Pürieren, mit Maisstärkemehl binden, würzen und mit

gehackter Petersilie verfeinern. Koteletts würzen und in Butter anbraten, auf ein bebuttertes Blech legen, mit Zwiebelpüree bestreichen und mit geriebenem Käse bestreuen.
Beilagen: Kartoffeln, Salat, Mischgemüse
T: 200 °C, B: etwa 25 Minuten, m. Sch.

Gebackene Schweinsschnitzel

- **900 g Schweinsschnitzel, Salz, Mehl, 2 Eier, Brösel; Fett zum Ausbacken**

Schweinsschnitzel einschneiden, salzen, panieren und in heißem Fett herausbacken.
Beilagen: Reis, Salat, Kompott

Holzfällersteak

- **6 Scheiben Schweinsschopf, Salz, Kümmel, Pfeffer, Knoblauch, 2 Zwiebeln, 3 Tomaten, 150 g Speck, 6 Eier, 2 EL Fett zum Braten**

Fleisch würzen und scharf anbraten, auf ein befettetes Blech legen, Zwiebeln und Tomaten in dicke Scheiben schneiden und auf die Steaks legen, mit dünn geschnittenem Speck abdecken und im Rohr braten. Vor dem Servieren mit Spiegelei garnieren.
T: 150 °C, B: 20–30 Minuten, o. Sch.

Schweinsgulasch, Schweinspörkelt

- **900 g Gulaschfleisch, 60 g Fett, 400 g Zwiebeln, 2 EL Paprikapulver, Essig, Salz, Kümmel, Majoran, 1 EL Tomatenmark; 20 g Mehl, 125 ml Sauerrahm**

Geschnittene Zwiebeln in heißem Fett goldgelb rösten, die Hälfte Paprika, etwas Essig, würfelig geschnittenes Fleisch, Salz und Gewürze sowie 1 EL Tomatenmark beifügen, gar rösten, mit so viel Wasser aufgießen, dass das Fleisch bedeckt ist. Weich dünsten. Gutes Gulasch zum Dünsten wenig aufgießen, das Wasser soll ganz verkochen, damit die Zwiebeln im klaren Fett zerkochen können. Vor dem letzten Aufgießen mit Mehl stauben; aufkochen lassen und abschmecken. Mit Sauerrahm verfeinern. Den restlichen Paprika in heißem Fett verrühren, mit etwas Wasser aufgießen und über das fertige Gulasch geben.
Beilagen: Nockerln, Kartoffeln, Gebäck

Majoranfleisch

- **600 g Gulaschfleisch (Schwein), 50 g Fett, 200 g Zwiebeln, Salz; 20 g Mehl, Majoran, 125 ml Sauerrahm**

Geschnittene Zwiebeln in heißem Fett goldgelb rösten, würfelig geschnittenes Fleisch, Salz und Gewürze beifügen, gar rösten, aufgießen und weich dünsten. Vor dem letzten Aufgießen stauben, durchkochen, den Majoran und Sauerrahm hinzufügen und abschmecken.
Beilage: Salzkartoffeln

Gemüsefleisch

- **Schweinsgulasch; 500 g verschiedene Gemüse (Kartoffeln, Fisolen, Kohlrabi, Erbsen, Karfiol), 125 l Sauerrahm**

Unter das fertig gedünstete Gulasch mengt man das weich gekochte Gemüse und verfeinert mit Sauerrahm. Änderung: In das halbweich gedünstete Gulasch das rohe Gemüse geben und fertig dünsten, mit Sauerrahm abschmecken.
Beilage: Kartoffeln

Szegediner Gulasch (Krautfleisch)

- **600 g Bauchfleisch, 40 g Fett, 200 g Zwiebeln; 2 EL Paprikapulver, Salz; 600 g Sauerkraut, 1 Kartoffel, 125 ml Sauerrahm**

Geschnittene Zwiebeln in heißem Fett rösten, Paprikapulver, das würfelig geschnittene Fleisch, Salz beifügen, gar rösten, mit 125 ml Wasser aufgießen und halbweich dünsten. Das Sauerkraut und die roh geriebene Kartoffel dazumengen, fertig dünsten, zuletzt Sauerrahm beifügen und abschmecken.
Beilagen: Salzkartoffeln, Gebäck

Krenfleisch

- **900 g Bauchfleisch, Schweinskopf, Salz, Essig, 300 g Wurzelwerk, 1 Zwiebel, Pfeffer und Gewürzkörner, Kren**

Fleisch in Beize kochen, in Portionen teilen, mit Kren bestreuen und mit Wurzelwerk und etwas Suppe anrichten. Beilage: Salzkartoffeln

Pikantes Bauchfleisch

➤ **900 g Bauchfleisch**
Beize: Essig, Salz, etwas Zucker, Zitronenschale, 3 Zwiebeln, Lorbeerblatt, Nelken, Wacholderbeeren, Pfefferkörner, Schwarzbrotrinde; 60 g Fett, 1/2 TL Zucker,
60 g Mehl, etwas Rotwein

Beize kochen, ausgekühlt über das Fleisch gießen, nach einigen Tagen das Fleisch in der Beize weich kochen. Dunkle Einbrenn mit passierter Beize aufgießen, gut verkochen und kräftig abschmecken, zuletzt Rotwein untermengen.
Beilage: Kartoffelknödel
Dunkle Einbrenn: siehe Ochsenschleppsuppe

Schweinernes mit Erbsen

➤ **600 g Bauchfleisch, 100 g Selchspeck, 2 Zwiebeln, etwas Wurzelwerk; Salz, Kümmel, Knoblauch, 1 EL Tomatenmark; 500 g grüne Erbsen, 125 g Kartoffeln**

In kleinwürfelig geschnittenem Selchspeck röstet man fein gehackte Zwiebeln, würfelig geschnittenes Wurzelwerk sowie Bauchfleisch, würzt mit Salz, Kümmel, Knoblauch und Tomatenmark, gießt mit 250 ml Wasser auf und dünstet alles halbweich. Mit grünen Erbsen und Kartoffelwürfeln fertig dünsten und nochmals abschmecken. Beilage: Hörnchen

„Katzengschroa"

➤ **600 g Fleisch und Innereien (Bauchfleisch, Leber, Niere, Milz, Hirn); 50 g Fett,**
300 g Zwiebeln, Salz, 10–20 g Mehl, Essig

Fein gehackte Zwiebeln goldgelb rösten, klein geschnittene Fleischarten und Innereien (bis auf Hirn) dazugeben, gar rösten, salzen, mit 200 ml Wasser aufgießen, weich dünsten. Zuletzt stauben, aufkochen lassen, das fein gehackte Hirn darunter mengen, mit Essig und Salz abschmecken. Beilage: Kartoffeln

Pickelsteiner

➤ **600 g Schweinsschulter; 500 g Kartoffeln, 250 g Wurzelwerk, 2 Zwiebeln, Salz, Majoran, etwas Paprika**

In eine gut verschließbare Pfanne lagenweise blättrig geschnittene Kartoffeln sowie vorbereitetes Wurzelwerk, fein gehackte Zwiebeln, Fleischwürfel und Gewürze geben. Mit 300 ml Suppe übergießen, Pfanne gut verschließen, im Rohr dünsten, ohne umzurühren.
Beilage: Bauernbrot

Reisfleisch

➤ **600 g Schweinsschulter; 60 g Fett,**
200 g Zwiebeln, Paprika, Salz;
300 g Reis; Parmesan

Fein geschnittene Zwiebeln in Fett rösten, Fleischwürfel hinzufügen, salzen, weiter rösten, mit 250 ml Wasser aufgießen, halbweich dünsten, Paprika nicht rösten, sondern in 1 EL Wasser oder Weinbrand auflösen und später zugießen. Reis und so viel Wasser zugießen, dass Saft und Wasser die doppelte Menge vom Reis ausmachen; nachwürzen und dünsten. Angerichtetes Reisfleisch mit Parmesan bestreuen. Einfacher ist die Zubereitung von Reisfleisch, wenn man zu einem saftarmen Gulasch fertig gekochten Reis mengt.
Beilage: gemischter Salat

Schweinefleisch mit roten Bohnen (scharf)

➤ **600 g Schweinefleisch (Schulter), 50 g Fett, 1 Zwiebel, Salz, Pfeffer, Paprikapulver, Knoblauch, Chili, 2 EL Mehl, 250 g rote Bohnen, evtl. Maiskörner**

Fein gehackte Zwiebel und fein würfelig geschnittenes Fleisch anrösten und würzen. Mit Mehl stauben und mit 400 ml Wasser aufgießen. Kurz vor Ende der Garzeit Bohnen dazugeben und nochmals abschmecken.
Beilagen: Brot, Nockerln, Spätzle

Faschierter Braten

➤ **600 g Faschiertes (1/2 Rindfleisch, 1/2 Schweinefleisch), 2–3 Semmeln, 1 Ei, 30 g Speck, Salz, Pfeffer, Majoran, 1 große Zwiebel, Petersilie, 3 g Brösel; 125 ml Sauerrahm**

Faschiertes Fleisch, eingeweichte Semmeln, Ei und Gewürze gut abkneten, kleinwürfelig geschnittenen Speck darunter mengen, mit Bröseln festigen. Die Masse zu einer Rolle formen, braten. Zuletzt den Saft entfetten und mit Sauerrahm verbessern. Durch geröstete Zwiebelwürfel und gehackte Petersilie, mit Zitronenmelisse vermischt, kann der

Geschmack verbessert werden.
Beilagen: Kartoffelpüree, Roter-Rüben-Salat
Hinweis: Wenn ein Schweinsnetz zur Verfügung steht, die Rolle damit einschlagen.
T: 190–210 °C, B: 60–80 Minuten, m. Sch.

Giselabraten

➤ **600 g Faschiertes (1/2 Rindfleisch, 1/2 Schweinefleisch), 2–3 Semmeln, 1 Ei, Salz, Pfeffer, Majoran, 1 große, fein gehackte Zwiebel und Petersilie, Zitronenmelisse, 30 g Speck, 30 g Brösel, 2 hart gekochte Eier, 1 Essiggurkerl, 2 Karotten, 1 Frankfurter Würstel; Schweinsnetz; 125 ml Sauerrahm**

Faschiertes Fleisch, eingeweichte Semmeln, Ei und Gewürze gut abkneten, kleinwürfelig geschnittenen Speck darunter mengen, mit Bröseln festigen. Faschiertes auf einem mit Brösel bestreuten Brett auseinander drücken, mit hart gekochten Eiern, Essiggurkerln, Karotten und Frankfurtern belegen, zu einer Rolle formen, in das Netz einschlagen und im Rohr braten. Zuletzt den Saft entfetten und mit Sauerrahm verbessern. Giselabraten eignet sich sehr gut zum Kaltaufschneiden.
Beilagen: Kartoffelpüree, Salat
T: 190–210 °C, B: 60–80 Minuten, m. Sch.

Faschierte Laibchen

➤ **600 g Faschiertes, 2–3 Semmeln, Salz, Pfeffer, Majoran, 2 Zwiebeln, fein gehackte Petersilie nach Belieben, 1–2 Eier, Brösel nach Bedarf**

Zubereitung wie faschierter Braten; Laibchen formen und im heißen Fett auf beiden Seiten braun braten. Besonders weiche und lockere Laibchen erhält man, wenn das Ei durch einen Löffel Wasser ersetzt und gut eingeknetet wird.
Beilagen: Bratkartoffeln, Kartoffelpüree, Salat

Leberschnitzel in Sauerrahmsoße

➤ **600 g Schweinsleber, Majoran, 20 g Mehl, 40 g Fett; 125 ml Sauerrahm, Pfeffer, Salz**

Leberscheiben mit zerriebenem Majoran bestreuen, eine Seite in Mehl tauchen, rasch abbraten, mit 125 ml Suppe aufgießen, aufkochen und mit Sauerrahm, Pfeffer und Salz abschmecken. Beilagen: Kartoffeln, Gebäck

Tiroler Leber

➤ **600 g Schweinsleber, Majoran, 20 g Mehl, 60 g Fett; 50 g Zwiebeln, 20 g Mehl, Essig, Salz, 125 ml Sauerrahm**

Leber in 1 cm dicke Scheiben schneiden, mit zerriebenem Majoran bestreuen, eine Seite in Mehl tauchen, rasch abbraten. Gehackte Zwiebeln im Bratenfett goldgelb rösten, stauben, mit 125 ml Suppe aufgießen, aufkochen lassen, mit Essig und Salz abschmecken, Sauerrahm und Leber dazugeben. Beilage: Kartoffeln

Glasierte Leber

➤ **600–900 g Schweinsleber, Pfeffer, 40 g Fett; Salz, 2–3 EL Sauerrahm**

Leber in 1 cm dicke Scheiben schneiden und pfeffern, in heißem Fett auf beiden Seiten braun braten, sofort anrichten, salzen und mit Sauerrahm beträufeln. Pikant schmeckt die Leber, wenn gegen Ende des Anbratens dünne Apfelscheiben und Zwiebelringe beigefügt werden. Beilage: Kartoffeln

Geröstete Leber

➤ **600 g Schweinsleber, 60 g Fett, 200 g Zwiebeln, 20 g Mehl, Majoran, Essig; 2–3 EL Sauerrahm, Salz**

Fein geschnittene Zwiebeln goldgelb rösten, blättrig geschnittene Leber dazugeben, weiter rösten, stauben, gar rösten, mit 100 ml Wasser aufgießen, würzen, durchkochen lassen und zuletzt den Sauerrahm beifügen, mit Salz abschmecken.

Leberpunkel (Leberschedl)

➤ **400 g Leber, 1 Zwiebel, 20 g Fett, 6 Semmeln, 125 ml Milch, 2–3 Eier; Petersilie n. B., Majoran, Pfeffer, Salz, Brösel nach Bedarf; Schweinsnetz**

Leber faschieren, gehackte Zwiebeln in Fett rösten, blättrig geschnittene Semmeln mit versprudelter Milch und Eiern übergießen, ziehen lassen, mit Leber, Zwiebeln und fein gehackter Petersilie vermischen, würzen und mit Bröseln oder Mehl festigen. Die Masse in eine mit Netz ausgelegte Pfanne drücken, das Netz schließen und im Rohr braten.
Beilagen: Sauerkraut, Kartoffeln

Fleischpunkel

➤ **300 g Faschiertes, 200 g Leber, 20 g Fett, 2 Zwiebeln, 6 Semmeln, 125 ml Suppe, 2–3 Eier, Petersilie n. B., Majoran, Pfeffer, Salz; Schweinsnetz**

Gehackte Zwiebeln in Fett rösten, würfelig geschnittene Semmeln mit versprudelten Eiern und Suppe übergießen, ziehen lassen, mit faschierter Leber, Faschiertem, fein gehackter Petersilie und Zwiebeln vermischen, würzen. Die Masse in eine mit Netz ausgelegte Pfanne drücken, das Netz schließen und im Rohr braten.
Beilagen: Sauerkraut, Kartoffeln

Leberknödel

➤ **400 g Leber, 20 g Fett, 1 Zwiebel, 6 Semmeln, 125 ml Milch, 2–3 Eier; Petersilie n. B., Majoran, Pfeffer, Salz, Brösel nach Bedarf; evtl. Fett zum Ausbacken**

Leber faschieren, gehackte Zwiebeln in Fett rösten, blättrig geschnittene Semmeln mit versprudelter Milch und Eiern übergießen, ziehen lassen, mit Leber, fein gehackter Petersilie und Zwiebeln vermischen, würzen und mit Bröseln oder Mehl festigen. Dann wird die Masse zu Knödeln geformt und in Salzwasser gekocht oder in heißem Fett herausgebacken. Eignet sich als Suppeneinlage oder als Hauptspeise mit Krautsalat.

Gesäuerte Nieren

➤ **2 Schweinsnieren, 40 g Fett, 1 Zwiebel, 20 g Mehl, Essig, Salz, 3 EL Sauerrahm**

In heißem Fett fein gehackte Zwiebel goldgelb rösten, blättrig geschnittene Schweinsniere hinzufügen, rösten, mit wenig Wasser aufgießen, weich dünsten. Saft stauben, rösten, wieder aufgießen, mit Essig und Salz würzen. Nach dem Aufkochen Sauerrahm hinzufügen.
Beilagen: Kartoffeln, Gebäck

Hirn mit Ei

➤ **1 Schweinshirn, 20 g Fett, 1 kleine Zwiebel, 1–2 Eier, Salz, etwas Wasser**

Fein gehackte Zwiebel in Fett anlaufen lassen, das gehäutete, gehackte Hirn hinzufügen, kurz rösten, mit Wasser und Salz versprudelte Eier darüber leeren und stocken lassen.
Beilage: Gebäck

Gebackenes Hirn

➤ **600 g Hirn; Salz, Mehl, Eier, Brösel; Fett zum Ausbacken**

Hirn kurze Zeit in heißes Wasser legen, Haut abziehen, in Stücke teilen, salzen, panieren, in heißem Fett backen. Beilage: Kartoffelsalat

Hirn im Backteig

➤ **600 g Hirn, Salz; Tropfteig; Fett zum Ausbacken**

Enthäutetes Hirn in Stücke teilen, salzen, in Tropfteig tauchen und in heißem Fett backen.
Beilagen: Salat, Gemüse

Leberkäse I

➤ **500 g Schweinsleber, 500 g Schweinespeck, 1 Zwiebel, Knoblauch, Salz**

Alle Zutaten fein faschieren, würzen, miteinander verkneten, in einer befetteten, bemehlten Form backen.
Beilagen: Kartoffelpüree, Roter-Rüben-Salat
T: 190–210 °C, B: 80 Minuten, m. Sch.

Leberkäse II

➤ **1,2 kg Schweinefleisch (1/3 mager, 1/3 fett, 1/3 unterspickt), 700 g Rindsbrät, Salz, Pfeffer, Knoblauch, Paprika; 2 Eier, 100 g Mehl, 200 g Speck**

Schweinefleisch faschieren, gut abkneten, Brät dazuarbeiten, würzen, Eier, Mehl und zuletzt den würfelig geschnittenen Speck untermengen, in einer befetteten, bemehlten Pfanne backen.
Beilagen: Kartoffelpüree, Roter-Rüben-Salat
T: 190–210 °C, B: 90–100 Minuten, m. Sch.

Gerichte mit Lammfleisch

Lammbraten natur

➤ **1 kg Lammfleisch, Salz, Pfeffer; 30 g Fett, 30 g Butter**

Lammfleisch enthäuten, entfetten, salzen, pfeffern, im Rohr braten. Saft entfetten, mit 150 ml Suppe aufgießen, mit Butter verbessern, abschmecken.
Beilagen: Kartoffeln, Kartoffelknödel
T: 210–230 °C, B: 90 Minuten, m. Sch.

Lammbraten nach Bauernart

➤ **1 kg Lammfleisch, Salz, Knoblauch, Rosmarin, 30 g Fett; 1 Zwiebel, 500 g Kartoffeln**

Lammfleisch salzen, mit Knoblauch einreiben, im Rohr halbfertig braten, fein gehackte Zwiebel, roh geschälte, geviertelte Kartoffeln hinzufügen, etwas aufgießen und gemeinsam fertig braten.
Beilagen: Waldviertler Knödel, warmer Krautsalat
T: 210 °C, B: 90 Minuten, u. Sch.

Lammschlögel auf Wildbretart

➤ **1 kg Lammfleisch, 100 g Speck, Pfeffer, Salz; 30 g Fett, 100 g Wurzelwerk, 1 kleine Zwiebel, Pfeffer, Gewürzkörner, Thymian, Essig; Beize**

Lammfleisch enthäuten, in Beize legen (mehrere Tage), dann mit feinen Speckstreifen spicken, salzen und pfeffern. Blättrig geschnittenes Wurzelwerk und fein gehackte Zwiebel in Fett kurz rösten, würzen, Fleisch einlegen, im Rohr braten. Zuletzt das Wurzelwerk stauben, rösten, mit 250 ml Wasser aufgießen, passieren, mit Sauerrahm nochmals aufkochen und abschmecken.
Beilagen: Semmelknödel, Rotkraut, Preiselbeeren.
T: 200–220 °C, B: 90 Minuten, u. Sch.

Schweizer Braten

➤ **1 kg Lammfleisch (Schulter, Schlögel, Nierenstück), scharfer Senf; Salz, Kümmel, Knoblauch, Majoran, Rosmarin**

Lammfleisch am Vortag mit Senf und zerdrücktem Knoblauch bestreichen, vor dem Braten mit Salz, Kümmel, Majoran und Rosmarin einreiben. Im Rohr braten, Saft entfetten, mit Butter aufwerten.
Beilagen: Semmelknödel, Kartoffelknödel, Mischgemüse, Salat
T: 210–230 °C, B: 90 Minuten, u. Sch.

Pikanter Lammschlögel

➤ **1 kg Lammfleisch, Salz, Pfeffer, Senf, Öl, 1 Zwiebel, Petersilie, Zitronensaft oder Essig**

Schlögel mit Salz und Pfeffer einreiben, mit Senf und Öl bestreichen, geriebene Zwiebel, fein gehackte Petersilie und Zitronensaft darüber geben, 2 bis 3 Tage einwirken lassen. Fleisch braten, Saft entfetten, mit Butterkugerl und Rotwein verbessern, abschmecken.
Beilagen: Semmelknödel, Mischgemüse
T: 200–220 °C, B: 90–100 Minuten, u. Sch.

Lammkoteletts mit Kräuterkruste

➤ **1 kg Lammkoteletts, Salz, Pfeffer, Thymian, Rosmarin, Knoblauch; 2 EL Öl zum Anbraten**
Kräuterkruste: 80 g Butter, 150 g Weißbrotwürfel, 1 Ei, gehackte Kräuter (Petersilie, Schnittlauch, Kresse, Basilikum usw.), Salz

Lammkoteletts würzen und scharf anbraten, mit der Kräutermasse bestreichen und im vorgeheizten Rohr bei starker Oberhitze fertig braten. Für die Kräuterkruste die Butter etwas erweichen und mit den anderen Zutaten vermischen.
Beilagen: gebratene Zucchini, Tomaten, Kartoffelpuffer.
T: 210–230°C, B: etwa 10 Minuten, o. Sch.

Steirisches Schöpsernes

➤ **600 g Lammschulter, 150 g Wurzelwerk, 1 Zwiebel, Pfeffer, Gewürzkörner, Lorbeerblatt, Salz, Essig; 500 g Kartoffeln**

Lammfleisch in große Würfel schneiden, mit blättrig geschnittenem Wurzelwerk, fein gehackter Zwiebel und Gewürzen halbweich kochen, roh geschälte Kartoffeln vierteln, dem Fleisch beigeben, abschmecken, gut zugedeckt und ohne Umrühren fertig kochen.
Beilage: Bauernbrot

Lammfleisch mit Kohlrabi

➤ **600 g Lammfleisch, 100 g Wurzelwerk, 1 Zwiebel, Salz, 2–3 Kohlrabi, 40 g Fett, 40 g Mehl, Pfeffer**

Würfelig geschnittenes Lammfleisch mit blättrig geschnittenem Wurzelwerk und fein gehackter Zwiebel halbweich kochen, Kohlrabischeiben beigeben, fertig kochen, mit Einbrenn eindicken und abschmecken.
Dunkle Einbrenn: siehe Ochsenschleppsuppe
Beilage: Kartoffeln

Irish Stew

➤ **600 g Lammfleisch, 20 g Fett, 1 kleine Zwiebel, 400 g Kohl, 400 g Kartoffeln, Salz, Pfeffer, Knoblauch**

Gehackte Zwiebeln in Fett anrösten, dann abwechselnd je eine Lage Kohl, Fleischwürfel und rohe

Kartoffelwürfel einschichten, mit Salz, Pfeffer und Knoblauch würzen und mit 250 ml Suppe aufgießen. Zugedeckt weich dünsten, nicht umrühren.
Beilage: Bauernbrot

Pörkelt vom Lamm

➤ **900 g Lammfleisch, 50 g Speck, 50 g Fett, 250 g Zwiebeln; Paprika, Essig, Salz; 30 g Mehl, 125 ml Sauerrahm, 1 EL Tomatenmark**

Speckwürfel und Zwiebeln in Fett goldgelb anlaufen lassen, Paprika, Essig, Fleischwürfel und Salz zugeben, rösten, 150 ml Wasser aufgießen und weich dünsten. Vor dem letzten Aufgießen stauben, Sauerrahm und Tomatenmark dazugeben, gut verkochen, abschmecken.
Beilage: Kartoffeln

Lammfleisch in Wildsoße

➤ **600 g Lammfleisch, 30 g Fett, 150 g Wurzelwerk, 1 Zwiebel; Salz, Thymian, Majoran, Lorbeerblatt, Essig, 30 g Fett, 30 g Mehl**

Geriebenes Wurzelwerk und fein gehackte Zwiebel in Fett goldbraun rösten, Fleischwürfel und Gewürze beifügen, gar rösten, aufgießen, dünsten, mit Einbrenn eindicken, abschmecken.
Dunkle Einbrenn: siehe Ochsenschleppsuppe
Beilagen: Semmelknödel, Rotkraut

Gefülltes Lammrückenfilet

➤ **900 g Lammrückenfilet, 120 g Schafkäse, 60 g Blattspinat, Salz, Pfeffer, Rosmarin, Thymian, Knoblauch, 70 ml Rotwein, Suppe zum Aufgießen, 1 TL Maisstärkemehl; 2 EL Öl zum Braten**

Lammrücken einschneiden, mit blanchiertem Spinat und Schafkäse füllen, würzen und in der Pfanne braten. Herausnehmen und warm stellen. Bratenrückstand mit Rotwein ablöschen, mit Suppe aufgießen, etwas Rosmarin dazugeben und mit Maisstärkemehl binden. Den Lammrücken fächerartig aufschneiden und anrichten.
Beilage: Kartoffelnudeln

Lammstrudel auf Zwiebelsoße

➤ **400 g faschiertes Lammfleisch, 300 g Porree, 2 Zwiebeln, Lammgewürz (oder Salz und Pfeffer), 4 Eier, Strudelteig**
Soße: 500 g Zwiebeln, 50 g Butter, 250 ml Schlagobers, 125 ml Suppe, Salz, Pfeffer, Rosmarin

Porree in Ringe schneiden, Zwiebeln klein hacken und in Öl anrösten, zum Faschierten geben und mit den Gewürzen und Eiern gut vermischen. Strudelteig ausziehen, die Masse aufstreichen und einrollen. Mit Butter bestreichen und im Rohr backen. Für die Zwiebelsoße klein gehackte Zwiebeln in Butter glasig anrösten, mit Schlagobers und Suppe aufgießen, würzen und kochen.
T: 180 °C, B: 30 Minuten, m. Sch.

Eingemachtes Lammfleisch

➤ **900 g Lammschulter, 30 g Butter, Salz; 40 g Butter, 40 g Mehl; Petersilie n. B., Muskatnuss, Zitronensaft; Bröselknöderln, Karfiolröschen**

Würfelig geschnittene Lammschulter in Butter rösten, mit 250 ml Wasser aufgießen, weich dünsten. Petersileinmach hinzufügen, verkochen lassen, würzen und zuletzt gekochte Bröselknöderln und Karfiolröschen vorsichtig dazugeben. Weitere Einlagen sind Karottenwürfel und grüne Erbsen.

Gefüllte Lammbrust

➤ **1 kg Lammbrust, Salz, 40 g Fett; 20 g Butter**
Fülle: 2 Semmeln, 1 Ei, etwas Milch, 30 g Butter, Salz, Petersilie n. B., 50 g Leber, 50 g Pilze

Für die Fülle Semmelwürfel mit versprudeltem Ei und Milch, weicher Butter, Salz, gehackter Petersilie, geschabter Leber und gehackten Pilzen vermischen, ziehen lassen. Lammbrust von den Rippen lösen, untergreifen, salzen, füllen, mit Spieß zustecken. In heißem Fett und etwas Wasser langsam braten, öfter begießen, um ein Zerreißen des Bratens zu vermeiden. Saft entfetten und mit Butter verbessern. Ausgelöste Rippe kann man mitbraten. Besonders saftig wird der Braten in einer geschlossenen Bratpfanne.
Beilagen: Salat, Mischgemüse, Apfelkompott
T: 200–220 °C, B: 90 Minuten, u. Sch.

Gerichte mit Geflügel

Suppenhuhn mit Reis oder Nudeln

➤ **1 Suppenhuhn, Wurzelwerk, 1 Zwiebel, Salz; 200 g Reis oder Nudeln, Schnittlauch**

Suppenhuhn vierteln, mit Wurzelwerk, Zwiebel und Salz weich kochen, das ausgelöste Fleisch mit Nudel- oder Reissuppe anrichten. Mit fein gehacktem Schnittlauch bestreuen.

Gebratenes Huhn

➤ **1 Brathuhn, Salz (Brathuhngewürz); 40 g Butter**

Huhn würzen, in Butter anbraten, mit etwas Wasser aufgießen, fertig braten, Saft entfetten. Besonders saftig wird das Huhn, wenn man es 15 Minuten im sehr heißen Rohr offen, 30 Minuten in geschlossener Pfanne brät und nochmals 15 Minuten in sehr heißem Rohr bräunt. Beilagen: Reis, Kartoffeln, Salat, Apfelkompott
T: 200–220 °C, B: 60–80 Minuten, u. Sch.

Gefülltes Huhn

➤ **1 Brathuhn, Salz, 40 g Butter**
Fülle: 2 Semmeln, 1 Ei, etwas Milch, 30 g Butter, Salz, Petersilie; evtl. Hühnerleber oder Erbsen

Für die Fülle Semmelwürfel mit versprudeltem Ei und Milch übergießen, weiche Butter, Salz sowie gehackte Petersilie darunter rühren, evtl. die geschabte Leber oder Erbsen dazugeben. Huhn salzen, füllen, zustecken, braten, öfter mit Butter bestreichen. Bei mittlerer Hitze braten, um ein Austreten der Fülle zu vermeiden.
Beilagen: Reis, Kartoffeln, Salat, Apfelkompott
T: 200–220 °C, B: 60–90 Minuten, u. Sch.

Gebackenes Huhn

➤ **1 Huhn, Salz, Mehl, Eier, Brösel; Fett zum Ausbacken**

Huhn teilen, salzen, panieren, langsam backen. Es ist vorteilhaft, das Fleisch auszulösen und die Knochen für die Suppe zu verwenden.
Beilagen: Reis, Kartoffeln, Salat, Apfelkompott

Frittiertes Huhn

➤ **1 Brathuhn, Brathuhngewürz; Fett zum Ausbacken**

Huhn in kleine Stücke teilen, würzen und rasten lassen. In sehr heißem Fett herausbacken.
Beilagen: Salat, Kartoffeln, Reis, Schnittlauchsoße

Einmachhuhn

➤ **1 Suppen- oder Brathuhn, 100 g Wurzelwerk, 1 kleine Zwiebel, 40 g Butter, Salz, 40 g Butter, 40 g Mehl, Petersilie n. B., Zitronensaft, 1 Rose Karfiol, 50 g Pilze, 2 EL Sauerrahm**

Geriebenes Wurzelwerk, fein gehackte Zwiebel, geteiltes Huhn rösten, mit 200 ml Wasser oder Suppe aufgießen, salzen und dünsten. Lichte Petersileinmach mit 250 ml Hühnersuppe aufgießen, zur Soße geben, mit Zitronensaft abschmecken, die in kleine Röschen geteilte und gekochte Karfiolrose mit den gedünsteten Pilzen darunter mengen. Zum Schluss den Sauerrahm untermischen.
Beilagen: Semmelknödel, Böhmische Knödel

Paprikahuhn

➤ **1 Suppen- oder Brathuhn, 60 g Fett, 200 g Zwiebeln, Salz, Paprika, Essig; 125 ml Sauerrahm, 20 g Maisstärkemehl**

Fein gehackte Zwiebeln rösten, mit Paprikapulver, Essig und dem geteilten, evtl. gehäuteten Huhn vermengen, mit 250 ml Suppe oder Wasser aufgießen, weich dünsten. Den Saft mit Sauerrahm und Maisstärkemehl eindicken und abschmecken. Man kann auch ein gekochtes Huhn auslösen, teilen und in eine mit Hühnersuppe aufgegossene Paprikasoße geben.
Beilagen: Nockerln, Spätzle, Hörnchen, Salat

Sardellenhuhn

➤ **1 Suppen- oder Brathuhn, 100 g Wurzelwerk, 100 g Zwiebeln, 60 g Fett, 2 Sardellen, Salz; 125 ml Sauerrahm, 20 g Maisstärkemehl**

Geriebenes Wurzelwerk und gehackte Zwiebeln anrösten, das geteilte Huhn, Salz und geschabte Sardellen dazumengen, aufgießen, dünsten. Den

Saft mit Sauerrahm und Maisstärkemehl eindicken, abschmecken. Beilagen: Reis, Salat

Hühnerragout

- **1/2 Suppenhuhn, Salz, 250 g Karotten, 120 g Erbsen, 30 g Maisstärkemehl, 2 Eidotter, 125 ml Schlagobers, Zitronensaft, 2 EL Weißwein**

Geteiltes Huhn in wenig Salzwasser kochen, abseihen. Gemüse im Sud weich kochen, Schlagobers mit Maisstärkemehl und Eidotter versprudeln, einrühren, aufkochen, mit Zitronensaft und Weißwein abschmecken und das ausgelöste und klein geschnittene Hühnerfleisch dazugeben.
Beilage: Nockerln

Gebratener Truthahn

- **1 Truthahn, Salz, Rosmarin, Pfeffer; 40 g Butter**

Truthahn würzen, in Butter anbraten, mit etwas Wasser aufgießen, in geschlossener Pfanne dämpfen, zuletzt in offener Pfanne braun braten. Gesamte Bratzeit bis zu 3 Stunden. Besonders saftig wird der Truthahn, wenn man ihn in Alufolie brät (Die Gebrauchsanweisung für die Folie ist genau zu beachten.)
Beilagen: Prinzesskrapferln, Böhmische Knödel, Salat, Preiselbeeren
T: 190–220 °C, B: 100–180 Minuten, u. Sch.

Gebratene Truthahnbrust

- **6 dünne Truthahnschnitzel**
  Fülle: 300 g Blattspinat, 2 Knoblauchzehen, Zitronensaft, Muskatnuss, 100 g Eierschwammerln, 200 g Knödelbrot, Salz, Pfeffer, Milch, 1 kleine Zwiebel, 1 Ei, Petersilie n. B., Mehl

Schnitzel salzen und pfeffern. Vorgekochten Blattspinat mit zerdrücktem Knoblauch, Zitronensaft und Muskat würzen. Schnitzel damit belegen. Knödelmasse mit gerösteten Eierschwammerln mischen, auf den Spinat legen, einrollen und mit Zahnstochern befestigen. Mit ein wenig Mehl stauben und ringsum anbraten. Kochzeit: 30 Minuten

Gefüllte Putenschnitzel

- **6 Putenschnitzel, Salz, Pfeffer, 12 dünne Schinkenscheiben, 250 g Blattspinat, Muskatnuss, 2 Knoblauchzehen, 4 EL Öl, 1 Zwiebel, 250 ml Suppe, 125 ml Sauerrahm, 20 g Maisstärkemehl**

Schnitzel würzen, mit blanchiertem Blattspinat und Schinkenscheiben belegen. Mit etwas Muskatnuss und fein gehacktem Knoblauch bestreuen und einrollen. Mit Spagat oder Spießen befestigen. Röllchen anbraten, fein gehackte Zwiebel mitrösten, mit Suppe aufgießen und weich dünsten. Soße mit Sauerrahm und Maisstärkemehl verfeinern und abschmecken.
Beilagen: Karotten, Kartoffeln

Geflügelmayonnaise

- **300 g gekochtes oder gebratenes Geflügelfleisch, Mayonnaise oder Sauerrahm, 2 Essiggurkerln, grüner Salat, Tomatensalat**

Übrig gebliebenes Geflügel oder Wild wird feinnudelig geschnitten, mit gut gewürzter Mayonnaise vermischt und auf einer Platte mit Essiggurkerln, grünem Salat und Tomatensalat, evtl. mit Aspik, schön angerichtet.

Gebratene Ente oder Gans

- **Ente oder Gans, Salz, Pfeffer, Majoran, Paprika**

Ente oder Gans würzen, über Nacht Gewürze einziehen lassen. Mit etwas Wasser in geschlossenem Bräter dämpfen, zuletzt offen braun braten. Saft öfter entfetten. Zum Füllen eignen sich Semmelfülle, Äpfel, Kastanien, rohe Salzkartoffeln.
Beilagen: Weinkraut, Rotkraut, Serviettenknödel, Kompott. T: 200–220 °C, B: 100–240 Minuten (je nach Größe), u. Sch.

Enten- oder Gansljunges

- **Entenjunges (Hals, Flügel, Kopf, Innereien), 100 g Wurzelwerk, 30 g Zwiebeln, Salz; 60 g Fett, 60 g Mehl, 1 Rose Karfiol, 50 g Pilze, 20 g Butter**

Enten- oder Gansljunges mit Wurzelwerk, Zwiebel und Salz weich kochen, Einbrenn mit Sud aufgießen, verkochen lassen, abschmecken, gekochte Karfiolröschen, gedünstete Pilze, zerkleinertes Fleisch untermengen.
Beilagen: Semmelknödel, Nockerln

Gebratene Gansleber

Leber mit ausgelassenem Ganslfett bedeckt sehr langsam durchbraten. Eignet sich für Brotaufstrich und ist längere Zeit haltbar.

Gefüllter Ganskragen

➤ **1 Ganskragen**
Fülle: 200 g Gansfleisch, 1/2 Semmel, 1 Zwiebel, Petersilie, Salz, Pfeffer, Paprika

Für die Fülle Fleischreste, eingeweichte Semmel und Zwiebel faschieren, mit fein gehackter Petersilie vermischen und würzen. Ganskragen auf einer Seite zustecken, füllen, fertig zustecken, unter Begießen in Fett braun braten. Beim Anrichten in Scheiben schneiden.
Beilage: Mischgemüse

Gefüllte Tauben

➤ **6 Tauben, Salz, 60 g Butter**
Fülle: 3 Semmeln, 2 Ei, etwas Milch, 60 g Butter, Salz, Petersilie, evtl. Taubenleber

Für die Fülle Semmelwürfel mit versprudeltem Ei und Milch übergießen, weiche Butter, Salz, fein gehackte Petersilie darunter rühren, evtl. die geschabte Leber. Tauben salzen, füllen, zustecken, öfter mit Butter bestreichen. Bei mittlerer Hitze braten, um ein Austreten der Fülle zu vermeiden. Beilagen: Reis, Salat, Apfelkompott
T: 190–200 °C, B: 40–50 Minuten, m. Sch.

Gebratene Tauben auf Rebhuhnart

➤ **2–3 Tauben, Salz, Pfeffer, 150 g Speckscheiben, 20 g Fett; 2 EL Sauerrahm**

Tauben salzen, pfeffern, mit dünnen Speckscheiben umwickeln, mit Spagat festbinden, braten, zuletzt Fett abschöpfen und Saft mit Sauerrahm aufkochen. Tauben können auch mit Natursaft serviert werden.
Beilagen: Bratkartoffeln, Salat
T: 190–200 °C, B: 40–50 Minuten, m. Sch.

Tauben auf Wildbretart

➤ **2–3 Tauben, Beize, Salz, Pfeffer, 150 g Speckscheiben, 150 g Wurzelwerk, 1 Zwiebel, Pfeffer- und Gewürzkörner, Lorbeerblatt, Thymian für die Beize, 125 ml Sauerrahm, 20 g Mehl**

Tauben einige Tage in Beize legen, vor dem Braten mit Speckscheiben umwickeln, Wurzelwerk, Zwiebel und Gewürze anrösten, mit 150 ml Wasser aufgießen, Tauben einlegen, braten, herausnehmen. Zuletzt Wurzelwerk stauben, rösten, mit Beize aufgießen, passieren, verkochen lassen und abschmecken. Tauben wieder einlegen und anrichten.
Beilagen: Semmelknödel, Salat
T: 190–200 °C, B: 40–60 Minuten, m. Sch.

Gerichte mit Ziegenfleisch

Gebratenes Kitz

➤ **1 kg Kitz, Salz; 30 g Butter**

Gesalzenes Kitzfleisch im Rohr braten, öfter mit Butter bestreichen und mit Bratensaft begießen.
Beilagen: Reis, Salat, Apfelkompott.
T: 210 °C, B: 60–80 Minuten, m. Sch.

Gebackenes Kitz

➤ **900 g Kitzfleisch, Salz, Mehl, 2 Eier, Brösel; Fett zum Ausbacken**

Kitzfleisch einschneiden, salzen, in Mehl, versprudeltes Ei und Brösel tauchen und im heißen Fett herausbacken.
Beilagen: Reis, Salat, Kompott

Paprikakitz

➤ **900 g Kitzfleisch, 60 g Fett, 200 g Zwiebeln, Salz, 1 EL Paprikpulver, Essig; 125 ml Sauerrahm, 20 g Maisstärkemehl**

Fein gehackte Zwiebeln rösten, mit Paprika, Essig dem geteilten Kitzfleisch vermengen, mit 300 ml Wasser aufgießen, weich dünsten. Den Saft mit Sauerrahm und Maisstärkemehl eindicken und abschmecken.
Beilagen: Spätzle, Bandnudeln

Wildgerichte

Gebratener Fasan

➤ **1 Fasan, 40 g Speck, Salz, 30 g Fett, 20 g Butter, etwas Suppe, etwas Rotwein**

Vorgerichteten Fasan spicken, salzen, dressieren oder nach dem Salzen mit Speckscheiben umwickeln. Im Fett unter Zugabe von Wasser braten. Saft entfetten, mit Butter, Suppe, etwas Rotwein aufkochen, abschmecken.
Beilagen: Rotkraut, Preiselbeeren, Semmelknödel, Kartoffeln
T: 190–220 °C, B: 60–90 Minuten, u. Sch.

Fasan in Sauerrahmsoße

➤ **1 Fasan, 40 g Speck, Salz; 50 g Wurzelwerk, 1 kleine Zwiebel, 40 g Fett; 20 g Mehl, 125 ml Sauerrahm**

Fasan spicken, salzen, mit blättrig geschnittenem Wurzelwerk, fein gehackter Zwiebel und Fett braten, stauben, rösten, mit 100 ml Wasser aufgießen, Soße passieren, mit Sauerrahm aufkochen und abschmecken.
Beilagen: Serviettenknödel, Preiselbeeren
T: 190–220 °C, B: 60–90 Minuten, u. Sch.

Gebratenes Rebhuhn oder Schnepfe

➤ **3 Rebhühner, Salz, Pfeffer, Wacholderbeeren, 150 g Speck; 20 g Fett; 2–3 EL Sauerrahm**

Rebhühner mit Salz, Pfeffer und zerstoßenen Wacholderbeeren würzen, in Speckscheiben einbinden, in heißem Fett braten, mit Sauerrahm übergießen, fertig braten, Saft abschmecken.
Beilagen: Prinzesskrapferln, Zwetschkenkompott.
T: 190–220 °C, B: 40–50 Minuten, m. Sch.

Hasenbraten natur

➤ **1 Hasenrücken, 100 g Speck, Salz, Pfeffer; 30 g Fett, 125 ml Sauerrahm**

Abgelegenen Hasenrücken enthäuten, spicken, salzen, pfeffern, im Rohr braten, dabei öfter mit Bratensaft begießen. Saft mit Sauerrahm verbessern.
Beilagen: Serviettenknödel, Preiselbeeren
T: 190–220 °C, B: 70–90 Minuten, m. Sch.

Hasenbraten mit Sauerrahmsoße

➤ **Hasenrücken, 100 g Speck, Salz, Pfeffer; 30 g Fett, 100 g Wurzelwerk, 1 Zwiebel, Pfeffer- und Gewürzkörner, Lorbeerblatt, Thymian; Brotrinde; 20 g Mehl, 125 ml Sauerrahm, 70 ml Rotwein, 1 EL Preiselbeeren, Zitronenschale und -saft**

Abgelegenen oder gebeizten Hasenrücken spicken, salzen, pfeffern, blättrig geschnittenes Wurzelwerk und fein gehackte Zwiebel anrösten, Gewürze und Brotrinde beifügen, Fleisch einlegen, weich braten und herausnehmen. Wurzelwerk stauben, mit 100 ml Wasser aufgießen, passieren, zur Soße Sauerrahm, Rotwein, Preiselbeeren, Zitronenschale und -saft geben, aufkochen und abschmecken.
Beilagen: Semmelknödel, Preiselbeeren
T: 190–210 °C, B: 80–90 Minuten, u. Sch.

Wildschweinbraten

➤ **Wildschweinrücken (ca. 1,5 kg), 100 g Speck, 30 g Butter, 250 g Wurzelwerk (Karotten, Sellerie, Petersilwurzel, Zwiebel), 250 ml Rotwein, 125 ml Sauerrahm, 2 TL Maisstärkemehl, 3 EL Preiselbeeren oder Ribiselgelee, Zitronensaft, Gewürze: Salz, Pfeffer, Wacholderbeeren, Basilikum, Senf**

Rücken enthäuten, mit Salz und grobem Pfeffer einreiben, Speckwürfel auslassen, Fleisch von allen Seiten anbraten, geschnittenes Wurzelwerk und gehackte Zwiebel mitrösten, mit Rotwein aufgießen, Wacholderbeeren und Basilikum zugeben und zusammen weich dünsten. Soße passieren, Sauerrahm mit Maisstärkemehl abrühren, kurz aufkochen, mit Preiselbeeren, Zitronensaft und Senf abschmecken, mit Butter sämig machen. Beilagen: Semmelknödel, Fisolen, Rotkraut, Preiselbeeren

Variation: 3 bis 4 Tage in eine Beize legen, zum Braten mit Senf bestreichen, kurz vor dem Fertigbraten geschnittene Pilze mitdünsten.
Beilage: Kartoffelknödel, Salate
T: 210–230 °C, B: 90–110 Minuten, u. Sch.

Wildschweinragout

➤ **900 g Fleisch, 60 g Fett, 60 g Mehl, 125 ml Sauerrahm, Zitronensaft, 2 EL Weinbrand, 1 TL Kapern, 20 g Butter Beize: Salz, 500 ml Rotwein, 125 ml Wasser, 150 g Wurzelwerk, 1 Zwiebel, 2 Knoblauchzehen, Pfeffer- und Gewürzkörner, Wacholderbeeren, Lorbeerblatt, Thymian**

Fleisch in Beize kochen, in kleine Stücke teilen, braune Einbrenn mit Sud aufgießen, Soße mit Sauerrahm, Zitronensaft, Weinbrand und Kapern abschmecken, Butter beifügen.
Beilagen: Knödel, Rotkraut

Rehrücken natur

➤ **1 Rehrücken, 100 g Speck, Salz, Pfeffer; 20 g Fett, 125 ml Sauerrahm**

Abgelegenen Rehrücken enthäuten, spicken, salzen, pfeffern, anbraten und im Rohr fertig braten, dabei öfter begießen. Saft mit Sauerrahm verbessern. Beilagen: Serviettenknödel, Preiselbeeren
T: 210 °C, B: 70–90 Minuten, u. Sch.

Rehrücken, Rehschlögel oder Hirschbraten mit Sauerrahmsoße

➤ **1 Rehrücken, Rehschlögel oder Hirschbraten, 100 g Speck, Salz, Pfeffer; 30 g Fett, 100 g Wurzelwerk, 2 Zwiebeln, Pfeffer- und Gewürzkörner, Lorbeerblatt, Thymian; Brotrinde; 20 g Mehl, 125 ml Sauerrahm, 70 ml Rotwein, 1 EL Preiselbeeren, Zitronenschale und -saft**

Abgelegenen oder gebeizten Rehrücken, Rehschlögel oder Hirschbraten spicken, salzen, pfeffern, blättrig geschnittenes Wurzelwerk und gehackte Zwiebel anrösten, Gewürze und Brotrinde beifügen. Fleisch einlegen, weich braten und herausnehmen. Wurzelwerk stauben, mit 250 ml Beize aufgießen, passieren, zur Soße Sauerrahm, Rotwein, Preiselbeeren, Zitronenschale und -saft geben, aufkochen und abschmecken.
Beilagen: Semmelknödel, Rotkraut Preiselbeeren
T: 200–220 °C, B: 90 Minuten, u. Sch.

Gebeizter Hirschbraten

➤ **1 kg Rücken oder Schlögel, 100 g Speck, Salz, Pfeffer, 30 g Fett; 20 g Mehl, 125 ml Sauerrahm, 70 ml Rotwein, 1 EL Preiselbeeren**
Beize: Salz, Essigwasser, 150 g Wurzelwerk, 1 Zwiebel, Pfeffer- und Gewürzkörner, Wacholderbeeren, Lorbeerblatt, Thymian

Gebeiztes Fleisch spicken, salzen, pfeffern, anbraten, mit etwas Beize weich braten, Saft mit Sauerrahm und Mehl aufkochen, mit Wein und Preiselbeeren abschmecken.
Beilagen: Semmelknödel, Böhmische Knödel, Rotkraut, Preiselbeeren
T: 220 °C, B: 100 Minuten, u. Sch.

Reh- oder Hirschschnitzel

➤ **900 g Reh- oder Hirschfleisch, 80 g Speck, Salz, Pfeffer, Thymian, Mehl, 40 g Fett; 20 g Butter, etwas Suppe**

Rehschnitzel einschneiden, spicken, mit fein geriebenem Thymian, Salz und Pfeffer einreiben, eine Seite in Mehl tauchen, auf beiden Seiten braun braten, auf vorgewärmter Platte anrichten. Saft mit Butter und etwas Suppe aufkochen, abschmecken und über die Schnitzel gießen.
Beilagen: Prinzesskrapferln, Preiselbeeren

Gefüllte Reh- oder Hirschschnitzel

➤ **900 g Reh- oder Hirschschlögel, Salz, Pfeffer, Rosmarin; 2 EL Mehl, etwas Suppe**
Fülle: 3 Äpfel, 200 g geriebene Walnüsse, 100 g Kastanienreis

Schnitzel würzen. Für die Fülle geriebene Äpfel mit Walnüsse und Kastanienreis vermischen, die Schnitzel füllen, einrollen und mit Zahnstochern befestigen. In Mehl wenden, anbraten, mit Suppe aufgießen und kochen lassen.
Beilagen: Kroketten, Bandnudeln, Fisolen

Reh- und Hirschragout

➤ **900 g Reh- oder Hirschfleisch, Salz, Pfeffer, Thymian, Rosmarin, 250 g Zwiebeln, 2 EL Tomatenmark, 2 EL Mehl, 250 ml Rotwein, 500 ml Suppe, 2 EL Preiselbeeren, Schale und Saft einer Orange,**
Garnitur: 150 g Speck, 200 g Jungzwiebeln, 10 Stück Kastanien (Maroni)

Fleisch in gleich große Stücke schneiden, mit Salz, Pfeffer, Thymian und Rosmarin würzen und anbraten. Klein geschnittene Zwiebeln kurz mitrösten, Tomatenmark und Mehl einrühren, mit Wein und Suppe aufgießen. Preiselbeeren, Orangenschale und -saft, Thymian und Rosmarin zugeben und ca. eine Stunde weich dünsten. Für die Garnitur Jungzwiebeln im Ganzen in Salzwasser bissfest kochen, abtropfen lassen. Fein geschnittenen Speck, Jungzwiebeln und Kastanien in Butter anrösten.
Beilagen: Kroketten, Böhmische Knödel

Steirisches Reh- oder Hirschragout

➤ **900 g Reh- oder Hirschfleisch, 300 g Wurzelwerk, 1 Zwiebel, Salz, Lorbeerblatt, Thymian, Knoblauch; 500 g Kartoffeln, Essig**

Fleischwürfel in Salzwasser halbweich kochen, geschnittenes Wurzelwerk, fein gehackte Zwiebel, Gewürze und roh geschälte, geviertelte Kartoffeln und etwas Essig dazugeben und fertig kochen. Beilage: Bauernbrot

Reh- oder Hirschgulasch

➤ **900 g Reh- oder Hirschfleisch, 60 g Fett, 30 g Speck, 300 g Zwiebeln, 50 g Wurzelwerk, 2 EL Paprikapulver, 1 Schuss Essig, Salz, 20 g Mehl, etwas Suppe, 125 ml Sauerrahm**

Würfelig geschnittenen Speck mit fein gehackten Zwiebeln goldgelb rösten, Paprika, geriebenes Wurzelwerk, Fleischwürfel und Salz hinzufügen, rösten, mit einem Schuss Essig ablöschen, mit 200 ml Wasser aufgießen, weich dünsten, stauben, mit etwas Suppe aufgießen, mit Sauerrahm aufkochen und abschmecken.
Beilagen: Kartoffeln, Nockerln, Gebäck

Wildfleischschnitzel

➤ **900 g Wildfleischschnitzel, Salz, Mehl, 2 Eier, Brösel; Fett zum Ausbacken**

Schnitzel einschneiden, salzen, in Mehl wenden, versprudeltes Ei tauchen, in Brösel wenden und in heißem Fett herausbacken.
Beilagen: Reis, Salat, Kompott

Wildhaschee

➤ **Fleischreste, 1 Zwiebel, Salz, Pfeffer, 1 EL Kapern, 2 EL Sauerrahm, 6 Eier, 6 Brotscheiben**

Wildfleischreste faschieren, mit gerösteter, fein gehackter Zwiebel, Salz, Pfeffer und gehackten Kapern aufkochen, mit Sauerrahm abschmecken, Haschee mit Spiegeleiern auf getoasteten Brotscheiben servieren.

Hasen- oder Rehsuppe

➤ **Bauchfleisch, Hals, Kopf, Beize zum Kochen des Fleisches, Zwiebeleinbrenn: 60 g Fett, 60 g Mehl, 1 TL Zucker, 1 Zwiebel; Petersilie n. B., Zitronenschalen, Kapern, Sardellen n. B., 125 ml Sauerrahm, 125 ml Hasenblut, 70 ml Rotwein, Zitronensaft**

Hasen- oder Rehjunges in Beize weich kochen, dunkle Zwiebeleinbrenn bereiten, gehackte Petersilie, Zitronenschalen, Kapern, Sardellen kurz dazugeben, mit Sud aufgießen, gut verkochen lassen, mit Hasenblut, Sauerrahm, Wein und Zitronensaft die Soße abschmecken. Das von den Knochen gelöste Fleisch zerkleinern, zur Soße geben und nochmals aufkochen .
Beilagen: Wickelknödel, Rotkraut

Hasenpastete

➤ **250 g Wildfleischreste, 250 g Schweinefleisch, 125 g Rückenspeck, 20 g Butter, 1 kleine Zwiebel, 1/2 Semmel; 2 EL Wein, Salz, Pfeffer, Thymian, 1 TL Kapern**

Wildfleisch in Würfel schneiden, im glasigen Speck anbraten, mit dem rohen Schweinefleisch zweimal faschieren. Fein gehackte Zwiebeln in Butter anlaufen lassen, das eingeweichte Weißbrot gut ausdrücken und darin erhitzen, bis ein Knödel entsteht. Erkaltet unter das Faschierte mengen, würzen und in einer befetteten Form im Wasserbad eine Stunde kochen. Man kann die Masse auch in einer mit Speckscheiben ausgelegten Biskuitform backen. Beilagen: Kartoffelpüree, Salat
T: 180–200 °C, B: 80 Minuten, m. Sch.
Hasenpastete kann auch kalt serviert werden.

Gebratenes Kaninchen

➤ **1 Rücken und Hinterläufe, Salz, Zitronensaft, 20 g Fett; 20 g Butter, 1 EL Sauerrahm**

Fleisch salzen, mit Zitronensaft beträufeln, in nicht zu heißem Rohr braten, öfter mit Butter bestreichen, Saft mit etwas Sauerrahm verbessern.
Beilagen: Reis, Salat, Apfelkompott
T: 200 °C, B: 60–80 Minuten, m. Sch.

Gebackenes Kaninchen

➤ **Schulter und Hinterläufe, Salz, Zitronensaft; Mehl, Ei, Brösel; Fett zum Ausbacken**

Vorgerichtete Fleischstücke salzen, mit Zitronensaft beträufeln, panieren, backen.
Beilagen: Reis, grüner Salat

Kaninchen in Paprika

➤ **1 Kaninchen, 60 g Fett, 200 g Zwiebeln, Salz, Paprika, Essig; 125 ml Sauerrahm, 20 g Maisstärkemehl**

Fein gehackte Zwiebeln rösten, Paprika, Essig und das geteilte Kaninchen vermengen, aufgießen, weich dünsten. Den Saft mit Sauerrahm und Maisstärkemehl eindicken und abschmecken.
Beilage: Spätzle

Kaninchenrisotto

➤ **600 g Kaninchenfleisch, 1 Kaninchenleber, 100 g Fett, 2 Zwiebeln, 250 g Reis, 500 ml Suppe oder Wasser, Salz, Parmesan**

Fein gehackte Zwiebeln in Fett anlaufen lassen, mit Fleischstückchen weiter rösten, salzen, aufgießen, halbweich dünsten. Kurz abgebratene, blättrig geschnittene Leber mit Reis und Suppe oder Wasser zum Fleisch geben, abschmecken und fertig dünsten. Zur Geschmacksverbesserung können auch blättrig geschnittene Pilze, Tomaten und grüne Paprika mitgedünstet werden. Beim Anrichten mit Parmesan bestreuen.
Beilagen: Salat, zartes Gemüse

Grillgerichte

Gegrilltes ist gesund und schmeckt vorzüglich, wenn es richtig zubereitet wird.

Grillen kann man auf dem Rost im Grillgerät oder im Backrohr – mit oder ohne Drehspieß – bei gleichmäßiger Hitze von oben und unten. Ein Wenden des Grillgutes entfällt.

Im Grilltoaster – mit einseitiger Hitzeentwicklung (meist nur Oberhitze) – muss das Grillgut in der halben Grillzeit gewendet werden.

Bei Verwendung eines Holzkohlengrills im Freien muss das Grillgut ebenso gewendet werden.

In allen Fällen braucht man zum Grillen hohe Temperaturen (200–300 °C).

Der Garungsprozess geht daher sehr rasch vor sich, die wertvollen Säfte und Vitamine bleiben weit gehend erhalten und es kann mit sehr wenig oder auch ohne Fett gegrillt werden.

Zum Grillen eignen sich unter anderem folgende Nahrungsmittel:

Fleisch: alle Fleischstücke unserer Schlachttiere, die kurz gebraten werden (Grillzeit: 5–8 Minuten)

Leber, Niere, Speck, Bratwurst, Knackwurst, Braunschweiger, Frankfurter (Grillzeit: 4–6 Minuten)

Fische: Fischfilet, Forelle, Reinanke, Hering (Grillzeit: 2–3 Minuten)

Obst: Bananen, Apfel- und Orangenscheiben, Ananas (Grillzeit: 2–3 Minuten)

Gemüse: Tomaten, Paprika, Selleriescheiben, Zwiebelringe, Pilze, rohe Kartoffelscheiben, Melanzani, Zucchini (Grillzeit: 2–3 Minuten)

Folienkartoffeln: je nach Größe ca. 20 Minuten (evtl. vorkochen)

Geflügel: im Ganzen auf dem Drehspieß (Grillzeit: 25–30 Minuten); in Portionen auf dem Rost (Grillzeit: 10–20 Minuten). Bei Geflügel wird gegen Ende der Grillzeit die Temperatur zurückgestellt.

Brot- und Weißbrottoast (Grillzeit mit oder ohne Belag: 2 bis 3 Minuten – Toasten ist Bräunen oder Rösten ohne Fett)

Folgende Grillregeln sind zu beachten:

1. Jeder Griller muss vorgeheizt werden (200–300 °C): je größer die Stücke, desto geringer die Temperatur.
2. Bei längerer Grilldauer ist während des letzten Drittels der Grillzeit die Temperatur zu vermindern.

3. Es dürfen nur Nahrungsmittel bester Qualität verwendet werden. Fleisch muss abgelegen sein.

4. Es kann mit wenig oder ohne Fett gegrillt werden.

5. Der Grillrost ist mit Öl zu bestreichen. Die Tropftasse ist immer zu verwenden und darf nicht vergessen werden, um den austretenden Saft aufzufangen.

6. Fettes Fleisch wird mit einer Beize aus Wasser und Gewürzen, mageres Fleisch mit Öl und Gewürzen bestrichen.

7. Es ist zweckmäßig, die Lebensmittel erst nach dem Grillen zu salzen.

8. Fleisch darf vor dem Grillen nicht in Mehl getaucht werden.

9. Das Grillgut darf während des Grillens nicht angestochen werden.

10. Gegrillte Speisen sollen nach der Zubereitung sofort serviert und gegessen werden.

Gegrilltes Beefsteak

➤ **1 Lungenbraten, Salz, Öl, Pfeffer, Butter**

Lungenbraten häuten, in 3 cm breite Schnitzel schneiden, mit etwas Öl und Pfeffer bestreichen, auf dem Rost 4 bis 8 Minuten grillen (4 Minuten – das Fleisch ist innen noch zartrosa – englisch gebraten. 8 Minuten – das Fleisch ist durchgebraten). In die Tropftasse kommt ein Stück Butter, würzen. Vor dem Servieren den Braten salzen.

Naturschnitzel

➤ **6 Kalbs- oder Schweinsschnitzel, Salz, Butter**

Schnitzel 1 cm dick schneiden, nicht klopfen, Sehnen und Häute entfernen, auf dem Rost 4 bis 5 Minuten grillen. In die Tropftasse etwas Butter geben, dann den Saft abschmecken. Vor dem Servieren salzen.

Gefüllte Schnitzel

➤ **6 Schweins- oder Kalbsschnitzel, Emmentaler oder Edamer, Schinken, Essiggurkerln, Sardellen**

Zwischen Schweins- oder Kalbsschnitzel 1 Scheibe Emmentaler oder Edamer, 1 Schinkenscheibe, einige Scheiben Essiggurkerln und Sardellenstreifen legen, die Schnitzel zusammenstecken und auf dem Rost 6 bis 8 Minuten grillen.

Leberschnitzel

➤ **Leber, Salz, Pfeffer, etwas Wasser oder Öl**

Leber in dicke Scheiben schneiden, die Sehnen entfernen, mit Gewürzbeize oder etwas Öl bestreichen, auf den eingeölten Rost legen und 4 bis 6 Minuten grillen. Vor dem Servieren salzen.

Faschierte Laibchen

➤ **600 g Faschiertes, 2–3 Semmeln, Salz, Pfeffer, 1–2 Eier, Brösel nach Bedarf**

Flache Laibchen formen, auf den mit Öl bestrichenen Rost legen und von beiden Seiten 4 bis 6 Minuten grillen.

Cevapcici (für 4 Personen)

➤ **500 g gemischtes Faschiertes (Schwein und Rind), 150 g fein geschnittene Zwiebeln, 2 Eier, 1 TL Pfeffer, 1 TL Majoran, Salz, Zitronenschale, Öl und Paprika**

Masse gut abmischen, wenn möglich 1 bis 2 Stunden stehen lassen, dann kleine Würstchen 4 bis 5 cm lang und 1 bis 2 cm dick formen. 3 bis 4 Minuten grillen, kurz vor dem Ende der Grillzeit mit einem Gemisch aus Öl und Paprika bestreichen. Mit Zwiebeln, Senf, Pfefferoni, Tomaten und Russenkraut servieren.

Pikanter Schinken

➤ **6 Blatt Schinken, 6 Käsescheiben, 3 EL Tomatenmark**

0,5 cm dicke Schinkenscheiben mit Emmentaler- oder Edamerscheiben belegen, mit Tomatenmark dick bestreichen und auf dem Rost 3 bis 4 Minuten grillen.

Frankfurter

➤ **6 Paar Frankfurter**

Würstel nicht einfetten! An den Enden kreuzweise einschneiden, auf den Rost legen und 2 bis 3 Minuten bei starker Hitze oder 3 bis 5 Minuten bei schwacher Hitze grillen. Die Würstel sind innen gut heiß, wenn die Oberfläche zu glänzen beginnt.

Knackwurst

➤ **6 Stück Knacker**

Wurst häuten, an den Enden kreuzweise einschneiden, auf dem Rost 3 bis 4 Minuten grillen. Bei Geräten mit Oberhitze in der halben Grillzeit wenden.

Bratwürstel

➤ **6 Paar Bratwürstel**

Bratwürste vor dem Grillen entweder 3 Minuten in heißem (nicht kochendem) Wasser ziehen lassen, gut abtrocknen und 5 bis 7 Minuten grillen. Lässt man die Bratwürste nicht ziehen, soll man sie vor dem Grillen einige Male anstechen, um das Aufplatzen zu verhindern.

Berner Würstel

➤ **je Person 1 Paar Frankfurter, 2 Streifen Emmentaler, 4 Scheiben Selchspeck**

Würstel der Länge nach aufschlitzen, in den Spalt die Emmentalerstreifen einlegen, die Würstel mit Speckscheiben umwickeln, zusammenstecken und mit dem Spalt nach oben auf den Rost legen. 2 bis 3 Minuten grillen.

Grillspießchen

➤ **je Person ca. 100 g Bauchfleisch vom Schwein, 1 Stangensellerie, 1 roter Paprika, Salz, Pfeffer**

Fleisch in ca. 20 g schwere Stücke schneiden. Sellerie putzen und in 2 cm lange Stücke schneiden. Paprika putzen, entkernen und in 2 cm lange Stücke schneiden. Alle Zutaten abwechselnd und nacheinander auf einen Grillspieß stecken, leicht mit Öl bestreichen, salzen und pfeffern und 5 bis 6 Minuten grillen.

Bauernspieß

➤ **je Person ca. 80 g Schweinefleisch, 20 g Selchspeck, 20 g Wurst, 1 Essiggurkerl, 1 Zwiebel, Öl**

Fleisch in 30 g schwere Stücke schneiden, Speck, Wurst, Essiggurkerl und Zwiebel in 0,5 cm dicke Scheiben schneiden und alle Zutaten abwechselnd und nacheinander auf den Grillspieß stecken, leicht mit Öl bestreichen und 5 bis 6 Minuten grillen. Immer mit 1 Stück Fleisch beginnen und enden.

Hirtenspieß

➤ **je Person 80–100 g Fleisch vom Rind, Kalb oder Schwein, 20 g Leber, 20 g Selchspeck, 20 g Wurst, 1 Tomate, 1 Zwiebel, 1 Essiggurkerl, Ölbeize**

Alle Zutaten in grobe Stücke oder Scheiben schneiden und nacheinander auf die Grillspieße stecken, mit Ölbeize bestreichen und 4 bis 5 Minuten grillen. Am Ende und Anfang des Spießes steckt immer Fleisch, Gemüse und Speck werden gegen die Mitte zu aufgesteckt.

Leberspieß

➤ **je Person 100 g Kalbs- oder Schweinsleber, 50 g Selchspeck; Zwiebeln, Tomaten, Essiggurkerln n. B.**

Leber in 30 g schwere Stücke, die übrigen Zutaten in 0,5 cm dicke Scheiben schneiden. Mit der Leber beginnend, alle Zutaten nacheinander auf den Grillspieß stecken, mit der Leber enden, evtl. leicht pfeffern und 3 bis 5 Minuten grillen. Vor dem Servieren salzen.

Wurstspieß

➤ **Braunschweiger, 1 Zwiebel, 2 Tomaten, 1 grüner Paprika, Öl**

Je Person 100 g Braunschweiger in 1 cm dicke Scheiben schneiden und mit Zwiebelringen, Tomatenscheiben und Paprikastücken auf den Spieß stecken, mit Öl bestreichen und 2 bis 3 Minuten grillen.

Geteiltes Brathuhn

➤ **Huhn, Salz, Öl, Butter**

Huhn in 4 Teile teilen, auf allen Seiten mit Ölbeize bestreichen, mit der Haut nach unten auf den Rost legen, 6 bis 10 Minuten grillen. Wenn die Oberseite braun ist, wenden und ca. 5 bis 8 Minuten fertig grillen. In die Tropftasse ein Stück Butter geben. Nach dem Grillen Saft abschmecken.

Ungeteiltes Brathuhn

➤ **Huhn, Salz, Öl, Butter**

Das ungeteilte Huhn innen und außen leicht salzen, in den Bauch ein Stück Butter geben, entweder auf den Drehspieß stecken oder auf dem Rost unter öfterem Wenden 25 bis 30 Minuten grillen. Einige Male während der Grillzeit mit Öl bepinseln.

Forelle, Reinanke usw.

➤ **6 Fische, Salz, 20 g Butter**

Kleine Fische am Rücken einige Male an der Grätenrichtung leicht einschneiden, etwas salzen und auf den Rost legen, in die Tropftasse etwas Butter geben. Kleine Fische (bis zu 200 g) 5 bis 6 Minuten grillen. Größere Fische (bis zu 400 g) einmal wenden und 6 bis 8 Minuten grillen. Der Fisch ist durchgegrillt, wenn das Fleisch entlang den Rückengräten nicht mehr roh erscheint.

Fischfilet natur

➤ **6 Fischfilets, Salz, Zitronensaft, 1 EL Öl oder Butter**

1 cm dicke Fischfiletstücke etwas salzen, mit Zitronensaft beträufeln, mit Öl oder Butter bestreichen und auf dem Rost 4 bis 6 Minuten grillen. Gefrorene Filetstücke werden 6 bis 8 Minuten gegrillt.

Grillkartoffeln

Rohe Kartoffeln gut waschen, nicht schälen, in 1 cm dicke Scheiben schneiden, leicht salzen und 4 bis 6 Minuten grillen. Sie müssen weich und knusprig sein. Ungesalzene Kartoffelscheiben eignen sich für salzlose Diät.

Tomaten

➤ **je Person 1–2 feste Tomaten, 30 g Butter, Salz, 50 g geriebener Käse, Schnittlauch**

Tomaten auf der runden Seite leicht kreuzweise einschneiden, einige Butterflocken hineingeben, salzen, mit Reibkäse bestreuen. Die Tomaten in eine leicht befettete feuerfeste Form geben und unter dem Grill 5 bis 7 Minuten leicht bräunen. Mit fein gehacktem Schnittlauch bestreut servieren.

Käsetoast

➤ **6 St. Toastbrot oder Weißbrot, 6 Käsescheiben (Edamer oder Emmentaler), Petersilie oder Schnittlauch n. B.**

Toastbrot oder Weißbrotscheiben auf einer Seite toasten, auf der anderen Seite mit Käsescheiben belegen und ca. 2 Minuten grillen. Der Käse muss weich werden. Mit Petersilie oder Schnittlauchröllchen servieren.

Schinken-Käse-Toast

➤ **6 St. Toastbrot oder Weißbrot, Butter, 6 Schinkenblätter, 6 Käsescheiben**

Toastbrot oder 1 cm dicke Weißbrotscheiben dünn mit Butter bestreichen, mit Schinken- und Käsescheiben belegen und grillen, bis der Käse schmilzt. Der Toast schmeckt besser, wenn vor dem Belegen eine Seite getoastet wird.

Lebertoast

➤ **6 St. Toastbrot, 200 g Leber, 1 Zwiebel, 2 Essiggurkerln, Salz, Pfeffer**

Toastbrot auf einer Seite toasten, auf der anderen Seite mit dünn geschnittenen Leberscheiben oder kleinen Leberstücken, Zwiebel- und Essiggurkerlscheiben belegen, leicht salzen, etwas pfeffern und 3 bis 4 Minuten grillen.

Apfeltoast

➤ **6 St. Toastbrot, Butter, 2 Äpfel, 12 Speckscheiben**

Toastbrot oder Weißbrotscheiben auf einer Seite toasten, auf der anderen Seite mit Butter bestreichen, mit dicken Apfelscheiben und Speck belegen und 2 bis 4 Minuten grillen.

Spargeltoast (für 4 Personen)

➤ **500 g Spargel, Salz, Zucker, 4 Toastscheiben, 20 g Butter, 200 g Schinken, 150 g Emmentaler in Scheiben; 4 Eier, 10 g Butter oder Margarine, Pfeffer; Petersilie, Tomaten n. B.**

Spargel schälen, waschen, in Salzwasser mit etwas Zucker weich kochen, der Länge nach halbieren.

Toastbrot rösten, mit Butter bestreichen, mit Schinken, Spargel und Käse belegen. Im Griller oder im Backrohr bei ca. 180 °C überbacken. Spiegeleier braten, salzen, evtl. pfeffern, auf die Toastscheiben legen. Toast mit Petersilie und Tomatenscheiben garnieren.

Tomatentoast

➤ **6 St. Weißbrot, 2 Tomaten, 100 g Streichleberwurst; 20 g Butter, 30 g Mehl, etwas Milch, 1 Eidotter; Parmesan, Petersilie, Schnittlauch n. B.**

Weißbrotscheiben auf einer Seite toasten, die andere Seite mit Streichleberwurst dünn bestreichen und mit dicken Tomatenscheiben belegen. Béchamelsoße aus 20 g Butter, 30 g Mehl, etwas Milch und 1 Eidotter darüber geben, mit Parmesan bestreuen und ca. 1 bis 2 Minuten grillen. Mit Petersilie oder Schnittlauchröllchen servieren.

Fondue

➤ **1 kg verschiedenes Fleisch (z. B. zartes, abgelegenes Rindfleisch, Schweinslungenbraten, weißes Hühner- oder Putenfleisch), ca. 1,5 l Öl oder Rindsuppe, verschiedene Soßen, Weiß- und Schwarzbrot, je nach Geschmack**

Fleisch würfelig schneiden, Öl oder Suppe im Fonduetopf erhitzen, Fleischwürfel in kleinen Schüsseln anrichten, verschiedene Soßen und Salate in kleinen Schalen bereitstellen. Bei Tisch Fleischwürfel anspießen und im Fonduetopf im heißen Öl oder in der heißen Suppe garen (ca. 1 bis 2 Minuten); dazu verschiedene Brotarten und Brotsorten reichen.

Ananas- oder Apfelscheiben

➤ **1 Dose oder 1 frische Ananas oder 5 Äpfel, Butter, Zucker, Ei; kandierte Früchte, Kirschen, Erdbeeren zum Verzieren**

Ananasscheiben aus der Dose oder 1 cm dicke Scheiben von großen, geschälten Äpfeln mit einer Haube aus einem Abtrieb von 1 eischwer Butter, 1 eischwer Zucker und 1 Ei bestreichen. Hoch unter den Grill einschieben und hellgelb backen. Zum Servieren mit kandierten und geschnittenen Früchten oder frischen Kirschen oder Erdbeeren verzieren.

Bananen

➤ **3 Bananen, 3 EL Zitronensaft, Butter; Zucker, Zimt n. B.**

Bananen schälen, mit Zitronensaft beträufeln, mit Butter bestreichen, auf ein befettetes Blech legen und kurz grillen. Mit Zucker und Zimt servieren.

Überflammtes Vanilleeis

➤ **Vanilleeis (Familienpackung); Überguss aus 2 Eiern, 100 g Staubzucker oder feinem Kristallzucker, etwas Zitronenschale**

Eiklar zu steifem Eischnee schlagen, mit Zucker ausschlagen, Zitronenschale und Eidotter unterheben. Vanilleeis auf eine mit Eiswaffeln ausgelegte Platte geben, mit dem Guss überziehen und ganz kurz unter heißem Grill überflammen. Sofort servieren.

Diverse Wurst- und Fleischgerichte

Wiener Schüsserln

➤ **6 Scheiben Pariser Wurst; Backfett Fülle: 3 Eier, Schnittlauch n. B.**

Wurstscheiben mit Haut in heißem Fett braten, bis sich die Haut zusammenzieht und Schüsserln entstehen; mit Eierspeise füllen, mit Schnittlauchröllchen bestreuen und zum Gemüse servieren. Beilagen: Bratkartoffeln, Spinat, Kochsalat

Wurstgulasch

➤ **50 g Fett, 500 g Zwiebeln, 1 EL Paprikapulver, Essig, Mehl, Salz; Sauerrahm, 600 g Extrawurst**

Zu den gerösteten, klein gehackten Zwiebeln Paprikapulver und Essig geben, stauben, mit 500 ml Wasser oder Suppe aufgießen, salzen, dünsten. Zuletzt Saft mit Sauerrahm verbessern und blättrig geschnittene Wurst untermengen. Beilagen: Kartoffeln, Bauernbrot

Schinkenpudding

➤ **250 g Schinken (Selchfleisch), 50 g Butter, 50 g Mehl, 125 ml Sauerrahm, 2 Eidotter, Salz, 2 Eiklar**

Buttereinmach mit Sauerrahm aufgießen, würfelig geschnittenen Schinken, Eidotter, Salz und zuletzt Eischnee einrühren, in befettete und bemehlte Puddingform füllen und 60 Minuten im Wasserbad kochen.
Beilagen: Tomatensoße oder Spinat

Schinkenfleckerln I

➤ **400 g Fleckerln; 300 g Schinken oder Fleischreste, 1 Zwiebel, Salz, Pfeffer, Kräuter**

Fein gehackte Zwiebel und zerkleinertes Fleisch anrösten und mit den gekochten Fleckerln vermischen, würzen. Beilage: grüner Salat

Schinkenfleckerln II

➤ **400 g Fleckerln; 300 g Schinken, 60 g Butter, 3 Eidotter, 125 ml Sauerrahm, Salz; 3 Eiklar; 20 g Brösel oder Reibkäse**

Butter und Eidotter flaumig rühren, faschierten Schinken, Sauerrahm, gekochte, abgeschreckte Fleckerln untermengen, würzen und den Eischnee unterheben, in bebutterte Auflaufform füllen, mit etwas Brösel oder Reibkäse bestreuen und backen.
Beilage: grüner Salat
T: 210 °C, B: 40 Minuten, m. Sch.

Schinkenröllchen

➤ **1 kg Kartoffeln, 250 g Schinken- oder Selchfleisch, 250 g Mehl, 2 Eidotter, 60 g Butter, Salz; Panier: Eier, Mehl und Brösel; Fett zum Ausbacken**

Gekochte Kartoffeln passieren, Schinken würfelig schneiden und mit den übrigen Zutaten vermischen, Röllchen formen, panieren und in heißem Fett backen. Beilage: gemischter Salat

Schinkenomelette

➤ **6 Eier, 20 g Butter, 150 g Schinken, Salz; Fett**

Eier, zerlassene Butter, würfelig geschnittener Schinken und Salz versprudeln, Fett in Omelettenpfanne erhitzen, Teig eingießen, Pfanne während des Backens ständig schütteln, fertige Omeletten zusammenschlagen, sofort servieren. Beilage: grüner Salat

Speckomelette

➤ **500 ml Milch, 250 g Mehl, 2–3 Eier, 250 g Selchfleisch oder Speck, Salz; Fett zum Backen**

Unter den Omelettenteig fein gehacktes Selchfleisch oder würfelig geschnittenen Speck mengen und Omeletten backen. Wenn Speck allein verwendet wird, ist es vorteilhaft, portionsweise Speckwürfel in der Pfanne glasig werden zu lassen, den Teig einzugießen und zu backen.
Beilagen: Salat, Mischgemüse

Bauernomelette

➤ **60 g Selchspeck, 1 Zwiebel, 500 g Kartoffeln, 3–4 Eier**

Speckwürfel glasig werden lassen, darin fein geschnittene Zwiebel goldgelb rösten, gekochte, würfelig geschnittene Kartoffeln hinzufügen, salzen, weiter rösten, zuletzt versprudelte Eier darüber schlagen und stocken lassen.
Beilagen: grüner Salat, Russenkraut

Gebackene Fleischomelette oder falscher Fisch

➤ **Omlettenteig: 500 ml Milch, 1 Ei, Salz, 250 g Mehl; Fülle: 500 g Fleischreste oder Wurst, 30 g Fett, 1 große Zwiebel, 2 Eier, Petersilie n. B., Salz
Panier: Eier, Mehl
und Brösel; Fett zum Ausbacken**

Für die Fülle faschiertes Fleisch mit gerösteter, fein gehackter Zwiebel und Petersilie, Eiern, Salz und Pfeffer vermischen. Omeletten backen, mit Fülle bestreichen, einrollen, halbieren, panieren und in heißem Fett backen. Beilage: gemischter Salat

Bauernschmarren

➤ **250 ml Milch, 3 Eier, Salz; 250 g Mehl, 400 g Selchfleisch; 100 g Fett**

Milch, Eier und Salz versprudeln, mit Mehl zu einem glatten, dicken Teig verrühren, würfelig geschnittenes Selchfleisch untermengen. Teig 1 cm hoch eingießen und beidseitig goldgelb backen, mit 2 Gabeln zerreißen. Beilage: grüner Salat

Mostviertler Kren

➤ **6 Selchwürste; 6 Semmeln, Salz, Muskat; 250 ml Suppe, 250 ml Sauerrahm, 2 EL Kren**

Geschnittene Semmeln in Suppe einweichen, Selchwurstscheiben dazugeben, unter Rühren aufkochen, würzen, zuletzt Sauerrahm und Kren beifügen, nochmals kurz aufkochen. Beilage: Bauernbrot

Grenadiermarsch (Resteverwertung)

➤ **2 Knödel, 100 g Nudeln, 3 gekochte Kartoffeln; 100 g Fleischreste, Fett, 1 Zwiebel, Salz, Kümmel; evtl. 2 Eier**

Nudeln, blättrig geschnittene Knödel und Kartoffeln, würfelig geschnittene Fleischreste mit gerösteter, fein gehackter Zwiebel vermengen, würzen, etwas rösten, evtl. vor dem Anrichten mit versprudeltem Ei übergießen, stocken lassen.
Beilagen: Sauerkrautsalat, Russenkraut, warmer Krautsalat

Tiroler Gröstl

➤ **1 kg Kartoffeln, 1 EL Fett, 1 Zwiebel, 250 g Bratenreste, 100 g Grammeln, Salz**

Würfelig geschnittene Fleischreste, Grammeln, fein gehackte Zwiebel in Fett rösten, gekochte, blättrig geschnittene Kartoffeln mitrösten, abschmecken, im Rohr durchdünsten.
Beilagen: gedünstetes Sauerkraut, Russenkraut

Neusiedler Fleisch

➤ **50 g Fett, 250 g Zwiebeln, 1 kg Tomaten (250 ml Tomatenmark), 600 g Bratenreste, 4 Eier, 250 ml Sauerrahm, Salz, Pfeffer**

Gehackte Zwiebeln in Fett anrösten, blättrig geschnittene Tomaten oder Mark hinzufügen, durchdünsten lassen. Aufgeschnittene Bratenreste kurz mitdünsten, bis der Saft eingezogen ist; Eier mit Sauerrahm versprudeln, hinzufügen, würzen und stocken lassen.
Beilagen: Bauernbrot, grüner Salat

Landltopf

➤ **600 g Schweinefleisch, 125 g Wurzelwerk, Salz, Pfeffer, Kümmel, Knoblauch, 50 g Fett; 2 EL Tomatenmark, 2 Speckwürste, 2 Essiggurkerln, 50 g Pilze, 250 g Kartoffeln**

Würfelig geschnittenes Schweinefleisch, nudelig geschnittenes Wurzelwerk mit Salz, Pfeffer, Kümmel und zerdrücktem Knoblauch in Fett anrösten. Tomatenmark, blättrig geschnittene Würste, Essiggurkerlscheiben, fein gehackte Pilze und würfelig geschnittene rohe Kartoffeln hinzufügen, nachwürzen und weich dünsten. Beilage: Schwarzbrot

Makkaronifleisch

➤ **400 g Faschiertes; 1 EL Fett, 200 g Zwiebeln, Knoblauch, Salz; 125 ml Tomatenmark; 500 g Makkaroni; Petersilie**

Gehackte Zwiebeln, Faschiertes, Salz und zerdrückten Knoblauch kräftig rösten, mit Tomatenmark aufgießen, abschmecken; gekochte und abgeschreckte Makkaroni hinzufügen, ausdünsten, mit fein gehackter Petersilie bestreuen.
Beilage: gemischter Salat

Lungenragout

➤ **600 g Lunge und Herz; 50 g Fett, 60 g Mehl, 2 Zwiebeln, Petersilie n. B., etwas Suppe, 125 ml Sauerrahm, Salz, Pfeffer, Essig; Spiegeleier**

Lunge und Herz weich kochen, faschieren. Zwiebel-Petersil-Einbrenn mit Suppe aufgießen, würzen, Sauerrahm und Faschiertes beifügen, durchkochen, anrichten und mit Spiegeleiern belegen.
Beilage: Wickelknödel

Leberknödel

➤ **5 Semmeln, 20 g Fett, 1 Zwiebel, Petersilie; 125 ml Milch, 2 Eier; 150 g Leber, 150 g Faschiertes, Salz, Pfeffer, Majoran; etwas Mehl; 30 g Fett, 1 große Zwiebel**

Semmelwürfel mit gerösteter, fein gehackter Zwiebel und Petersilie, versprudelter Milch, Eiern und faschierter Leber und Fleisch vermischen, kräftig würzen, mit Mehl festigen. Große Knödel formen, in Salzwasser kochen oder in Fett herausbacken. Nach Wunsch mit gerösteten Zwiebelringen bestreuen.
Beilagen: Kartoffeln, Sauerkraut, Krautsalat, Gemüse

Tiroler Knödel

➤ **6 Semmeln, 1 Zwiebel, 20 g Fett, Petersilie n. B., 200 g Selchfleisch; knapp 250 ml Milch, 2 Eier; 60 g Mehl**

Semmelwürfel mit gerösteter, fein gehackter Zwiebel, gehackter Petersilie und Selchfleischwürfeln vermengen, versprudelte Eier und Milch darüber gießen, mit Mehl festigen, Knödel formen und in Salzwasser kochen.
Kochzeit: 12 Minuten; Probeknödel
Beilagen: Sauerkraut, Salat

Klosterneuburger Knödel

➤ **7 Semmeln, 250 ml Milch, 1 Zwiebel, 250 g Selchfleisch, Petersilie n. B.; 1 EL Schnittlauch, 100 g Butter, 4 Eier, Salz, etwas Brösel; 30 g Butter, 30 g Brösel**

Semmelwürfel mit gerösteter, fein gehackter Zwiebel und Petersilie sowie Schnittlauchröllchen und dem in Würfeln geschnittenen Selchfleisch vermengen, mit Milch übergießen und anziehen lassen. Abtrieb aus Butter und Eiern herstellen, unter die Semmelmasse mischen, salzen und mit Bröseln festigen. Masse in eine nasse Serviette einbinden und in Salzwasser kochen. Zum Anrichten Knödel vierteln und mit gerösteten Bröseln bestreuen. Kochzeit: 60 Minuten. Beilage: Mischgemüse oder Salat

Fleischknödel aus Semmelteig

➤ **6 Semmeln; 40 g Butter, Petersilie n. B.; 250 ml Milch, 1–2 Eier, Salz, 100 g Mehl; Fleischfülle (s. Fleischknödel aus Kartoffelteig)**

Semmelwürferl mit fein gehackter Petersilie in Fett rösten, versprudelte Eier, Milch und Salz darüber gießen, mit Mehl festigen. Aus Semmelteig Schüsserln formen, füllen, schließen, in Salzwasser kochen.
Kochzeit: 15 Minuten. Beilage: gemischter Salat

Fleischknödel aus Kartoffelteig

➤ **Kartoffelteig. Fleischfülle (300–400 g): 1/3 gekochtes Rindfleisch, 1/3 Selchfleisch, 1/3 Wurst, 1 Zwiebel, Petersilie n. B., Salz, etwas Paprikapulver**

Zubereitungsmöglichkeiten:

a) Für die Fülle Fleisch faschieren, würzen, zu Knödeln formen. Kartoffelteig zu einer Rolle formen, Scheiben schneiden, füllen, schließen und zu Knödeln drehen. Knödel in Salzwasser kochen. Kochzeit: 12–15 Minuten

b) Für die Fülle Fleisch kleinwürfelig schneiden, würzen. Kartoffelteig ausrollen, Vierecke (12 cm) schneiden, in der Handfläche füllen, Teigränder von außen nach innen schließen, Knödel formen. Knödel in heißem Fett goldgelb backen.

c) Die gefüllten Knödel in eine befettete Pfanne schlichten, mit versprudeltem Ei, Milch und Salz übergießen, im Rohr backen.

Beilagen: Sauerkraut, warmer Krautsalat

Grammelknödel

➤ **Kartoffelteig**
Fülle: 300 g Grammeln, 1 Zwiebel, Petersilie, Senf, Salz, Pfeffer

Für die Fülle Grammeln und Zwiebel klein hacken, würzen, weitere Zubereitung wie Fleischknödel.
Beilagen: gedünstetes Sauerkraut, warmer Krautsalat

Pasta asciutta

➤ **500 g Spaghetti; 250 g Faschiertes, 1 EL Fett, 1 Zwiebel, 1 Karotte, Salz, Pfeffer, Oregano, Knoblauch, 200 g Tomatenmark**

Fein geschnittene Zwiebel in Fett anrösten, Faschiertes, zerdrückten Knoblauch und fein geraspelte Karotte mitrösten und würzen; Tomatenmark nach Geschmack beifügen, etwas aufgießen, dünsten und nochmals abschmecken. Nudeln kernig weich kochen, heiß abschwemmen und mit Soße anrichten.

Foto: Shutterstock.com / Francesco 83

Foto: Shutterstock.com / hlphoto

X

Fischgerichte

Das Vorrichten von Fischen

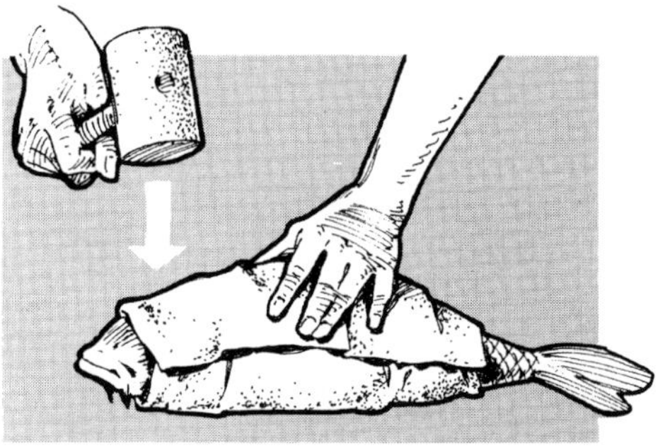

1 Töten des Karpfens

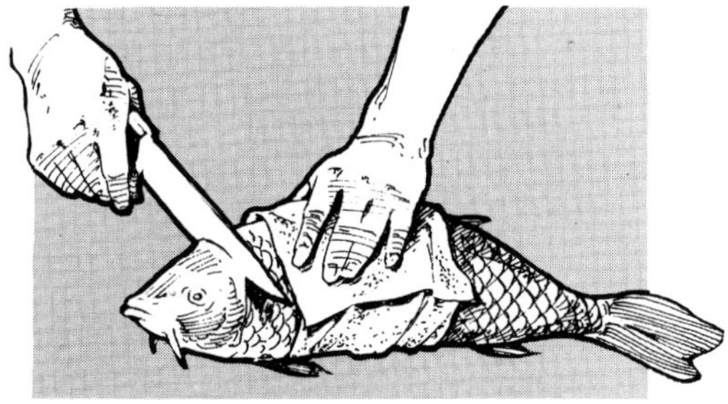

2 Durchtrennen des Genicks

3 Abschuppen

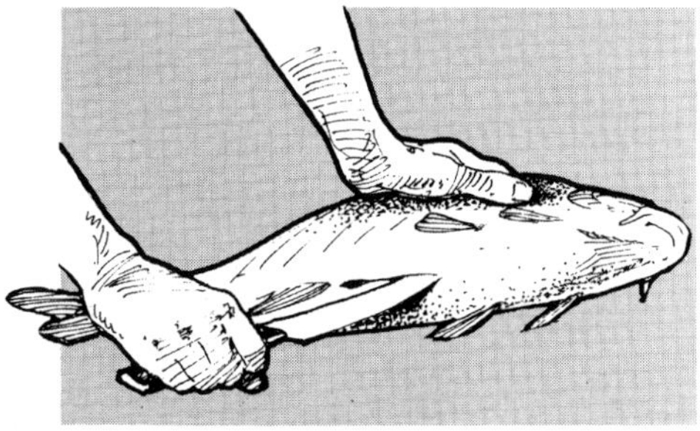

4 Aufschneiden

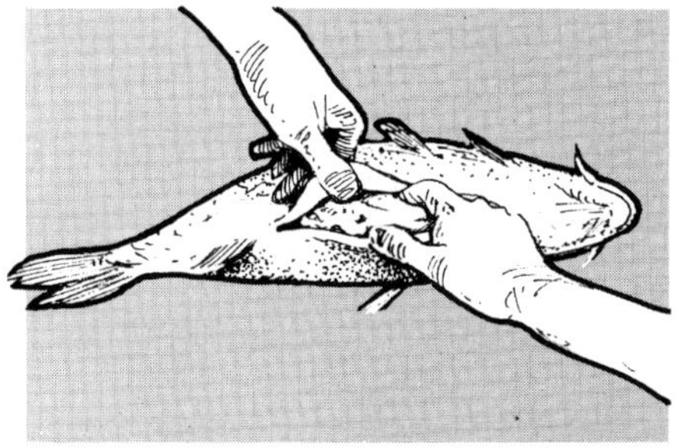

5 Ausnehmen

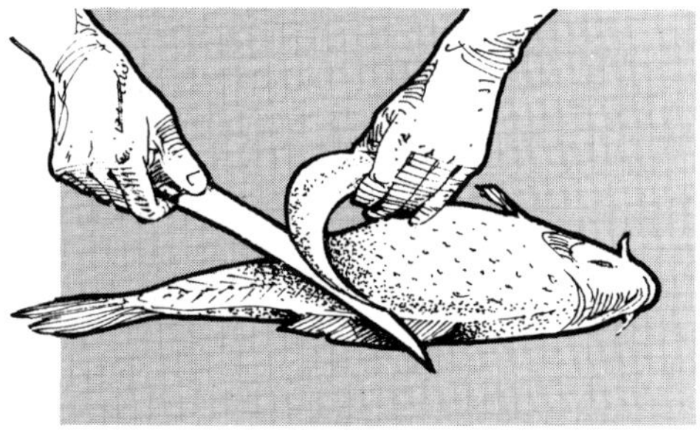

6 Halbieren

7 Teilen des Kopfes

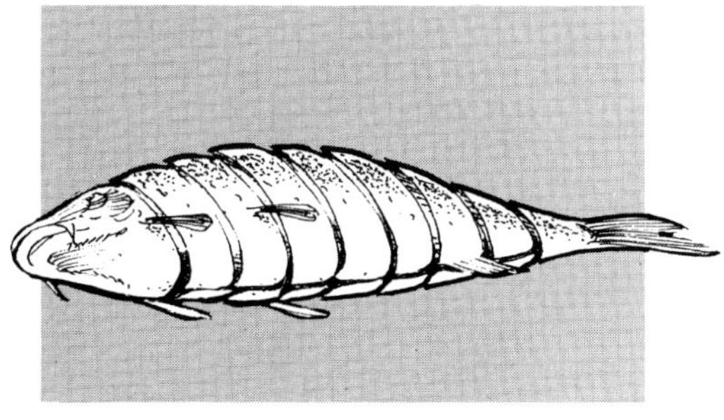

8 Portionieren (wenn nicht halbiert)

X

Fischgerichte

Das Fischfleisch enthält leicht verdauliche Eiweißstoffe, Mineralstoffe und wertvolle Vitamine. Durch die leichte Verdaulichkeit stellt sich bei schwerer Arbeit bald wieder Hungergefühl ein, wenn nicht dem Fischgericht auch sättigende Beilagen zugegeben werden. Je nach Zubereitungsart eignen sich vor allem Kartoffeln (in jeder Form) und auch verschiedene Gemüse sehr gut.

Da Fisch viel leichter verdirbt als Fleisch, soll man Fischgerichte nicht aufwärmen, sondern immer nur so viel zubereiten, wie gegessen wird.

Geöffnete Fischkonserven nicht in der Wärme und nicht in der Dose stehen lassen. Marinierte Fische bekommen, wenn sie in der Dose bleiben, durch den Luftzutritt auch leicht einen Blechgeschmack.

Vorrichten der Fische

Um den lebenden Fisch besser halten zu können, dreht man ihn in ein Tuch ein und tötet ihn durch einen kräftigen Schlag mit einem Rundholz auf den Kopf oder durch einen Stich in das Rückgrat. Mit einem Messer schabt man die Schuppen vom Schwanz gegen den Kopf hin ab; besonders am Bauch alle Schuppen entfernen. Den Bauch vom After zu den Kiemen aufschlitzen, die Eingeweide aus der Bauchhöhle entfernen und dabei auf die Galle achten.

Beuschel, Herz, Rogen oder Milch von den Därmen lösen und einwässern. Fische mit fester, rauer Haut, z. B. Seezunge, werden enthäutet. Dazu wird die Haut am Schwanz eingeschnitten und gegen den Kopf zu abgezogen.

Größere Plattfische werden auf die Seite gelegt und vom Kopfende bis zum Schwanz, entlang der Hauptgräte, aufgeschnitten und die Filets werden abgetrennt.

Den fertig vorgerichteten Fisch sehr gründlich waschen, jedoch nicht im Wasser liegen lassen.

Für die Zubereitung von Fischgerichten gelten folgende Hinweise:

Säubern, Säuern und Salzen

1. Zum Kochen im Ganzen eignen sich alle Fische.

2. Zum Kochen in Stücken nur Fische mit festem Fleisch verwenden.

3. Zum Dämpfen werden Fische vorteilhaft auf einem Einsatz über dem Wurzelsud zubereitet. Der aufsteigende Dampf gart den Fisch, der austropfende Saft kräftigt den Sud, der, mit Mehl gebunden, eine pikante Suppe oder Soße ergibt. Aus dem Einsatz heraus lässt sich der Fisch leicht anrichten.

4. Beim Zubereiten in einer Aluminiumfolie werden die Fischstücke leicht gesalzen, geölt, mit Zitronensaft beträufelt, mit gehackter Petersilie, blättrig geschnittenen Pilzen und Tomaten belegt, in die Folie eingeschlossen und im Rohr über einer Pfanne auf dem Rost gegart.

5. Das Dünsten in einer feuerfesten Form ist das einfachste Verfahren. Die Fische werden mit Butter, Kräutern, Tomaten und Zwiebeln gegart, ohne dass der Fisch ausgelaugt wird und die Nährstoffe verloren gehen.

6. Fische und Fischstücke zum Braten immer in Mehl eintauchen, um ein Festkleben zu vermeiden.

7. Gebackene Fische werden entweder paniert oder in Backteig getaucht.

Seefische **Süßwasserfische**

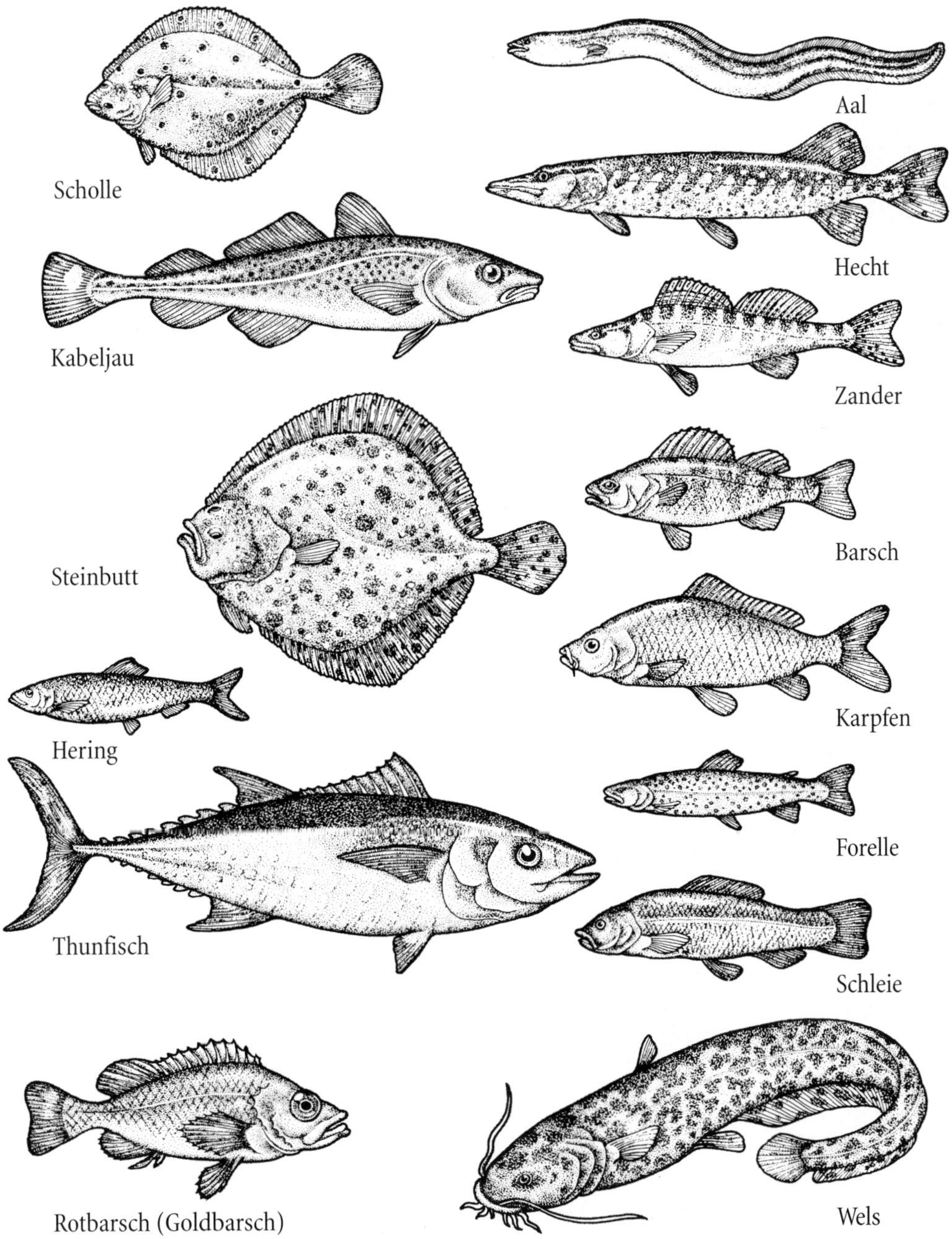

Das Vorrichten von Fischen

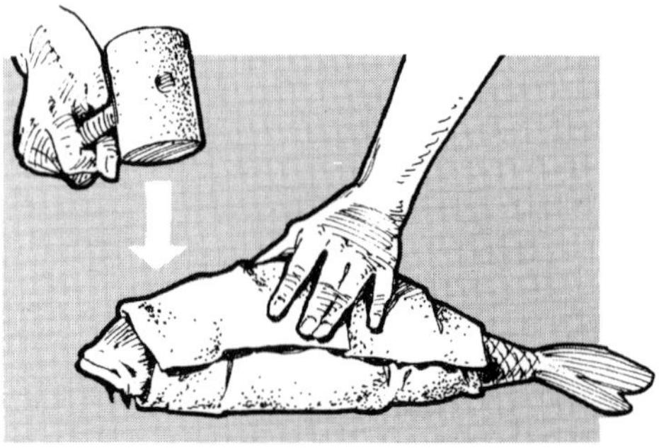

1 Töten des Karpfens

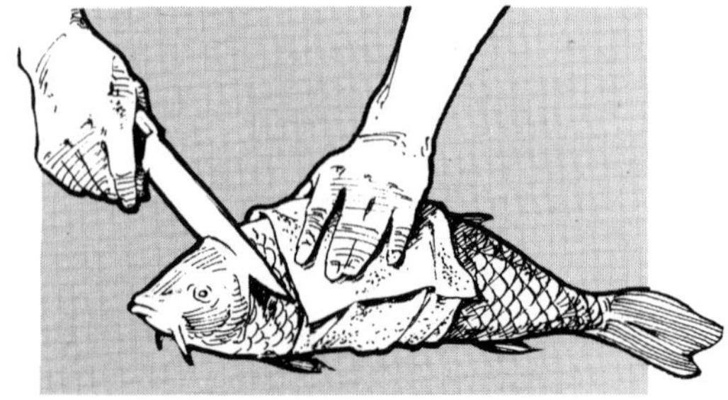

2 Durchtrennen des Genicks

3 Abschuppen

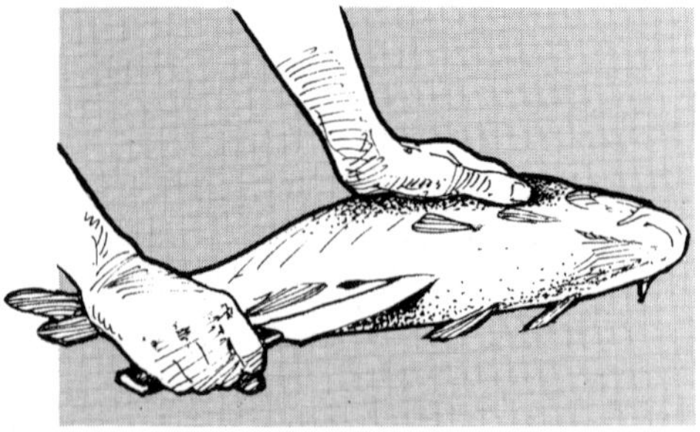

4 Aufschneiden

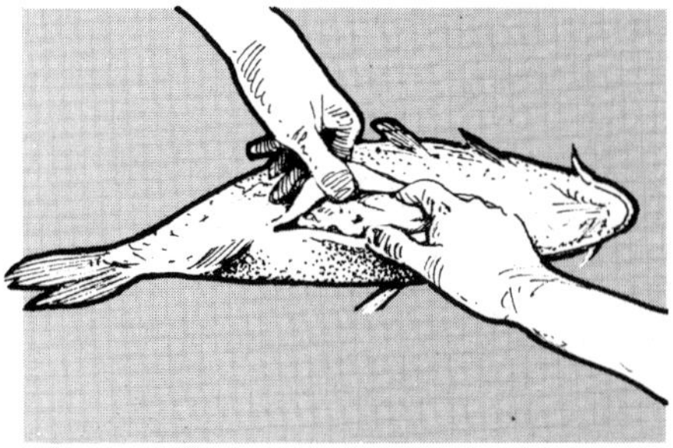

5 Ausnehmen

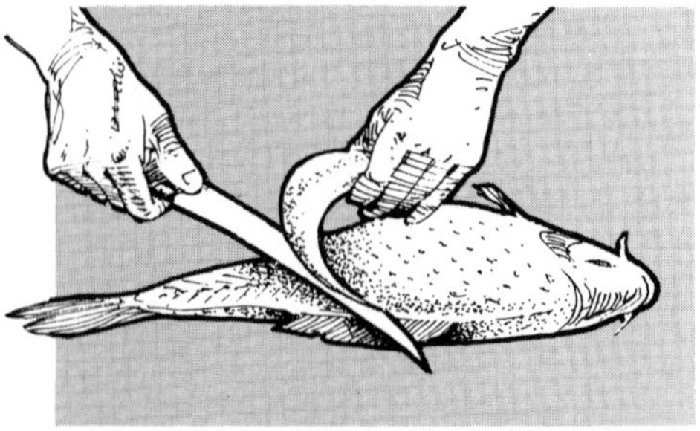

6 Halbieren

7 Teilen des Kopfes

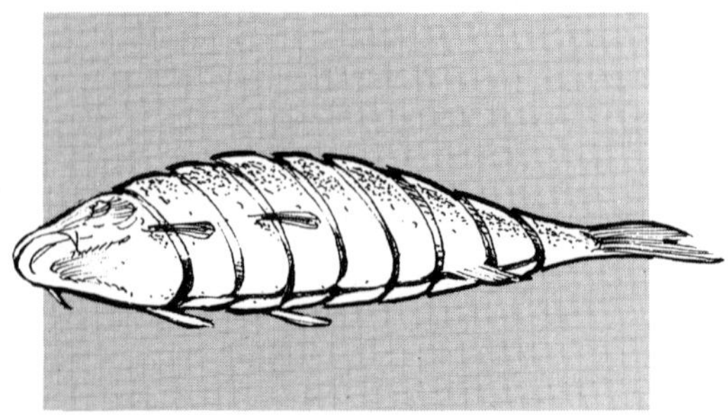

8 Portionieren (wenn nicht halbiert)

Rezepte für Salz- und Süßwasserfische

Fischbeuschelsuppe

➤ **Fischbeuschel (Kopf, Beuschel, Rogen), Wurzelwerk, 1 Zwiebel, Pfeffer-, Gewürzkörner, Lorbeerblatt, Salz; 60 g Fett, 60 g Mehl, Petersilie n. B., Essig, Zitronensaft**

Fischbeuschel in Wurzelsud kochen, Zwiebel-Petersil-Einbrenn mit Suppe aufgießen, Fischbeuschel mit Wurzelwerk passieren, zur Suppe geben, verkochen lassen, abschmecken, zuletzt den weich gekochten Rogen einsprudeln.
Einlage: Semmelwürfel

Fischkochwasser

➤ **1,5 l Wasser, Salz, 200 g Wurzelwerk, 1 Zwiebel, 1 Nelke, 1 Lorbeerblatt, 3 Pfefferkörner, 1 EL Essig**

Alle Zutaten 30 Minuten kochen, Sud eignet sich für die Zubereitung von gut gekochten und gedämpften Fischspeisen.

Gekochte Forelle blau

➤ **2 Forellen, 500 ml Essigwasser, Fischkochwasser, 100 g Butter, Zitrone, Krauspetersilie**

Fische beim Ausnehmen und Waschen bei den Kiemen halten, um die Schleimhäute zu schonen; mit kochendem Essigwasser kurz übergießen, in den wallenden Fischsud legen und ziehen lassen, bis die Augen heraustreten. Vorsichtig herausheben, mit Zitronenscheiben, Petersilie verzieren, mit heißer Butter übergießen.
Beilage: Salz- oder Petersilienkartoffeln

Gefüllte Forelle

➤ **4 Forellen, ausgenommen; Salz, Zitronensaft Fülle: 150 g Hechtfilet, 63 ml Schlagobers, Salz, weißer Pfeffer**

Forellen filetieren, mit Salz und Zitronensaft würzen. Für die Fülle das Hechtfilet klein schneiden und mit dem Schlagobers zu einer glatten Masse verarbeiten. Mit Salz und Pfeffer abschmecken. Innenflächen der filetierten Forellen mit der Fülle bestreichen, aufeinander setzen und jeweils in eine bebutterte Alufolie legen. Im vorgeheizten Ofen bei 200 °C am Blech garen, dabei einmal wenden.
Beilage: Salzkartoffeln

Seefisch mit Wurzeln und Kren

➤ **1,5 kg Seefisch, Wurzelwerk, 1 Zwiebel, Lorbeerblatt, Pfeffer- und Gewürzkörner, Essig, Salz, Kren**

Nudelig geschnittenes Wurzelwerk und fein gehackte Zwiebel mit den Gewürzen kochen, Fischstücke 10 bis 15 Minuten ziehen lassen, mit Wurzelwerk und Kren anrichten.
Beilage: Salzkartoffeln

Seefisch mit Kräutern

➤ **1,5 kg Seefisch, Fischkochwasser, Essig, Öl, 1 EL Kräuter, Kren**

Im Fischkochwasser Fischstücke ziehen lassen, auf vorgewärmter Platte anrichten, mit Essig und Öl beträufeln, mit fein gewiegten Kräutern und geriebenem Kren bestreuen.
Beilagen: Salzkartoffeln, Salat

Gedünstete Fischscheiben

➤ **1 kg Fisch, 50 g Öl, 250 g Zwiebeln, 125 ml Wein, 125 ml Wasser, Salz, Pfeffer, 50 g Tomaten oder 2 EL Tomatenmark, Petersilie n. B., 1 EL Brösel zum Bestreuen**

Gehackte Zwiebeln in Öl anlaufen lassen, mit gewässertem Wein löschen, salzen, pfeffern, Fischscheiben einlegen, blättrig geschnittene Tomaten oder aufgelöstes Tomatenmark darüber geben, mit gehackter Petersilie und Bröseln bestreuen, zugedeckt dünsten.
Kochzeit: 30 Minuten. Beilage: Salzkartoffeln

Paprikafisch

➤ **1 kg Fisch, Salz, Zitronensaft; 40 g Fett, Mehl, 40 g Speck, 100 g Zwiebeln, Paprikapulver, 30 g Mehl, 125 ml Sauerrahm, 1 EL Tomatenmark**

Fischstücke mit Zitronensaft beträufeln, salzen, ziehen lassen, eine Seite in Mehl tauchen, beidseitig rasch anbraten, Fischstücke herausheben. Kleinwürfelig geschnittenen Speck mit fein gehackten Zwiebeln im Bratenfett rösten, Paprikapulver hinzufügen, stauben, kurz rösten, mit Bratensaft aufgießen, Sauerrahm und Tomatenmark dazugeben,

nochmals aufkochen lassen, Fischstücke einlegen, mit gehackter Petersilie bestreuen und fertig dünsten (feuerfeste Form).
Beilage: Salzkartoffeln

Fischgulasch

➤ **1,5 kg Fisch, 120 g Fett, 50 g Speck, 500 g Zwiebeln, 2 EL Paprikapulver, 1 EL Essig, 125 ml Sauerrahm, 20 g Maisstärkemehl**

Fein gehackte Zwiebeln und würfelig geschnittenen Speck goldgelb rösten, Paprika und Essig hinzufügen, mit 300 ml Wasser aufgießen, weich dünsten. Sauerrahm und Maisstärkemehl versprudeln und kurz aufkochen. Saft abschmecken. Kleine Fischstücke einlegen und ziehen lassen, nachwürzen. Beilage: Spätzle

Fisch in Alufolie

➤ **1 kg Fisch, 2 EL Öl, 100 g Pilze, 100 g Tomaten, Petersilie n. B., Zitronensaft, Salz**

Gesalzene, mit Zitronensaft beträufelte kleine Fische oder Fischteile auf eine geölte Alufolie legen, mit fein geschnittener Petersilie (evtl. Tomatenscheiben) und blättrig geschnittenen Pilzen belegen, einschließen und in einer Pfanne braten.
Beilage: Kartoffelsalat mit Vogerlsalat
T: 220 °C, B: 15–20 Minuten, m. Sch.
Zur Bräunung kurz vor Beendigung der Bratzeit die Folie an der Oberseite öffnen.

Gedünsteter Fisch in feuerfester Form

➤ **1 kg Fisch, 50 g Butter, 100 g Zwiebeln, 100 g Tomaten, 100 g Pilze, Salz, Zitronensaft, Petersilie n. B., 125 ml Weißwein**

Bebutterte Form mit Zwiebelringen, Tomatenscheiben und gehackten Pilzen auslegen, gesalzene, mit Zitronensaft beträufelte Fischstücke drauflegen, mit gehackter Petersilie bestreuen, mit Wein aufgießen, dünsten.
Beilage: Salzkartoffeln

Gebratener Fisch

➤ **1,5 kg Fisch, Salz, Zitronensaft, Mehl, 100 g Butter; Petersilie n. B., Zitronenscheiben**

Fischstücke oder ganze Fische salzen, mit Zitronensaft beträufeln, in Mehl drehen, in heißer Butter durchbraten, anrichten, mit Petersilie und Zitronenscheiben verzieren.
Beilage: Salzkartoffeln

Gebackene Fische

➤ **1,5 kg Fisch, Salz, Zitronensaft; Panier, Backfett; Zitronenscheiben, Petersilie n. B.**

Fischstücke salzen, mit Zitronensaft beträufeln, panieren und backen. Mit Zitronenscheiben und Petersilie anrichten.
Beilagen: Kartoffelsalat, grüner Salat

Fisch in Backteig

➤ **1,5 kg Fisch, Salz, Zitronensaft; Backteig (Bier- oder Weinteig); Fett zum Ausbacken**

Fischstücke salzen, mit Zitronensaft beträufeln, in Backteig tauchen und goldgelb backen.
Beilagen: Gemüse, Salat

Fischfilet mit Kartoffelkruste

➤ **6 Fischfilets, Salz, 1 EL Zitronensaft, Mehl, 50 g Butter**
Kartoffelkruste: 500 g mehlige Karoffeln, Salz, Pfeffer, Muskatnuss, Petersilie n. B., 2 Eier

Für die Kruste Kartoffeln kochen, reiben, würzen und mit den 2 Eiern vermengen. Fischfilets würzen, mit Zitronensaft beträufeln, in Mehl wenden und beidseitig anbraten. Auf bebuttertes Blech legen, mit der Kartoffelmasse bestreichen und im Rohr grillen.
T: 230 °C, B: 5 Minuten, o. Sch.

Marinierte Heringe

➤ **6 Heringe**
Soße: 125 ml Sauerrahm, 2 EL Öl, Salz, Pfeffer, Zitronensaft, Essig, 2 Äpfel, 1 Zwiebel, 1 EL Kapern

Für die Soße Sauerrahm mit Öl, Salz, Pfeffer, Zitronensaft und Essig, klein geschnittenen Äpfeln, gehackten Kapern und Zwiebeln vermengen. Heringe der Länge nach halbieren, Rückgrat entfernen, in eine flache Schüssel legen, mit Soße übergießen und längere Zeit ziehen lassen.

Marinierte Heringe mit Gemüse

➤ **6 Heringe, Karotten, Sellerie, Petersilwurzel, Salz, Essig, Gewürz-, Pfefferkörner, 2 Äpfel, 2 Zwiebeln**

Heringe der Länge nach halbieren, Rückgrat entfernen, eine Schüssel damit auslegen. Wurzelwerk nudelig schneiden, in Salz-Essig-Wasser mit den Gewürzen weich kochen, ausgekühlt mit würfelig geschnittenen Äpfeln und Zwiebelringen vermischen, über die Fische geben und längere Zeit kühl stehen lassen. Salzheringe müssen ausgewässert werden und brauchen bei der Zubereitung kein Salz.
Beilagen: Sauerrahm, heiße Kartoffeln

Fischsalat

➤ **300 g Fisch, Essig, Pfeffer-, Gewürzkörner, Salz, Mayonnaise, Senf, 2 Sardellen, 1 TL Kapern, 1 Zwiebel, 2 Tomaten**

Fisch in Essigwasser (gesalzen) kochen, entgräten, in kleine Stücke schneiden, mit gehackten Kapern, Sardellenstreifen und fein gehackten Zwiebeln unter gut gewürzte Mayonnaise mengen, mit Tomatenscheiben anrichten.

Heringssalat

➤ **250 g Heringe, 250 g Kartoffeln, 2 Äpfel**
Heringsmilch: 2 EL Öl, 2 EL Sauerrahm, Essig, Pfeffer, 1 Zwiebel, Dille n. B., Salz

Heringe putzen, entgräten, in Stücke schneiden. Gekochte Kartoffeln und Äpfel blättrig schneiden, mit Marinade aus passierter Heringsmilch vermengen und abschmecken.

Spezialrezepte für Karpfen

Polnischer Karpfen

➤ **1 Karpfen (mit Rogen), Wurzelwerk, Salz, Essig; 40 g Butter, 1 TL Zucker, 40 g Mehl, 2 EL Brotbrösel, 125 ml Rotwein, 20 g Mandeln**

Fein geschnittenes Wurzelwerk in Salz-Essig-Wasser weich kochen, Fischstücke einlegen, ziehen lassen und herausheben. Butter mit Zucker erhitzen, mit Mehl goldbraun rösten, mit Fischsud aufgießen, zerkleinerten Rogen, Brotbrösel und Rotwein untermengen. Gut verkochen lassen, abschmecken, Fischstücke einlegen, mit gehackten Mandeln bestreuen.
Beilage: Salzkartoffeln

Böhmischer Karpfen

➤ **1 Karpfen (mit Rogen), 40 g Fett, 1 TL Zucker, 500 ml dunkles Bier, Essig, Wurzelwerk, 1 kleine Zwiebel, Salz, Pfefferkörner, Lorbeerblatt, Zitronenschale, 10 Mandeln, 5 getrocknete Zwetschken, 10 g Rosinen, Schwarzbrotbrösel**

In Fett Zucker goldgelb rösten, mit Bier, etwas Wasser und Essig aufgießen, nudelig geschnittenes Wurzelwerk, Zwiebelringe, Salz, Pfefferkörner, Lorbeerblatt, Zitronenschale hinzufügen und verkochen. Mit abgezogenen, gehackten Mandeln, in Streifen geschnittenen Zwetschken und gewaschenen Rosinen weiter kochen. Fischstücke und Rogen einlegen, 20 Minuten ziehen lassen, herausheben, in feuerfester Schüssel warm halten. Soße mit Brotbröseln eindicken und mit Essig und Zucker nachwürzen. Beilage: Böhmische Knödel

Serbischer Karpfen

➤ **1 Karpfen, Salz, Pfeffer; Mehl, Paprika, Öl**
Knoblauchbutter: 125 g Butter, 3 Knoblauchzehen, Petersilie n. B., 1 Spritzer Zitronensaft

Karpfenstücke waschen, schröpfen, salzen, pfeffern und in Öl legen. Mehl, Paprika und etwas Salz vermengen und die Fischstücke mit beiden Seiten darin wenden. Anschließend in Öl bei mittlerer Hitze braten. Aus Butter, gepresstem oder fein geschnittenem Knoblauch, gehackter Petersilie und Zitronensaft bereitet man eine Knoblauchbutter, die beim Servieren auf die gebratenen Karpfenstücke gegeben wird.
Beilage: Petersilienkartoffeln, Salat

Foto: Shutterstock.com / Sea Wave

XI

Reis, Getreide und Kartoffeln

Reis

Gedünsteter Reis

➤ **500 g Reis, 30 g Fett, 1 Zwiebel, 2 Nelken, 1 l Wasser**

1. **Variante:** Reis in heißem Fett glasig werden lassen, mit heißem Wasser aufgießen, salzen, gut durchkochen, Zwiebel mit Nelken gespickt hinzufügen und bei geringer Hitze dünsten.
2. **Variante:** Wasser mit Fett aufkochen, salzen, Reis einkochen, Zwiebel hinzufügen, zugedeckt dünsten.

Curryreis

➤ **wie gedünsteter Reis, Currypulver**

Reis wird beim Dünsten mit Curry gewürzt.

Reis auf japanische Art

➤ **500 g Reis, 2,5 l Wasser (5fache Wassermenge), Salz, 50 g Fett**

Reis in kochendes Salzwasser geben, umrühren, je nach Reissorte 10 bis 14 Minuten kochen lassen, abseihen, abschrecken, in Fett schwenken. Dieser Reis ist besonders für Risipisi und Reisfleisch geeignet.

Risipisi

➤ **500 g Reis, 30 g Fett, 1 Zwiebel, 2 Nelken, 1 l Wasser, Salz, 250 g grüne Erbsen, 20 g Parmesan**

Zu dem fertig gedünsteten Reis gekochte grüne Erbsen mengen. Zum Anrichten den Erbsenreis in eine befettete Ringform drücken, stürzen und mit Parmesan bestreuen. Beilage: grüner Salat

Schinkenreis

➤ **wie gedünsteter Reis, 300 g Schinken**

Zum fertig gedünsteten Reis fein gehackten Schinken mengen. Beilage: Salat

Bunter Reis

➤ **600 g Reis; 60 g Fett, 250 g Geflügelfleisch, Salz; 250 g grüne Erbsen oder Fisolen, 250 g Karotten**

Geschnittenes Geflügelfleisch und Reis in Fett rösten, mit doppelt so viel Wasser den Reis aufgießen, das zerkleinerte Gemüse darunter mengen, salzen und zugdeckt weich dünsten.
Beilage: gemischter Salat

Reispuffer

➤ **500 g Reis, 30 g Fett, 1 Zwiebel, Nelken, Salz; 2–3 Eier, 30 g Parmesan; Mehl, Ei Brösel; Fett zum Ausbacken**

Unter den fertig gedünsteten Reis Eier und Parmesan rühren, Laibchen formen, panieren und in heißem Fett backen. Beim Anrichten etwas Eierspeise auf die Puffer geben. Besser gelingen die Puffer, wenn der Reis beim Zustellen mit kaltem Wasser aufgegossen wird.
Beilage: gemischter Salat

Getreide

Bei der Zubereitung von Teigwaren ist zu beachten:

1. Beim Kochen von Teigwaren die zehnfache Wassermenge verwenden.
2. Gegen Ende der Kochzeit etwas Öl zusetzen.
3. Teigwaren, Knödel und Nockerln immer offen kochen.

Nudeln, Fleckerln, Makkaroni

➤ **300 g Teigwaren, Salz; 40 g Butter**

Teigwaren in stark kochendes Salzwasser einlegen, umrühren, kernig weich kochen, abseihen, mit kaltem oder heißem Wasser übergießen, in Butter oder Fett schwenken.

Kochzeiten einhalten:

breite Nudeln, selbst hergestellt	5 Minuten
Suppennudeln, selbst hergestellt	1 Minute
breite Teigwaren, gekauft	7–12 Minuten
Suppennudeln, gekauft	1–3 Minuten

Semmelknödel

➤ **6 Semmeln, 40 g Fett, Petersilie n. B., knapp 250 ml Milch, 2 Eier, 60 g Mehl**

1. **Variante:** Semmelwürfel in Fett mit fein gehackter Petersilie rösten, Milch und Eier verspru-

deln, darüber gießen, ziehen lassen, Mehl darunter mengen. Mit nassen Händen Knödel formen, in viel Salzwasser kochen.
Kochzeit: 10–12 Minuten

2. **Variante:** Semmelwürfel mit Mehl, evtl. gerösteter, fein gehackter Zwiebel und Petersilie abmischen, Milch, Eier und Salz versprudeln, darüber gießen, ziehen lassen, Knödel formen und einkochen.

Serviettenknödel

➤ **6 Semmeln, 40 g Butter, Petersilie n. B.**
250 ml Milch, 3–4 Eier, Salz

Semmelwürfel mit zerlassener Butter und fein gehackter Petersilie vermengen, Milch, Eier und Salz versprudelt darüber gießen, ziehen lassen. Masse zu Knödeln oder zu einer Rolle formen, Letztere in eine nasse Serviette einbinden und in Salzwasser kochen. Kochzeit: 60 Minuten

Böhmische Knödel

➤ **6 Semmeln, 40 g Fett, Petersilie n. B.**
Nockerlteig: 250 g Mehl, 250 ml Milch,
1–2 Eier, Salz

Semmelwürfel in Fett rösten, unter einen weichen Nockerlteig aus Mehl, Milch, Eiern und Salz mengen; Nockerln, Knödel oder eine große Rolle formen, in Salzwasser kochen.
Kochzeit: 8–12 oder 30 Minuten

Nockerln

➤ **400 g Mehl, 40 g Butter, 1–2 Eier,**
250 ml Milch oder Wasser, Salz (evtl. Kräuter: Bärlauch, Schnittlauch, Petersilie)

Mehl, Milch, Eier, Salz und zerlassene Butter vermengen, Teig abschlagen, Nockerln in Salzwasser einkochen, abseihen, abschrecken und in Fett schwenken. Kochzeit: ca. 5 Minuten
Aus Nockerlteig ohne Eier und Butter bereitet man „Wasserspatzen".

Spätzle

➤ **400 g Mehl, Salz, 1–2 Eier, ca. 250 ml Milch oder Wasser (evtl. Tomatenmark oder Spinat beigeben)**

Alle Zutaten rasch zu einem weichen Nockerlteig verarbeiten, durch ein Spätzlesieb in kochendes Salzwasser drücken, abseihen, abschrecken und in Butter schwenken. Kochzeit: ca. 1 Minute

Grießstrudel als Beilage

➤ **Strudelteig**
Fülle: 125 ml Grieß, 2–3 Eier, 60 g Fett,
125 ml Sauerrahm, Salz

Zutaten gut verrühren, rasten lassen. Masse auf ausgezogenen Strudelteig streichen, einrollen, in Stücke teilen und in kochendes Salzwasser einlegen. Kochzeit: 20 Minuten

Grießknödel

➤ **250 ml Grieß, 500 ml Milch, 2 Eier,**
1 Semmel, Salz

Grieß in die gesalzene, wallende Milch einrühren und aufkochen. Überkühlen lassen, Semmelwürfel und versprudelte Eier untermischen, Knödel formen und in Salzwasser kochen.
Kochzeit: 15 Minuten

Mehlknödel

➤ **500 g Mehl, 2 TL Salz, 600 ml Wasser**

Mehl und Salz gut vermischen, mit kochendem Wasser verrühren, Knödel formen und in Salzwasser kochen.

Polenta

➤ **400 g Polenta (Maisgrieß), 1,5 l Wasser,**
Salz; 40 g Fett

Polenta in kochendes Wasser einkochen, rühren, bis die Masse steif ist und ausdünsten. Beim Anrichten mit heißem Fett übergießen.

Falsche Polenta

➤ **4 Eidotter, 250 ml Milch, Salz, 250 g Mehl,**
4 Eiklar

Eidotter, Milch und Salz versprudeln, Mehl einrühren, Eischnee unterheben, in bebutterte und bemehlte Puddingform füllen, im Wasserbad kochen.
Kochzeit: 45 Minuten
Falsche Polenta kann auch mit Butter und Zucker serviert werden.

Grießsterz

➤ **250 g Kartoffeln, 40 g Grieß, Salz; ca. 375 ml Milch, 80 g Fett**

Gekochte, geriebene Kartoffeln, Grieß und Salz abbröseln, in einer Pfanne im Rohr rösten, mit heißer Milch aufgießen, Grieß aufquellen lassen, mit heißem Fett übergießen und fertig ausdünsten.

Heidensterz (Buchweizen)

➤ **1,5 l Wasser, Salz, 500 g Buchweizenmehl; 100 g Fett, 100 g Speck**

In kochendes Salzwasser das Mehl rasch einschütten, nicht rühren, mit Kochlöffelstiel ein Loch stechen, 20 Minuten kochen lassen, Wasser langsam ableeren, mit Gabel lockern, mit heißem Fett mischen, ausdünsten lassen und mit heißen Speckgrammeln anrichten.

Kartoffeln

Für den Kartoffelteig geschälte Kartoffeln entweder noch ganz heiß pressen (Presswiege) oder erkaltet reiben.

Die geriebenen bzw. gepressten Kartoffeln mit Mehl und Salz abbröseln, nach Rezept evtl. Ei und Fett dazumengen und rasch zu einem Teig verarbeiten.

Der Kartoffelteig muss kurz vor der Verwendung zubereitet werden. Er gelingt besser mit mehligen Kartoffeln.

Pommes frites und Pommes Chips können bei ca. 250 °C ohne Fett im Backrohr gebacken werden.

Salzkartoffeln

➤ **1 kg Kartoffeln, Salz, Kümmel**

Roh geschälte Kartoffeln vierteln, mit Salz und Kümmel dämpfen.

Kartoffelschnee

➤ **1 kg Kartoffeln, Salz, Petersilie n. B.**

Frisch gedämpfte Salzkartoffeln locker auf vorgewärmte Schüssel pressen, mit fein gehackter Petersilie bestreuen, sofort servieren.

Petersilienkartoffeln

➤ **1 kg Kartoffeln, Salz, 50 g Butter, Petersilie n. B.**

Kleine, in der Schale gekochte Kartoffeln schälen, vierteln, in Butter und fein gehackter Petersilie schwenken.

Kartoffelschmarren

➤ **1 kg Kartoffeln, 60 g Fett, 2 Zwiebeln, Salz, Kümmel, Petersilie n. B.**

Gekochte, heiße Kartoffeln schälen, stampfen, würzen und mit gerösteter, fein gehackter Zwiebel vermengen, gar rösten.

Geröstete Kartoffeln

➤ **1 kg Kartoffeln, 60 g Fett, 2 Zwiebeln, Salz, Kümmel**

Fein gehackte Zwiebeln goldgelb rösten, gekochte, geschälte und ausgekühlte Kartoffeln blättrig schneiden, würzen, mit Zwiebeln vermengen, anbraten.

Bratkartoffeln

➤ **1 kg Kartoffeln, 60 g Fett, Salz**

Roh geschälte Kartoffeln vierteln, in heißem Fett im Rohr langsam braten. Fett abtropfen lassen, dann salzen.

Hinweis: Frisch geerntete, gut gewaschene mehlige Kartoffeln, in der Schale gebraten, sind besonders wertvoll.

1. Kartoffeln (möglichst gleichmäßig groß) ganz leicht gesalzen und ohne Fett in einer Pfanne im Rohr braten.
2. Gut gewaschene längliche Kartoffeln der Länge nach schneiden, mit Öl bepinseln, mit etwas Salz und Kümmel (evtl. zerdrücktem Knoblauch) die

Schnittfläche bestreuen und im Rohr auf Backblech braten, bis sie durch sind.

Beide Arten können als Beilage zu Braten oder einfach nur mit etwas Butter gegessen werden.

Kartoffelpüree

➤ **1 kg Kartoffeln, 250 ml Milch, 40 g Butter, Salz, evtl. Muskat; Fett und 1 große Zwiebel**

Heiße Salzkartoffeln stampfen, in der Schale gekochte Kartoffeln schälen und passieren, mit heißer Milch und Butter verrühren, abschmecken. Bis zum Anrichten den Kartoffelbrei über Wasserdampf warm halten. Beim Anrichten geröstete Zwiebelringe oder geröstete Semmelbrösel über das Püree geben.

Prinzessinnenkartofferln

➤ **1 kg Kartoffeln, 100 g Butter, 40 g Parmesan, 2 Eier, Salz; Ei zum Bestreichen**

Butter, Eier, Reibkäse und Salz abrühren, mit passierten Kartoffeln rasch zu einem Teig verarbeiten, Krapferln auf ein befettetes und bemehltes Blech spritzen, mit Ei bestreichen und im Rohr backen.

Kartoffelnockerln (Skubanky)

➤ **1 kg Kartoffeln, Salz, 3–4 EL Mehl, 70 ml Milch, 80 g Butter**

Heiße Salzkartoffeln stampfen, mit Mehl, Butter und Milch zu einer glatten Masse verrühren, zugedeckt ziehen lassen, mit einem Esslöffel große Nocken ausstechen, in eine Pfanne mit zerlassener Butter geben und kurze Zeit im Rohr backen.

Kartoffelpuffer

➤ **500 g Kartoffeln, 3 Eier, etwas Sauerrahm, 50 g Mehl, Salz, gehackter Kümmel, Muskat, Pfeffer**

Roh geriebene Kartoffeln ausdrücken, mit den übrigen Zutaten vermengen, würzen und in heißem Fett handgroße Flecken herausbacken.

Beilagen: Sauerkraut, Salat

Kartoffelkrapferln

➤ **500 g Kartoffeln, 4 Eier, Salz, Pfeffer, Muskatnuss, Petersilie n. B.**

Gekochte geriebene Kartoffeln mit den Eiern vermengen und würzen. Krapferln formen und in heißer Butter herausbacken.

Beilagen: grüner Salat, Kräutersoße

Waldviertler Knödel I (altes Rezept)

➤ **1 kg rohe Kartoffeln, 500 g gekochte Kartoffeln, Salz**

Rohe Kartoffeln schälen, aufreiben, durch ein Tuch abpressen; gekochte Kartoffeln schälen, passieren; beides zusammenmengen, salzen, Knödel formen und in Salzwasser kochen.

Kochzeit: 15–20 Minuten

Waldviertler Knödel II

➤ **1 kg Kartoffeln, 200 g Kartoffelmehl, 50 g Grieß, Salz**

Heiße, gekochte und geschälte Kartoffeln passieren, mit Kartoffelmehl, Grieß und Salz abbröseln, Knödel formen und in Salzwasser kochen. Geformte Knödel können ungekocht einige Stunden vor der Verwendung zubereitet werden.

Kartoffelteig

➤ **1 kg Kartoffeln, 300 g Mehl, 10 g Salz; 1–2 Eier, 30 g Butter**

Entweder ganz heiße oder kalte geschälte Kartoffeln passieren, mit Mehl und Salz abbröseln, Ei und Butter dazumengen und rasch zu einem Teig verarbeiten. Für den Kartoffelteig mehlige Kartoffeln verwenden. Eignet sich für Obstknödel oder saure Knödel.

Kartoffelnudeln (Brösel- oder Mohnnudeln)

➤ **Kartoffelteig; 80 g Brösel oder 80 g Mohn; 100 g Butter, 80 g Zucker**

Aus Kartoffelteig fingerdicke Rollen formen, in 3 cm lange Stücke schneiden, diese zu Nudeln formen, in Salzwasser kochen, abseihen, abschrecken, in gerösteten Bröseln oder in Mohn wälzen.

Kartoffelnudeln nach Omas Art

➤ **Kartoffelteig, Butter, 250 ml Sauerrahm**

Aus Kartoffelteig fingerdicke Rollen formen, in 3 cm lange Stücke schneiden, in Butter anbraten, in eine bebutterte Auflaufform geben, mit Sauerrahm übergießen und im Rohr braten.
Beilagen: Apfelkompott
T: 200 °C, B: 10 Minuten, m. Sch.

Kroketten, Kartoffellaibchen

➤ **500 g Kartoffeln, 30 g Butter, 1 Ei, Muskat, 125 g Mehl; Panier: Salz; Mehl, Ei, Brösel; Fett zum Ausbacken**

Aus den Zutaten Kartoffelteig bereiten, 5 cm lange Röllchen oder Laibchen formen, panieren und in Fett herausbacken. Der geformte Kartoffelteig kann auch ohne Panier herausgebacken werden.

Kartoffelknödel

➤ **Kartoffelteig**

Aus Kartoffelteig Knödel formen, in Salzwasser kochen. Man kann auch geröstete Semmelwürfel unter den fertigen Teig mengen.

Wickelknödel

➤ **Kartoffelteig, 2–3 Semmeln, 40 g Butter, Petersilie n. B.**

Kartoffelteig 1 cm dick ausrollen, mit in Butter gerösteten Semmelwürferln und fein gehackter Petersilie bestreuen, einrollen, Stücke abschneiden, Knödel formen, in Salzwasser kochen.

Grieß-Kartoffel-Knödel I

➤ **Kartoffelteig; 300 g Grieß, 60 g Fett, 1 kleine Zwiebel, Petersilie n. B., Salz**

Kartoffelteig 1 cm dick ausrollen, mit Grießfülle bestreichen, einrollen, Stücke abschneiden, Knödel formen und in Salzwasser kochen. Für die Fülle Grieß mit fein geschnittener Zwiebel und Petersilie hell rösten, mit kaltem Wasser abschrecken und noch warm auf den Kartoffelteig streichen.

Grieß-Kartoffel-Knödel II

➤ **1 kg Kartoffeln, 250 g Grieß, 1–2 Eier, 30 g Fett, 1–2 Semmeln, Salz, Muskat**

Grieß auf das Nudelbrett aufstreuen, heiße, geschälte Kartoffeln mit dem Nudelwalker auf dem Grieß zerdrücken, auskühlen lassen, mit in Fett gerösteten Semmelwürferln, Eiern, Muskat und Salz zu einem Teig verarbeiten, Knödel formen und in Salzwasser kochen.
Kochzeit: 15–20 Minuten

Pommes frites

➤ **1 kg Kartoffeln; Fett zum Ausbacken, Salz**

Rohe Kartoffeln schälen, in gleichmäßig große Streifen oder Blätter schneiden, zwischen Tüchern abtrocknen, in heißem Fett schwimmend hell backen, auf einem Sieb abtropfen lassen. Kurz vor dem Anrichten nochmals ins heiße Fett geben, jetzt knusprig backen, wieder abtropfen lassen, salzen und servieren.

Pommes Chips

➤ **1 kg Kartoffeln, Backfett, Salz**

Rohe Kartoffeln schälen, sehr feinblättrig schneiden und wie Pommes frites zubereiten.

Kartoffelflecken mit Topfen

➤ **500 g Kartoffeln, 125 g Topfen, 20 g Grieß, 60 g Mehl, Salz, Muskat, 2 Eier; Panier; Fett zum Ausbacken**

Gekochte, kalt geriebene Kartoffeln mit Topfen, Grieß, Mehl und Gewürzen abbröseln, mit Eiern kurz verkneten, flache Laibchen formen, panieren und in heißem Fett backen.
Beilagen: Mischgemüse, Salat

Kartoffellaibchen mit Käse

➤ **500 g Kartoffeln; 50 g Butter, 2 Eier, 50 g Hartkäse, Salz, Muskat; Mehl, Eier, Brösel, Hartkäse; Fett zum Ausbacken**

Butter, Eier, geriebenen Käse abtreiben, Gewürze und passierte Kartoffeln untermengen, Röllchen oder Laibchen formen, in Mehl, Ei und Brösel-Käse-Gemisch panieren und in heißem Fett backen. Beilage: Salat

Topfenkartoffeln I

➤ **500 g Kartoffeln, 300 g Topfen, 150 g Speck, Salz; 125 ml Sauerrahm, 1 Ei**

In eine befettete, bebröselte Backform lagenweise blättrig geschnittene Kartoffeln, trockenen Topfen

und 75 g geröstete Speckwürfel geben, salzen, mit Kartoffeln abdecken und mit dem restlichen zerlassenen Speck übergießen, backen. Verbessert wird die Speise mit versprudeltem Sauerrahm und Ei.
Beilage: warmer Krautsalat

Topfenkartoffeln II

➤ **500 g Kartoffeln, 1 TL Fett, 1 Zwiebel, 100 g Grammeln; 200 g Topfen, 250 ml Sauerrahm, Petersilie**

Gehackte Zwiebel in Fett rösten, Grammeln, grobblättrig geschnittene Kartoffeln dazugeben und gar rösten, Topfen und Sauerrahm untermengen, salzen, im Rohr ausdünsten; beim Anrichten mit gehackter Petersilie bestreuen.
Beilage: Sauerkrautsalat

Majorankartoffeln

➤ **1 kg Kartoffeln, 50 g Fett, 60 g Mehl, 1 große Zwiebel, Petersilie n. B.; Salz, Majoran; 125 ml Sauerrahm**

Zwiebeleinbrenn aufgießen, gut durchkochen, kräftig würzen, gekochte, blättrig geschnittene Kartoffeln, Majoran und Sauerrahm untermengen.
Beilage: Bauernbrot

Rahmkartoffeln

➤ **1 kg Kartoffeln, 50 g Fett, 60 g Mehl, 2 Zwiebeln, Paprika; 125 ml Sauerrahm, evtl. 250 g Selchfleisch**

Zwiebeleinbrenn aufgießen, gut durchkochen, kräftig würzen, gekochte, blättrig geschnittene Kartoffeln, Paprika und Sauerrahm untermengen. Verbessert wird mit Selchfleisch.
Beilage: Gebäck

Kartoffelgulasch

➤ **1,5 kg Kartoffeln, 50 g Fett, 2 Zwiebeln, Paprika, Essig; Salz, Kümmel, Majoran, 125 ml Sauerrahm; evtl. Tomatenmark**

Blättrig geschnittene Zwiebeln in Fett rösten, Paprika, Essig, die roh geschälten, großwürfelig geschnittenen Kartoffeln und Gewürze hinzufügen, so viel aufgießen, dass die Kartoffelwürfel noch sichtbar sind; weich dünsten, wenig umrühren, zuletzt mit Sauerrahm und Tomatenmark verbessern.
Einlage: Wurstscheiben, Essiggurkerln.
Beilage: dunkles Gebäck

Kartoffelauflauf

➤ **1 kg Kartoffeln, 3 hart gekochte Eier, 300 g Wurst oder Selchfleisch, 50 g Butter; 250 ml Sauerrahm**

Gekochte Kartoffeln schälen, nach dem Auskühlen blättrig schneiden, eine befettete Auflaufform mit Kartoffelscheiben auslegen, abwechselnd mit geschnittener Wurst, Kartoffel- und Eischeiben füllen, mit Kartoffelscheiben abschließen. Butterflocken zwischen den Lagen und auf dem Auflauf verteilen. Bei mittlerer Hitze vorbacken, den versprudelten Sauerrahm darüber geben und fertig backen. Beilage: frische Salate
T: 220 °C, B: 20–30 Minuten, m. Sch.

Gefüllte Kartoffelschnecken

➤ **Kartoffelteig**
Fleischfülle oder Grammelfülle;
ca. 250 ml Milch

Kartoffelteig ausrollen, entweder mit Fleischfülle oder Grammelfülle bestreichen, vier Finger breite Streifen radeln, zusammenrollen, aufrecht stehend in eine befettete Pfanne schichten. Im Rohr anbraten, dann warme Milch darüber gießen und fertig backen. Butterflocken, während des Backens auf der Oberfläche verteilt, verbessern das Aussehen und den Geschmack.
Beilagen: Kraut, Gemüse, Salat
T: 200 °C, B: 40 Minuten, m. Sch.

Foto: Shutterstock.com / Karaidel

XII

Gemüse, Hülsenfrüchte und Pilze

1. Gemüse aus dem eigenen Garten soll möglichst unmittelbar vor der Verwendung, aber nicht in praller Sonnenhitze geerntet werden (Vitaminverlust).

2. Alles Gemüse wird vorgeputzt, rasch unter kaltem, fließendem Wasser gewaschen, bei Bedarf nachgeputzt (gebürstet, geschabt usw.), zerkleinert und sofort zubereitet.

3. Gemüse darf nie im Wasser liegen bleiben und soll mit wenig Wasser gegart werden.

4. Garzeiten sind unbedingt einzuhalten.

5. Das Koch- und Dämpfwasser ist nach Möglichkeit zu verwenden.

6. Gegarte Gemüsegerichte sind mit Kräutern oder Rohgemüse aufzuwerten.

7. Ein längeres Warmhalten oder Warmstellen ist zu vermeiden.

8. Blähendes Gemüse wird durch Blanchieren leichter verdaulich.

Bindemittel für Gemüsegerichte siehe Seite 84

Gemüse kochen

Gemüse natur

➤ **1 kg Gemüse (Fisolen, Karfiol, Spargel, grüne Erbsen, Karotten, Schwarzwurzeln, Porree, Kohl, Sprossenkohl, Broccoli u. a. m.), Salz, 50 g Butter, Schnittlauch**

Gemüse auswählen, putzen und in wenig Salzwasser kochen. Abseihen, mit Butter beträufeln, evtl. mit Schnittlauchröllchen bestreuen. Butter nur schmelzen, nicht bräunen.

Gemüse mit Butter und Bröseln

➤ **1 kg Gemüse (Fisolen, Karfiol, Sprossenkohl, Spargel, junge Maiskolben, Porree u. a. m.), Salz, 60 g Butter, 60 g Brösel**

Fisolen putzen und waschen, Karfiol putzen und 30 Minuten in Salzwasser legen (Ungeziefer), Spargel schälen, Maiskolben putzen und waschen. Gemüse in Salzwasser kochen, abseihen, entweder nur mit Butter oder mit in Butter gerösteten Bröseln anrichten.

Karfiol mit pikanter Soße

➤ **1 Karfiolrose; 250 g Champignons, 3–4 Tomaten, 50 g Butter, 1 Zwiebel, Salz, Pfeffer, etwas Zucker; Petersilie n. B.**

Karfiol in Salzwasser kochen, in vorgewärmter Schüssel anrichten. Für Soße klein geschnittene Zwiebel in Butter glasig anlaufen lassen, blättrig geschnittene Champignons hinzufügen, gar rösten, mit geschälten, in Würfel geschnittenen Tomaten weich dünsten. Die Soße mit Salz, Pfeffer und Zucker abschmecken, gemeinsam mit dem Karfiol anrichten, mit fein gehackter Petersilie bestreuen.

Gemüse dünsten

Gedünstete Karotten

➤ **750 g Karotten, 40 g Butter, 20 g Mehl, etwas Zucker, Salz, Petersilie n. B.**

Karotten feinnudelig oder feinblättrig schneiden oder hobeln, in Butter dünsten, stauben, mit 250 ml Wasser aufgießen, verkochen, mit Salz, Zucker und fein gehackter Petersilie abschmecken.

Gedünstete Karotten mit Erbsen

➤ **400 g Karotten, 400 g ausgelöste Erbsen, 40 g Butter, 20 g Mehl, Salz, etwas Zucker, Petersilie n. B.**

Feinnudelig geschnittene Karotten mit grünen Erbsen in Butter dünsten, mit Mehl stauben, aufgießen, verkochen lassen, mit Salz, Zucker und fein gehackter Petersilie würzen.

Gedünstete Kohlrabi

➤ **750 g Kohlrabi, 40 g Fett, 20 g Mehl, Salz, Petersilie n. B.**

Blättrig oder feinnudelig geschnittene Kohlrabi in Fett dünsten, salzen, stauben, mit 250 ml Wasser aufgießen, verkochen lassen; mit fein gehackter Petersilie abschmecken.

Gedünstetes Weißkraut mit Zucker

➤ **750 g Weißkraut, 40 g Fett, 20 g Zucker, 40 g Speck, 1 kleine Zwiebel, Kümmel, Essig, Salz, 20 g Mehl**

In heißem Fett Zucker goldgelb anlaufen lassen, fein gehackte Zwiebel und würfelig geschnittenen

Speck mitrösten, gehobeltes Kraut, Kümmel, Essig und Salz dazugeben. Mit dem nötigen Wasser dünsten, stauben, aufgießen, nochmals aufkochen und abschmecken. Das Kraut kann auch ohne Zucker gedünstet werden.

Gedünstetes Rotkraut

➤ **750 g Kraut, 60 g Speck, 20 g Zucker, 1 Zwiebel, 2 Äpfel oder Orangen, Salz, Essig oder Rotwein**

Kleinwürfelig geschnittenen Speck, Zucker und fein gehackte Zwiebel goldgelb rösten, gehobeltes Kraut, blättrig geschnittene Äpfel oder filetierte Orangen, Salz hinzufügen, weich dünsten, mit 200 ml Wasser aufgießen, aufkochen und mit Wein oder Essig abschmecken. Das Kraut behält die Farbe besser, wenn Essig oder Wein schon beim Dünsten dazukommen.

Gabelkraut

➤ **750 g Weiß- oder Sauerkraut, Kümmel, Salz, 60 g Selchspeck**

Kraut mit etwas Kümmel in Salzwasser dünsten, abseihen und mit kleinwürfelig geschnittenem, geröstetem Speck übergießen.

Stöcklkraut

➤ **2 mittlere Krautköpfe, Essig, Wasser, Salz, Zucker, Kümmel, 2 EL Bratenschmalz**

Essig, Wasser, Salz, Zucker und Kümmel aufkochen, die geviertelten Krautköpfe einlegen, Bratenschmalz dazugeben und weich dünsten.

Gemüse mit Einmach

Karfiol, Spargel, Schwarzwurzel, Porree, Selleriegemüse, Fisolen, Karotten

➤ **500 g Gemüse, Salz, 40 g Butter, 60 g Mehl, 40 g Petersilie n. B., 125 ml Sauerrahm**

Gemüse putzen und in wenig Salzwasser kochen. Petersileinmach mit Kochwasser aufgießen, aufkochen, mit Sauerrahm verfeinern, würzen und zuletzt das Gemüse untermengen.

Spinat

➤ **750 g Spinat, Salz, 40 g Fett oder Butter, 40 g Mehl, ca. 250 ml Milch, wenig Knoblauch**

Spinat in wenig Salzwasser kochen, passieren, Einmach mit Milch und Spinatwasser aufgießen, passierten Spinat dazugeben, aufkochen lassen, mit zerdrücktem Knoblauch und Salz abschmecken. Günstiges Mengenverhältnis: 1/3 passierter Spinat, 1/3 Spinatwasser, 1/3 Milch. Etwas roh passierter Spinat wertet das Gericht auf.

Gratinierter Broccoli

➤ **500 g Broccoli, Salz; 150 g Schinkenscheiben, 150 g Käsescheiben, 20 g Butter; ca. 250 ml Holländersoße**

Broccoli in Salzwasser kochen, gut abtropfen und erkalten lassen, in Röschen teilen, diese in eine bebutterte Gratinierschüssel schichten, mit Schinken- und Käsescheiben belegen, die Soße darüber verteilen und goldbraun backen.
T: 220 °C, B: 15 Minuten, m. Sch.
Variation: Statt Holländersoße kann gut gewürzte Béchamelsoße verwendet werden.

Gratinierter Karfiol

➤ **1–2 Rosen Karfiol, Salz**
Béchamel: 40 g Butter, 50 g Mehl, 700 ml Rindsuppe, 125 ml Milch, 2 Eidotter, Zitronensaft, Salz
Zum Bestreuen: je 1 TL Parmesan und Brösel, 30 g Butter
Für die Form: 20 g Bröselbutter

Gereinigten Karfiol in Salzwasser überkochen, abseihen, in bebutterte feuerfeste Schüssel einschichten, mit Béchamelsoße übergießen, mit Parmesan und Bröseln bestreuen, mit Butter beträufeln und für 15 Minuten ins heiße Rohr stellen.

Gratinierter Spinat

➤ **1 kg Spinat, Béchamelsoße**

Geputzten, gewaschenen Spinat leicht überkochen (ganze Blätter), abseihen und weiter behandeln wie gratinierten Karfiol.

Gratinierte Schwarzwurzeln

➤ **1 kg Schwarzwurzeln, etwas Milch zum Einlegen der geputzten Wurzeln, Béchamelsoße**

Die geschabten Schwarzwurzeln in Milch einlegen, in Salzwasser, dem ein Spritzer Essig beigefügt wurde, weich kochen, abseihen und weiter behandeln wie gratinierten Karfiol.

Gemüse mit Einbrenn

Eingebrannte Fisolen

➤ **750 g Fisolen, Salz, 40 g Fett, 40 g Mehl, 1 Zwiebel, Petersilie n. B., Essig, Dille, 125 ml Sauerrahm**

Fisolen putzen, schneiden oder in Stücke brechen, in Salzwasser weich kochen. Zwiebel-Petersil-Einbrenn hinzufügen, gut kochen lassen, mit Sauerrahm, Essig und Dille abschmecken.

Eingebrannter Kochsalat

➤ **750 g Kochsalat, Salz, 40 g Fett oder Butter, 40 g Mehl, 150 g grüne Erbsen, etwas Zucker**

Kochsalat in wenig Salzwasser kochen, mixen oder gut hacken. Einbrenn mit Gemüsewasser aufgießen, beides vermengen, mit Salz und etwas Zucker abschmecken, gekochte Erbsen untermengen und nochmals aufkochen.

Eingebranntes Weißkraut

➤ **750 g Weißkraut, Salz, Kümmel, 40 g Fett, 40 g Mehl, Essig**

Grobnudelig geschnittenes Kraut mit Kümmel in Salzwasser kochen, Einbrenn hinzufügen, abschmecken.

Eingebrannter Kohl

➤ **750 g Kohl, 150 g Kartoffeln, Salz, 40 g Fett, 40 g Mehl, Knoblauch, Majoran, Kümmel**

Grob geschnittenen Kohl und rohe Kartoffelwürferln in wenig Salzwasser weich kochen, stampfen, Einbrenn hinzufügen, aufkochen, mit zerdrücktem Knoblauch, Majoran und Kümmel abschmecken.

Eingebrannte Kohlsprossen

➤ **750 g Kohlsprossen, Salz, 40 g Fett, 40 g Mehl, Pfeffer**

Kohlsprossen in Salzwasser kochen, Einbrenn hinzufügen, abschmecken, gut aufkochen lassen.

Eingebrannte Kohlrabi

➤ **750 g Kohlrabi, Salz, 40 g Fett, 40 g Mehl, Petersilie n. B., Kümmel**

Würfelig geschnittene Kohlrabi in Salzwasser kochen, mit Petersileinbrenn aufkochen, mit Kümmel würzen. Die grünen Herzblätter vom Kohlrabi können fein geschnitten mitgekocht werden.

Gemüse backen und braten

Gebackener Karfiol oder Kohlrabi

➤ **500 g Karfiol oder Kohlrabi, Salz, Panier oder Backteig; Fett zum Ausbacken**

Karfiol in größere Stücke teilen bzw. Kohlrabi in Scheiben schneiden, kurz in Salzwasser kochen, abtropfen lassen, panieren oder in Backteig tauchen, in Fett herausbacken. Besser hält die Panier bei Gemüse, wenn man die Stücke vor dem Eintauchen ins Ei im glatten Mehl wälzt.

Gebackener Broccoli

➤ **500 g Broccoli, Salz, Panier oder Backteig; Fett zum Ausbacken**

Broccoli in Salzwasser kurz kochen, gut abtropfen und erkalten lassen, in Röschen teilen, paniert oder in Backteig getaucht goldbraun herausbacken. Beilage: Sauce tartare

Gebackener Sellerie

➤ **500 g Sellerie, Zitronensaft, Salz, Panier oder Backteig; Fett zum Ausbacken**

Dünne, rohe Selleriescheiben salzen, mit Zitronensaft beträufeln, panieren oder in Backteig tauchen, in Fett herausbacken.

Gebackene Pilze

➤ **500 g Pilze, Salz, Panier oder Backteig; Fett zum Ausbacken**

Geputzte Pilze panieren (nicht gesalzen liegen lassen, weil sie Wasser ziehen, besser ist, die Panier zu salzen), backen.

Gebackener Kürbis

➤ **500 g Kürbis, Salz, Panier oder Backteig; Fett zum Ausbacken**

Kürbisscheiben salzen, panieren und backen. Da man dazu nur zarte Speisekürbisse verwendet, diese mit der Schale und dem weichen Inhalt verwenden, besonders die Kerne schmecken ausgezeichnet.

Gebackene Melanzani oder Eierfrucht

➤ **500 g Melanzani, Panier oder Backteig, Salz; Fett zum Ausbacken**

Melanzanischeiben panieren, backen, vor dem Anrichten leicht übersalzen.

Gebratene Sellerie, Tomaten, Melanzani, Zucchini, Champignons

➤ **500 g Gemüse, 40 g Fett, 1 Zwiebel, Petersilie n. B., Salz, Pfeffer**

Gemüsescheiben in angelaufener, würfeliger Zwiebel weich braten, salzen, pfeffern und fein gehackte Petersilie darüber streuen. Diese Gemüsearten können auch mit Fleischfülle zubereitet werden.

Gemüse auf pikante Art

Sauerkraut

➤ **750 g Sauerkraut, Salz, Kümmel, 50 g Speck oder Zwiebel, Schnittlauch n. B.**

Sauerkraut mit Kümmel, wenn erforderlich mit Salz, in wenig Wasser kochen, mit würfelig geschnittenem, zerlassenem Speck oder mit gerösteter, fein gehackter Zwiebel übergießen und mit Schnittlauchröllchen bestreuen. Man kann das Kraut mit roh geriebenen Kartoffeln eindicken.

Saure Rüben (Halmrüben)

➤ **750 g Halmrüben, 1 Zwiebel, 40 g Fett, Salz, Zucker, Pfeffer, Essig, 125 ml Sauerrahm oder Schlagobers, Petersilie n. B.**

Fein gehackte Zwiebel anrösten, geriebene Rüben, Salz, Zucker, Pfeffer und Essig dazugeben und bissfest kochen. Mit Sauerrahm oder Schlagobers und gehackter Petersilie verfeinern und abschmecken.

Rote-Rüben-Gemüse

➤ **500 g Rote Rüben, 40 g Speck, 1 kleine Zwiebel, 125 ml Sauerrahm, 20 g Maisstärkemehl, Salz, Zucker, Essig**

Fein geschnittenen Speck und gehackte Zwiebel anlaufen lassen, weich gekochte, geriebene Rüben dazugeben, Sauerrahm mit Maisstärkemehl versprudeln und alles zusammen verkochen lassen und würzen.
Beilagen: gekochtes Rindfleisch, Salzkartoffeln

Kürbiskraut I

➤ **750 g Kürbis, 40 g Butter, 40 g Mehl, Salz, Essig, Kümmel, 1 Bund Dille, 125 ml Sauerrahm, Petersilie n. B.**

In die aufgegossene Einmach nudelig geschnittenen Kürbis, Sauerrahm, Kümmel, Dille, Salz und Essig mengen, kurz aufkochen lassen, mit fein gehackter Petersilie abschmecken.

Kürbiskraut II

➤ **750 g Kürbis, 40 g Fett, 1 kleine Zwiebel, 1 TL Paprikapulver, Salz, 125 ml Sauerrahm, 20 g Maisstärkemehl, Essig, gehackte Kräuter n. B.**

Kurz geröstete Zwiebel, Paprika, Salz und nudelig geschnittenen Kürbis dünsten, Sauerrahm mit Maisstärkemehl verrühren, beifügen, aufkochen lassen und mit Essig und Kräutern abschmecken.

Kürbiskraut III

➤ **750 g Kürbis, 60 g Selchspeck, 1 Zwiebel, 150 g Tomaten, 2 grüne Paprika, 125 ml Sauerrahm, 20 g Maisstärkemehl, Salz, Kümmel**

Würfelig geschnittenen Speck mit fein gehackter Zwiebel glasig werden lassen, halbierte Tomaten und nudelig geschnittene Paprika darin weich dünsten, gehobelten Kürbis, Sauerrahm mit Maisstärkemehl, Salz und Kümmel beifügen, durchkochen und fertig abschmecken.

Tomatenkraut

➤ **750 g Weißkraut, 150 g Tomaten, 60 g Speck, 1 Zwiebel, Essig, Zucker, Salz**

Speck- und Zwiebelwürfel rösten, mit gehobeltem Kraut, Tomatenscheiben, Salz, etwas Zucker und Essig dünsten (nach Bedarf aufgießen) und evtl. nachwürzen.

Letscho

➤ **5 grüne Paprika, 250 g Tomaten, 150 g Zwiebeln, 50 g Fett oder Öl, verschiedene Kräuter**

Grob geschnittene Zwiebeln in Fett anlaufen lassen, nudelig geschnittene Paprika mitrösten, mit halbierten Tomaten im eigenen Saft fertig dünsten. Mit Kräutern bestreuen.

Zwiebelgemüse mit Karotten

➤ **500 g Zwiebeln, 150 g Karotten, 50 g Butter, 20 g Mehl, Salz, Petersilie n. B.**

Zwiebelringe mit blättrig geschnittenen Karotten in Butter dünsten, stauben, etwas Suppe oder Wasser aufgießen, mit Salz und Petersilie würzen.

Spargelragout

➤ **500 g weißer Bruchspargel, 250 g grüner Bruchspargel, 200 g Karotten, 1 Zwiebel, Butter, Zucker, Salz, Pfeffer, Zitronensaft, 125 ml Sauerrahm, 20 g Maisstärkemehl, Kerbel n. B.**

Weißen Spargel schälen und in 3 cm lange Stücke schneiden, Spargelspitzen beiseite geben. Karotten in 1 cm dicke Scheiben schneiden. Grünen Spargel, ohne zu schälen, in 3 cm lange Stücke schneiden. Spargelspitzen ebenfalls beiseite geben. Fein gehackte Zwiebel anrösten, mit 500 ml Wasser aufgießen, weißen Spargel und Karotten zugeben. Mit Salz, Pfeffer, Zucker und Zitronensaft würzen. Nach halber Kochzeit grünen Spargel dazugeben und bissfest kochen. Spargelspitzen erst ganz zum Schluss mitkochen lassen. Maisstärkemehl und Sauerrahm verrühren und einkochen. Abschmecken und fertiges Ragout mit frischem Kerbel garnieren.

Spezial: Hülsenfrüchte

Hülsenfrüchte sind schwer verdaulich und für die Krankenernährung nicht geeignet.

Da sie eine lange Garzeit haben, müssen sie entweder am Vortag in abgekochtem, kaltem Wasser eingeweicht und mit dem Einweichwasser gekocht werden oder sie werden im Druckkochtopf gegart.

Ein Spritzer Essig kurz vor dem Abschluss der Kochzeit löst die Zellulose und fördert die Verdaulichkeit.

Erbsenbrei oder Linsenbrei

➤ **300 g Erbsen oder Linsen, 40 g Fett, 40 g Mehl, Salz, 20 g Fett, 1 Zwiebel; 60 g Speck**

Weich gekochte Erbsen passieren, mit Zwiebeleinbrenn verkochen, würzen und beim Anrichten mit gerösteten Speckwürfeln übergießen.

Specklinsen

➤ **300 g Linsen, Zwiebel, Lorbeerblatt; 40 g Fett, 40 g Mehl, 1 Zwiebel, Petersilie, Salz, Essig, Thymian, 100 g Selchspeck**

Linsen mit fein geschnittener Zwiebel und Lorbeerblatt weich kochen, einbrennen, mit Salz, Essig und Thymian abschmecken und durchkochen, aber so, dass die Linsen ganz bleiben. Zuletzt kleinwürfelig geschnittenen, gerösteten Selchspeck über die angerichtete Speise geben.

Spezial: Pilze

Schwammerln mit Ei

➤ **500 g Pilze; 50 g Butter, 1 Zwiebel, Petersilie n. B., Salz; 6 Eier**

Fein gehackte Zwiebel sowie Petersilie in Butter anlaufen lassen, blättrig geschnittene Pilze und Salz hinzufügen, dünsten, anrichten und mit Spiegeleiern belegen. Beilage: Gebäck

Schwammerlsterz

➤ **750 g Eierschwammerln, 60 g Butter; 100 g Grieß (4 EL), etwas Milch, Salz**

Schwammerln putzen, waschen, zerkleinern, in Butter halbweich dünsten, Grieß darunter mengen, mit etwas Milch oder Wasser aufgießen, salzen und fertig dünsten.

Eierschwammerlgulasch

➤ **750 g Eierschwammerln, 100 g Fett, 200 g Zwiebeln, Paprika, etwas Tomatenmark, Knoblauch, Kümmel, 40 g Mehl, 125 ml Sauerrahm, Salz**

Zu den gerösteten, fein gehackten Zwiebeln geschnittene Schwammerln, Paprika, Tomatenmark, zerdrückten Knoblauch und Kümmel geben, dünsten, stauben, rösten, mit 250 ml Wasser aufgießen, mit Sauerrahm und Salz fertig dünsten.
Beilagen: Kartoffeln, Gebäck

Eierschwammerln mit Hirn

➤ **400 g Eierschwammerln, 100 g Fett, 1 Zwiebel, Petersilie n. B., Pfeffer; 1 Kalbshirn, 3 Eier, Salz**

Fein gehackte Zwiebel in Fett anrösten, geschnittene Schwammerln, gehackte Petersilie und Pfeffer hinzufügen, weich dünsten. Fein gehacktes Hirn untermengen, salzen, weiter dünsten, zuletzt versprudelte Eier darüber schlagen und stocken lassen. Beilage: Gebäck

Hauptgerichte mit Gemüse

Gefüllter Kohl oder Krautkopf

➤ **2 kleine Kohl- oder Krautköpfe, Salz, 40 g Fett, 20 g Speck, 1 Zwiebel, Petersilie n. B.; Einmachsoße: 40 g Mehl, 60 g Butter, 500 ml Wasser**
Fülle: 600 g Faschiertes, 30 g Fett, 2 Zwiebeln, 1 Ei, Salz, Pfeffer, Kümmel, Petersilie n. B.

Kohlkopf waschen, in Salzwasser weich kochen, auf einem Sieb abkühlen, dann blätterweise von oben nach unten füllen, mit Spagat umschnüren, in geröstetem Speck, fein gehackter Zwiebel und Petersilie anbraten, mit 150 ml Wasser aufgießen, weich dünsten. Zuletzt mit Einmachsoße übergießen und fertig dünsten. Für die Fülle wird das Faschierte mit fein gehackten Zwiebeln und Petersilie geröstet, das Ei eingemengt und mit Salz, Pfeffer und Kümmel gewürzt.
Beilage: Kartoffeln
T: 200 °C, B: 80 Minuten, u. Sch.

Kohl- oder Krautwickler

➤ **12 Kohl- oder Krautblätter, Salz**
Fülle: 600 g Faschiertes, 30 g Fett, 1 Zwiebel, 1 Ei, Salz, Pfeffer
Soße: 2 Eier, etwas Sauerrahm, etwas Paprika, Senf, Salz

Kohl- oder Krautblätter in Salzwasser halbweich kochen, abtropfen lassen, mit Fülle bestreichen, einrollen, in eine befettete Pfanne schlichten, mit Soße übergießen und braten. Für die Fülle Zwiebel klein schneiden und in Fett anrösten. Faschiertes, Ei, Salz und Pfeffer vermischen und die gerösteten Zwiebeln untermengen. Für die Soße Eier, Sauerrahm, Paprika, Senf und Salz vermischen und über die Krautwickler gießen. Beilage: Kartoffeln.
T: 180 °C, B: 40–60 Minuten, m. Sch.

Kohlfleisch

➤ **600 g Fleisch (Rind, Schwein, Lammfleisch), 100 g Speck, 1 Zwiebel, Salz, Majoran, 750 g Kohl, 250 g Kartoffeln**

Speckwürfel, fein geschnittene Zwiebel anlaufen lassen, würfelig geschnittenes Fleisch dazugeben, würzen, halbweich dünsten; rohe Kartoffelscheiben und geschnittenen Kohl hinzufügen, nachwürzen und fertig dünsten. Beilage: Kartoffeln

Krautfleckerln

➤ **400 g Fleckerln; 50 g Fett, 30 g Zucker, 1 Zwiebel, 600 g Weißkraut, Salz, Pfeffer, Kümmel**

In heißem Fett fein gehackte Zwiebel rösten, Zucker dazugeben, kurz gar rösten. Fein gehobeltes Kraut, Salz, Kümmel und Pfeffer untermengen, weich dünsten. Gekochte, abgeschreckte Fleckerln unter das gut gewürzte Kraut mischen.

Krautstrudel

➤ **Strudelteig, 750 g Kraut, Salz**
Fülle: 100 g Speck, 20 g Zucker, 1 Zwiebel, Pfeffer, Kümmel

Für die Fülle Speckwürfel anrösten, Zucker darin bräunen und fein gehackte Zwiebel mitrösten, fein gehobeltes Kraut, Salz, Pfeffer und Kümmel beifügen und weich dünsten. Auf den ausgezogenen Strudelteig Fülle verteilen, einrollen und backen. Beilage: Tomatensoße
T: 210–230 °C, B: 30–40 Minuten, m. Sch.

Gestürztes Sauerkraut

➤ **500 g Sauerkraut, 60 g Speck, 1 Zwiebel, etwas Zucker, Salz; 500 g Kartoffeln, 500 g Selchfleisch, 125 ml Sauerrahm**

Speckwürfel mit fein gehackter Zwiebel anrösten, Zucker, Salz und Sauerkraut hinzufügen und weich dünsten. Eine befettete Auflaufform abwechselnd mit einer Lage Sauerkraut, gekochten, blättrig geschnittenen Kartoffeln und Selchfleisch füllen, mit Sauerkraut abschließen, mit Sauerrahm übergießen und im Rohr backen. Die Speise wird in der Auflaufform oder in einer Schüssel gestürzt serviert.
T: 210–230 °C, B: 30–40 Minuten, m. Sch.

Gefüllte Paprika

➤ **6 St. Paprika**
Fülle: 300 g Faschiertes, 1 Zwiebel, Petersilie n. B., 20 g Fett, 40 g Reis oder 1 Semmel

Für die Fülle Faschiertes mit fein gehackter Zwiebel und Petersilie rösten, mit gedünstetem Reis oder erweichter Semmel strecken, würzen. Von den Paprikaschoten Deckel abschneiden, aushöhlen, füllen, mit umgedrehtem Deckel schließen, in eine Pfanne schlichten und braten. Beilagen: Tomatensoße, Salat, Reis, Kartoffeln.
T: 180–200 °C, B: 40–60 Minuten, m. Sch.
Man kann die Tomatensoße auch über die halbfertig gebratenen Paprika gießen und fertig dünsten.

Ein Stöpsel für Ihre Paprika!
Bei der Zubereitung gefüllter Paprika kann es während des Dünstens passieren, dass die Fülle ausläuft. Um das zu verhindern, kann man den abgeschnittenen Paprikadeckel wieder am Paprika befestigen. Am besten machen Sie es so: Schneiden Sie den Stängel mit etwa 1,5 cm Rand rundherum aus und entfernen Sie den Fruchtknoten. Die restlichen Kerne holen Sie mit einem Kaffeelöffel aus der Schote. Nach dem Füllen stecken Sie den herausgeschnittenen Deckel mit dem Stängel voraus fest in die Fülle. Jetzt sitzt es fest wie ein Stöpsel. Dann machen Sie die Paprika so fertig, wie Sie es gewohnt sind.

Schinkenkarfiol

➤ **2 Karfiolrosen, Salz; 250 g Schinken oder Selchfleisch, 2–3 Eier, 125 ml Sauerrahm, 20 g Semmelbrösel, 40 g Butter**

Karfiolröschen in Salzwasser kochen, in eine bebutterte Auflaufform abwechselnd mit gehacktem Schinken schichten. Mit Eiern versprudelten Sauerrahm darüber gießen, mit Semmelbröseln bestreuen und mit Butter beträufeln und backen. Beilage: grüner Salat
T: 200 °C, B: 15 Minuten, m. Sch.

Gemüseauflauf

➤ **500 g Gemüse (Erbsen, Kohlrabi, Spargel, Kohl, Karotten, Pilze), 20 g Butter, Salz; 60 g Butter, 60 g Mehl, 375 ml Milch, 3 Eidotter, Salz; 3 Eiklar**

Zerkleinertes Gemüse in Salzwasser kochen, blättrig geschnittene Pilze in Butter dünsten. Zur Milcheinmach 3 Eidotter rühren, abschmecken, diese mit dem Gemüse vermischen, Eischnee unterheben, Masse in bebutterte Auflaufform füllen und backen. Beilage: grüner Salat
T: 200 °C, B: 60 Minuten, m. Sch.

Gemüsepudding

➤ **300 g Gemüse (Erbsen, Karotten, Sellerie, Spargel, Karfiol, Fisolen, Pilze), Salz; 60 g Butter, 60 g Mehl, 125 ml Milch, 2 Eier, 2 Eidotter, Salz, Petersilie n. B., 2 Eiklar**

Kleinwürfelig geschnittenes Gemüse in wenig Salzwasser kochen, abseihen. Einmach mit Milch aufgießen, diese verkochen, würzen, auskühlen, Eier und Eidotter einrühren, Gemüse, fein gehackte Petersilie und Eischnee unterheben. In befettete und bemehlte Puddingform füllen, 60 Minuten kochen.

Gemüselaibchen

➤ **1 kg Gemüse (Kohl, Kraut, Karfiol, Karotten, Erbsen usw.); 20 g Fett, 1 Zwiebel, Petersilie n. B.; Salz, Pfeffer, Majoran, Knoblauch, 1 Ei; Semmelbrösel nach Bedarf; Fett zum Ausbacken**

Gemüse in Salzwasser kochen, faschieren, mit gerösteter, fein gehackter Zwiebel und Petersilie sowie Gewürzen abschmecken, mit Ei und Bröseln festigen, Laibchen formen, in Brösel eindrehen und herausbacken oder in heißem Rohr backen. Beilage: gemischter Salat

Spargeltorte

➤ **250 g Blätterteig**
Belag: 200 g weißer Spargel, 200 g grüner Spargel, Butter und Zucker; 150 g Schinken
Überguss: 250 ml Sauerrahm, 2 Eier, Kräuter, Pfeffer, 100 g geriebener Käse

Weißen Spargel schälen, bei grünem Spargel die holzigen Enden abschneiden und die Stangen in 2 cm lange Stücke schneiden. In kochendem Salzwasser mit Butter und Zucker bissfest garen. Eine Torten- oder Auflaufform mit ausgerolltem Blätterteig auslegen. Mit Spargel und in Streifen geschnittenem Schinken belegen. Im vorgeheizten Ofen bei 200 °C 10 Minuten vorbacken. Sauerrahm, Eier und Gewürze vermischen und den Spargel damit übergießen. Mit geriebenem Käse bestreuen und noch weitere 10 Minuten backen.

Spargelstrudel

➤ **Strudelteig, zerlassene Butter zum Bestreichen**
Fülle: 1 kg grüner Spargel, 250 g mittelgroße Karotten, 250 g Schinkenspeck (dünn geschnitten); 500 g Topfen, 2 Eier, Salz, Pfeffer, Petersilie n. B.; Ei zum Bestreichen

Spargel waschen und die holzigen Enden wegschneiden. Spargel und der Länge nach geviertelte Karotten in Salzwasser bissfest kochen. Für die Fülle Topfen, Eier, Gewürze und fein gehackte Petersilie vermischen. Strudelteig ausziehen, mit Butter beträufeln und mit der Topfenmasse bestreichen. Spargelstangen in Schinkenspeck einwickeln und abwechselnd mit den Karotten auf der Fülle verteilen. Strudel einrollen und mit versprudeltem Ei bestreichen. Im vorgeheizten Rohr backen.
T: 220 °C, B: 20 Minuten, m. Sch.

Foto: Shutterstock.com / Jack Jelly

XIII

Pikante Soßen

Kalte Soßen

Bindemittel für Soßen siehe Seite 84

Gurkensoße

➤ **250 g Topfen, 125 ml Sauerrahm (Jogurt), 4 Knoblauchzehen, 6 EL fein geriebene Gurken, Salz, Pfeffer, Zucker, geriebener Chili**

Zutaten gut vermischen und abschmecken.

Dillsoße

➤ **150 ml Mayonnaise, Salz, Essig oder Zitronensaft, Zucker, Senf, Dille n. B.**

Gut gewürzte Mayonnaise mit fein gehackter Dille vermengen.

Schnittlauchsoße I

➤ **200 ml Mayonnaise, Salz, Essig, Zucker, Senf, Pfeffer; 4 hart gekochte Eidotter; Schnittlauch**

Mayonnaise gut würzen, passierte Eidotter und fein geschnittenen Schnittlauch untermengen.

Schnittlauchsoße II

➤ **250 ml Jogurt, 125 ml Sauerrahm, Salz, Pfeffer, 1 Msp. Zucker, Schnittlauch**

Zutaten gut vermischen, fein geschnittenen Schnittlauch untermengen und abschmecken.

Kräutersoße

➤ **125 ml Schlagobers, 250 ml Jogurt, Salz, Pfeffer, Zucker, verschiedene klein gehackte Kräuter**

Jogurt mit Gewürzen und Kräutern mischen, zuletzt den geschlagenen Obers unterheben und abschmecken.

Apfelkren

➤ **500 g Äpfel, Saft von 1 bis 2 Zitronen oder Essig, Zucker, Salz, evtl. Öl, 2 EL Kren**

Geriebene Äpfel mit Zitronensaft, Zucker und Salz abschmecken, geriebenen Kren darunter geben.

Essigkren

➤ **3 Semmeln, Essig, Öl, Salz, 2 EL Kren**

Blättrig geschnittene Semmeln in Essigwasser einweichen, passieren, abschmecken und geriebenen Kren untermengen.

Kalt gerührte Mayonnaise

➤ **2 Eidotter, 250 ml Öl, Salz, Zucker, Essig, Zitronensaft, Senf**

Eidotter mit Salz und Senf vermengen, anfangs tropfenweise, später löffelweise Öl einrühren, die fertige Mayonnaise würzen. Es ist zu beachten, dass Eidotter und Öl gleich temperiert sind.

Blitzmayonnaise I

➤ **2–3 EL Maisstärkemehl, 250 ml Wasser; 1 Eidotter, je 1 TL Salz, Zucker, Senf, 1 EL Essig oder Zitronensaft, 125 ml Öl**

Maisstärkemehl und Wasser kalt verrühren, unter ständigem Rühren aufkochen, auskühlen lassen. Die kalte Masse mit der Schneerute kräftig schlagen, alle Zutaten einschließlich Öl dazugeben und kurze Zeit kräftig weiter schlagen. Mayonnaise ist spritzfähig; mit Essig und Wasser verdünnt, kann sie für Salate und Eiergerichte verwendet werden.

Blitzmayonnaise II (Eidotter mitgekocht)

➤ **Zutaten wie bei Blitzmayonnaise I**

Maisstärkemehl, Wasser und Eidotter kalt verrühren, unter ständigem Rühren (mit der Schneerute) aufkochen, dann auskühlen lassen. Die kalte Masse kräftig aufschlagen, alle Zutaten dazugeben, kurze Zeit weiter schlagen, würzen und verwenden.

Falsche Mayonnaise

➤ **20 g Butter, 1 EL Öl, 40 g Mehl; 375 ml Milch, Salz, Zucker, Essig, Senf; 1 Zwiebel, Petersilie n. B.**

Helle Einmach mit Milch aufgießen, gut verkochen, würzen, während des Auskühlens öfter rühren, um eine Hautbildung zu vermeiden.

Sauce tartare

➤ **200 ml Mayonnaise; 2 Essiggurkerln, 1 TL Kapern, 1 Sardelle; Petersilie u. Schnittlauch n. B., 1 Zwiebel, Essig oder Zitronensaft, Salz**

Fertige Mayonnaise mit fein geschnittenen Zutaten vermengen und mit Salz und Essig abschmecken.

Englische Soße

➤ **Mayonnaise, 125 ml Schlagobers; Senf, Salz, Zucker**

Fertige Mayonnaise mit fest geschlagenem Schlagobers vermengen, nachwürzen und kalt stellen.

Öl-Zitronen-Soße

➤ **3 EL Öl, 2 EL Zitronensaft, Petersilie n. B., 1 TL Senf, Salz, Pfeffer, evtl. Knoblauch**

Zutaten gut vermengen, Soße eignet sich als Beigabe zu gegrillten Fischen.

Sardellensoße

➤ **3 hart gekochte Eidotter, 3 Sardellen, 75 ml Öl, Essig, Zitronensaft, Senf**

Eidotter und Sardellen passieren, tropfenweise Öl einrühren, abschmecken.

Remouladensoße

➤ **2 rohe Eidotter, 2 hart gekochte Eidotter, ca. 375 ml Öl, 2 EL Essig, 1 Sardelle, 1 TL Kapern, 2 TL Kräuter, Senf, Pfeffer, Salz**

Gekochte Eidotter passieren, mit den rohen Eidottern dick rühren, tropfenweise Öl darunter mengen. Die letzten 125 ml Öl abwechselnd mit Essig einrühren. Soße pikant würzen.

Currysoße

➤ **250 g Topfen, 1 Eidotter, 1 EL Öl, 250 ml Jogurt, 1 TL Ketchup, 1 EL Senf, Salz; Petersilie und Zwiebel n. B., 1 TL Currypulver**

Topfen mit gehackter Petersilie, Zwiebel und den übrigen Zutaten verrühren. Bei der Zubereitung der Soße müssen sämtliche Zutaten die gleiche Temperatur haben.

Topfensoße

➤ **250 g Topfen, 125 ml Jogurt; Salz, Senf, 1 TL Paprikapulver, 1 TL Kapern, 1 Sardelle, 1 Zwiebel, Kräuter n. B., Kren**

Topfen mit Jogurt verrühren, würzen und nach Belieben mit fein gehackten Kräutern und Kren verfeinern. Besonders geeignet zu Grill- und Fonduespeisen.

Apfel-Zwiebel-Soße

➤ **1 kg säuerliche Äpfel, 300 g Zwiebeln, 2 Pfefferoni, 100 ml Obstessig, 50 ml Wasser, evtl. 100 g Rosinen, 350 g brauner Zucker, 1 Msp. gemahlener Zimt, 1 Msp. Nelkenpulver, 1 TL Salz**

Äpfel schälen und in 2 cm große Stücke, Zwiebeln kleinwürfelig schneiden und Pfefferoni klein hacken. Zwiebeln, Apfelstücke, Zucker, Salz, Essig, Rosinen und Wasser aufkochen, Zimt, Nelkenpulver und Pfefferoni zugeben. Die Mischung ca. 1 Stunde leicht köcheln. Soße in saubere Gläser füllen, gut verschließen und im Kühlschrank aufbewahren. Eignet sich zu Gegrilltem, Wild und Fondue.

Warme Soßen

Béchamelsoße

➤ **30 g Butter, 30 g Mehl, 500 ml Milch oder Suppe, Salz, Pfeffer, Muskatnuss nach Bedarf**

Helle Einmach bereiten, aufgießen, verkochen lassen und würzen. Eignet sich für die Zubereitung von Soßen oder als Bindemittel für Gemüsegerichte.

Tomatensoße

➤ **1 kg Tomaten oder 500 g Tomatenmark, 1 kleine Zwiebel, Petersilie n. B.; 50 g Fett, 50 g Mehl; Salz, Zucker, Essig, evtl. Lorbeerblatt**

Halbierte Tomaten ohne Wasser mit fein gehackter Zwiebel und etwas Petersilie weich kochen, passieren, mit Einmach vermengen, aufkochen und kräftig würzen.

Gurkensoße

➤ **1 kg Gurken; 50 g Butter, 50 g Mehl; 125 ml Sauerrahm, Salz, Dille, Essig**

Geschälte, blättrig geschnittene Gurken in Butter weich dünsten, stauben, aufgießen, verkochen, mit Sauerrahm verbessern und abschmecken.

Schwammerlsoße

➤ **400 g Pilze, 40 g Butter, 40 g Mehl, 1 kleine Zwiebel, Petersilie, 125 ml Sauerrahm, Salz**

Blättrig geschnittene Schwammerln mit fein gehackter Zwiebel und Petersilie in Butter weich dünsten, stauben, rösten, aufgießen, mit Sauerrahm, Salz und Petersilie abschmecken.

Zwiebelsoße I

➤ **500 g Zwiebeln, 2 EL Zucker, 60 g Fett, 40 g Mehl; Salz, Essig**

Zucker in Fett bräunen, Zwiebeln hinzufügen, dünsten, stauben, rösten, aufgießen, gut verkochen lassen, passieren und würzen.

Zwiebelsoße II

➤ **4 große Zwiebel, 1 TL Butter, 250 ml Schlagobers, 125 ml Suppe, Salz, Pfeffer, 1 TL Rosmarin, evtl. 1 TL Maisstärkemehl zum Binden**

Fein geschnittene Zwiebeln in Butter anrösten, mit Schlagobers und Suppe aufgießen. Aufkochen und auf niedriger Flamme köcheln lassen. Würzen und wenn nötig mit Maisstärkemehl binden.

Dillsoße

➤ **30 g Butter, 30 g Mehl, 125 ml Sauerrahm, Salz, Essig, Zucker, Dille n. B.**

Helle Einmach mit Suppe und Sauerrahm aufgießen, verkochen, mit Salz, Essig und etwas Zucker abschmecken, zuletzt fein gehackte Dille einrühren. Fertige Soße darf nicht mehr aufkochen!

Schnittlauchsoße I

➤ **30 g Butter, 30 g Mehl, 125 ml Sauerrahm, Salz, Essig, Zucker, 2 Bund Schnittlauch**

Helle Einmach mit Sauerrahm und 200 ml Suppe aufgießen, verkochen, mit Salz, Essig und etwas Zucker abschmecken, zuletzt fein gehackten Schnittlauch einrühren. Fertige Soße darf nicht mehr aufkochen!

Schnittlauchsoße II

➤ **30 g Butter, 30 g Mehl, 200 ml Rindsuppe; Salz, Zucker, Zitronensaft, 150 ml Weißwein; 2 Bund Schnittlauch**

Helle Einmach mit Suppe aufgießen, gut verkochen, würzen, zuletzt geschnittenen Schnittlauch untermengen.

Kräutersoße

➤ **30 g Fett, 30 g Mehl, Salz, 125 ml Sauerrahm, 1 EL gehackte Kräuter (Petersilie, Estragon, Dille, Kerbelkraut, Borretsch, Bohnenkraut, Schnittlauch n. B.)**

Einmachsoße mit Sauerrahm verbessern, fein gehackte Kräuter beifügen, abschmecken.

Semmelkren

➤ **6 Semmeln, ca. 500 ml Rindsuppe; 125 ml Schlagobers oder Milch, 30 g Butter, 5 EL Kren, Salz**

Blättrig geschnittene Semmeln in Suppe einweichen, aufkochen, versprudeln, mit Butter, Schlagobers und Kren verrühren, salzen. Statt Obers können auch 2 Eidotter unter den Semmelkren gegeben werden.

Milchkren

➤ **250 ml Rindsuppe, 125 ml Milch, 20 g Mehl, Salz; 2 EL Kren**

Mehl mit Milch verrühren, in die Rindsuppe einkochen, würzen und geriebenen Kren untermengen.

Krensoße

➤ **30 g Fett, 30 g Mehl, etwas Zwiebel; Salz, 2 EL Kren**

Helle Zwiebeleinbrenn mit 250 ml Suppe oder Wasser aufgießen, verkochen lassen, salzen und geriebenen Kren untermengen.

Kartoffelkren

➤ **250 g Kartoffeln, 125 ml Milch, 30 g Butter, Salz, 2 EL Kren**

Gekochte Kartoffeln passieren, heiße Milch und Butter einrühren, salzen und geriebenen Kren untermengen.

Essigkren

➤ **3 EL Kren, 125 ml Rindsuppe, 2 EL Öl, 1 EL Essig, Salz, Zucker**

Frisch geriebenen Kren mit heißer Suppe verrühren, würzen.

Mayonnaise

➤ **3 Eier, 3 EL Öl, 3 EL Essig, 2 EL Zucker, 1 EL Senf, Salz**

Zutaten über Dampf dickschaumig schlagen, bis zum Auskühlen weiter schlagen. Die Mayonnaise eignet sich für Salate und Eiergerichte.

Senfsoße

➤ **30 g Fett, 30 g Mehl, 1 Zwiebel, 1–2 Eidotter, Zitronensaft, Salz, Pfeffer, Senf**

Zwiebeleinbrenn mit 250 ml Wasser aufgießen, verkochen lassen, mit Eidotter legieren, würzen.

Kapernsoße

➤ **30 g Fett, 30 g Mehl, 1 Zwiebel, 1 Eidotter, Zitronensaft, Salz, Pfeffer, 2 EL Kapern**

Zwiebeleinbrenn mit 250 ml Suppe aufgießen, verkochen lassen, mit Eidotter legieren, fein gewiegte Kapern untermengen und abschmecken.

Sardellensoße

➤ **30 g Fett, 30 g Mehl, 1 Zwiebel, Petersilie n. B., 3 Sardellen, Zitronensaft, 125 ml Sauerrahm**

Helle Zwiebel-Petersil-Einbrenn aufgießen, verkochen lassen, gehackte Sardellen, Zitronensaft hinzufügen, nach Geschmack salzen, mit Sauerrahm verbessern.

Sauerampfersoße

➤ **250 g Sauerampfer, 50 g Mehl, 40 g Butter, Salz, 125 ml Sauerrahm, Petersilie n. B.**

Sauerampfer wird mit fein gehackter Petersilie in Butter gedünstet, gestaubt, geröstet und mit 200 ml Wasser aufgegossen und mit Sauerrahm verfeinert. Nach Geschmack würzen.

Holländische Soße

➤ **2 Eidotter, 20 g Maisstärkemehl, 250 ml Milch, 250 ml Suppe; 50 g Butter, Salz, Zucker, Zitronensaft, Weißwein, Muskat**

Eidotter, Maisstärkemehl und Milch versprudeln, in die Suppe einkochen, Butter einrühren, pikant abschmecken.

Foto: Shutterstock.com / Karissaa

XIV

Eier und Milchprodukte

Eier

Kochzeiten für Eier

Sehr weiche Eier: **3 Minuten**
(Eidotter und zum Teil Eiklar noch flüssig)

Weiche Eier : **5 Minuten**
(Eiklar fest, Eidotter flüssig)

Harte Eier : **8 Minuten**
(Eiklar und Eidotter hart)

Sehr harte Eier : **10 Minuten**
(Eiklar und Eidotter sehr hart – geeignet zum Schneiden und Hacken)

Eier im Glas

➤ **6 Eier, Salz**

Eier in kochendes Wasser einlegen, 3 Minuten kochen, in vorgewärmtes Glas schlagen, salzen, mit Brot oder Weißbrot servieren.

Spiegeleier

➤ **6 Eier, 40 g Butter, Salz**

In einer Pfanne (Dalkenpfanne) Fett erhitzen, Eier vorsichtig in die Vertiefung schlagen, leicht salzen, stocken lassen. Eidotter sollen noch weich sein.

Eierspeise

➤ **6 Eier, 40 g Butter, Salz, Schnittlauch n. B.**

Eier versprudeln, salzen, in heißes Fett eingießen, stocken lassen, als offene Omelette anrichten und mit Schnittlauchröllchen bestreuen. Flaumiger wird die Speise, wenn man die Eier mit etwas Milch versprudelt.

Rühreier

➤ **6 Eier, 40 g Butter, Salz, Schnittlauch n. B.**

Die gut versprudelten, gesalzenen Eier in heißes Fett eingießen, ständig weiter rühren, bis die Eier gestockt sind. Angerichtet mit Schnittlauchröllchen bestreuen.

Eiernockerln

➤ **600 g Mehl, Salz; 6 Eier, 60 g Butter**

Fertige Nockerln in Fett schwenken, versprudelte, gesalzene Eier darüber gießen und stocken lassen.
Beilage: Vogerlsalat

Eierhörnchen

➤ **500 g Hörnchen, Salz; 50 g Fett, 3–4 Eier, Salz, Schnittlauch n. B.**

Gekochte Hörnchen in Fett schwenken, versprudelte, gesalzene Eier darüber gießen, stocken lassen und dabei mit einer Gabel auflockern, mit Schnittlauchröllchen bestreuen.
Beilage: grüner Salat

Waldviertler Eierspeise

➤ **125 g Hörnchen, Salz; 250 g Kartoffeln; 50 g Fett, 125 g Zwiebeln, Petersilie n. B.; 3 Eier, 20 g Mehl, 75 ml Milch, Salz**

Fein gehackte Zwiebeln goldgelb rösten, gekochte Hörnchen, grobblättrig geschnittene, gekochte Kartoffeln hinzufügen und gar rösten. Eier, Milch, Mehl und Salz versprudeln, darüber gießen, stocken lassen, mit Gabel locker mischen.
Beilage: Russenkraut

Pochierte Eier („Verlorene Eier")

➤ **6 Eier, Essig, Salz**

Rohes Ei in einen kleinen Schöpflöffel schlagen, diesen in kochendes Essigwasser halten, bis das Ei genug fest ist (ca. 3–4 Minuten), dann leicht salzen und auf vorgewärmter Platte warm halten, bis alle Eier gekocht sind.

Eier in Essig und Öl

➤ **6 Eier, Salz, Essig, Öl, Kren**

Hart gekochte Eier schälen, in Viertel teilen, auf flacher Schüssel sternartig anrichten, mit Marinade übergießen und mit geriebenem Kren bestreuen.

Salateier

➤ **6 Eier, 100 ml gewürzte Mayonnaise, 1 Tomate, 1 grüner Salat, 1 Bund Radieschen, 2 Essiggurkerln**

Hart gekochte Eier halbieren, in einer Schüssel anrichten, mit Mayonnaise übergießen, mit Tomatenscheiben, Salatblättern, geschnittenen Radieschen und Essiggurkerln garnieren.

Gefüllte Eier

➤ **6 Eier, 60 g Butter, Salz, Senf, 1 Sardelle, Petersilie n. B.**

Hart gekochte Eier halbieren, Eidotter herausnehmen und passieren, unter die flaumig abgetriebene Butter mischen, mit den Gewürzen vermengen, mit einem Spritzsack Eihälften füllen, anrichten und verzieren. Damit die Eihälften besser stehen, spitzes Ende abschneiden.

Tomateneier („Fliegenpilze")

➤ **6 Eier, 6 Tomaten, Mayonnaise, grüner Salat**

Hart gekochte Eier auf einer Seite abflachen, aufstellen, ausgehöhlte Tomatenhälfte mit Zitronensaft beträufeln, leicht salzen, auf die Eier stülpen und kleine Mayonnaisepunkte draufspritzen. Die „Fliegenpilze" auf Mayonnaise anrichten und mit Salatblättern verzieren. Statt hart gekochten Eiern können auch gefüllte Eier verwendet werden.

Kalte Eier in Aspik

➤ **6 Eier, Aspik, Tomaten, Essiggurkerln, Petersilie n. B.**

Eine feuerfeste, tiefe Glasform mit einem Viertel Aspik füllen, erstarren lassen. Eischeiben auflegen, wieder eine Schicht Aspik darüber geben und dies so lange wiederholen, bis die Schüssel gefüllt ist. Nach vollständigem Erstarren die Form kurz in heißes Wasser tauchen, stürzen und mit gehackter Petersilie, Gurken- und Tomatenscheiben verzieren.

Eier mit Zunge

➤ **6 Eier, 6 Weißbrotscheiben, 40 g Butter, 6 Zungenscheiben, gewürzte Mayonnaise (aus 2 Eidottern), Schnittlauch n. B., grüner Salat, Zitronensaft, Salz**

Weißbrotscheiben in Butter kurz rösten, mit Zungenscheiben und „verlorenem Ei" belegen, mit Mayonnaise übergießen, mit Schnittlauchröllchen bestreuen und mit gesalzenen, mit Zitronensaft beträufelten Salatblättern verzieren.

Gratinierte Eier

➤ **6 gefüllte Eier, 125 ml Sauerrahm, 30 g Hartkäse, 20 g Brösel, 20 g Butter**

Gefüllte Eier in eine befettete Auflaufform geben, mit Sauerrahm übergießen, mit geriebenem Hartkäse und Bröseln bestreuen, mit Butter beträufeln und 15 Minuten backen.

Schinkeneier

➤ **6 Eier, 200 g Schinken oder Selchspeck, 30 g Butter, Salz**

In einer Pfanne Butter erhitzen, Schinkenscheiben oder Selchspeck auf beiden Seiten anrösten, die Eier draufschlagen und stocken lassen.

Eier in Kräutersoße

➤ **6 Eier, 6 Schinken- oder Wurststreifen, Remouladensoße oder Mayonnaise, Schnittlauch n. B., Gurkenstreifen**

Eine flache Schüssel mit Remouladensoße füllen, mit Eihälften und eingerollten Schinken- oder Wurststreifen belegen und mit Gurkenscheiben und Schnittlauchröllchen verzieren.

Saure Eier

➤ **6 Eier, 30 g Fett, 30 g Mehl, 1 kleine Zwiebel, 300 ml Suppe, Essig, Salz, Thymian, Lorbeerblatt, Pfefferkörner**

Eine helle Zwiebeleinbrenn bereiten, mit 300 ml Suppe aufgießen, Gewürze hinzufügen, 30 Minuten kochen lassen. Soße in eine feuerfeste Schüssel seihen, ganze Eier vorsichtig einschlagen und im Rohr backen.
T: 175 °C, B: 5–10 Minuten, m. Sch.

Ungarische Eier

➤ **6 Eier, 60 g Fett, 250 g Zwiebeln, Paprikapulver, Essig, 150 ml Suppe, 40 g Mehl, Salz, 75 ml Sauerrahm**

Fein geschnittene Zwiebeln in Fett goldgelb rösten, Paprikapulver und Essig hinzufügen, mit 150 ml Suppe aufgießen und verkochen lassen. Mit Mehl stauben, mit Salz und Sauerrahm abschmecken, kurz aufkochen lassen. Kernweich gekochte Eier noch warm in fertige Soße einlegen.

Rahmeier

➤ **6 Eier, 125 ml Sauerrahm, Petersilie n. B, 3 Sardellen, 20 g Brösel, 20 g Butter, Schnittlauch n. B.**

In eine feuerfeste, flache Schüssel Sauerrahm geben, Eier einschlagen, mit fein gehackten Sardellen, gehackter Petersilie und Bröseln bestreuen, mit Butter beträufeln und ungefähr 15 Minuten überbacken. Beim Anrichten mit Schnittlauchröllchen bestreuen.

Topfen und Käse

Topfenhaluschka

➤ **400 g Mehl, 1 Ei, 250 ml Milch, Salz; 100 g Speck, 125 g Topfen**

Gekochte Nockerln mit den glasig gerösteten Speckwürferln verrühren und mit trockenem Topfen bestreuen. Beilage: Krautsalat

Käsenockerln

➤ **600 g Mehl, Salz; 150 g Hartkäse**

Fertige Nockerln in Fett schwenken, mit geriebenem Käse überstreuen.
Beilage: gemischter Salat

Käsenockerln (ausgebacken)

➤ **500 g Mehl, 500 ml Wasser, Salz, 150 g Käse; Fett zum Ausbacken**

Kochendes, gesalzenes Wasser über das Mehl gießen, geriebenen Käse mit verrühren, Nockerln in heißem Fett backen. Beilage: Salat

Käsedalken

➤ **250 g Mehl, 10 g Germ, 375 ml Milch, 1 Ei; 100 g Hartkäse**

Weichen Germteig bereiten, geriebenen Käse einrühren, aufgehen lassen, in Dalkenform backen. Beilagen: Gemüse, Salat

Käseomeletten

➤ **3 Eier, 125 ml Milch, 100 g Mehl, Salz, Muskat, 150 g Hartkäse; Fett zum Backen**

Milch, Eier und Mehl verrühren, Salz, Muskat und geriebenen Käse darunter mengen, in heißem Fett Omeletten backen. Beilage: Salat

Käsenudeln

➤ **500 g Bandnudeln, Salz; 50 g Fett, 120 g Hartkäse**

Gekochte Nudeln abschmecken, in heißem Fett durchrösten, mit geriebenem Käse bestreuen. Beilage: Salat

Foto: Shutterstock.com / Alpenkoch

Foto: Shutterstock.com / Anastasia Panait

XV

Süße Küche

Übersicht über die Grundteigarten

Nudelteig

Nudelteig

➤ **400 g Mehl oder Hartweizengrieß, 2 Eier, Salz, Wasser nach Bedarf (ca. 150 ml)**

Mehl oder Grieß, Ei, Salz und Wasser auf dem Nudelbrett zu einem sehr festen Teig abkneten, in 4 Stücke teilen, Laibchen formen, etwas rasten lassen, runde, dünne Flecken ausrollen, auf Tüchern übertrocknen und in beliebig breite Nudeln oder Fleckerln schneiden.

Nudelteig ohne Ei

➤ **225 g Hartweizengrieß, 225 g Mehl, 150 bis 225 ml lauwarmes Wasser, Salz**

Zutaten zu einem festen Teig verarbeiten. Teig zu einer Kugel formen, in Frischhaltefolie wickeln oder mit einem Tuch bedecken und bei Zimmertemperatur 60 Minuten rasten lassen. Teig dünn ausrollen (Nudelmaschine) und in Streifen oder Fleckerln schneiden.

Strudelteig

Für ausgezogene Strudel gelten im Allgemeinen folgende Backregeln: T: 190–220 °C, B: 30–40 Minuten, u. Sch.

Strudelteig

➤ **250 g Mehl, 30 g Öl, Salz, ca. 125 ml lauwarmes Essigwasser; evtl. 1 Ei für gekochten Strudel**

Mehl in einer Schüssel salzen, mit lauwarmem Essigwasser, Öl, evtl. versprudeltem Ei zu einem weichen Teig verarbeiten, mit Kochlöffel abschlagen. Dann auf Nudelbrett seidenglatt kneten. Der Teig ist richtig, wenn er sich beim Kneten von den Händen löst. Auf einem vorgewärmten, bemehlten Brett, mit erwärmtem Geschirr zugedeckt, 30 Minuten rasten lassen. Auf bemehltem Tuch ausrollen, sehr dünn ausziehen. Den dicken Teigrand wegschneiden (Schere), die Fülle auf drei Viertel der Teigfläche verteilen, den freien Rand mit Öl bestreichen und über die Fülle schlagen, nochmals mit Öl beträufeln oder mit etwas Fülle belegen und mit Hilfe des Tuches den Strudel einrollen. Auf ein bebuttertes Backblech mit dem Teigrand nach unten legen, bei guter Hitze backen. Öfter mit Butter bestreichen. Strudel, die mit Milch übergossen werden, in einer Bratpfanne backen.

Germteig (Hefeteig)

Germteig wird zur Herstellung ausgiebiger und preiswerter Mehlspeisen verwendet.

Für die Zubereitung von Germteig soll man nie zu viele ganze Eier nehmen, sondern besser nur die Eidotter, denn zu viel Eiklar macht den Teig trocken und zäh. Gibt man mehr Fett in den Teig oder Rosinen und Mandeln, nimmt man etwas mehr Germ. Zu viel Germ macht den Teig großporig.

Semmelwecken für Knödel, Pofesen und dergleichen lassen sich auch ohne Ei und Fett herstellen.

Festen Germteig verwendet man für Striezel und Germknödel, mittelfesten für Buchteln, Kuchen, Golatschen, Kipferln, etwas weicheren Germteig für Gugelhupf und Krapfen und dickflüssigen Teig für Omeletten und Liwanzen.

Der aufgegangene Germteig wird geformt und weiterverarbeitet. Er kommt entweder sofort in das kalte oder nur leicht angeheizte Rohr oder er muss zugedeckt an einem warmen Platz nochmals 10 bis 15 Minuten aufgehen und wird dann in das heiße Rohr gegeben.

Gebackene Germspeisen sollen langsam auskühlen (vor Zug schützen).

Germteig

➤ **500 g Mehl, 30 g Germ, 250 ml Milch, Salz, 60 g Butter, 60 g Zucker, 1 Ei oder 2 Eidotter**

Mittelfeiner Germteig

➤ **500 g Mehl, 30 g Germ, 250 ml Milch, Salz, 80 g Butter, 100 g Zucker, 3 Eidotter oder 1 Ei und 2 Eidotter, Zitronenschale, Vanillezucker**

Feiner Germteig

➤ **500 g Mehl, 30 g Germ, 250 ml Milch, Salz, 100 g Butter, 100 g Zucker, 4 Eidotter, Zitronenschale, Vanillezucker, etwas Rum**

Zubereitungsmöglichkeiten

A. Warmer Germteig (alle Zutaten sind warm)

1. Variante: Für das Dampfl rührt man die im Rezept angegebene Menge Germ mit 1 TL Zucker glatt, gibt 3 bis 4 EL Mehl und so viel lauwarme Milch dazu, dass ein dickflüssiger Teig entsteht, den man zugedeckt an einem warmen Ort gehen lässt. Warme Milch mit Zucker, Salz und Butter vermengen, Eier einsprudeln. Aus Mehl, Dampfl und Milchgemisch den Teig abschlagen, kneten oder mit Handmixer weiterbearbeiten.

2. Variante: Mehl in einer Schüssel warm halten, in der Mitte eine Grube machen und darin das Dampfl ansetzen. Nach dem Aufgehen mit den übrigen Zutaten zu einem Teig verarbeiten.

3. Variante: Germ in trockenes Mehl einbröseln, mit den übrigen Zutaten vermischen und zu einem Teig verarbeiten.

4. Variante: Dampfl in der Teigschüssel ansetzen, aufgehen lassen, dann das Mehl, die Milch, Zucker, Eier, Butter und Geschmackszutaten mit dem Schneebesen einrühren, das restliche Mehl zusetzen und den Teig abarbeiten.

In allen diesen Fällen muss der fertige Teig vor der weiteren Verwendung etwa 30 Minuten warm stehen und aufgehen.

B. Kalter oder mürber Germteig

Alle festen Zutaten auf dem Brett oder in der Schüssel vermischen und den trockenen Germ mit den versprudelten Eiern und der Milch einarbeiten. Ein Tuch mit Margarine bestreichen, den Teig zu einem Laibchen formen und einbinden. Einen Kochlöffel durch den Knoten stecken und den Teig über Nacht in kaltes Wasser hängen. Am nächsten Tag nochmals kräftig durchkneten und weiterverarbeiten.

Besonders für Formgebäck und Pizza geeignet.

C. Germbutterteig (Plunderteig)

➤ **500 g Mehl, 60 g Fett, 2 Eidotter, 70 g Zucker, 20 g Germ, ca. 250 ml Milch, etwas Rum, Salz, 125 g Butter**

Germteig bereiten und aufgehen lassen. Butter kalt stellen. Teig dann weiter behandeln wie Blätterteig.

Mürbteig

Geknetete Mürbteige

1. Variante: Für geknetete Mürbteige müssen die Zutaten kalt sein. Blättrig geschnittene Butter mit glattem Mehl verbröseln, trockene Zutaten darunter mengen, mit Ei, Milch oder Sauerrahm usw. rasch zu einem Teig verarbeiten, kühl eine halbe Stunde rasten lassen.

2. Variante: Alle trockenen Zutaten miteinander vermengen, weiche Butter blättrig schneiden und mit dem Nudelwalker einarbeiten, dann die feuchten Zutaten mit der Hand rasch einkneten.

Gerührte Mürbteige

Diese Herstellungsart eignet sich für Rezepte mit größeren Ei- und Eidotterangaben; die Teige werden besonders fein.

In den Abtrieb von Butter, Zucker und Eidotter rasch die übrigen Zutaten einkneten und eine halbe Stunde kühl rasten lassen.

Beim Backen des Mürbteiges kann das Bebuttern und Bemehlen der Formen im Allgemeinen entfallen. Nach dem Backen müssen alle Mürbteige sofort vom Blech abgehoben werden und flach liegend auskühlen.

Mürbteig I (große Masse)

➤ **500 g Mehl, 300 g Butter; 120 g Zucker, Zitronenschale, etwas Milch oder Sauerrahm, 3 Eidotter oder 2 Eier, Salz**

Mürbteig II (1-2-3 Teig)

➤ **240 g Mehl, 160 g Butter, 80 g Zucker, 2 Eidotter, Zitronenschale, Salz**

Mürbteig III (Nussmasse)

➤ **180 g Mehl, 140 g Butter, 140 g Nüsse, 70 g Zucker, 2 Eidotter, Zimt, Zitronenschale**

Blätterteig

Wichtige Arbeitsregeln

1. Kalte Butter verwenden und in kühlem Raum arbeiten.
2. Reichlich Mehl zum Stauben verwenden, um ein Austreten der Butter beim Ausrollen des Teiges zu vermeiden. Beim Zusammenschlagen das Mehl gut abkehren.
3. Teig gleichmäßig dick ausrollen, sodass die waagrechte Blätterung erhalten bleibt.
4. Geformten Blätterteig auf dem Blech vor dem Backen mindestens 10 Minuten kalt rasten lassen.
5. Teigreste nie zusammenkneten, nur übereinander legen und ausrollen.
6. Große Teigflächen vor dem Backen mit einer Gabel anstechen.

Wichtige Backregeln

1. Blech nicht bebuttern, evtl. mit kaltem Wasser befeuchten.
2. Blech mit großen Teigflächen in das heiße Rohr bei 250 °C auf mittlere Schiene einschieben; Kleingebäck bei 230 °C
3. Das Backrohr mindestens 10 Minuten nicht öffnen; bei Färbung des Gebäcks auf 180 bis 200 °C zurückschalten.
4. Backdauer je nach Teigmenge bis 30 Minuten. Gut ausgebackener Teig ist leicht und blättrig.

Blätterteig kann auf Vorrat zubereitet werden. Er wird eingefroren, indem man den Teigziegel in ein feuchtes Tuch und in eine Folie einschlägt. Lagerzeit: bis zu 3 Monaten

Blätterteig I

➤ **300 g Butter, 300 g Mehl, 2 EL Zitronensaft oder Essig, Salz, Wasser nach Bedarf**

Die Butter in ein Drittel Mehl einschneiden und mit dem Handballen auf dem Nudelbrett glatt durcharbeiten. Zu einem Ziegel formen und kalt stellen. Zwei Drittel Mehl mit Salz, Zitronensaft oder Essig zu einem halbfesten Strudelteig verarbeiten und gut abkneten. Zu einer Kugel formen und mit feuchtem Tuch zugedeckt rasten lassen. Den Strudelteig zu einem Rechteck 30 × 40 cm ausrollen, den Butterziegel in die Mitte einlegen und den Teig schließen, indem man zuerst die Längsseiten übereinander legt und dann die Breitseiten nach oben und unten schlägt. Erneut zu einem Rechteck 20 × 40 cm ausrollen und diesmal vierfach zusammenlegen, indem man die Breitseiten zur Mitte zusammenlegt und den Teig nochmals übereinander schlägt. Mit feuchtem Tuch zudecken und 30 Minuten rasten lassen. Diesen Vorgang zweimal wiederholen.

Blätterteig II (italienischer Blätterteig)

➤ **300 g Butter, 300 g Mehl, 2 EL Zitronensaft oder Essig, Salz, Wasser nach Bedarf**

Die Butter mit einem Viertel des Mehls verarbeiten und mit dem Handballen auf dem Nudelbrett gut durcharbeiten. Zu einem Ziegel formen und kalt stellen. Drei Viertel Mehl mit Salz und Essigwasser zu einem halbfesten Teig verarbeiten und gut abkneten. Zu einer Kugel formen und mit feuchtem Tuch zugedeckt rasten lassen. Den Teig sechsmal hintereinander ausrollen und zusammenschlagen. 30 Minuten rasten lassen und sofort verwenden.

Plunderteig

- **Variante I: 500 g fertiger Germteig; 120 g Butter, 50 g Mehl**
- **Variante II. 500 g fertiger Germteig; 250 g Butter, 100 g Mehl**

Butter und Mehl zu einem Butterziegel verarbeiten. Germteig zu einem Rechteck ausrollen und Butterziegel einschlagen. Zweimal ausrollen und zusammenschlagen. 30 Minuten kalt stellen. Diesen Vorgang noch zweimal wiederholen. Plunderteig kann für feines Kaffeegebäck verwendet werden.

Brandteig

Je nach Rezept lässt man Milch oder Wasser mit Butter aufkochen, gibt das gesamte Mehl rasch hinein und lässt es unter heftigem Rühren kochen, bis sich die Masse ballt und vom Kochtopf löst. In den überkühlten Teig rührt man nach und nach die Eier dazu. Nach jedem Ei muss der Teig glatt verrührt werden, bevor man das nächste dazugibt. Den Teig lässt man an einem kühlen Ort rasten und verwendet ihn dann zu den verschiedenen Rezepten.

Zu beachten ist, dass das Brandteiggebäck ganz trocken und gut durchgebacken sein muss, bevor man es aus dem Rohr oder aus dem Backfett nimmt, sonst fällt es nach einer Weile zusammen. Cremekrapfen z. B. lassen sich in diesem Zustand natürlich nicht mehr füllen.

Zum leichteren Knödelformen befettet man zwischendurch die Hände mit Öl, damit der Teig nicht klebt.

Wichtige Backregeln

1. Teig auf bebuttertes Backblech mit einer Teigspritze oder einem in Eiklar getauchten Löffel formen.
2. Blech in vorgeheiztes Rohr bei 250 °C auf mittlere Schiene einschieben.
3. Das Rohr erst nach 10 Minuten vorsichtig öffnen und bei leichter Färbung des Gebäcks auf 200 °C zurückschalten.
4. Den Brandteig gut ausbacken.
   Backzeit: ca. 20 bis 30 Minuten
5. Gut gelungenes Gebäck fühlt sich leicht und trocken an und ist innen hohl.

Brandteig I (für einfache Mehlspeisen)

- **250 ml Wasser oder Milch, Salz, 40 g Butter, 220 g Mehl, 4 Eier**

Milch oder Wasser mit Butter und Salz zum Kochen bringen, das Mehl rasch hinzufügen, kräftig rühren, bis die Masse klumpt und sich vom Kochtopf löst. Überkühlen lassen und die versprudelten Eier nach und nach einrühren, bis der Teig glänzt. Er muss so fest sein, dass er sich zum Dressieren eignet. Nach kurzem Rasten den Teig laut Rezept verarbeiten.

Brandteig II (zum Backen in Fett)

- **250 ml Milch, Salz, 220 g Mehl, 3–4 Eier**

Zubereitung wie Brandteig I

Brandteig III (für feinere Mehlspeisen)

- **125 ml Wasser, 120 g Butter, 120 g Mehl, 4 Eier**

Zubereitung wie Brandteig I

Kartoffelteig

Zubereitung Kartoffelteig siehe Seite 149

Topfenteig

Topfenteig für Obstknödel

➤ **250 g Topfen, 70 g Butter, 1–2 Eier, Salz, 200 g Mehl**

Zutaten rasch zu einem geschmeidigen Teig verarbeiten. Knödel formen und in Salzwasser kochen.

Biskuitteig

Einfaches Biskuit

➤ **6 Eidotter, 120 g Zucker, 6 Eiklar, 120 g Mehl, 30 g Butter**

Eidotter und zwei Drittel des Zuckers schaumig rühren. Ein Drittel des Zuckers in den Eischnee einschlagen, gemeinsam mit dem Mehl und zerlassener Butter unter die Eidottermasse heben und backen. T: 190 °C, B: 50 Minuten, u. Sch.

Blitzbiskuit

➤ **6 Eiklar, 120 g Zucker, 6 Eidotter, 120 g Mehl, 30 g Butter**

In den steifen Eischnee Zucker einschlagen und Eidotter einrühren. Zuletzt Mehl und zerlassene Butter unterheben und backen.
T: 190 °C, B: 50 Minuten, u. Sch.

Sparblitzbiskuit

➤ **3 Eiklar, 3 EL Wasser, 120 g Zucker, Zitronenschale, 3 Eidotter, 80 g Mehl, 40 g Maisstärkemehl**

Eiklar und Wasser zu Eischnee schlagen, Zucker und Zitronenschale einschlagen. Eidotter und Mehl mit Maisstärkemehl unterheben und backen.
T: 190 °C, B: 40 Minuten, m. Sch.

Warm geschlagenes Biskuit

➤ **4 Eier, 2 Eidotter, 150 g Zucker, 150 g Mehl, 40 g Butter; Vanillezucker, Zitronensaft**

Eier, Eidotter und Zucker im Wasserbad dickschaumig schlagen. Die Masse kalt schlagen und nochmals im Wasserbad warm aufschlagen. Ausgekühlt Mehl, Vanillezucker, Zitronensaft und zerlassene Butter unterheben und backen.
T: 190 °C, B: 50 Minuten, u. Sch.

Sparbiskuit

➤ **4 Eidotter, 10 EL heißes Wasser, 200 g Zucker, 4 Eiklar, 200 g Mehl, 1 Messerspitze Backpulver**

Eidotter verrühren, kochendes Wasser einschlagen und mit Zucker weiter schlagen. Zuletzt Eischnee und Mehl mit Backpulver unterheben. Statt Wasser kann Bohnenkaffee verwendet werden, ergibt so eine dunkle Kaffeetorte.
T: 190 °C, B: 50 Minuten, m. Sch.

Lebkuchenteig

Lebkuchen I

➤ **180 g Zucker, 2 Eier, 80 g Honig, Saft und Schale einer halben Zitrone,
je 1 Messerspitze Zimt und Nelkenpulver;
250 g Roggenmehl, 1/2 P. Backpulver
Glasur: 200 g Staubzucker, 4 EL Milch**

Aus den Zutaten einen Teig kneten, 1 Stunde rasten lassen. Den Teig 3 mm dick ausrollen, Scheiben oder Rechtecke ausstechen und backen. Für die Glasur Zucker mit Milch verrühren. Den ausgekühlten Lebkuchen glasieren und mit einer halben Mandel belegen.
T: 200–220 °C, B: 10 Minuten, m. Sch.

Lebkuchen II

➤ **360 g Zucker, 3 Eier, 80 g Honig,
je 1 TL Zimt- und Nelkenpulver, etwas Kardamom, 1 TL Zitronensaft;
560 g Roggenmehl, 1 P. Backpulver**

Zubereitung wie Lebkuchen I

Lebkuchen III

➤ **240 g Zucker, 2 Eier, 60 g Honig,
je 1 Messerspitze Nelken-, Zimt- und Neugewürzpulver, Zitronenschale;
260 g Roggenmehl, 1/2 TL Natron**

Zubereitung wie Lebkuchen I

Backpulverteig

Backpulverteig für vielseitige Verwendung I

➤ **150 g Butter, 200 g Zucker, 3–4 Eidotter, 250 ml Milch, 500 g Mehl, 1 P. Backpulver, 3–4 Eiklar**

Butter, Zucker und Eidotter schaumig rühren, Milch und den größten Teil des Mehls untermischen. Das restliche Mehl mit dem Backpulver und dem Eischnee gleichzeitig untermengen.

T: 175–190 °C, B: 40–60 Minuten, m. Sch.

Backpulverteig für vielseitige Verwendung II

➤ **400 g Mehl, 1 P. Backpulver, 150 g Butter, 150 g Zucker, 5 EL Milch, 2 Eidotter, 2 Eier**

Mehl und Backpulver vermischen, mit Butter abbröseln, Zucker, Milch, Eidotter und Eier hinzufügen und rasch zu einem Teig verarbeiten.
T: 175–190 °C, B: 40–60 Minuten, m. Sch.

Gleichgewichtsteig für verschiedene Obstkuchen

➤ **280 g Mehl, 1 P. Backpulver, 280 g Butter, 280 g Zucker, 3–4 Eier, Zitronenschale; verschiedenes Obst als Belag**

Zutaten zu einem Mürbteig verarbeiten, ausrollen und auf ein Blech geben. Mit Obst belegen und backen. Ausgekühlt aufschneiden und mit Zucker bestreuen.
T: 200 °C, B: 30 Minuten, m. Sch.

Backteig

Backteig mit Milch

➤ **250 ml Milch, 2 Eidotter, Salz, 200 g Mehl (30 g Zucker, 1 EL Rum zur Geschmacksverbesserung), 2 Eiklar**

Milch, Salz und Eidotter kurz versprudeln, Mehl einrühren und zuletzt Eischnee unterheben. Zu lange gerührter Backteig wird zäh!

Backteig mit Wein

➤ **250 ml Wein oder Most, 200 g Mehl, 50 g Zucker, Zitronenschale, 2 Eier**

Zuerst Mehl und Wein verrühren, dann andere Zutaten untermengen.

Backteig mit Bier

➤ **250 ml Bier, 200 g Mehl, Salz, 2 Eier, 1 EL Öl**

Zubereitung wie Backteig mit Wein

Teiglockerungsmittel sind chemische Stoffe oder Mikroorganismen, die im Teig Gase bilden und ihn auf diese Weise mit Bläschen durchsetzen. Dadurch geht der Teig auf und wird locker. Zu den biologischen Teiglockerungsmitteln gehören Hefe (wird zur Herstellung von Hefebackwaren aus Weizenmehl verwendet) und Sauerteig (wird zur Herstellung von Brotteigen aus Roggenmehl eingesetzt).

Teiglockerungsmittel machen Backwaren und Brot verdaulich, schmackhaft und bekömmlich. Ein nicht aufgegangener oder ein speckiger Teig ist unbekömmlich, schwer verdaulich und liegt lange Zeit im Magen. Je leichter und lockerer ein fertig gebackener Teig ist, desto besser kann er von den Magen- und Verdauungssäften durchdrungen und verdaut werden.

Die Teiglockerung erfolgt durch:

a) Luft, die beim Rühren, Schlagen oder Kneten in den Teig kommt (Schneeschlagen, Biskuit, Blasen beim Germteig).

b) Wasserdampf bzw. den Dampf anderer im Teig enthaltener Flüssigkeiten und Fett (Mürbteig, Blätterteig).

c) Kohlensäuregas (CO_2), das beim Zerfall der einzelnen Teiglockerungsmittel entsteht und das Bestreben hat, zu entweichen (Vergleich: Sodawasser).

d) Alkohol und Milch- bzw. Essigsäure, die bei einer Temperatur von 80 bis 90 °C entweichen.

Sauerteig

ist ein Rest des letzten Brotteiges. Er enthält Milchsäurebakterien und wilde Hefepilze. Durch Zugabe zum neuen Brotteig wird dieser durchsäuert, erhält seinen aromatischen Geschmack und wird durch die entweichenden Gase gelockert.

Die Hefe (Germ)

Unsere käufliche Hefe ist eine Anhäufung gezüchteter Hefepilze, die ebenso arbeiten wie die Hefen im Sauerteig.

Es findet im Teig eine alkoholische Gärung statt, bei der Zucker in Alkohol und Kohlensäuregas aufgespalten wird, und dieses Gas hebt den Teig. Eine Säuerung des Teiges erfolgt dabei nicht, er bleibt im Geschmack süß.

Die Hefe braucht zum Leben Zucker und Stärke, Flüssigkeit, Luft sowie Wärme (Temperaturoptimum: 30 bis 35 °C).

Fett und Salz, unmittelbar mit Hefe zusammengebracht, töten die Hefepilze ab.

Um festzustellen, ob die Hefe eine gute Gärfähigkeit besitzt, wird vor der Teigbereitung eine Gärprobe (Dampfl) gemacht. Der Hefe setzt man Zucker, Milch und Mehl zu. An einem handwarmen Ort kann sie sich schnell und gut vermehren und diese Anhäufung von lebhaft arbeitenden Hefepilzen wird dann dem übrigen Teig beigemengt, der dadurch schnell zum Aufgehen kommt. Gute Hefe muss frisch sein, angenehm riechen, sich feucht anfühlen und eine hellgraue Farbe haben. Trockenhefe ist lange haltbar und einfach in der Anwendung. Sie wird nur im Wasser angerührt und ist sofort gebrauchsfertig.

Backpulver

ist doppelkohlensaures Natrium mit Weinsteinsäure und Stärkemehl. Kommt Backpulver in den feuchten Teig, so bewirkt die Weinsteinsäure sofort den Zerfall des Natriums auch ohne Wärmeeinwirkung, es entstehen Soda, Kohlensäuregas und Wasser; das Kohlensäuregas entweicht.

Backpulver darf daher erst mit dem letzten Mehldrittel zum Teig kommen und der Teig muss sofort gebacken werden, damit die lockernde Wirkung nicht vor dem Backprozess verloren geht.

Es sind aber auch Backpulversorten im Handel, die erst in der Ofenhitze wirksam werden. Bei diesem Backpulver ist ein sofortiges Backen nicht erforderlich.

Backpulver zieht Feuchtigkeit an, deshalb wird es leicht klumpig und muss aus diesem Grund vor der Verwendung immer gesiebt werden.

Alkohol

wird den verschiedenen Rührteigen, auch solchen, die in Fett schwimmend ausgebacken werden, in Form von Rum, Kognak oder Arrak zugesetzt. Er ist einerseits eine Geschmackszutat, andererseits aber auch ein Lockerungsmittel, da er bei einer Temperatur von 80 °C verdampft und entweicht.

Die folgenden Teiglockerungsmittel werden zwar heute nur noch sehr selten verwendet (Lebkuchen), werden der Vollständigkeit halber jedoch kurz zusammengefasst:

Speisesoda oder Natron

Speisesoda ist der Zusammensetzung nach das Gleiche wie Backpulver, nur fehlt die Weinsteinsäure und das Stärkemehl. Es zerfällt daher erst in der Hitze unter Bildung der gleichen Einzelbestandteile.

Das Wasser verdampft beim Backen, Kohlensäure entweicht, beides hebt den Teig. Der Teig kann vor dem Backen stehen bleiben, ohne dass dies das Aufgehen im Rohr beeinträchtigt.

Bei sehr fetten Teigen ist Natron mit Vorsicht zu verwenden, da leicht ein seifiger Geschmack entsteht. Am besten eignet es sich für fettlose gewürzreiche Teige (Lebkuchen, Laugengebäck).

Hirschhornsalz

zerfällt erst in der Hitze in Kohlensäure und Ammoniak. Beide Bestandteile wirken lockernd. Da das entweichende Ammoniak leicht einen unangenehmen Geschmack und Geruch hervorruft, ist Hirschhornsalz nur für Kleingebäck zu verwenden. Dieses Lockerungsmittel wird meist bei besonderen Weihnachtsbäckereien verwendet, z. B. bei Ingwerbäckerei und Lebkuchen, die über Nacht eingeteigt stehen bleiben. Auf alle Fälle muss man sich genau an die vorgeschriebene Menge halten.

Pottasche

ist eine Kaliverbindung, die die Kohlensäure erst unter Anwesenheit anderer Säuren in der Hitze abgibt. Man setzt daher den Teigen (Lebkuchen) Zitronensaft, etwas Essig oder Honig, der Ameisensäure enthält, zu oder lässt sie längere Zeit (zum Beispiel über Nacht) stehen. Die aus der Luft dazukommenden Milchsäurebakterien sind für die bei diesem Prozess entstehende Säuerung verantwortlich. Pottasche muss vor der Verwendung aufgelöst werden – bis dahin muss man sie aber sehr trocken aufbewahren.

Glasuren und Cremen zum Füllen

Das Kochen des Zuckers

Zum Kochen des Zuckers eignet sich am besten Würfelzucker, weil er am reinsten ist. Man nimmt Wasser und Zucker im Mengenverhältnis 1 : 2. Es ist vorteilhaft, den Zucker im Wasser aufzulösen und unter ständigem Rühren zum Kochen zu bringen. Während des Kochens nicht rühren, abschäumen, Zuckerkristalle und Unreinheiten mit einem nassen Pinsel vom Geschirrrand entfernen. Die Zuckerlösung soll leicht wallend kochen.

1. **Breitlauf:** Der kurz gekochte Zucker läuft breit über einen Löffel, eignet sich für Kompott und Dunstobst.

2. **Kleine Perle:** Zucker weiter kochen, bis ein abfließender Tropfen einen kleinen Faden nach sich zieht; eignet sich für Glasuren.

3. **Große Perle oder starker Faden:** Durch Weiterkochen wird der Tropfen größer und der Faden stärker. Die Fadenprobe besteht darin, dass man etwas Zucker mit einem Löffel entnimmt und zwischen Daumen und Zeigefinger auseinander zieht, ohne dass der Faden reißt; eignet sich für Glasuren.

4. **Kleiner Flug:** Wird auf eine in der Zuckerlösung getauchte Drahtschlinge geblasen, fliegt der daran haftende Zucker in Form einer Blase weg. Eignet sich für Fondantglasur und zum Bestreichen von Lebkuchen.

5. **Großer Flug:** Durch kurzes Weiterkochen fliegt beim Durchblasen eine Kette von Blasen weg. Eignet sich für Windmasse zum Füllen von Schaumrollen.

6. **Bruch:** Beim Weiterkochen des Zuckers entstehen glasartige Blättchen; damit lassen sich Früchte verzuckern.

7. **Zuckerfarbe:** Zuletzt wird der gesponnene Zucker braun und kann, mit Wasser aufgekocht, zum Färben von Glasuren verwendet werden.

Zuckerglasuren

Wasserglasur

➤ **200 g Staubzucker, 1 EL kochendes Wasser, Rum, Zitronensaft**

Zucker mit kochendem Wasser abrühren, mit wenig Rum oder Zitronensaft Geschmack verbessern, weiter rühren, bis die Glasur glänzt.

Fondantglasur

➤ **1 kg Würfelzucker oder Kristallzucker, 330 ml Wasser (ergibt eine Glasur für 2 bis 3 Torten)**

Zucker und Wasser zum Kochen bringen und bis zum Kochbeginn rühren. Während des Kochens vom Rand des Geschirrs mit einem nassen Pinsel Zuckerkristalle und Unreinheiten entfernen. Bis zum kleinen Flug kochen und im Wasserbad auskühlen. Mit kaltem Wasser Oberfläche bespritzen. Lauwarme Masse mit starkem Kochlöffel rühren, bis sie steif und weiß ist. Mit der Hand auf kalter Platte glatt kneten. Zum Glasieren die Fondantmasse im Wasserbad lippenwarm erwärmen. Wenn nötig mit leicht gesponnenem Zucker oder Geschmackszutaten (Rum, Kaffee, Zitronensaft) verdünnen, bis sie glasierfähig ist. Fondantmasse kann in einem geschlossenen Glas vorrätig gehalten werden.

Zuckerglasur

➤ **200 g Würfelzucker oder Kristallzucker, 125 ml Wasser, 200 g Staubzucker**

Würfelzucker und Wasser bis zur Perle kochen. In den fein gesiebten Staubzucker einrühren, bis die Glasur dickflüssig und glatt ist.

Rumglasur

➤ **Zuckerglasur, 2 EL Rum**

Unter die Zuckerglasur Rum einrühren.

Punschglasur

➤ **Zuckerglasur, 1 EL Zitronensaft, 1 EL Orangensaft, 1 EL Rum**

Unter die Zuckerglasur Zitronen-, Orangensaft und Rum einrühren.

Zitronen- oder Orangenglasur I

➤ **Zuckerglasur, 2 EL Zitronen- oder Orangensaft**

Unter die Zuckerglasur Zitronen- oder Orangensaft einrühren.

Zitronen- oder Orangenglasur II

➤ **200 g Staubzucker, etwas Zitronen- oder Orangensaft, etwas heißes Wasser**

Zucker und Zitronensaft, wenn nötig heißes Wasser, kräftig rühren. Bei Bedarf im Wasserbad erwärmen.

Kaffeeglasur I

➤ **Zuckerglasur, 3 EL Bohnenkaffee**

Unter die Zuckerglasur Bohnenkaffee einrühren.

Kaffeeglasur II

➤ **200 g Zucker, 125 ml Bohnenkaffee, 200 g Staubzucker**

Zucker mit Kaffee bis zur Perle kochen und mit gesiebtem Staubzucker verrühren.

Eiweißglasur

➤ **1 Eiklar, ca. 150 g Staubzucker, etwas Zitronensaft**

Eiklar und fein gesiebten Zucker schaumig rühren. Mit Zitronensaft kräftig weiter rühren, bis die Glasur gussfähig ist. Zum Spritzen noch etwas Zucker einrühren, damit eine spritzfähige Masse entsteht.

Eidotterglasur

➤ **1 Eidotter, ca. 150 g Staubzucker, Zitronensaft**

Eidotter und fein gesiebten Zucker schaumig rühren. Mit Zitronensaft kräftig weiter rühren, bis die Glasur gussfähig ist. Zum Spritzen noch etwas Zucker einrühren, damit eine spritzfähige Masse entsteht.

Karamellglasur

➤ **250 g Würfelzucker, etwas Butter**

Würfelzucker und Butter in einer dickwandigen, kleinen Pfanne zergehen lassen und ständig rühren, bis die Masse gelb ist. Leicht überkühlen lassen und sofort verwenden. Zum Glasieren Biskuitflächen auf bebuttertes Papier legen. Sofort nach Auftragen der Glasur mit bebuttertem Messer in Portionen teilen. Die Glasur härtet sehr rasch!

Schokoladeglasuren

Kakaoglasur I

➤ **200 g Staubzucker, 30 g Kakao, 20 g Butter, 2–3 EL heißes Wasser**

Staubzucker mit Kakao vermischen. Mit weicher Butter und heißem Wasser glatt rühren, bis eine glasurfähige Masse entsteht. Sofort glasieren.

Kakaoglasur II

➤ **Eiweißglasur, 1–2 TL Kakao, 1 EL Wasser**

Eiweißglasur mit aufgelöstem Kakao verrühren. Eignet sich besonders zum Glasieren von Lebkuchen.

Schokoladentunkmasse

➤ **150 g Schokolade, 100 g Butter, 1 EL Rum**

Schokolade im Wasserbad zergehen lassen. Die weiche Butter und Rum einrühren und weiter rühren, bis die Masse etwas ausgekühlt und streichfähig ist.

Gekochte Schokoladenglasur

➤ **120 g Schokolade, 120 g Würfelzucker, 5 EL Wasser, 80 g Butter**

Zerkleinerte Schokolade mit Zucker und Wasser aufkochen und glatt rühren. In die überkühlte Masse Butter untermengen.

Gesponnene Schokoladenglasur

➤ **120 g Schokolade, 250 g Zucker, 125 ml Wasser**

Schokolade in einem engen Gefäß im Wasserbad lippenwarm erwärmen. Zur großen Perle gesponnenen, lauwarmen Zucker einrühren, bis die Masse glatt und glasierfähig ist. Beim Rühren Blasenbildung vermeiden.

Schokoladeguss

➤ **100 g Schokolade, 100 g Butter, Wasser oder Milch nach Bedarf**

Schokolade und Butter im Wasserbad erweichen und mit lauwarmem Wasser oder Milch verdünnen. Verwendung als Überguss für feine Omeletten, Cremekrapfen, gedünstete Birnen u. a. m.

Cremen zum Füllen

Buttercreme I

➤ **250 g Butter, 150 g Zucker, 1 P. Vanillezucker, 1–2 Eidotter, Geschmackszutaten wie Schokolade, Kakao, Nüsse, Zitrone, Rum, Kaffee n. B.**

Butter flaumig rühren, Zucker, Vanillezucker und Eidotter einrühren. Die Creme mit den Geschmackszutaten fertig stellen.

Buttercreme II

➤ **250 g Butter, 250 ml Milch, 100 g Zucker, 2 Eidotter, 30 g Puddingpulver, Geschmackszutaten wie Schokolade, Kakao, Nüsse, Zitrone, Rum, Kaffee n. B.**

Butter flaumig rühren. Milch, Zucker, Eidotter und Puddingpulver kalt verrühren und unter ständigem Rühren aufkochen oder über Dampf dick aufschlagen. Überkühlen und löffelweise unter die Butter rühren (Schneerute). Creme abschmecken und evtl. nachzuckern.

Buttercreme III

➤ **250 g Butter, 100 g Mehl, ca. 125 ml Milch, 100 g Zucker, Geschmackszutaten**

Mehl in 100 g Butter anlaufen lassen, mit Milch aufgießen und zu einem dicken Brei verkochen. Überkühlen und löffelweise unter die restliche flaumig gerührte Butter mischen. Zuckern und Geschmackszutaten hinzufügen.

Buttercreme IV

➤ **250 g Butter, 4 Eier, 200 g Zucker**

Butter flaumig rühren. Eier und Zucker über Dampf dick aufschlagen, kühl schlagen und löffelweise unter die Butter rühren.

Schokoladencreme I

➤ **250 g Butter, 2 Eidotter, 100 g Schokolade, 100 g Zucker**

In die flaumig gerührte Butter erweichte Schokolade, Eidotter und Zucker einrühren.

Schokoladencreme II

➤ **Buttercreme II oder III. 100 g Schokolade, 50 g Kakao, Zucker nach Bedarf**

Unter die fertige Buttercreme erweichte Schokolade oder Kakao und Zucker nach Geschmack einrühren.

Mokkacreme I

➤ **250 g Butter, 250 ml Bohnenkaffee, 3 Eidotter, 150 g Zucker, 10 g Maisstärkemehl**

Bohnenkaffee, Eidotter, Zucker und Maisstärkemehl über Dampf dickschaumig schlagen. Kalt schlagen und unter die flaumig gerührte Butter mischen.

Mokkacreme II

➤ **Buttercreme II oder III**
2 TL Pulverkaffee, 1 EL Rum

Unter die fertige Buttercreme entweder Pulverkaffee oder in Rum aufgelösten Pulverkaffee rühren.

Orangencreme

➤ **250 g Butter, 150 g Zucker, 3 Eidotter, Saft und Schale von 1–2 Orangen**

Unter die erweichte, sehr flaumig gerührte Butter Zucker, Eidotter, Orangensaft und -schale untermengen.

Vanillecreme I

➤ **250 g Butter, 250 ml Schlagobers oder Milch, 140 g Zucker, 4 Eidotter, 20 g Maisstärkemehl, 1 P. Vanillezucker**

Schlagobers, Zucker, Eidotter, Maisstärkemehl, Vanillezucker über Dampf dickschaumig schlagen. Überkühlen lassen und löffelweise unter die flaumig gerührte Butter mengen.

Vanillecreme II

➤ **250 ml Milch, 2 Eidotter, 40 g Mehl oder 30 g Vanillepuddingpulver, 60 g Zucker**
Windmasse: 2 Eiklar, 40 g Zucker

Milch, Eidotter, Mehl und Zucker glatt verrühren. Unter ständigem Rühren aufkochen. In die noch ganz heiße Creme die steife Windmasse unterheben und zugedeckt auskühlen lassen.

Pariser Creme

➤ **250 ml Schlagobers, 250 g Kochschokolade**

Schokolade klein schneiden und mit Schlagobers im Wasserbad zum Kochen bringen. Kalt rühren, bis sich die Masse zum Glasieren oder Dressieren eignet.

Mehlspeisen

Mehlspeisen aus Nudelteig

Ausgedünstete Milchnudeln

➤ **300 g Bandnudeln, 750 ml Milch, 50 g Butter, 250 ml Milch, 2 Eidotter, 50 g Zucker**

Bandnudeln in Milch dick einkochen, in eine gut bebutterte Auflaufform geben, mit versprudelter, gezuckerter Eidottermilch übergießen und im Rohr ausdünsten, beim Anrichten zuckern.
T: 230 °C, B: 30–40 Minuten, u. Sch.

Nudelauflauf

➤ **300 g Nudeln, 750 ml Milch; 80 g Butter, 80 g Zucker, 1 P. Vanillezucker, 3 Eidotter, 30 g Rosinen, 3 Eiklar**

Bandnudeln in Milch dick einkochen, unter den Abtrieb von Butter, Zucker, Vanillezucker und Eidotter mengen, Eischnee und Rosinen unterheben, in eine gut bebutterte Auflaufform geben und im Rohr backen.
T: 210 °C, B: 30–45 Minuten, u. Sch.

Grießfleckerln

➤ **400 g Fleckerln oder Nudeln, Salz; 60 g Butter, 80 g Grieß, Salz**

Grieß hell rösten, mit wenig Wasser aufgießen, quellen lassen und zu den gekochten, abgeschreckten Fleckerln oder Nudeln geben.

Apfelfleckerln

➤ **400 g Fleckerln; 750 g Äpfel, 80 g Butter, 80 g Zucker, 3 Eidotter, 3 Eiklar**

Unter den Abtrieb von Butter, Zucker und Eidotter weich gekochte Fleckerln, würfelig geschnittene Äpfel und den festen Eischnee mengen. Die Masse in einer bebutterten Auflaufform backen.
T: 200 °C, B: 30 Minuten, m. Sch.

Mohnnudeln

➤ **400 g Nudeln; 80 g Butter, 80 g Mohn, 80 g Zucker**

Gekochte und abgeschreckte Nudeln mit geriebenem, etwas angeröstetem Mohn vermengen und vor dem Anrichten gut mit Zucker bestreuen. Statt Bandnudeln eignen sich auch Kartoffelnudeln.

Nussnudeln

➤ **400 g Nudeln; 200 g Nüsse, 50 g Butter, 100 g Zucker**

Zubereitung wie Mohnnudeln

Bröselnudeln

➤ **400 g Nudeln, 100 g Brösel, 100 g Butter, 100 g Zucker**

Zubereitung wie Mohnnudeln

Topfentascherln

➤ **300 g Mehl, 1 Ei, Salz, Wasser (siehe Grundrezept Nudelteig)**
Fülle: 300 g Topfen, 80 g Butter, 50 g Zucker, 1 Ei, Salz, 30 g Rosinen, 1 EL Sauerrahm; Eiklar zum Bestreichen, 100 g Butter, 80 g Brösel

Für die Fülle Butter flaumig abtreiben und alle Zutaten untermengen. Auf den ausgerollten Nudelteig, in einer Reihe 6 bis 8 cm weit auseinander, je 1 KL Fülle geben. Die Teigfläche um die Fülle herum mit Eiklar bestreichen, den Teig darüber schlagen, festdrücken und halbmondförmige Tascherln ausstechen. Diese in Salzwasser kochen und mit in Butter gerösteten Bröseln bestreuen.

Mehlspeisen aus Strudelteig

Ribiselstrudel, Heidelbeerstrudel

➤ **Strudelteig**
Fülle: 500 g Ribiseln oder Heidelbeeren, 100 g Butter, 100 g Brösel, 100 g Zucker

Auf den dünn ausgezogenen Strudelteig geröstete Semmelbrösel, Ribiseln oder Heidelbeeren und Zucker streuen, einrollen und backen.
T: 200 °C, B: 45 Minuten, m. Sch.

Zwetschkenstrudel

➤ **Strudelteig**
Fülle: 1 kg Zwetschken, 100 g Butter, 50 g Brösel, 50 g Nüsse, Zimt, 100 g Zucker

Ausgezogenen Strudelteig mit gerösteten Bröseln, geschnittenen Zwetschken, Zucker, Zimt und geriebenen Nüssen bestreuen, einrollen und backen. T: 200 °C, B: 45 bis 50 Minuten, m. Sch.

Topfenstrudel

➤ **Strudelteig. 50 g Rosinen**
Fülle: 750 g Topfen, 100 g Butter, 150 g Zucker, 3–5 Eidotter, Zitronenschale, 3–5 Eiklar

Für die Fülle Butter abtreiben, Zucker, Eidotter, Topfen und Zitronenschale einrühren, Eischnee unterheben. Dünn ausgezogenen Strudelteig mit Fülle bestreichen, mit Rosinen bestreuen, einrollen, in bebutterter Pfanne backen, öfter mit Butter bestreichen. Topfenstrudel kann mit Milch übergossen, ausgedünstet oder mit heißer Kanarienmilch serviert werden.
T: 200 °C, B: 60 Minuten, m.Sch.

Milchrahmstrudel

➤ **Strudelteig. 80 g Rosinen; 250 ml Milch zum Übergießen, 20 g Zucker**
Fülle: 375 ml Sauerrahm, 3 Eidotter, 150 g Zucker, 150 g Butter, 5 Kipferln oder Semmeln

Für die Fülle unter den Abtrieb von Butter, Zucker und Eidotter Sauerrahm und eingeweichte Kipferlscheiben untermengen. Dünn ausgezogenen Strudelteig mit Fülle bestreichen, mit Rosinen bestreuen, einrollen, in bebutterter Pfanne backen. Während des Backens mit gesüßter, heißer Milch übergießen und ausdünsten. Milchrahmstrudel mit heißer Eidottermilch servieren.
T: 200 °C, B: 50–60 Minuten, m.Sch.

Apfelstrudel

➤ **Strudelteig**
Fülle: 1 kg Äpfel, 100 g Butter oder Fett, 100 g Brösel, 100 g Zucker, etwas Zimt, 50 g Rosinen

Auf den dünn ausgezogenen Strudelteig geröstete Semmelbrösel, feinblättrig geschnittene Äpfel, Zucker, Zimt und Rosinen streuen, einrollen und backen. T: 200 °C, B: 50 Minuten, m. Sch.

Kirschenstrudel

➤ **Strudelteig**
Fülle: 750 g Kirschen, 100 g Butter, 100 g Brösel, 100 g Zucker

Auf den dünn ausgezogenen Strudelteig geröstete Semmelbrösel, Kirschen und Zucker streuen, einrollen und backen.

Semmelstrudel

➤ **Strudelteig. 250 ml Milch zum Übergießen, 20 g Zucker**
Fülle: 6 Semmeln, 50 g Butter, ca. 250 ml Milch, 100 g Zucker, Zimt, 50 g Rosinen

Für die Fülle Semmelwürfel in Butter rösten, mit Milch anfeuchten, auf den ausgezogenen Strudelteig gemeinsam mit Zucker, Zimt und Rosinen streuen, einrollen und backen. Während des Backens mit gesüßter Milch übergießen und ausdünsten.

Grießstrudel

➤ **Strudelteig**
Fülle I: 80 g Butter, 2 Eidotter, 200 g Grieß, 250 ml, Sauerrahm, 120 g Topfen, Salz, 2 Eiklar; 100 g Butter, 100 g Brösel
Fülle II: 250 g Grieß, 5 Eier, 120 g Fett, 250 ml Sauerrahm, Salz

Für Fülle I alle Zutaten (bis auf Eiklar) verrühren, Eiklar zu Eischnee schlagen und unterheben.
Für Fülle II alle Zutaten vermengen und 10 Minuten schaumig rühren. Masse auf den ausgezogenen Strudelteig streichen, einrollen, mit einem bemehlten Kochlöffelstiel in Stücke teilen, durchschneiden und die Schnittränder zusammendrücken und in Salzwasser kochen. Abseihen und in gerösteten Bröseln wälzen.
Kochzeit: 20 Minuten
Beilage: Zwetschkenröster oder Salat

Mehlspeisen aus Germteig

Kartoffelbrot

➤ **500 g Mehl, 250 g Kartoffeln, ca. 250 ml Milch, 40 g Germ, 50 g Zucker, 50 g Butter, 1 Ei, Salz, 50 g Rosinen; Ei zum Bestreichen**

Mehl, Salz, Milch und Dampfl vermengen, abschlagen, passierte Kartoffeln, Zucker und Ei, geschmolzene Butter und zuletzt Rosinen untermengen; auf dem Nudelbrett kneten und warm gehen lassen. Striezel oder Laibe formen, nach nochmaligem Gehen mit Ei bestreichen und backen. T: 175–190 °C, B: 60 Minuten, u. Sch.

Striezel

➤ **Germteig I oder II. Rosinen, 1 Eidotter, etwas Milch, Hagelzucker (Hinweis: Die gewaschenen und getrockneten Rosinen in Mehl wälzen.)**

Rosinen in den fertigen Germteig einarbeiten. Nach dem Aufgehen Teig in 6 Laibchen teilen, Rollen auswalken, einen Sechszopfstriezel oder zwei Dreizopfstriezel flechten. Nochmals gehen lassen, mit gezuckerter Eidottermilch bestreichen, mit Hagelzucker bestreuen und langsam backen.
T: 175–190 °C, B: 40 Minuten, u. Sch.

Die Zubereitung des Apfelstrudels

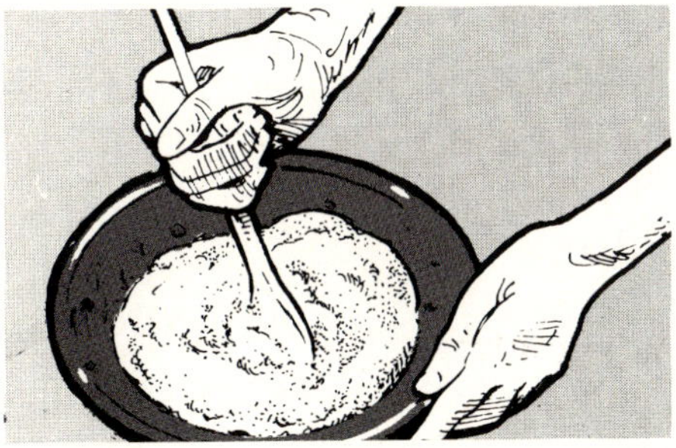

1 Verrühren der Zutaten und Schlagen des Teiges

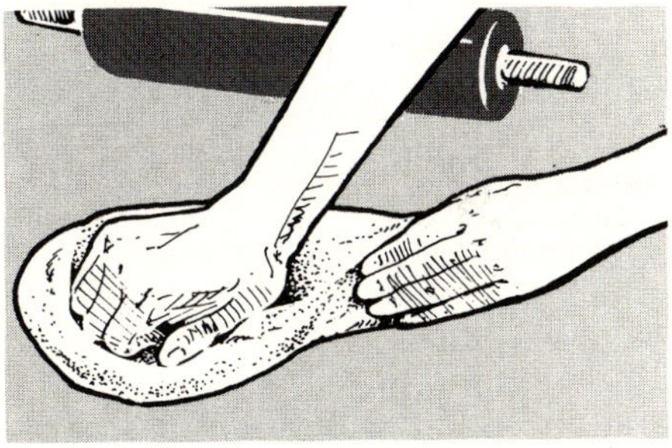

2 Kneten und Walken

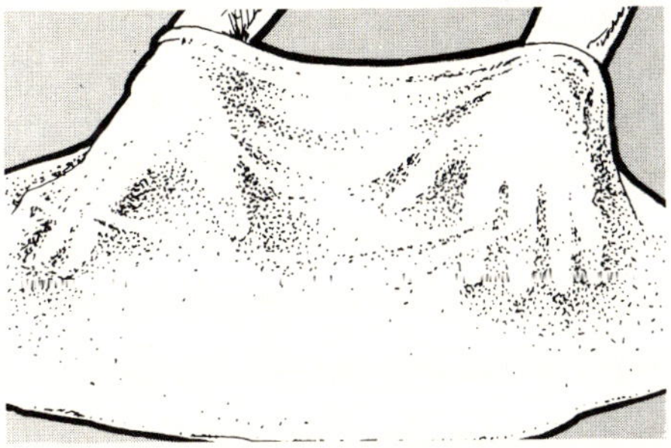

3 Nach dem Walken Teig ausziehen

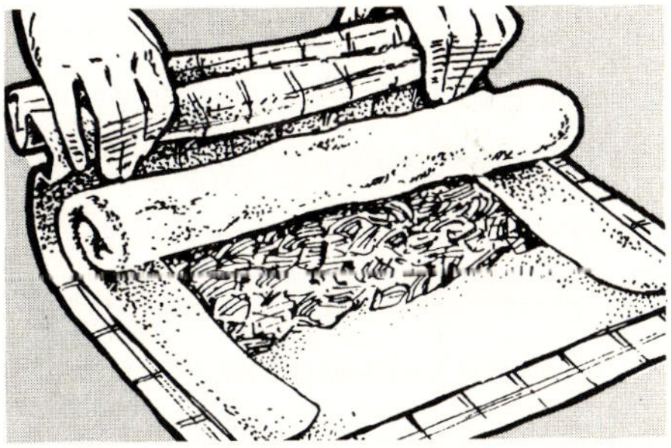

4 Mit Bröseln, Apfelspalten, Rosinen, Zucker und Zimt bestreuen, Ränder einschlagen; mit einem Tuch einrollen

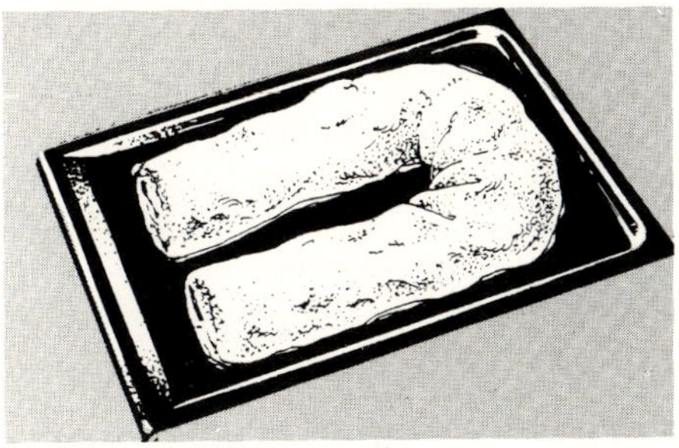

5 Auf das Backblech legen

Karlsbader Zwieback

➤ **500 g Mehl, Salz, Wasser nach Bedarf**
Dampfl: 30 g Germ, 1 EL Zucker, etwas Milch und Mehl

Den gut gekneteten festen Germteig zu Wecken formen, gehen lassen, mit Wasser bestreichen, backen.
T: 180–190 °C, B: 30–40 Minuten, u. Sch. Nach dem Erkalten in Scheiben schneiden und bähen.
Bähen: T: 150 °C, B: nach Bedarf, m. Sch.

Vanillezwieback

➤ **500 g Mehl, 30 g Germ, 250 ml Milch, 50 g Zucker, 50 g Butter, 1 Ei, 1 EL Anis, Salz; 200 g Zucker, Vanillezucker**

Germteig gut kneten und gehen lassen, Wecken formen, nochmals gehen lassen, mit Wasser bestreichen und backen.
T: 180–190 °C, B: 30–40 Minuten, u. Sch.
Am nächsten Tag in Scheiben schneiden, in Zucker wälzen, dicht aneinander legen, bis sie feucht sind, dann im Rohr bähen.
Bähen: T: 150 °C, B: nach Bedarf, m. Sch.

Buchteln

➤ **400 g Mehl, 20 g Germ, 250 ml Milch, 50 g Zucker, 50 g Butter, 2 Eidotter, Salz**
Fülle: Marmelade; Butter für die Form

Aus dem gut aufgegangenen, weichen Germteig mit einem Löffel gleich große Stücke abstechen, mit bemehlter Hand auf dem Brett auseinander drücken, mit Marmelade füllen, schließen, in flüssige Butter tauchen, eng aneinander in eine bebutterte Pfanne schlichten, nochmals gehen lassen und backen. Nach dem Backen sollen sie einzeln auseinander fallen.
T: 190–200 °C, B: 30–40 Minuten, m. Sch.

Topfenbuchteln

➤ **Germteig**
Fülle: 100 g Butter, 100 g Zucker, 2 Eidotter, 350 g Topfen, 2 EL Sauerrahm, 50 g Rosinen, 2 Eiklar, 1 EL Maisstärkemehl

Germteig zubereiten. Für die Fülle Butter flaumig abtreiben, die übrigen Zutaten untermengen und die Buchteln damit füllen. Das Maisstärkemehl verhindert das Zusammenfallen der Topfenfülle nach dem Backen.
T: 190–200 °C, B: 30–40 Minuten, m. Sch.

Dukatenbuchteln

➤ **Germteig, 100 g Butter oder Fett; Vanillecreme**

Gut aufgegangenen Germteig 1 cm hoch ausrollen, kleine Buchteln radeln, in zerlassene Butter tauchen und in eine befettete Form schichtenweise neben- und aufeinander einlegen, nochmals gehen lassen und backen.
Mit Vanillecreme servieren.
T: 190–200 °C, B: 30 Minuten, m. Sch.

Dampfnudeln mit Creme

➤ **400 g Mehl, 20 g Germ, ca. 125 ml Milch, 40 g Zucker, 80 g Butter, 4 Eidotter, Salz**
Zum Einlegen: 125 ml Milch, 40 g Butter, Vanillecreme oder heiße Milch

Germteig zubereiten. In einer Auflaufform oder Pfanne Milch und Butter warm werden lassen, aus dem Teig daumengroße Nudeln formen, schichtenweise in die warme Milch und zerlassene Butter einlegen, nochmals aufgehen lassen und im Rohr backen.
Mit Vanillecreme oder Kanarienmilch servieren.
T: 190–200 °C, B: 30–40 Minuten, m. Sch.

Einfache Germknödel

➤ **400 g Mehl, 20 g Germ, Milch nach Bedarf,**

1 EL Zucker, 1 Ei, Salz, 100 g Butter, 100 g Mohn oder 100 g Brösel

1. **Variante:** Aus dem gut aufgegangenen festen Germteig gleich große Stücke ausstechen, Knödel formen, zugedeckt auf einem Brett gehen lassen. In einer weiten Kasserolle in siedendes Salzwasser die Knödel mit der Oberseite nach unten einlegen, zugedeckt 4 Minuten kochen, umdrehen, 3 Minuten offen fertig kochen. Nach dem Herausheben mit 2 Gabeln leicht einreißen, mit zerlassener Butter übergießen. Mit Mohn oder gerösteten Bröseln bestreuen.

2. Variante: Man kann die Knödel auch auf einem Einsatz über kochendem, leicht gesalzenem Wasser dämpfen.

Gefüllte Germknödel

➤ **400 g Mehl, 20 g Germ, ca. 125 ml Milch, 40 g Zucker, 40 g Butter, 2 Eidotter, Salz**
Fülle: 200 g Powidl

Zubereitung wie einfache Germknödel, aber mit Powidl gefüllt; sofort servieren, weil sie sonst zusammenfallen.

Kranzkuchen

➤ **500 g Mehl, 30 g Germ, 250 ml Milch, 60 g Butter, 60 g Zucker, 2–3 Eidotter, Salz**
Fülle: 50 g Nüsse, 50 g Rosinen, 50 g Kristallzucker, 50 g Butter zum Bestreichen
Glasur: Zitronensaft und Zucker

Den aufgegangenen Germteig 0,5 cm dick zu einem Rechteck ausrollen, mit zerlassener Butter bestreichen, mit Fülle bestreuen und dicht einrollen; der Länge nach durchschneiden und beide Hälften wie eine Schnecke gegeneinander drehen. Entweder als Striezel oder als Kranz auf das befettete Blech legen, nochmals kurz gehen lassen und backen. Noch heiß mit Zuckerglasur bestreichen.
T: 190 °C, B: 30–40 Minuten, m. Sch.

Wespennester

➤ **500 g Mehl, 80 g Butter, 3 Eidotter, 50 g Zucker, Zitronenschale, Salz, 250 ml Milch, 30 g Germ, 50 g Butter zum Bestreichen**
Fülle wie Kranzkuchen; Zitronenglasur

Butter, Eidotter und Zucker schaumig rühren, mit Dampfl, Milch, Zitronenschale, Salz und Mehl zu einem mittelfesten Teig vermengen, kneten. Den aufgegangenen Teig 0,5 cm dick ausrollen, mit Butter bestreichen, Fülle darauf geben, einrollen, in 2 cm dicke Scheiben schneiden, mit der Schnittfläche auf ein befettetes Blech legen, nochmals aufgehen lassen und backen. Noch heiß mit Zitronenglasur überziehen. Man kann auch einen einfacheren Germteig wählen.
T: 190–210 °C, B: 20–25 Minuten, m. Sch.

Mohnstrudel

➤ **Germteig von 400 g Mehl**
Fülle: 200 g Mohn, 125 ml Milch, 100 g Zucker, Zitronenschale, Zimt, 70 g Rosinen; Ei und etwas Milch zum Bestreichen

Für die Fülle geriebenen Mohn, Milch, Zucker, Zitronenschale und Zimt aufkochen und Rosinen darunter mengen. Den aufgegangenen Teig 0,5 cm dick ausrollen, mit Fülle bestreichen, locker einrollen, nochmals gehen lassen, mit Eiermilch bestreichen, backen.
T: 190 °C, B: 40 Minuten, u. Sch.

Nussstrudel

➤ **Germteig von 400 g Mehl**
Fülle: 300 g Nüsse, 100 g Zucker, 125 ml Milch

Zubereitung wie Mohnstrudel. Für die Fülle geriebene Nüsse und Zucker in Milch aufkochen.
T: 190 °C, B: 40 Minuten, u. Sch.

Germteigstrudel

➤ **Germteig. Marmelade oder Obst**

Den ausgerollten Germteig mit Marmelade bestreichen oder mit Obst belegen, einrollen, nochmals gehen lassen und backen.
T: 190 °C, B: 40 Minuten, u. Sch.

Topfengolatschen

➤ **Germteig**
Fülle: 50 g Butter, 1 Eidotter, 70 g Zucker, 350 g Topfen, 1 Eiklar, 1 EL Maisstärkemehl, 30 g Rosinen; 1 Ei zum Bestreichen, 30 g Nüsse zum Bestreuen

Für die Fülle Butter flaumig rühren, Eidotter, Zucker, Topfen, Maisstärkemehl und Rosinen vermischen und den Eischnee unterheben.

Hinweis: Etwas Maisstärkemehl in der Topfenfülle bewirkt, dass diese nicht zusammenfällt.

Den aufgegangenen Teig ausrollen, Vierecke schneiden, diese füllen, Ecken bis zur Mitte einschlagen, nochmals gehen lassen, mit versprudeltem Ei bestreichen, mit gehackten Nüssen bestreuen und backen. Leicht herzustellen sind offene Golatschen: Gleich große Laibchen formen, nach dem Gehen von der Mitte aus kräftig flach drücken (es soll nur ein schmaler Rand bleiben),

diesen mit Ei bestreichen, Golatschen mit Fülle aus Topfen, Mohn, Marmelade oder Obst belegen, kurz gehen lassen und backen.
T: 190–210 °C, B: 25 Minuten, m. Sch.

Gugelhupf I

➤ **100 g Butter, 100 g Zucker, 3 Eidotter, 350 g Mehl, Salz, 250 ml Milch, 30 g Germ, 30 g Mandeln**

Butter, Zucker und Eidotter flaumig rühren, Mehl, Salz, Milch und Dampfl untermengen, gut abschlagen, in eine befettete, bemehlte, mit geschälten, halbierten Mandeln ausgelegte Form füllen, aufgehen lassen, backen.
T: 190 °C, B: 60 Minuten, u. Sch.

Gugelhupf II

➤ **500 g Mehl, 30 g Germ, ca. 375 ml Milch, 100 g Butter, 100 g Zucker, 3 Eidotter, Salz, 30 g Rosinen, Zitronenschale**

In den gut abgeschlagenen Germteig gewaschene Rosinen, die nach dem Trocknen in Mehl gewälzt werden, untermengen.
Weitere Behandlung wie Gugelhupf I
T: 190 °C, B: 60 Minuten, u. Sch.

Reifkuchen mit Rum

➤ **Germteig von 300 g Mehl**
Überguss: 200 g Zucker, 250 ml Wasser, Saft und Schale einer 1/2 Zitrone, 75 ml Rum; 125 ml Schlagobers, 20 g Zucker

Mittelweichen Germteig in eine Springform füllen, aufgehen lassen und backen. Zucker mit Wasser und Zitronenschale kochen, mit Rum und Zitronensaft abschmecken, durchseihen und über den heißen Kuchen gießen, vor dem Servieren mit gezuckertem Schlagobers verzieren.
T: 180 °C, B: 40 Minuten, u. Sch.

Bienenstichkuchen

➤ **Germteig von 500 g Mehl**
Belag: 200 g Butter, 200 g Zucker, 200 g Nüsse, etwas Semmelbrösel

Den gut aufgegangenen Germteig 1 cm dick ausrollen, auf ein befettetes Blech legen, Belag auftragen, nochmals gehen lassen und backen. Für den Belag in die zerlassene Butter Zucker und geriebene Nüsse mengen, aufkochen, überkühlt auf dem Kuchen verteilen.
T: 180–200 °C, B: 45 Minuten, m. Sch.

Kleckselkuchen

➤ **Germteig von 500 g Mehl**
Belag: Topfenfülle, Mohnfülle, Zwetschken oder Powidl
Streusel: 150 g Mehl, 60 g Nüsse, 80 g Zucker, Zimt, 120 g Butter

Gut abgeschlagenen Germteig 1 cm dick ausrollen, auf ein bebuttertes Blech legen, abwechselnd 1 TL Topfenfülle, 1 TL Mohnfülle, eine halbe Zwetschke oder 1 TL Powidl auftragen. Jede neue Reihe versetzt beginnen, sodass ein Schachbrettmuster entsteht. Zuletzt Streusel darüber streuen, nochmals gehen lassen und gut durchbacken. Für die Streusel Mehl, Nüsse, Zucker und Zimt vermischen, die geschmolzene Butter darüber gießen. Mit einer Gabel die Masse so vermengen, dass Klümpchen entstehen. T: 180–200 °C, B: 50 Minuten, m. Sch.

Tiroler Strudel

➤ **Germteig von 400 g Mehl**
Fülle: 150 g Zucker, 3 Eidotter, Zitronenschale, 150 g Nüsse, 1 Ei zum Bestreichen

Für die Fülle Zucker, Eidotter und Zitronenschale schaumig rühren, geriebene Nüsse untermengen. Den festen, gut aufgegangenen Germteig 1 cm dick ausrollen, Fülle auftragen, einrollen, auf dem Backblech nochmals gehen lassen, mit Ei bestreichen, backen.
T: 180 °C, B: 40–45 Minuten, m. Sch.

Rosenkuchen

➤ **Germteig von 400 g Mehl**
Fülle: 100 g Nüsse, 100 g Kristallzucker, 1 EL Zimt

Tortenboden 0,5 cm hoch mit Germteig auslegen. Restlichen Teig ausrollen, mit Fülle bestreuen, einrollen, 1 cm breite Streifen abschneiden und diese stehend, dicht nebeneinander, in die Tortenform stellen. Nach kurzem Aufgehen backen.
T: 180 °C, B: 40–45 Minuten, m. Sch.

Streuselkuchen

> 400 g Mehl, 20 g Germ, 125 ml Milch, 30 g Zucker, 50 g Butter, 3 Eidotter, Salz; 100 g Marmelade zum Bestreichen
> Streusel: 150 g Mehl, 60 g Haselnüsse, 80 g Zucker, Zimt, 120 g Butter

Den aufgegangenen Germteig 1 cm dick ausrollen, auf ein befettetes Blech legen, nochmals aufgehen lassen, mit Marmelade bestreichen und mit Streuseln bestreuen. Für die Streusel Mehl, geschälte und geriebene Haselnüsse mit Zucker und Zimt mischen, geschmolzene Butter darüber gießen und mit einer Gabel so vermengen, dass größere Klümpchen entstehen.
T: 180–200 °C, B: 30 Minuten, m. Sch.

Zwetschkenkuchen

> Germteig. 1 kg Zwetschken

Gut abgeschlagenen Teig auswalken, auf ein bebuttertes Blech geben, mit halbierten Zwetschken, mit der Innenseite nach oben, belegen, aufgehen lassen, backen und mit Zucker bestreuen.
T: 180–200 °C, B: 40–50 Minuten, m. Sch.

Marillen-, Pfirsich- und Ribiselkuchen

> Germteig. 1 kg Früchte

Zubereitung wie Zwetschkenkuchen.
Bei Ribiselkuchen kann vor dem Backen Streusel über die Beeren verteilt werden.

Apfelkuchen aus Germteig

> Germteig
> Belag: 1 kg Äpfel, 30 g Butter, 30 g Zucker, 50 g Rosinen; Zucker zum Bestreuen

Backblech mit Germteig auslegen, Apfelscheiben schuppenförmig auflegen, mit Butter bestreichen, mit Rosinen und Zucker bestreuen. Kuchen aufgehen lassen, backen und noch heiß anzuckern.
T: 180–200 °C, B: 40–50 Minuten, u. Sch.

Mohngugelhupf

> 350 g Mehl, 20 g Germ, 250 ml Milch, 60 g Butter, 80 g Zucker, 2 Eidotter, 2 TL Rum, Zitronenschale, Salz
> Fülle: 150 g Mohn, etwas Milch, 1 EL Honig, Zucker, Zitronenschale, etwas Nelkenpulver

Mittelfesten gegangenen Germteig ausrollen, mit Butter bestreichen, die Fülle gleichmäßig verteilen, einrollen, in eine befettete, mit Bröseln ausgestreute Form einlegen, nochmals aufgehen lassen und backen. Für die Fülle Milch, Mohn, Honig, Zucker, Zitronenschale und Nelkenpulver aufkochen.
T: 180 °C, B: 50–60 Minuten, u. Sch.

Patzerlgugelhupf

> Germteig. Mohn- oder Topfenfülle. Marmelade

Gut aufgegangenen Germteig zu Buchteln verarbeiten, verschieden füllen, in eine vorbereitete Form abwechselnd einschlichten, ohne sie in Fett zu tauchen, aufgehen lassen und backen.
T: 180 °C, B: 50–60 Minuten, u. Sch.

Germkipferln (Plunderteig)

> 500 g Mehl, 20 g Germ, ca. 250 ml Milch, Salz, 30 g Butter, 2 Eidotter, 60 g Zucker
> Butterziegel: 150 g Butter, 50 g Mehl; 150 g Marmelade; Ei zum Bestreichen

Aus den Zutaten Germteig bereiten, gut kneten, zu einem Rechteck ausrollen, Butterziegel einlegen, zusammenschlagen und wie Butterteig weiter behandeln. Teig ausrollen, Vierecke radeln, mit Marmelade füllen, Kipferln formen, mit Ei bestreichen, backen.
T: 190–200 °C, B: 25 Minuten, m. Sch.

Briochebäckerei

> 300 g Mehl, 20 g Germ, 125 ml Milch, Salz, 60 g Butter, 50 g Zucker, 2 Eidotter, 1 Ei;
> Folgetag: 60 g Butter, etwas Mehl;
> 1 Eiklar zum Bestreichen, Hagelzucker oder Mohn zum Bestreuen

Einen mittelfesten Germteig bereiten, kräftig abschlagen, kühl über Nacht gehen lassen, am folgenden Tag Butter und etwas Mehl einarbeiten. Brezerln, Stangerln, Kipferln und Weckerln formen, gehen lassen, mit Eiklar bestreichen, mit Hagelzucker

oder Mohn bestreuen und backen.
T: 180–200 °C, B: 15–20 Minuten, m. Sch.

Weihnachtsstollen

➤ **750 g Mehl, 250 g Butter, 100 g Zucker, 80 g Germ, ca. 125 ml Milch, Salz; 50 g Rosinen, 80 g Mandeln oder Nüsse, 70 g Zitronat, Zitronenschale, Vanillezucker, etwas Muskatblüte, 2 EL Rum; Milch und Zucker zum Bestreichen**

Die Hälfte Mehl mit Dampfl, Zucker und Milch zu einem leichten Teig verarbeiten, diesen gehen lassen, das restliche Mehl und die erweichte Butter einarbeiten. Der Teig soll fest sein und sehr gut geknetet werden, er muss nochmals aufgehen. Die gewaschenen Rosinen, die fein geriebenen Mandeln (Nüsse), fein geschnittenes Zitronat, Zitronenschale und Muskatblüte mit Rum befeuchten und in den aufgegangenen Teig einkneten. Einen Stollen formen, diesen mit der Hand oder einem Kochlöffelstiel seitlich der Länge nach eindrücken und nochmals kurz aufgehen lassen.
Hinweis: Es ist vorteilhaft, bevor die Früchte eingeknetet werden, einen kleinen Teil des Teiges wegzunehmen, diesen dünn auszurollen und den Stollen damit einzuschlagen, weil die Früchte bei der langen Backzeit zuerst bräunen.
Vor dem Backen den Stollen mit gezuckerter Milch (lauwarm) bestreichen.
T: 175–190 °C, B: 60–80 Minuten, u. Sch.

Kärntner Reindling

➤ **Germteig von 500 g Mehl
Fülle: 100 g Rosinen, 100 g Kristallzucker, 1 TL Zimt; Zucker zum Bestreuen**

Den aufgegangenen Teig 1 cm dick ausrollen, mit Rosinen, Zucker und Zimt bestreuen, einrollen, in eine Gugelhupfform geben, aufgehen lassen und backen.
T: 180 °C, B: 50–60 Minuten, u. Sch.

Germomeletten I

➤ **350 g Mehl, 30 g Germ, Milch nach Bedarf, Salz, 50 g Zucker, 3 Eidotter, 3 Eiklar, Marmelade; Zucker zum Bestreuen**

Mehl mit Dampfl, Milch, Zucker, Eidotter und Salz zu einem dünnen Teig verrühren, gehen lassen, Eischnee unterheben. Omeletten backen, mit Marmelade füllen und mit Zucker bestreuen.

Germomeletten II

➤ **300 g Mehl, 30 g Germ, Milch nach Bedarf, Salz, 30 g Zucker, 1–2 Eier**

Dampfl mit den übrigen Zutaten zu einem weichen Teig verrühren, gehen lassen und dünne Omeletten backen, mit Zucker bestreuen.

Germstrauben

➤ **300 g Mehl, 20 g Germ, Milch nach Bedarf, Salz, 30 g Zucker, 2 Eier, 1 EL Rum; Fett zum Ausbacken**

Aus den Zutaten einen weichen Germteig bereiten und gut aufgehen lassen. In das heiße Fett den Teig spiralenförmig von der Mitte aus einlaufen lassen, bis Strauben entstehen, hell backen und mit Zucker bestreuen. Zum Eingießen des Teiges ein Schnaberlhäferl verwenden.
Beilage: Kompott

Böhmische Dalken oder Liwanzen

➤ **300 g Mehl, 20 g Germ, ca. 500 ml Milch, Salz, 50 g Zucker, 3 Eidotter, 3 Eiklar, Marmelade oder Powidl; Zucker zum Bestreuen**

Aus den Zutaten einen sehr weichen Germteig bereiten, Eischnee unterheben und aufgehen lassen. In den Vertiefungen einer Dalkenpfanne Fett erhitzen, je einen Löffel Teig hineingeben, auf beiden Seiten hell backen, mit Marmelade zusammensetzen und mit Zucker bestreuen. Eine andere Möglichkeit: Jede einzelne Dalke mit Marmelade bestreichen oder nur mit Zucker und Zimt bestreuen.

Gebackene Mäuse

➤ **400 g Mehl, 20 g Germ, ca. 500 ml Milch, 50 g Zucker, 50 g Butter, 2 Eidotter, 1 EL Rum, 50 g Rosinen; Fett zum Ausbacken**

Aus den Zutaten einen weichen Germteig bereiten, zuletzt in Mehl gewälzte Rosinen untermengen, warm aufgehen lassen. Mit einem in Fett getauchten Esslöffel Nocken ausstechen und in heißem Fett goldgelb backen, abtropfen lassen und mit Zucker bestreuen.

Gebackene Mäuse (einfach)

➤ **400 g Mehl, 20 g Germ, ca. 250 ml Milch, Salz, 1 Ei, 40 g Fett, 2 EL Rum; Fett zum Ausbacken**

Zubereitung wie „Gebackene Mäuse"

Bauernkrapfen

➤ **1 kg Mehl, 40 g Germ, 150 g Zucker, 4 Eidotter, 50 g Fett, Milch nach Bedarf, Salz, 1 EL Rum; Fett zum Ausbacken**

Aus den Zutaten einen Germteig bereiten und gehen lassen. Mit einem Löffel enteneigroße Stücke herausstechen und Laibchen formen, die man nochmals gehen lässt. Nun zieht man die Laibchen in der Mitte auseinander und bäckt sie goldgelb in heißem Fett. Mit Zucker bestreuen.

Bayrische Kücherln

➤ **500 g Mehl, 20 g Germ, 375 ml Milch, Salz, 50 g Zucker, 40 g Butter, 3 Eidotter, 1 EL Rum, Zitronenschale; Fett zum Ausbacken; Marmelade zum Füllen, Zucker zum Bestreuen**

Den gut aufgegangenen Germteig 1 cm dick ausrollen, Krapfen ausstechen, nochmals zugedeckt warm aufgehen lassen, in der Mitte der Teigscheibe von unten nach oben mit den Fingern ein Grübchen formen und mit der Oberseite nach unten in das heiße Fett einlegen, zuerst zugedeckt, dann umdrehen und offen fertig backen. In die Mitte Marmelade geben und mit Zucker bestreuen.

Weihnachtskrapfen

➤ **Zutaten wie „Bayrische Kücherln"**

Den aufgegangenen Germteig 1 cm dick ausrollen, in 5 cm breite und 10 cm lange Rechtecke radeln, die Innenflächen in Streifen einradeln, ohne den Rand aber zu durchtrennen. Nochmals gehen lassen und in heißem Fett backen, abtropfen lassen und mit Zucker bestreuen.

Faschingskrapfen

Bei der Herstellung von Faschingskrapfen ist im Allgemeinen zu beachten:

1. Alle Zutaten und Behelfe müssen warm sein, ebenso die Schüssel und Geräte für die Teigbereitung (in warmes Wasser geben).
2. Die Krapfen während des Aufgehens vor Zugluft schützen.
3. Krapfen langsam aufgehen lassen und dabei gut zudecken, damit der Teig keine Kruste bekommt.
4. Das Backfett nicht überhitzen, es soll fingerhoch in der Backpfanne stehen, damit die Krapfen ein weißes Rändchen bekommen.
5. Krapfen nach dem Backen auf ein Sieb oder auf weißes Saugpapier legen, damit das Fett abtropfen kann.
6. Gelungene Krapfen sind goldbraun und gleich hoch.
7. Fertige Krapfen zugedeckt aufbewahren, damit sie frisch und locker bleiben.

Einfache Faschingskrapfen

➤ **Zutaten wie „Bayrische Kücherln"**

Zubereitung siehe nachfolgend.

Feine Faschingskrapfen

➤ **500 g Mehl, 30 g Germ, 250 ml Milch, Salz, 50 g Zucker, 100 g Butter, 4 Eidotter, 2 EL Rum; 120 g feste Marmelade zum Füllen; Fett zum Ausbacken, Zucker zum Bestreuen**

Butter, Zucker und Eidotter warm verrühren, mit gut aufgegangenem Dampfl, vorgewärmtem Mehl, Salz und Rum zu einem mittelfesten Teig verarbeiten, sehr gut abschlagen, bis er glänzt, und aufgehen lassen. Auf vorgewärmtem Brett Teig 1 cm hoch ausrollen, Scheiben ausstechen, genau in der Mitte mit Marmelade füllen, mit einer zweiten Scheibe abdecken, am Rand festdrücken und mit einem kleineren Ausstecher die eigentlichen Krapfen ausstechen. Auf vorgewärmtem, bemehltem Brett mit einem Tuch zugedeckt aufgehen lassen. Die Krapfen mit der Oberseite nach unten in das heiße Fett einlegen, zuerst zugedeckt lassen, dann umdrehen und offen fertig backen. Auf einem Sieb oder weißem Saugpapier abtropfen lassen und mit Zucker bestreuen.

Topfenkrapfen

➤ **400 g Mehl, 120 g Topfen, 40 g Germ, ca. 250 ml Milch, Salz, 40 g Zucker, 2 Eidotter; Fett zum Ausbacken, Zucker zum Bestreuen**

Zubereitung wie Faschingskrapfen

Mehlspeisen aus Mürbteig

Mürber Apfelstrudel

➤ **280 g Mehl, 180 g Butter, 40 g Zucker, Salz; 2 Eidotter, 1 EL Milch, 1 EL Wein oder Most**
Fülle: 1 kg Äpfel, 100 g Zucker, 60 g Rosinen; Ei zum Bestreichen

Mürbteig rechteckig ausrollen, den Mittelstreifen mit blättrig geschnittenen Äpfeln und Rosinen belegen, mit Zucker bestreuen, zusammenschlagen und auf das bebutterte Blech mit der eingeschlagenen Seite nach unten auflegen. Mit Ei bestreichen und backen. Man kann auch den Teigrand auf einer Seite alle 2 cm kurz einradeln und nach dem Schließen des Strudels jede zweite Zacke zurückschlagen, mit Ei bestreichen und backen.
T: 200 °C, B: 45 Minuten, m. Sch.

Apfelkuchen I

➤ **280 g Mehl, 140 g Butter, 60 g Zucker, 2 Eier, Salz, 70 ml Sauerrahm**
Fülle: 750 g Äpfel, 100 g Zucker, 50 g Rosinen, 2 EL Rum

Mürbteig nach dem Rasten ausrollen, 2 Tortenflächen und einen Streifen ausradeln. Tortenboden mit Mürbteig belegen und den Streifen an der Tortenwand festdrücken, füllen, mit der zweiten Teighälfte abdecken und backen. Für die Fülle Äpfel blättrig schneiden, mit Zucker, Rosinen und Rum zugedeckt dünsten.
T: 190–200 °C, B: 45 Minuten, u. Sch.

Apfelkuchen II

➤ **280 g Mehl, 180 g Butter, 100 g Zucker, 140 g Mandeln oder Nüsse, Zitronenschale; 3 Eidotter**
Fülle: 1 kg Äpfel, 120 g Zucker, Saft einer halben Zitrone; Ei zum Bestreichen

Zwei Drittel des Mürbteiges nach dem Rasten 0,5 cm dick ausrollen, auf ein Backblech geben und hell backen. Für die Fülle blättrig geschnittene Äpfel mit Zucker und Zitronensaft weich dünsten. Die Apfelfülle darauf streichen und gitterförmig mit dünnen Teigröllchen belegen, mit Ei bestreichen und fertig backen.
T: 200 °C, B: 30–35 Minuten, m. Sch.

Pfirsichkuchen

➤ **300 g Mehl, 200 g Butter, 3 Eidotter; 80 g Zucker zum Bestreuen**
Fülle: 500 g Pfirsiche, 125 ml Wasser, 120 g Zucker, Saft einer halben Zitrone

Mürbteig ausrollen und auf ein Blech mit geschlossenem Rand drücken und hell backen. Mit gedünsteten Pfirsichen belegen, gut mit Zucker bestreuen und nochmals kurz backen.
T: 210 °C, B: 30–35 Minuten, m. Sch.

Topfenkuchen

➤ **200 g Mehl, 150 g Butter, 30 g Zucker, 1 Ei**
Fülle: 300 g Topfen, 1 Ei, 80 g Zucker, 50 g Haselnüsse, Zitronenschale, 2 EL Sauerrahm, 30 g Rosinen

Mit der Hälfte des Mürbteiges einen Tortenboden und den Rand auslegen. Für die Fülle alle Zutaten miteinander vermengen. Mit der Fülle bestreichen, mit dem restlichen Mürbteig dünne Teigröllchen formen und die Topfenmasse gitterförmig damit belegen. Mit Ei bestreichen und backen.
T: 200 °C, B: 30–40 Minuten, m. Sch.

Mohnkuchen

➤ **170 g Mehl, 140 g Butter, 70 g Zucker, 2 Eidotter**
Fülle: 160 g Zucker, 4 Eidotter, Zitronenschale, 150 g Mohn, 4 Eiklar, 30 g Rosinen

Boden und Rand einer Tortenform mit Teig auslegen, die Mohnfülle einstreichen und backen. Für die Fülle Zucker, Eidotter und Zitronenschale abrühren, geriebenen Mohn, Eischnee und Rosinen untermengen.
T: 190–200 °C, B: 45 Minuten, m. Sch.

Nusskuchen

➤ **300 g Mehl, 200 g Butter, 120 g Zucker, Zitronenschale, 2 TL Rum, 2 Eidotter**
Fülle: 200 g Nüsse, 50 g Zucker,
1 EL Honig, 1 EL Milch, 50 g Rosinen;
Ei zum Bestreichen

Boden und Rand einer Tortenform mit Teig auslegen. Mit Nussfülle bestreichen und mit einem Teiggitter abdecken. Mit Ei bestreichen und backen. Für die Fülle geriebene Nüsse mit den Zutaten vermengen.
T: 190–200 °C, B: 45 Minuten, m. Sch.

Mehlspeisen aus Blätterteig

Palmblätter

➤ **Blätterteig. Kristallzucker**

Auf einem mit Kristallzucker bestreuten Nudelbrett den Blätterteig 4 mm dick zu einem ca. 40 cm langen Rechteck ausrollen. Von den beiden Schmalseiten von außen nach innen die Teigflächen einrollen, bis sie einander in der Mitte treffen. Dann mit einem in heißes Wasser getauchten Messer 0,5 cm breite Scheiben schneiden, mit der Schnittfläche auf das Backblech legen, goldbraun backen und noch heiß vom Blech lösen.

Blätterteigkipferln

➤ **Blätterteig. Ribiselmarmelade;**
Ei zum Bestreichen; 30 g Nüsse oder Hagelzucker zum Bestreuen

Blätterteig 3 mm dick ausrollen und in 5 cm breite und 15 cm lange Rechtecke schneiden. Mit Ribiselmarmelade füllen, zusammenschlagen, zu Kipferln formen. Mit Ei bestreichen, mit geriebenen Nüssen oder Hagelzucker bestreuen und goldgelb backen.

Blätterteigstangerln

➤ **Blätterteig. Eiweißglasur**

Blätterteig 3 mm dick ausrollen und kurze Zeit kalt stellen. Mit zäher Eiweißglasur dünn bestreichen und in 7 cm lange und 2 cm breite Streifen schneiden, auf das Blech setzen und nochmals rasten lassen. Vorsichtig backen! Die fertigen Stangerln können mit Spritzglasur verziert werden.

Rohrkrapfen (Schnürkrapfen)

➤ **Blätterteig. Fett zum Ausbacken;**
Zucker zum Bestreuen

Blätterteig 2 mm dick ausrollen und in 10 cm große Quadrate schneiden. Mit Spagat auf die Rohrkrapfeneisen binden oder auf die Rohrkrapfenzangen legen. In heißem Fett backen und abtropfen lassen und mit Zucker bestreuen. Schnürkrapfen können auch mit geschlagenem Schlagobers gefüllt werden.

Damenkaprizen

➤ **Blätterteig. Eiklar zum Bestreichen, Ribiselmarmelade, 250 ml Schlagobers,**
30 g Zucker

Blätterteig 3 mm dick ausrollen und in 10 cm breite Streifen schneiden. An den Rändern mit Eiklar bestreichen und 1 cm breite Teigstreifen darauf legen. Nach dem Backen die Mulde mit Marmelade füllen, mit Schlagobers verzieren und in Schnitten schneiden.

Äpfel im Schlafrock

➤ **Blätterteig**
Fülle: 750 g Äpfel, 100 g Zucker, Zimt, Zitronenschale n. B., 50 g Rosinen;
1 Ei zum Bestreichen

Blätterteig zu einem backblechlangen und 25 cm breiten Rechteck 3 mm dick ausrollen. Den Mittelstreifen mit feinblättrig geschnittenen Äpfeln belegen, mit Zucker, Zimt, Zitronenschale und Rosinen bestreuen. Teigränder mit Ei bestreichen, gegeneinander schlagen. Oberfläche mit schmalen Teigstreifen verzieren und mit versprudeltem Ei bestreichen und durchbacken.
T: 250 °C, B: 30 Minuten, m. Sch.

Obststrudel aus Blätterteig

➤ **Blätterteig**
Fülle: 750 g Früchte (Marillen, Pfirsiche, Heidelbeeren, Ribiseln, Kirschen);
Zucker nach Bedarf; Ei zum Bestreichen;
evtl. Windmasse

Blätterteig wie für Cremeschnitten backen. Mit gedünstetem Obst belegen, mit Windmasse bestreichen und nochmals kurz backen.

Schaumrollen

➤ **Blätterteig. Ei zum Bestreichen**
Fülle I: 250 ml Schlagobers, 50 g Zucker
Fülle II: 4 Eiklar, 140 g Zucker

Blätterteig 2 mm dick ausrollen, 2,5 cm breite und 30 cm lange Streifen schneiden. Auf dem Schaumrolleneisen vom engen Ende her gleichmäßig aufrollen und evtl. mit versprudeltem Ei vorsichtig bestreichen und backen. Ausgekühlt mit gezuckertem Schlagobers füllen und mit Zucker bestreuen. Statt Schlagobers kann zum Füllen auch über Dampf geschlagene Windmasse verwendet werden.

Cremeschnitten

➤ **Blätterteig. Fülle: Vanillecreme;**
Zucker zum Bestreuen oder Zitronenglasur

Blätterteig 3 mm dick ausrollen und in 10 cm breite Streifen schneiden. Auf das Blech legen und mit einer Gabel anstechen und mindestens 10 Minuten kalt stellen. Nach dem Backen die Streifen entweder quer durchschneiden, den Boden füllen und mit der zweiten Hälfte abdecken oder je zwei Streifen mit Fülle zusammensetzen. Die Deckplatte kann vor dem Aufsetzen glasiert werden oder sie wird nur mit Zucker bestreut. Anschließend in Portionen teilen. Der Zuckerbäcker bäckt zwei gleich große Flächen, die er mit warmer Creme zusammensetzt und nach dem Auskühlen in Portionen teilt.

Strasser Kipferln

➤ **250 g Butter, 250 g Mehl, 20 g Germ, 2 EL Milch, 2 EL Zucker, 2 Eidotter, Salz; Marmelade zum Füllen; Ei zum Bestreichen, grober Kristallzucker zum Bestreuen**

Butter und Mehl abbröseln. Germ mit Milch und Zucker verrühren, Eidotter und Salz hinzufügen. Die Masse rasch zu einem Teig verarbeiten und diesen wie Blätterteig weiterverarbeiten. Teig 3 mm dick ausrollen und in 5 cm breite und 15 cm lange Rechtecke schneiden. Mit Marmelade füllen, zusammenschlagen und zu Kipferln formen. Mit Ei bestreichen, mit Kristallzucker bestreuen und backen.

Kartoffelbutterteigstangerln

➤ **200 g Butter, 200 g Mehl, 200 g passierte Kartoffeln, Ei zum Bestreichen;**
Salz und Kümmel zum Bestreuen

Butter und Mehl abbröseln, mit kalten, passierten Kartoffeln rasch zu einem Teig verarbeiten und rasten lassen. Teig 3 mm dick ausrollen, mit Ei be-

Herstellung von Blätterteig

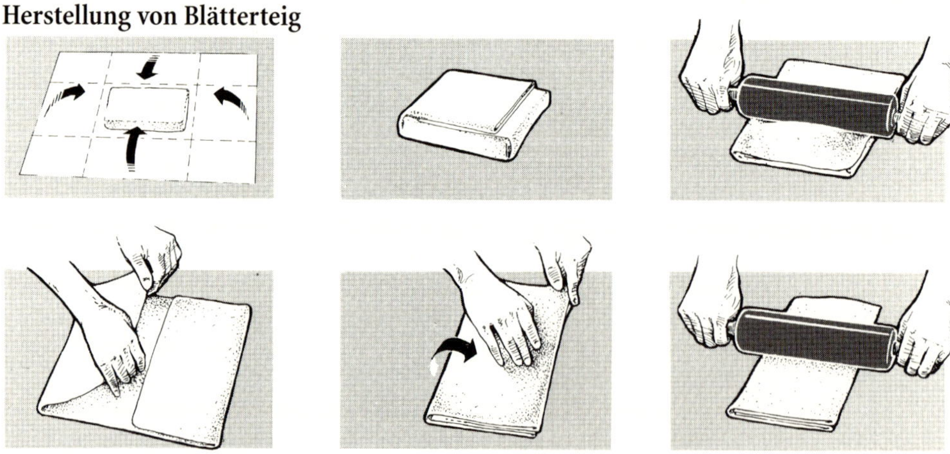

Aufrollen auf Schaumrolleneisen

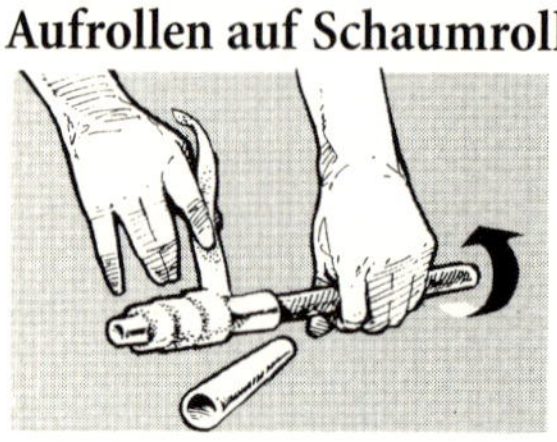

streichen, mit Salz und Kümmel bestreuen, Stangerln radeln und backen.

Topfenbutterteig

➤ **125 g Mehl, 125 g Butter, 125 g Topfen, Salz; Zucker zum Bestreuen**

Zutaten rasch zu einem glatten Teig verarbeiten und daraus Kipferln, Polsterzipf oder Stangerln formen. Hell, aber gut durchbacken, noch warm in Zucker wälzen.

Topfenpackerln

➤ **Topfenbutterteig. 500 g Obst (Äpfel, Zwetschken, Marillen usw.); Eiklar zum Bestreichen; etwas Zucker**

Aus Topfenbutterteig Vierecke radeln, mit blättrig geschnittenen, gezuckerten Äpfeln, Zwetschken oder Marillen füllen. Ränder mit Eiklar bestreichen und schließen. Backen und noch warm überzuckern.

Topfeneckerln (Blätterteig) oder Wiener Tascherln

➤ **200 g Topfen, 200 g Butter, 200 g Mehl, 1 Prise Salz; Marmelade zum Füllen; Ei zum Bestreichen**

Zutaten rasch zu einem Teig kneten, 1 Stunde kühl rasten lassen. Teig auswalken, Vierecke ausschneiden, in die Mitte etwas Marmelade geben und zusammenschlagen. Mit Ei bestreichen und backen. Das Blech mit etwas Wasser befeuchten.

Schmer- oder Filzteig

➤ **500 g Mehl, Salz, 1–2 Eidotter, 10 g Germ, Milch nach Bedarf; 300 g Filz (enthäutet)**

Mehl, Salz, Eidotter, Germ und Milch zu einem mittelfesten Teig verarbeiten und rasten lassen. Den Teig 2 cm dick ausrollen, mit faschiertem Filz bestreichen, zusammenschlagen und wie Blätterteig weiter behandeln. Aus dem Teig können Strudel, Kipferln oder Tascherln hergestellt werden. Eignet sich für süßes und saures Gebäck.

Mehlspeisen aus Brandteig

Cremekrapfen I

➤ **Teig: 125 ml Wasser, 50 g Butter, Salz, 20 g Zucker, 110 g Mehl, 3 Eier; 1 Eiklar zum Bestreichen; 20 g Zucker zum Bestreuen oder Schokoladenglasur**
Creme: 250 ml Milch, 2 Eidotter, 40 g Mehl oder 30 g Maisstärkemehl, 60 g Zucker
Eiweißmasse: 2 Eiklar, 40 g Zucker; 125 ml Schlagobers

Den Brandteig zu Krapfen formen und backen. Ausgekühlt durchschneiden, mit Creme und Schlagobers füllen, mit Zucker bestreuen oder mit Schokoladenglasur beträufeln.

1. **Variante:** Für die Creme Milch, Eidotter, Mehl und Zucker glatt verrühren und unter ständigem Rühren aufkochen. In die ganz heiße Creme die sehr fest ausgeschlagene Windmasse unterheben und zugedeckt auskühlen lassen.
2. **Variante:** Die Creme gelingt besser, wenn man Eidotter, Mehl und Zucker mit etwas kalter Milch anrührt und unter ständigem Rühren in die kochende Milch einlaufen lässt und dann ebenfalls sofort die Windmasse einhebt.
3. **Variante:** Die Creme kann auch im Wasserbad zubereitet werden. Zubereitung wie Creme I

Cremekrapfen II

➤ **210 ml Wasser, 140 g Butter, Salz, 140 g Mehl, 4 Eier**

Zubereitung wie Cremekrapfen I

Windbeutel

➤ **250 ml Wasser, 20 g Butter, 20 g Zucker, Salz, 150 g Mehl, 4 Eier; Fett zum Ausbacken, Zucker und Schokolade zum Bestreuen**

Aus Brandteig mit Esslöffel große Nocken abstechen. In das heiße Fett einlegen und goldbraun backen. Überkühlt in geriebener Schokolade und Zucker wälzen.

Spritzkrapfen

➤ **250 ml Wasser, 50 g Butter, Salz, 200 g Mehl, 3 Eier, etwas Rum; Fett zum Ausbacken, Zucker zum Bestreuen**
Beerenspiegel: 250 g verschiedene Beeren (Himbeeren, Heidelbeeeren, Brombeeren usw.), 100 ml Wasser, 50 g Zucker, 1 EL Maisstärkemehl, etwas Rum

Aus dem Brandteig mit einem Spritzsack ca. 10 cm lange Stücke ins heiße Fett spritzen und goldgelb backen. Abtropfen lassen, mit Zucker bestreuen und noch warm mit Kompott oder Beerenspiegel servieren. Für den Beerenspiegel Wasser, Zucker und Beeren kurz aufkochen, das mit etwas Wasser vermengte Maisstärkemehl beimengen und nochmals kurz aufkochen lassen. Mit etwas Rum abschmecken.

Brandteighasenöhrl

➤ **500 g Mehl, 250 ml Milch, 70 g Butter, Salz, 2 Eier; Fett zum Ausbacken, Zucker zum Bestreuen**

Heiße Milch, Butter und Salz versprudeln. Das Mehl damit überbrühen und zu einem Teig verarbeiten. Die Eier einkneten und den Teig dünn ausrollen. Dreiecke schneiden und diese in heißem Fett backen und sofort mit Zucker bestreuen.

Brandteigstangerln

➤ **125 ml Wasser, 50 g Butter, Salz,**
120 g Mehl, 2 Eier
Creme: 250 ml Milch, 2 Eidotter,
20 g Maisstärkemehl, 40 g Zucker,
100 g Butter, 50 g Zucker
Schokoladeguss: 100 g Schokolade,
125 ml Wasser, 10 g Maisstärkemehl,
20 g Butter, 50 g Zucker

Aus dem Brandteig 8 cm lange Stangerln auf ein bebuttertes Blech spritzen, goldgelb backen. Ausgekühlt aufschneiden, füllen und glasieren. Für die Fülle Milch, Eidotter, Maisstärkemehl und Zucker kalt verrühren und aufkochen. Überkühlt unter die flaumig abgetriebene Butter rühren und nachzuckern. Für den Schokoladeguss Wasser, Schokolade, Maisstärkemehl und Zucker aufkochen.

Brandteigomeletten

➤ **250 ml Milch, 60 g Butter, Salz, 80 g Mehl, 3 Eidotter; 3 Eiklar, 20 g Zucker, 1 P. Vanillezucker, Zitronenschale n. B.; Marmelade zum Füllen, Zucker zum Bestreuen**

Milch, Butter, Zitronenschale und Salz aufkochen. Mehl einrühren und kochen, bis sich die Masse löst. In den überkühlten Teig Eidotter einrühren und zuletzt fest geschlagene Windmasse unterziehen. In bebutterte und bemehlte Omelettenform füllen und bei schwacher Hitze backen. Mit Marmelade füllen, zusammenschlagen und mit Zucker bestreuen.

Zwetschkenknödel aus Brandteig

➤ **250 ml Wasser, 30 g Butter, Salz,**
250 g Mehl, 2 Eier
Fülle: 750 g Zwetschken
Butterbrösel: 150 g Butter, 100 g Brösel;
Zucker zum Bestreuen

Brandteig zu einer Rolle formen und diese in Stücke schneiden. Jedes Teilstück mit einer Zwetschke belegen und Knödel formen. Knödel in Salzwasser offen kochen, vorsichtig umrühren. In gerösteten Bröseln wälzen und mit Zucker bestreuen.
Kochzeit: 12 Minuten

Mehlspeisen aus Kartoffelteig

Zwetschkenknödel

➤ **Kartoffelteig: 500 g Kartoffeln,**
150 g Mehl, Salz, 1 Ei, 10 g Fett
Fülle: 750 g Zwetschken
Butterbrösel: 100 g Butter, 70 g Brösel;
Zucker zum Bestreuen

Kartoffelteig zu einer Rolle formen, Scheiben schneiden, Schüsserln formen, mit Zwetschken füllen und zu Knödeln drehen. In Salzwasser kochen, abseihen, mit gerösteten Bröseln und Zucker bestreuen. Besonders dünn wird die Teighülle, wenn der ausgerollte Teig in Vierecke geschnitten und die Zwetschken damit eingeschlagen werden.

Pfirsich-, Marillen- und Kirschenknödel

➤ **Kartoffelteig wie bei Zwetschkenknödeln Fülle: 750 g Pfirsiche, Marillen oder Kirschen, Würfelzucker (Fruchtinneres)**
Butterbrösel: 100 g Butter, 70 g Brösel;
Zucker zum Bestreuen

Kartoffelteig zu einer Rolle formen, Scheiben schneiden, Schüsserln formen, mit Pfirsichen, Marillen oder Kirschen füllen und zu Knödeln drehen. In Salzwasser kochen, abseihen, mit gerösteten Bröseln und Zucker bestreuen. Besonders dünn wird die Teighülle, wenn der ausgerollte Teig in Vierecke geschnitten und die Pfirsiche, Marillen oder Kirschen damit eingeschlagen werden. Von den Kirschen nimmt man 3 bis 4 Stück pro Knödel, die Marillen und Pfirsiche werden entkernt und mit Würfelzucker gefüllt.

Powidltascherln

➤ **Kartoffelteig wie bei Zwetschkenknödeln.**
125 g Powidl; 100 g Butter, 70 g Brösel;
Zucker zum Bestreuen

Kartoffelteig dünn ausrollen, Vierecke radeln, mit Powidl füllen, zusammenschlagen, Ränder festdrücken, in Salzwasser kochen, abseihen, in gerösteten Semmelbröseln schwenken, mit Zucker bestreuen und servieren.

Marillentascherln

➤ **Kartoffelteig wie bei Zwetschkenknödeln.**
125 g Marillenmarmelade; 100 g Butter,
70 g Brösel; Zucker zum Bestreuen

Kartoffelteig dünn ausrollen, Vierecke radeln, mit Marillenmarmelade füllen, zusammenschlagen, Ränder festdrücken, in Salzwasser kochen, abseihen, in gerösteten Semmelbröseln schwenken, mit Zucker bestreuen und servieren.

Waldviertler Mohnnudeln

➤ **750 g Kartoffeln, 250 g Mehl, 30 g Butter,**
100 g Mohn, 50 g Zucker

Salzkartoffeln abseihen, zerstampfen, mit Kochlöffel Löcher stoßen, Mehl darüber streuen, zugedeckt weiter dämpfen lassen. Die Masse gut verrühren, Nudeln formen, in eine bebutterte Pfanne schlichten, mit geriebenem Mohn bestreuen, im Rohr kurz überbacken, mit Zucker bestreuen und anrichten.

Kartoffelstrudel mit Mohnfülle

➤ **500 g Mehl, 350 g Kartoffeln, 1 P. Backpulver,**
Salz, 80 g Fett, 120 g Zucker,
1 Ei zum Bestreichen
Fülle: 375 ml Mohn, 375 ml Milch,
60 g Zucker, Zitronenschale, 30 g Butter

Mehl und gekochte, passierte Kartoffeln abbröseln, mit den übrigen Zutaten vermengen, auswalken, mit Fülle bestreichen, einrollen und mit Ei bepinseln und backen. Für die Fülle geriebenen Mohn, Milch, Zucker, Zitronenschale und Fett aufkochen.
T: 190–210 °C, B: 30–40 Minuten, m. Sch.

Kartoffelomeletten

➤ **Kartoffelteig wie bei Zwetschkenknödeln.**
Butter; Marmelade; Zucker zum Bestreuen

Weichen Kartoffelteig dünn ausrollen, Flecken in der Größe der Omelettenpfanne ausradeln, in Omelettenpfanne backen, mit Marmelade bestreichen, zusammenrollen und überzuckern.

Mehlspeisen aus Biskuitteig

Anisbögerln

➤ **3 Eier, 150 g Zucker, 70 g glattes Mehl,**
5 g Anis; Backpapier für das Blech

Eier und Zucker schaumig rühren, Mehl untermengen, auf das mit Backpapier belegte Blech Scheiben von 5 cm Durchmesser dünn aufstreichen, mit Anis bestreuen und hell backen, mit Palette lösen und noch heiß über einen dicken Kochlöffelstiel biegen.
T: 200–220 °C, B: 5–7 Minuten, m. Sch.

Schaumtüten

➤ **Zutaten wie Anisbögerln (kein Anis).**
Backpapier für das Blech
Fülle: Schlagobers oder Hexenschaum

Vom Teig größere Scheiben aufstreichen, hell backen, ablösen und zu Tüten drehen. Knapp vor dem Servieren füllen und mit Zucker bestreuen.
T: 200–220 °C, B: 5–7 Minuten, m. Sch.

Hobelscharten

➤ **3 Eier, 150 g Zucker, 70 g glattes Mehl;**
Backpapier für das Blech

Auf das mit Papier belegte Blech 2 cm breite Streifen aufstreichen, hell backen, ablösen und rasch spiralenförmig über einen Kochlöffel wickeln.
T: 200–220 °C, B: 5–7 Minuten, m. Sch.

Anisstangerln

➤ **200 g Zucker, 5 Eidotter, 5 Eiklar,**
200 g Mehl, Anis

Zucker und Eidotter schaumig rühren, Eischnee und Mehl unterheben. Masse auf ein bebuttertes und bemehltes Blech 1 cm dick aufstreichen. Mit

Anis bestreuen und backen. Überkühlt in Stangerln schneiden.
T: 190 °C, B: 20 Minuten, m. Sch.

Anislaibchen

- **3 Eier, 250 g Zucker, 250 g Mehl, Anis**

Zucker und Eier schaumig rühren, Mehl und Anis untermengen. Mit Kaffeelöffel kleine Häufchen auf bebuttertes und bemehltes Blech setzen, über Nacht trocknen lassen und bei mäßiger Hitze backen.
T: 200 °C, B: 15 Minuten, m. Sch.

Anisbrot

- **2 Eier, 4 Eidotter, 140 g Zucker, 140 g Mehl, 5 g Anis**

Eier, Eidotter und Zucker schaumig rühren, mit Mehl und Anis vermengen. In Kastenform backen. T: 180 °C, B: 25–30 Minuten, m. Sch. Ausgekühltes Gebäck in dünne Scheiben schneiden und bähen. T: 150 °C, B: nach Bedarf, m. Sch.

Anisschnitten

- **6 Eier, 400 g Zucker, 1 P. Vanillezucker, 400 g Mehl, 1/2 P. Backpulver, 5 g Anis**

Eier, Zucker und Vanillezucker schaumig rühren, Mehl, Backpulver und Anis untermengen. Auf gut bebuttertem und bemehltem Blech backen, überkühlt in Schnitten schneiden.
T: 190 °C, B: 30 Minuten, m. Sch.

Biskotten

- **5 Eidotter, 70 g Zucker, 5 Eiklar, 110 g Mehl; Zucker zum Bestreuen**

Eidotter und Zucker schaumig rühren, Eischnee und Mehl unterheben, auf ein bebuttertes und bemehltes Backblech Biskotten spritzen und fein mit Zucker bestreuen. Zucker vom Backblech abklopfen, bei mittlerer Hitze backen, sofort ablösen.
T: 200 °C, B: 10–15 Minuten, m. Sch.

Hausfreunde

- **3 Eiklar, 150 g Zucker, 3 Eidotter, 150 g Mehl, 150 g Haselnüsse, 150 g Rosinen**

In den fest geschlagenen Eischnee Zucker, Eidotter, Mehl, blättrig geschnittene Haselnüsse und Rosinen untermengen. Masse in Kastenform füllen und backen. Das ausgekühlte Gebäck dünn aufschneiden.
T: 180 °C, B: 25–30 Minuten, m. Sch.

Pumpernickel

- **280 g Zucker, 4 Eier; 280 g Mehl, 280 g Nüsse, 80 g getrocknete Marillen, 80 g Kletzen, 1 Messerspitze Zimt, 1 P. Vanillezucker, Zitronenschale**

Zucker und Eier schaumig rühren, Mehl, geriebene Nüsse, klein geschnittene Früchte und Gewürze untermengen, Masse auf gut bebuttertem und bemehltem Blech 2 cm hoch aufstreichen, backen und noch heiß in Würfel schneiden.
T: 190 °C, B: 30 Minuten, m. Sch.

Marzipanschnitten

- **2 Eier, 140 g Zucker, 60 g Mandeln, 30 g Zitronat, 20 g Aranzini, je 1 Messerspitze Nelken, Zimt, Neugewürz, 140 g Mehl; Ei zum Bestreichen**

Eier mit Zucker schaumig rühren, abgezogene und nudelig geschnittene Mandeln, Aranzini und Zitronat mit Gewürzen und Mehl untermengen. Auf bebuttertes und bemehltes Blech streichen und backen. Halbfertig mit Ei bestreichen, fertig backen. Noch warm in Streifen schneiden.
T: 190 °C, B: 30 Minuten, m. Sch.

Bischofsbrot I

- **6 Eiklar, 110 g Zucker, 6 Eidotter, 110 g Nüsse, 110 g Rosinen, 110 g getrocknete Marillen, 110 g Mehl**

In den festen Eischnee Zucker einschlagen, Eidotter, geschnittene Nüsse, Marillen, Rosinen und Mehl untermengen. In Kastenform füllen und backen. Nüsse, Rosinen und kandierte Früchte vor dem Untermengen in den Teig in Mehl wälzen. Damit das Mehl auf den Früchten gut haftet, am besten vorher in etwas Rum anfeuchten.
T: 180 °C, B: 45 Minuten, m. Sch.

Bischofsbrot II

- **6 Eidotter, 140 g Zucker, Zitronenschale, 80 g Haselnüsse, 50 g Rosinen, 6 Eiklar, 140 g Mehl, 50 g Butter**

Eidotter und Zucker schaumig rühren, Zitronenschale, blättrig geschnittene Haselnüsse, Rosinen,

Eischnee, Mehl und zerlassene Butter untermengen und backen.
T: 180 °C, B: 45 Minuten, m. Sch.

Bischofsbrot III

➤ **4 Eier, 150 g Zucker, 150 g Mehl; 150 g Haselnüsse, 150 g Rosinen, 150 g verschiedene Früchte oder Schokolade**

Eier und Zucker schaumig schlagen, Mehl unterheben. Blättrig geschnittene Haselnüsse, Rosinen, klein geschnittene Früchte und grob geschnittene Schokolade untermengen. In Kastenform backen. Sehr saftig und lange haltbar.
T: 180 °C, B: 45–50 Minuten, m. Sch.

Biskuitrolle I

➤ **6 Eidotter, 120 g Zucker, 6 Eiklar, 120 g Mehl; Marmelade zum Füllen**

Eidotter und zwei Drittel des Zuckers schaumig rühren, den restlichen Zucker in den Eischnee einschlagen. Eischnee und Mehl unter die Eidottermasse heben und auf ein mit Butterpapier belegtes Blech streichen, im vorgeheizten Rohr backen. Auf ein Brett stürzen und Papier abziehen, mit Marmelade bestreichen und einrollen. Soll die Rolle mit Creme gefüllt werden, muss sie nach dem Ablösen wieder mit Papier oder einem Tuch eingerollt werden, auskühlen lassen.
T: 230 °C, B: 10 Minuten, m. Sch.

Biskuitrolle II

➤ **5 Eidotter, 160 g Zucker; 5 Eiklar, 100 g Mehl, 20 g Butter, Zitronensaft; Marmelade zum Füllen**

Eidotter und Zucker schaumig rühren, Zitronensaft untermengen, zuletzt Eischnee, Mehl und zerlassene Butter unterheben. Auf ein mit Butterpapier belegtes Blech streichen, im vorgeheizten Rohr backen. Auf ein Brett stürzen, Papier abziehen und mit Marmelade bestreichen und einrollen. Soll die Rolle mit Creme gefüllt werden, muss sie nach dem Ablösen wieder mit Papier oder einem Tuch eingerollt werden, auskühlen lassen.
T: 230 °C, B: 10 Minuten, m. Sch.

Die Zubereitung von Biskuitrollen

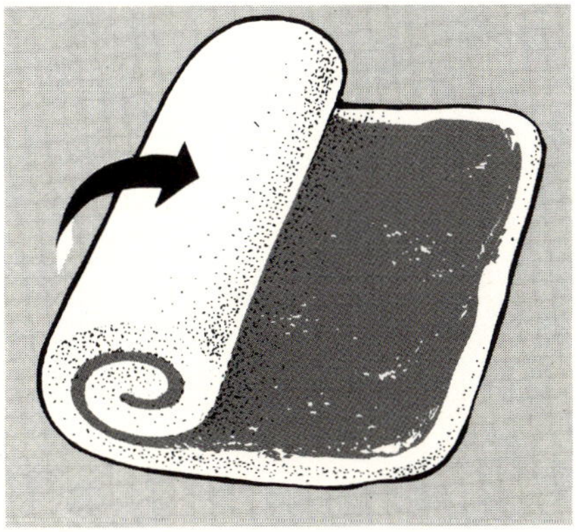

1. Kräftig ausgeschlagener Eischnee ist die Voraussetzung für ein gutes Biskuit. Er muss steif und durch und durch weiß sein.
2. Eine gut gelungene Biskuitmasse soll sehr flaumig, elastisch und matt sein.
3. Eine glänzende Masse wurde zu lange gerührt.

Hinweis: Methoden der Biskuitzubereitung – siehe Übersicht über die Grundteigarten

Nussrolle

➤ **5 Eidotter, 120 g Zucker; 5 Eiklar, 50 g Mehl, 70 g Nüsse Fülle: 125 ml Schlagobers, 50 g Zucker, 50 g Nüsse; Kaffeeglasur**

Eidotter und Zucker schaumig rühren, Eischnee, Mehl und geriebene Nüsse untermengen und ba-

cken. Mit Schlagobers, welcher mit gezuckerten und geriebenen Nüssen vermengt wurde, füllen und glasieren.
T: 230 °C, B: 10–12 Minuten, m. Sch.

Schokoladenrolle

➤ **1 Ei, 4 Eidotter, 120 g Zucker, 2 EL heißes Wasser, 60 g Mehl, 50 g Maisstärkemehl, 30 g Kakao, 1 Messerspitze Backpulver; 4 Eiklar, 20 g Zucker**
Creme: 150 g Butter, 150 g Zucker, 50 g Schokolade

Ei, Eidotter, Zucker und 2 EL heißes Wasser schaumig schlagen. Mehl, Maisstärkemehl, Kakao und Backpulver vermischen und mit dem gezuckerten Eischnee zur Eidottermasse geben, backen und füllen. Für die Creme Butter mit Zucker und erweichter Schokolade flaumig rühren.
T: 230 °C, B: 12 Minuten, m. Sch.

Baumstamm

➤ **6 Eidotter, 100 g Zucker, 6 Eiklar, 100 g Haselnüsse, 50 g Brösel**
Creme: 150 g Zucker, 4 EL Schlagobers oder Milch, 2 Eidotter, 1 TL Maisstärkemehl; 150 g Schokolade, 250 g Butter

Eidotter und Zucker schaumig rühren, Eischnee, geriebene Nüsse und Brösel untermengen. Wie Biskuitrolle backen. Für die Creme Zucker, Schlagobers, Eidotter und Maisstärkemehl über Dampf dickschaumig schlagen. Überkühlt mit erweichter Schokolade in die flaumig gerührte Butter mengen. Rolle füllen und mit Biskuitresten Äste formen, mit Creme bestreichen. Mit einer Gabel die Oberfläche wie bei einer Baumrinde aufrauen.
T: 230 °C, B: 12 Minuten, m. Sch.

Weinkoch

➤ **5 Eidotter, 140 g Zucker, Zitronenschale, Zimt; 5 Eiklar, 110 g Brösel**
Glühwein: 500 ml Wein, 100 g Zucker, Zitronenschale, 2 Gewürznelken, Zimtrinde

Eidotter und Zucker schaumig rühren. Zitronenschale, Zimt, festen Eischnee und Brösel untermengen. Masse in bebutterte und bemehlte Puddingform füllen und im Wasserbad kochen. Kochzeit: 60 Minuten. Wein mit Gewürzen aufkochen und noch heiß über das gestürzte Weinkoch gießen, ziehen lassen und servieren. Kann mit Schlagobers serviert werden.

Wein- oder Mostkoch

➤ **6 Eidotter, 140 g Zucker, 6 Eiklar, 140 g Brösel; Zimt, Zitronenschale; Glühwein oder Glühmost**

Eidotter und Zucker schaumig rühren, Zitronenschale, Zimt, festen Eischnee und Brösel untermengen. Masse in bebutterte und bemehlte Puddingform füllen und im Wasserbad kochen. Kochzeit: 60 Minuten. Wein oder Most mit Gewürzen aufkochen und noch heiß über das gestürzte Weinkoch gießen, ziehen lassen und servieren. Masse eignet sich auch zum Backen im Rohr.

Durstiger Bauer

➤ **4 Eidotter, 140 g Zucker, 1 P. Vanillezucker, 50 g Brösel, 1 EL Rum; 4 Eiklar, 140 g Nüsse, etwas Backpulver; Glühwein; 125 ml Schlagobers, 20 g Zucker**

Eidotter, Zucker und Vanillezucker schaumig rühren. Mit Rum befeuchtete Brösel, festen Eischnee, geriebene Nüsse und Backpulver unterheben. In Kastenform backen. Mit Glühwein übergießen und mit gezuckertem Schlagobers servieren.
T: 180 °C, B: 30 Minuten, m. Sch.

Weinkrapferln

➤ **160 g Zucker, 7 Eidotter, 7 Eiklar, 240 g Mehl, Fett zum Ausbacken; Glühwein**

Eidotter und Zucker schaumig rühren. Eischnee und Mehl unterheben. Mit einem Esslöffel große Nocken ausstechen und diese in heißem Fett hell backen. Abtropfen lassen, noch warm mit heißem Glühwein übergießen.

Besoffener Kapuziner

➤ **4 Eidotter, 70 g Zucker, 4 Eiklar, 70 g Brösel, 40 g Schokolade, je 1 Messerspitze Nelken, Zimt**
Glühwein: 125 ml Rotwein, 20 g Zucker, Zimtrinde, 1 Messerspitze Nelkenpulver, Zitronenschale, 125 ml Schlagobers, 20 g Zucker

Eidotter und Zucker schaumig rühren. Eischnee, Brösel, geriebene Schokolade, Zimt und Nelkenpulver untermengen und in bebutterter und be-

mehlter Rehrückenform backen. In feuerfeste Schüssel stürzen, mit Glühwein übergießen und nochmals kurz ins Rohr stellen, mit gezuckertem Schlagobers servieren.
T: 180 °C, B: 30 Minuten, m. Sch.

Schneeberg

➤ **4 Eidotter, 120 g Zucker, 4 Eiklar, 120 g Mehl**
Rummilch: ca. 250 ml Milch, 20 g Zucker, 2 EL Rum; 250 ml Schlagobers, 30 g Zucker
Creme: 250 ml Milch, 100 g Schokolade, 80 g Zucker, 1 EL Maisstärkemehl

Eidotter mit Zucker schaumig rühren, Eischnee und Mehl unterheben. Masse 1 cm dick auf ein bebuttertes und bemehltes Blech streichen und backen. Überkühlt in 2 cm breite Streifen schneiden, in Rummilch tauchen und abwechselnd mit Creme zu einem kleinen Berg aufschichten. Zuletzt mit gezuckertem Schlagobers überziehen. Für Kinder nur in gezuckerte Milch tauchen. Für die Creme Milch, Schokolade, Zucker und Maisstärkemehl aufkochen, in die überkühlte Masse die Hälfte des Schlagobers unterziehen.
T: 190 °C, B: 20 Minuten, m. Sch.

Wasserbiskuit

➤ **4 Eidotter, 4 EL Wasser, 150 g Zucker, 150 g Mehl, 1 TL Backpulver, 4 Eiklar, 1 Spritzer Rum; Marmelade zum Bestreichen**

Eidotter mit Wasser sehr schaumig rühren, Zucker zugeben und weiter rühren. Das mit Backpulver vermischte Mehl, Rum und zuletzt den Eischnee unterheben. 2 cm dick auf ein bebuttertes und bemehltes Blech aufstreichen und hell backen. Bis zur Hälfte mit Marmelade bestreichen, mit der anderen Hälfte bedecken und in Streifen schneiden.
T: 190 °C, B: 25 Minuten, m. Sch.

Kaffee- oder Schokoladeigel

➤ **Biskotten oder Biskuitschnitten; 250 ml Kaffee, 20 g Zucker oder Rummilch; Kaffee- oder Schokoladencreme, 50 g Mandeln**

Biskotten in gezuckerten Kaffee tauchen und lagenweise abwechselnd mit Creme in Form eines Igels aufschichten. Mit Creme überziehen und glatt streichen. Mit gestiftelten Mandeln spicken und mit Nelkenköpfen und Rosinen Augen und Mund andeuten.

Indianerkrapfen

➤ **4 Eidotter, 2 EL Wasser; 4 Eiklar, 50 g Zucker, 100 g Mehl**
Fülle: 500 ml Schlagobers, 30 g Zucker; Schokoladenglasur

Eidotter mit Wasser verrühren. In den festen Eischnee Zucker einschlagen und mit Mehl unter die Eidottermasse mengen. Entweder auf bebuttertes, bemehltes Backblech kleine Krapfen dressieren und diese mit Mehl bestäuben oder die Masse in Indianerkrapfenform bei mittlerer Hitze backen. Je zwei Krapfen aushöhlen, den unteren abflachen, den oberen glasieren, mit Schlagobers zusammensetzen.
T: 190 °C, B: 10–15 Minuten, m. Sch.

Kaffeecremekrapfen

➤ **Biskuitmasse wie bei Indianerkrapfen**
Creme: 250 ml Milch, 30 g Maisstärkemehl, 1 Ei, 30 g Zucker, 1 P. Vanillezucker, 1 TL Pulverkaffee; 120 g Butter, 60 g Zucker
Glasur: 125 ml Kaffee, 200 g Staubzucker

Aus Biskuitmasse kleine Krapfen backen, je zwei Krapfen aushöhlen, den unteren abflachen, den oberen glasieren, mit Creme zusammensetzen. Für die Creme Milch, Maisstärkemehl, Ei, Zucker und Kaffee über Dampf dickschaumig, dann kalt schlagen, unter die flaumig abgetriebene Butter einrühren und nachzuckern. Für die Glasur Kaffee und Zucker 5 Minuten kochen.
T: 190 °C, B: 10–15 Minuten, m. Sch.

Dunkler Punkt

➤ **3 Eidotter, 70 g Zucker, 3 Eiklar, 30 g Mehl, 40 g Nüsse; 250–500 ml Schlagobers, 30 g Zucker; Ribiselmarmelade, gesponnene Schokoladenglasur**

Eidotter mit der Hälfte des Zuckers schaumig rühren. Eischnee schlagen und den restlichen Zucker einschlagen. Mehl, geriebene Nüsse und Eischnee unter die Eidottermasse ziehen. Masse in Tortenform backen und ausgekühlt mit Marmelade bestreichen. Gupfartig leicht gezuckertes Schlagobers auftragen und die Kuppel mit Schokoladenglasur überziehen.
T: 180 °C, B: 45 Minuten, u. Sch.

Punschkrapferln

➤ **4 Eier, 100 g Zucker, 140 g Mehl, 30 g Butter**
Fülle: Biskuitreste, 30 g Marmelade,
2 EL Rum, 2 EL Orangen- oder Zitronensaft, etwas Schokolade oder Kakao, gesponnener Zucker; Punschglasur

Eier und Zucker warm schaumig schlagen. Kalt schlagen, Mehl und zerlassene Butter untermengen. Masse 1 cm dick auf ein bebuttertes und bemehltes Blech streichen und backen. Aus dem ausgekühlten Biskuit Scheiben ausstechen und je zwei mit Fülle zusammensetzen und glasieren. Für die Fülle Biskuitreste verbröseln. Marmelade, Rum, Saft, erweichte Schokolade und gesponnenen Zucker untermengen. Masse darf nicht zu weich sein und soll kräftig nach Punsch schmecken.
T: 190 °C, B: 20 Minuten, m. Sch.

Mandelschnitten

➤ **100 g Butter, 100 g Zucker, 3 Eidotter, 1 Ei; 100 g Mehl, 60 g Mandeln, 2 EL Rum; 100 g Marmelade; Rumglasur**

Butter, Zucker, Eidotter und Ei flaumig abtreiben. Zuletzt geriebene Mandeln und Rum untermengen. Masse aufs Blech streichen und backen. In Streifen schneiden und je zwei mit Marmelade zusammensetzen und glasieren.
T: 180 °C, B: 25 Minuten, m. Sch.

Orangenschnitten

➤ **200 g Butter, 4 Eier, 200 g Zucker, Saft und Schale einer Orange, 200 g Mehl; Marmelade zum Bestreichen; Orangenglasur**

Butter flaumig abtreiben. Eier, Zucker, Orangensaft und -schale einrühren, zuletzt Mehl untermengen. Masse 1 cm dick auf ein bebuttertes und bemehltes Blech streichen und hell backen. Überkühlt dünn mit Marmelade bestreichen, mit Glasur überziehen und in Schnitten schneiden.
T: 180 °C, B: 30 Minuten, m. Sch.

Marillenschnitten

➤ **6 Eier, 110 g Zucker; 110 g Haselnüsse, 50 g Brösel oder Mehl, Marillenmarmelade; 125 ml Schlagobers, 20 g Zucker; Orangenglasur**

Eier und Zucker schaumig rühren. Geriebene Haselnüsse und Brösel untermengen, auf bebuttertes und bemehltes Blech 2 cm dick aufstreichen und hell backen. Ausgekühlt vom Blech lösen und und in zwei Teile teilen. Eine Hälfte mit Marmelade und gezuckertem Schlagobers bestreichen, die zweite Hälfte mit Orangenglasur überziehen, zusammensetzen und in Schnitten schneiden.
T: 180 °C, B: 25 Minuten, m. Sch.

Weincremeschnitten

➤ **3 Eidotter, 60 g Zucker, 3 Eiklar, 60 g Mehl**
Windmasse: 2 Eiklar, 120 g Zucker
Weincreme: 125 ml Wein, 3 Eidotter, 100 g Zucker, Zitronensaft, 6 Blatt Gelatine, 250 ml Schlagobers

Biskuitmasse auf Blech backen (T: 190 °C, B: 20 Minuten, m. Sch.), in 10 cm breite Streifen schneiden. An den Seitenrändern 2 cm breit Windmasse dressieren, mit Zucker leicht bestreuen und nochmals kurz backen (T: 150 °C, B: 10 Minuten, o. Sch.). Auskühlen lassen. Mulde mit Weincreme füllen. Für die Creme Wein, Eidotter, Zucker und Zitronensaft über Dampf schaumig schlagen. Gelatine in kaltem Wasser kurz einweichen, ausdrücken, in die heiße Creme einrühren. Sobald sie stockt, geschlagenes Obers unterheben.

Zitronenschnitten

➤ **4 Eidotter, 100 g Zucker; 4 Eiklar, 70 g Nüsse, 70 g Brösel, 1 Messerspitze Zimt, Zitronenschale, 60 g Butter**
Creme: 5 Stück Würfelzucker, Saft und Schale einer Zitrone, 1 Eidotter; 150 g Zucker, 150 g Butter
Glasur: Zitronensaft und Staubzucker

Eidotter und Zucker schaumig rühren. Eischnee, geriebene Nüsse, Brösel, Zimt, Zitronenschale und zerlassene Butter untermengen. Masse aufs Blech streichen und backen. Ausgekühlt in 8 cm breite Streifen schneiden. Je 2 Streifen mit Creme zusammensetzen und glasieren. Für die Creme Würfelzucker an der gewaschenen, trockenen Zitrone abreiben, in Zitronensaft auflösen, mit Eidotter und Zucker über Dampf schaumig schlagen. Ausgekühlt in die flaumig gerührte Butter untermengen.
T: 180 °C, B: 20 Minuten, m. Sch.

Biskuitzwieback („Reichenauer")

➤ **4 Eier, 220 g Zucker, 250 g Mehl, Zitronenschale, Anis**

Eier und Zucker schaumig rühren, geriebene Zitronenschale und Mehl untermengen. In Kastenform füllen und backen. Das ausgekühlte Gebäck in Scheiben schneiden und bähen.
T: 180 °C, B: 45 Minuten, u. Sch.
Bähen: T: 150 °C, B: nach Bedarf, m. Sch.

Haselnusszwieback

➤ **140 g Butter, 140 g Zucker, 1 P. Vanillezucker, 4 Eidotter, 140 g Haselnüsse, 6 Eiklar, 140 g Mehl**

Butter und Zucker flaumig rühren. Eidotter und geriebene Nüsse untermengen, Mehl und Eischnee unterheben. In Kastenform füllen und backen. Ausgekühlt in Scheiben schneiden und bähen.
T: 180 °C, B: 45 Minuten, u. Sch.
Bähen: T: 150 °C, B: nach Bedarf, m. Sch.

Blitzkuchen (Sandmasse)

➤ **120 g Butter, 120 g Zucker, 3 Eier, 120 g Mehl**

Butter abtreiben, abwechselnd Zucker und Eier untermengen, zuletzt Mehl unterheben und flaumig rühren. Masse auf bebuttertes, bemehltes Blech dünn aufstreichen, goldgelb backen. In Streifen schneiden.
T: 180 °C, B: 20 Minuten, m. Sch.

Biskuitgugelhupf

➤ **120 g Butter, 120 g Zucker, 4 Eidotter, 250 g Mehl, 1/2 P. Backpulver, 125 ml Milch, 4 Eiklar, 30 g Rosinen, 30 g Mandeln**

Butter, Zucker und Eidotter flaumig rühren, Mehl, Backpulver und Milch untermengen. Eischnee und Rosinen unterheben. Die gut bebutterte und bemehlte Form mit grob gehackten Mandeln ausstreuen, Masse einfüllen und backen.
T: 190 °C, B: 45–50 Minuten, u. Sch.

Biskuitbällchen, in Fett gebacken

➤ **60 g Butter, 120 g Zucker, 3 Eier; 370 g Mehl, 1/2 P. Backpulver; Fett zum Ausbacken, Zucker zum Bestreuen**

Butter, Zucker und Eier abrühren, Mehl und Backpulver untermengen. Röllchen oder Kugerln formen, in heißem Fett langsam backen. Noch warm mit Zucker bestreuen.

Stefanieomelette

➤ **5 Eiklar, 50 g Zucker; 5 Eidotter, 50 g Mehl; 50 g Butter für die Form; 70 g Marmelade zum Füllen; Zucker zum Bestreuen**

In den sehr festen Eischnee Zucker einschlagen, Eidotter und Mehl unterheben. In Omelettenform Butter zerlassen, Masse eingießen und im Rohr backen. Mit Marmelade füllen, zusammenschlagen und mit Zucker bestreuen.
T: 220 °C, B: 15 Minuten, m. Sch.

Omelette mit verschiedenen Früchten

➤ **5 Eiklar, 50 g Zucker; 5 Eidotter, 50 g Mehl; 50 g Butter für die Form, verschiedene Früchte (Erdbeeren, Ribiseln, Heidelbeeren usw.); Zucker zum Bestreuen oder Schokoladeguss**

In die zerlassene Butter Früchte geben, die Omelettenmasse sofort eingießen und backen. Zusammenschlagen, mit Zucker bestreuen oder mit Schokoladensoße übergießen („Schönbrunner Omelette").

Schaumomelette

➤ **4 Eidotter, 80 g Zucker, 1/2 P. Vanillezucker; 4 Eiklar, 1 TL Mehl; 20 g Butter für die Form**

Eidotter, Zucker und Vanillezucker schaumig rühren. Eischnee und Mehl unterheben; in Omelettenform Butter zerlassen, die Masse eingießen und im Rohr backen. Mit Zucker bestreuen. Die Omelette bleibt cremig und muss sofort serviert werden.
T: 230 °C, B: 10 Minuten, m. Sch.

Salzburger Nockerln I

➤ **5 Eiklar, 3 EL Staubzucker, 3 Eidotter, 1 EL Mehl; 125 ml Milch, 30 g Butter**

Eidotter mit etwas Eischnee verrühren. In den übrigen Eischnee Zucker einschlagen und Mehl untermengen, zuletzt Eidottermasse unterziehen. In einer flachen, feuerfesten Glasschüssel Milch und Butter erhitzen, 3 Nocken einlegen, im sehr heißen Rohr backen und sofort servieren.
T: 230–250 °C, B: 5–10 Minuten, m. Sch.

Salzburger Nockerln II

➤ **3 Eiklar, 3 EL Zucker, 3 Eidotter, 2 EL Mehl; 125 ml Milch, 40 g Butter**

Sehr festen Eischnee schlagen, Zucker einschlagen, Eidotter und Mehl vorsichtig unterheben. In einer flachen, feuerfesten Glasschüssel Milch und Butter erhitzen, Masse darauf verteilen. Im vorgeheizten heißen Rohr backen.
T: 230–250 °C, B: 5–10 Minuten, m. Sch.

Salzburger Nockerln III

➤ **6 Eiklar, 60 g Zucker, 3 Eidotter, 30 g Mehl; 60 g Butter**

In den steif geschlagenen Eischnee Zucker, Mehl und zuletzt Eidotter unterheben. Die Eidotter sollen in Streifen sichtbar sein. In flacher, feuerfester Schüssel Butter erwärmen, 3 Nocken einlegen, im vorgeheizten Rohr backen.
T: 250 °C, B: 6 Minuten, m. Sch.

Mehlspeisen und Bäckereien aus Lebkuchenteig

Figurenlebkuchen I

➤ **250 g Honig, 100 g Butter, 500 g Mehl, 2 Eier, 200 g Rohzucker, 2 TL Gewürze (Zimt, Nelken, Ingwer, Anis), Zitronenschale n. B.; 50 g Zitronat, 50 g Nüsse; 60 g Hirschhornsalz oder 1 P. Backpulver, 2 EL Rum**

Honig mit Butter langsam erwärmen, Mehl untermengen, Zucker, Gewürze und Eier schaumig rühren. Mit dem geschnittenen Zitronat, den geriebenen Nüssen, der fein gehackten Zitronenschale und dem in Rum gelösten Hirschhornsalz (steht kein Hirschhornsalz zur Verfügung, 1 P. Backpulver verwenden) unter die Mehlmasse mischen und gut kneten, wenn nötig den Teig mit etwas Mehl festigen. Teig 1 cm dick ausrollen, Figuren ausstechen, backen, ausgekühlte Formen mit Eiweißglasur glasieren.
T: 210–230 °C, B: 8–10 Minuten, m. Sch.

Figurenlebkuchen II

➤ **400 g Rohzucker, 4 Eier, 120 g Honig; 1 EL Gewürze (Zimt, Anis, Nelken, Neugewürz, Ingwer, Muskatblüte, der Reihenfolge nach immer kleinere Mengen), Zitronenschale; 560 g Roggenmehl, 1 TL Natron**

Zucker, Eier und Honig schaumig rühren. Die Gewürze dazugeben und das mit Natron vermischte Mehl einkneten. Teig 4 mm dick ausrollen, Figuren ausstechen, mit Ei bestreichen und goldbraun backen.
T: 210–230 °C, B: 8–10 Minuten, m. Sch.

Runder Lebkuchen

➤ **120 g Butter, 40 g Honig, 3 Eidotter; 300 g Zucker, 125 ml Wasser; je 1 Messerspitze Zimt, Nelken, Zitronenschale, 40 g Marmelade, 500 g Roggenmehl, je 150 g Nüsse, Karotten, Feigen, Rosinen, je 5 g Pottasche und Hirschhornsalz oder 1 P. Backpulver, 1 EL Rum; Zitronenglasur oder Eiklarglasur**

Butter, Honig und Eidotter schaumig rühren, gesponnenen Zucker, Gewürze und Marmelade dazurühren. Mehl mit gehackten Nüssen, geschnittenen Feigen, geriebenen Karotten und Rosinen sowie dem in 1 EL Rum aufgelösten Hirschhornsalz verkneten. Teig zu dicken Rollen formen, in 2 cm breite Stücke schneiden und diese zu Laibchen formen, backen und glasieren.
T: 200 °C, B: 20 Minuten, m. Sch.

Lebkuchenbusserln

➤ **Zutaten wie Figurenlebkuchen II Zitronenglasur**

Teig 0,5 cm dick ausrollen, kleine Busserln ausstechen und backen, erkaltet in Zitronenglasur tunken.
T: 210 °C, B: 8 Minuten, m. Sch.

Baseler Lebkuchen

➤ **2 Eier, 400 g Honig, 2 TL Gewürzmischung (Zimt, Nelken, Neugewürz), 400 g Mehl, 280 g Haselnüsse, 150 g Zitronat, 150 g Brösel, 6 Backoblaten; Ei zum Bestreichen, 50 g Mandeln zum Verzieren**

Eier und Honig schaumig rühren und die Gewürze untermengen. Mehl, grob gehackte Nüsse, klein geschnittenes Zitronat und Brösel trocken vermischen und mit der Honigmasse verkneten. Teig 24 Stunden zugedeckt rasten lassen. Auf Backoblaten 0,5 cm dick aufstreichen, mit Ei bestreichen, mit geschälten und halbierten Mandeln belegen, langsam backen, überkühlt in Vierecke schneiden.
T: 190 °C, B: 15–20 Minuten, m. Sch.

Nürnberger Lebkuchen

➤ **200 g Honig, 50 g Zucker, 2 EL Öl, 2 EL Wasser, 1 Eidotter, 1 TL Kakao, 1 TL Lebkuchengewürzmischung, Zitronenschale, 250 g Mehl, 1/2 P. Backpulver, 100 g Mandeln, je 50 g Zitronat und Aranzini**

Honig, Zucker, Öl und Wasser langsam erwärmen. Die Masse auskühlen lassen, Eidotter, Kakao und Gewürze einrühren. Mehl, Backpulver, gestiftelte Mandeln, fein geschnittenes Zitronat und Aranzini einkneten. Weitere Verarbeitung wie Baseler Lebkuchen. Evtl. in Schokoladenglasur tauchen.
T: 190 °C, B: 15–20 Minuten, m. Sch.

Feiner Lebkuchen

➤ **4 Eidotter, 260 g Zucker, 280 g Mandeln, je 30 g Zitronat, Aranzini, je 1 Messerspitze Zimt- und Nelkenpulver, 4 Eiklar; 4 Oblaten; Zitronenglasur, 50 g Mandeln zum Verzieren**

Eidotter und Zucker schaumig rühren. Gewürze, geriebene Mandeln, fein geschnittenes Zitronat und Aranzini mit dem Fischnee unterheben. Masse 1 cm dick auf Oblaten streichen, backen. Noch warm in Quadrate oder Rechtecke schneiden, glasieren und mit halber Mandel belegen.
T: 190 °C, B: 15–20 Minuten, m. Sch.

Lebkuchenschnitten

➤ **30 g Butter, 2 EL Honig, 200 g Rohzucker, 1 Ei, 2 TL Lebkuchengewürz, 250 ml Milch, 500 g Roggenmehl, 1 P. Backpulver; Rumglasur**

Butter, Honig, Ei und Zucker schaumig rühren. Gewürze, Milch, Mehl und Backpulver untermengen. Den weichen Teig auf ein bebuttertes und bemehltes Blech streichen und backen, ausgekühlt glasieren und in Vierecke schneiden.
T: 200 °C, B: 30 Minuten, m. Sch.

Gefüllte Lebkuchenschnitten

➤ **180 g Zucker, 2 EL Honig, 2 Eier, 1 TL Lebkuchengewürz, Zitronenschale, 300 g Roggenmehl, 1/2 TL Natron; Ei zum Bestreichen Fülle: 250 g feste Marmelade, 100 g Nüsse, 100 g Rosinen**

Lebkuchenteig bereiten und rasten lassen. Lebkuchenteig ausrollen und die Hälfte auf ein mit Backpapier belegtes Blech legen. Für die Fülle Marmelade, Rosinen und Nüsse vermischen. Fülle aufstreichen, mit zweiter Teighälfte abdecken und andrücken. Mit Ei bestreichen, backen und noch warm in Würfel oder Schnitten schneiden.
T: 200 °C, B: 30 Minuten, m. Sch.

Honigbusserln

➤ **2 Eier, 200 g Zucker, 2 EL Honig, 100 g Butter, je 1 Messerspitze Zimt- und Nelkenpulver, 2 EL Kakao, 350 g Mehl, 2 TL Backpulver; Ei zum Bestreichen, 100 g Nusshälften zum Verzieren**

Eier, Zucker und Honig warm verrühren. Butter, Gewürze und Kakao hinzufügen, mit Mehl und Backpulver zu einem Teig verkneten. Teig ausrollen und runde Formen ausstechen. Mit Ei bestreichen, mit den halbierten Nüssen belegen und backen.
T: 210 °C, B: 8 Minuten, m. Sch.

Honigstangerln

➤ **200 g Zucker, 80 g Honig, 3 Eier, je 1 Messerspitze Zimt und Nelken, 1 P. Vanillezucker, 300 g Mehl, 70 g Nüsse, 70 g Rosinen, 50 g Feigen, 30 g Aranzini, 30 g Zitronat**

Zucker, Honig und Eier schaumig rühren. Gewürze, geriebene Nüsse, Rosinen, geschnittene Feigen, Aranzini, Zitronat und Mehl untermengen. Auf ein bebuttertes und bemehltes Blech streichen, hell backen und noch warm in Stangerln schneiden.
T: 190 °C, B: 30–40 Minuten, m. Sch.

Pfeffernüsse I

➤ **220 g Mehl, 220 g Zucker, 30 g Zitronat, je 1 Messerspitze Pfeffer und Nelkenpulver, 2 kleine Eier**

Mehl, Zucker, kleinwürfelig geschnittenes Zitronat, Pfeffer und Nelkenpulver vermischen und mit den Eiern zu einem Teig verkneten. 1 cm dicke Rollen formen, kleine Stücke schneiden, mit der Schnitt-

fläche auf das gut bebutterte Blech setzen. Hell backen. Pfeffernüsse sind sehr lange haltbar und werden erst nach einiger Zeit weich.
T: 210 °C, B: 8–10 Minuten, m. Sch.

Pfeffernüsse II

➤ **250 g Honig, je 1 Messerspitze Zimt- und Nelkenpulver, Kardamom, Pfeffer; Zitronen- und Orangenschalen, 350 g Rohzucker, 2 Eier, 600 g Roggenmehl, 8 g Hirschhornsalz oder 1 P. Backpulver, 1 EL Rum**

Heißen Honig mit Gewürzen und Zucker verrühren. In die überkühlte Masse Eier, 400 g Mehl und das in Rum aufgelöste Hirschhornsalz untermengen. Die Zutaten zu einem Teig verarbeiten. Diesen zugedeckt ca. 12 Stunden an einem warmen Ort zum Rasten aufstellen und dann das restliche Mehl einkneten. Weitere Zubereitung wie Pfeffernüsse I.
T: 190 °C, B: 10 Minuten, m. Sch.

Zimtstangerln

➤ **250 g Mehl, 250 g Zucker, 1 TL Zimt, 2 Eier; Anis**

Mehl, Zucker und Zimt trocken vermischen, mit den versprudelten Eiern verkneten. Teig in dünne Rollen formen und in Stücke schneiden, in Anis wälzen und hell backen.
T: 200 °C, B: 8–10 Minuten, m. Sch.

Honigkuchen

➤ **200 g Honig, 250 g Zucker, 2 Eier, Lebkuchengewürz, Milch nach Bedarf, 500 g Mehl, 1/2 P. Backpulver**

Honig, Zucker, Eier und Gewürze schaumig rühren. Mehl mit Backpulver untermengen und wenn nötig mit Milch lockern. Masse in Kastenform backen. Erkaltet in 1 cm dicke Scheiben schneiden und mit Zucker bestreuen.
T: 190 °C, B: 60 Minuten, u. Sch.

Kommissbrot

➤ **3 Eier, 1 Eidotter, 250 g Zucker, je 1 Messerspitze Zimt- und Nelkenpulver, Kardamom; Zitronensaft und -schale, 80 g Nüsse, 80 g Schokolade, 250 g Mehl**

Eier, Eidotter und Zucker schaumig rühren. Gewürze, Zitronensaft und -schale, grob gehackte Nüsse und Schokolade mit dem Mehl vermengen und unterheben. Masse in Kastenform backen, erkaltet in Scheiben schneiden.
T: 190 °C, B: 60 Minuten, u. Sch.

Früchtebrot (Germteig)

➤ **500 g Germteig, 250 g Kletzen, 250 g Zwetschken, 250 g Feigen, je 100 g Nüsse, Rosinen, Mandeln, Aranzini und Datteln, 50 g Zitronat, 2 EL Rum, Zitronen- und Orangensaft, 100 g Kristallzucker; etwas Milch zum Bestreichen; Nüsse und kandierte Früchte zum Verzieren**

Kletzen und Zwetschken kochen und faschieren. Feigen, Datteln, Nüsse, Mandeln, Aranzini und Zitronat grob schneiden, mit Rosinen, Rum, Zitronen- und Orangensaft vermischen und 24 Stunden ziehen lassen. Die Fruchtmasse mit Zucker vermischen, mit der Hälfte des Germteiges gut abkneten und Wecken formen. Den restlichen Germteig dünn ausrollen, die Wecken damit einschlagen, mit Milch bestreichen und langsam backen. Noch warm kann man das Früchtebrot mit Nüssen und kandierten Früchten verzieren (mit Eiklar befestigen).
T: 180–190 °C, B: 60 Minuten, m. Sch.

Ingwerbäckerei I

➤ **50 g Butter, 1 Ei, 1 Eidotter, 150 g Zucker, 5 g Ingwer, 150 g Mehl**

Die Butter schaumig rühren. Ei, Eidotter und Zucker mit dem fein geriebenen Ingwer verrühren und das Mehl einkneten. Teig messerrückendick auswalken, Formen ausstechen und hell backen. Bei Aufbewahrung in Blechdosen lange haltbar.
T: 210 °C, B: 8 Minuten, m. Sch.

Ingwerbäckerei II

➤ **1 Ei, 5 Eidotter, 280 g Zucker, Saft und Schale einer halben Zitrone, 1 Messerspitze Pottasche, 1 TL Ingwer, 280 g Mehl**

Ei, Eidotter und Zucker sehr schaumig rühren. Zitronensaft und -schale, Ingwer und eine Hälfte Mehl mit Pottasche vermischt dazugeben. Mit der anderen Hälfte Mehl auf dem Brett einkneten; auswalken, Formen ausstechen und auf bebuttertem und bemehltem Blech über Nacht stehen lassen. Im gut vorgeheizten Rohr hell backen.
T: 210 °C, B: 8 Minuten, m. Sch.

Spekulatius

- **500 g Mehl, 1 P. Backpulver, 250 g Zucker, 1 P. Vanillezucker, Kardamom, Nelkenpulver, Zimt, 2 Eier oder 1 Ei und 3 EL Milch, 200 g Butter, 100 g Mandeln**

Mehl mit Backpulver mischen und in eine Schüssel sieben. In die Mitte eine Vertiefung eindrücken. Zucker, Gewürze und Eier hineingeben und zu einem dicken Brei verarbeiten. Kalte Butterflocken und geriebene Mandeln dazugeben und alles rasch miteinander verkneten.

Einige Zeit kühl rasten lassen, dünn ausrollen, mit Ausstechformen (vor allem Tierbilder) ausstechen und auf einem bebutterten Blech bei starker Hitze 10 Minuten lang hell backen. Werden Holzmodel zum Ausstechen verwendet, muss der Teig in die gut bemehlte Holzform gedrückt und der überstehende Rand abgeschnitten werden. Durch kräftiges Schlagen auf die Rückseite des Models den geformten Teig lösen.
T: 210–230 °C, B: 10 Minuten, m. Sch.

Mehlspeisen aus Backpulverteig

Obstkuchen I

- **100 g Butter, 150 g Zucker, 3 Eier, Zitronenschale, 1 EL Rum; 200 g Mehl, 1 TL Backpulver, 500 g Obst; Zucker zum Bestreuen**

Butter, Zucker und Eier schaumig rühren, Zitronenschale und Rum mit Backpulver und Mehl untermengen. Masse auf ein bebuttertes Blech streichen, mit Obst belegen und backen. Noch warm mit Zucker bestreuen. Ausgekühlt aufschneiden. Saftiger wird der Kuchen, wenn man die geteilten Früchte mit Cognac oder Rum beträufelt.
T: 200–210 °C, B: 30 Minuten, m. Sch.

Obstkuchen II

- **120 g Butter, 120 g Zucker, 1 P. Vanillezucker, 2 Eier; 180 g Mehl, 1/2 P. Backpulver; 500 g Obst; Zucker zum Bestreuen**

Butter, Zucker und Eier schaumig rühren, Vanillezucker, Backpulver und Mehl untermengen. Masse auf ein bebuttertes Blech streichen, mit Obst belegen und backen. Noch warm überzuckern. Saftiger wird der Kuchen, wenn man die geteilten Früchte mit Cognac oder Rum beträufelt.
T: 200–210 °C, B: 30 Minuten, m. Sch.

Gedeckter Apfelkuchen

- **a) 300 g Mehl, 1/2 P. Backpulver, 80 g Butter, 1 Ei, 5 EL Milch, Zimt, Zitronenschale; Ei zum Bestreichen
Fülle: 1 kg Äpfel, 30 g Butter, 30 g Zucker, 20 g Rosinen**
- **b) 300 g Mehl, 30 g Fett, 80 g Zucker, 1 Ei, 1/2 P. Backpulver, 125 ml Milch**

Mehl mit Butter abbröseln, Backpulver, Zimt und Zitronenschale untermengen. Mit Ei und Milch rasch zu einem Teig verarbeiten. Den Teig ausrollen und die Hälfte auf ein bebuttertes Blech legen. Mit in Butter und Zucker gedünsteten Äpfeln belegen, mit Rosinen bestreuen und mit der zweiten Teighälfte bedecken. Mit Ei bestreichen und backen.
T: 200–210 °C, B: 30–40 Minuten, m. Sch.

Feine Apfeltorte

- **60 g Butter, 120 g Zucker, 2 Eier; 120 g Mehl, 60 g Maisstärkemehl, 1 TL Backpulver
Belag: 60 g grober Kristallzucker, 70 g Nüsse, 40 g Butter; 500 g Äpfel**

Tortenboden mit Backpapier auslegen, Zucker und gehackte Nüsse darauf streuen und zerlassene Butter darüber gießen. Mit Apfelspalten belegen, den Rührteig darüber streichen und backen. Nach dem Auskühlen aus der Form stürzen, Tortenboden mit dem Papier vorsichtig abheben.
T: 190–200 °C, B: 30–40 Minuten, u. Sch.

Apfelbrot

- **4 Eidotter, 250 g Zucker, 250 g Mehl, 1 P. Backpulver, 400 g Äpfel, etwas Rum, 4 Eiklar**

Eidotter und Zucker schaumig rühren. Apfelwürfel, Mehl, Backpulver, Rum und Eischnee untermengen. Masse in bebutterter und bemehlter Kastenform backen.
T: 190–200 °C, B: 40 Minuten, u. Sch.

Weißer Kirschenkuchen

- **70 g Butter, 150 g Zucker, 2 Eier, 70 ml Milch, 200 g Mehl, 1/2 P. Backpulver; 500 g Kirschen**

Butter, Zucker und Eier schaumig rühren. Milch, Mehl und Backpulver untermengen. Masse in bebutterte Tortenform füllen, dicht mit Kirschen belegen und hell backen.
T: 190–200 °C, B: 30–40 Minuten, m. Sch.

Erdbeerkuchen

➤ **280 g Butter, 450 g Mehl, 1/2 P. Backpulver, 50 g Zucker, 4 Eidotter, etwas Sauerrahm**
Belag: 6 Eiklar, 400 g Zucker, 500 g Erdbeeren

Aus den Zutaten einen Mürbteig bereiten. Auf ein bebuttertes Blech geben, hell backen und auskühlen lassen.
T: 190 °C, B: 20 Minuten, m. Sch.
Belag: Unter den festen Eischnee Zucker einschlagen, Erdbeeren unterheben, über den Kuchenboden verteilen und nochmals kurz bei mäßiger Hitze backen.
T: 150 °C, B: 10 Minuten, o. Sch.

Ribiselkuchen I

➤ **3 Eier, 150 g Zucker, 120 g Butter; 200 g Mehl, 1 TL Backpulver; 500 g Ribiseln**

Eier und Zucker schaumig rühren, zerlassene Butter, Mehl und Backpulver untermengen. In einer flachen, bebutterten Kuchenform backen. Nach halber Backzeit dicht mit Ribiseln bestreuen und fertig backen, noch warm mit Zucker bestreuen.
T: 190–210 °C, B: 40 Minuten, m. Sch.

Ribiselkuchen II

➤ **210 g Butter, 210 g Zucker, 4 Eidotter, 160 g Mehl, 70 g Maisstärkemehl, 1/2 TL Backpulver; 500 g Ribiseln**
Windmasse: 3 Eiklar, 210 g Zucker

Butter mit Zucker und Eidotter schaumig rühren. Backpulver, Maisstärkemehl und Mehl untermengen, die Masse auf ein Blech streichen und überbacken.
T: 190–200 °C, B: 20 Minuten, m. Sch.
Dann mit Ribiseln bestreuen, mit Windmasse überziehen und fertig backen. Für die Windmasse Eiklar und Zucker sehr fest schlagen.
T: 180 °C, B: 10 Minuten, o. Sch.

Zwetschkenkuchen I

➤ **3 Eier, 100 g Zucker, 100 g Butter, 150 g Mehl, 1 Messerspitze Backpulver; 500 g Zwetschken**

Eier und Zucker schaumig rühren, zerlassene Butter, Mehl und Backpulver untermengen. Auf ein bebuttertes Blech streichen, mit halbierten Zwetschken belegen, backen und noch warm mit Zucker bestreuen.
T: 200 °C, B: 30 Minuten, m. Sch.

Zwetschkenkuchen II

➤ **300 g Mehl, 1 Messerspitze Backpulver, 120 g Butter, 60 g Zucker, 1 P. Vanillezucker, 2 hart gekochte Eidotter, 2 EL Sauerrahm**
Belag: 500 g Zwetschken
Windmasse: 2 Eiklar, 140 g Zucker

Mehl mit Backpulver versieben, mit Butter abbröseln, Zucker, passierte Eidotter und Sauerrahm untermengen, rasch zu einem Teig verarbeiten. Ausrollen, auf ein bebuttertes Blech geben. Mit halbierten Zwetschken belegen und backen.
T: 190 °C, B: 20 Minuten, m. Sch.
Für die Windmasse Zucker in den festen Eischnee einschlagen, auf den Kuchen streichen und nochmals backen.
T: 150 °C, B: 10 Minuten, o. Sch.

Karolines Schoko-Bananen-Törtchen (ca. 12 St.)

➤ **2 Eier, 80 g Zucker, 1 P. Vanillezucker, 120 ml Eierlikör, 12 EL ÖL, 150 g Mehl, 1 P. Backpulver, 2 kleine, nicht zu reife Bananen, 3 EL Schokostreusel;**
Zucker zum Bestreuen

Eier schaumig rühren. Zucker, Vanillezucker, Eierlikör und Öl dazugeben und glatt rühren. Mehl mit Backpulver nach und nach unterheben. Die Bananen in kleine Stücke schneiden und mit den Schokostreuseln zur Masse dazugeben. Teig in bebutterte und bebröselte Backförmchen geben und backen.
T: 200 °C, B: 15–20 Minute, m. Sch.

Billiger Mohnkuchen

➤ **50 g Butter, 150 g Zucker, Vanillezucker, 1 Ei, 500 ml Milch, 200 g Mehl, 1 P. Backpulver, 200 g Mohn**

Unter den Abtrieb von Butter, Zucker und Ei Milch, Mehl, Backpulver und geriebenen Mohn untermengen. Masse in bebutterter und bemehlter Kuchenform backen.
T: 180 °C, B: 30–40 Minuten, u. Sch.

Backpulvergugelhupf

- **a) 180 g Butter, 250 g Zucker, 4 Eidotter, ca. 250 ml Milch, 400 g Mehl, 1 P. Backpulver, 40 g Rosinen, 4 Eiklar**

- **b) 150 g Butter, 150 g Zucker, 1 Ei, 4 Eidotter; 125 ml Milch, 320 g Mehl, 1/2 P. Backpulver, 40 g Rosinen; 4 Eiklar**

Butter, Zucker, Eidotter (Variante b: mit Ei) abtreiben, Milch und die Hälfte des Mehls mit den Rosinen untermengen. Das restliche Mehl gemeinsam mit dem Backpulver unter den Eischnee heben. Masse in gut bebutterte, bemehlte oder bebröselte Gugelhupfform füllen und backen. Aus der Form stürzen und gut mit Zucker bestreuen. Es ist zu beachten, dass Backpulverteige schwer reißend vom Löffel fallen müssen.
T: 180 °C, B: 60–70 Minuten, u. Sch.

Marmorgugelhupf

- **140 g Butter, 200 g Zucker, 4 Eidotter; 125 ml Milch, Zitronenschale, 300 g Mehl, 1 P. Backpulver, 4 Eiklar; 30 g Kakao**

Unter die Hälfte des fertigen Backpulverteiges den mit etwas Milch angerührten Kakao mengen. Löffelweise abwechselnd die braune und helle Masse in eine bebutterte und bemehlte Form geben und backen.
T: 180 °C, B: 60 Minuten, u. Sch.

Napfkuchen

- **150 g Butter, 250 g Zucker, 3 Eidotter, Zitronenschale, 150 g Mehl, 200 g Stärkemehl, 1/4 P. Backpulver; 3 Eiklar**

Unter den Abtrieb von Butter, Zucker und Eidotter Zitronenschale, Mehl und Eischnee untermengen, in Kastenform füllen und backen.
T: 175–180 °C, B: 50–60 Minuten, u. Sch.

Puddingkuchen

- **30 g Butter, 80 g Zucker, 1 Ei, 150 g Mehl, 1 P. Vanillepudding, 1/2 P. Backpulver, ca. 250 ml Milch**
  Fülle: 60 g Marillenmarmelade

Butter und Zucker schaumig rühren, Ei, Vanillepuddingpulver unterrühren und zuletzt Mehl und Backpulver beimengen. Die Rührmasse soll weich sein. Den Teig auf ein gut bebuttertes und bemehltes Backblech streichen und backen. Ausgekühlt in Streifen schneiden und mit Marmelade füllen.
T: 190 °C, B: 25 Minuten, m. Sch.

Backpulverzwieback

- **120 g Butter, 160 g Zucker, 3–4 Eier, 1 P. Vanillezucker, 250 ml Milch, 1 kg Mehl, 1 P. Backpulver**

Zutaten zu einem mittelfesten Backpulverteig verarbeiten, 6 Wecken formen und backen.
T: 180 °C, B: 30 Minuten, m. Sch.
Ausgekühlt in Scheiben schneiden und goldgelb bähen.
T: 150 °C, B: nach Bedarf, m. Sch.
In einer Dose aufbewahren.

Grammelstrudel

- **200 g Grammeln, 400 g Mehl, 150 g Staubzucker, Zitronenschale, Zimt, 1 P. Backpulver, Sauerrahm nach Bedarf**
  Fülle: Ribiselmarmelade

Die faschierten Grammeln mit den übrigen Zutaten rasch zu einem Teig verarbeiten und ausrollen. Mit Ribiselmarmelade füllen, Strudel formen und backen.
T: 190 °C, B: 25–30 Minuten, m. Sch.

Mehlspeisen aus Backteig

Gebackene Apfelspalten (Bananen)

- **1 kg Äpfel oder Bananen; Backteig mit Milch; Fett zum Ausbacken; Zucker zum Bestreuen**

Äpfel mit Apfelausstecher entkernen, schälen, in dünne Scheiben schneiden, diese in Backteig tauchen und in wenig heißem Fett herausbacken. Abtropfen lassen und mit Zucker bestreuen. Für gebackene Apfelspalten kann auch Backteig mit Wein verwendet werden.

„Schlosserbuben" I

➤ **250 g getrocknete Zwetschken, 50 g Mandeln; Backteig mit Milch; Fett zum Ausbacken; 50 g Zucker, 50 g Schokolade**

Die getrockneten Zwetschken kochen, entkernen, mit geschälten Mandeln füllen, in Backteig tauchen, backen und noch warm in Schokolade-Zucker-Mischung wälzen.

„Schlosserbuben" II

➤ **250 g Zwetschken; Backteig; 50 g Zucker**

Zwetschken halbweich kochen, in Backteig tauchen, goldgelb backen, gut mit Zucker bestreuen.

Palatschinken

➤ **250 ml Milch, 125 g Mehl, 2 Eier, Salz, 20 g Zucker**

Milch, Eier, Salz, evtl. Zucker verrühren und zuletzt das Mehl rasch untermengen. In einer Omelettenpfanne etwas Fett erhitzen, einen Schöpfer Teig gleichmäßig dünn verteilen, auf beiden Seiten goldbraun backen, mit Marmelade bestreichen, einrollen und mit Zucker bestreuen.

Kartoffelpalatschinken

➤ **125 g Mehl, 70 g Kartoffeln, 1 Ei, Salz, Milch nach Bedarf**

Gekochte, geriebene Kartoffeln, Milch, Mehl, Ei und Salz zu einem Palatschinkenteig verrühren. Weitere Zubereitung wie Palatschinken

Kaiserschmarren

➤ **250 ml Milch, 40 g Zucker, 6 Eidotter, Salz, 250 g Mehl, 6 Eiklar; Backfett**

Milch, Mehl und Salz glatt rühren, Eidotter und Zucker untermengen, Eischnee unterheben. In einer Pfanne Fett erhitzen, Teig 2 cm hoch einleeren, auf beiden Seiten goldgelb backen, mit 2 Gabeln zerreißen, anrichten und mit Zucker bestreuen. Der Schmarren kann auch im Rohr ausgebacken werden.

Mehlschmarren

➤ **250 ml Milch, 40 g Zucker, 2 Eier, Salz, 250 g Mehl**

Milch, Zucker, Eier und Salz gut versprudeln, Mehl kurz einrühren.
Weitere Zubereitung wie Kaiserschmarren

Kirschenschmarren

➤ **Zutaten wie Kaiserschmarren 500 g Kirschen**

Zubereitung wie Kaiserschmarren; Kirschen werden gemeinsam mit dem Eischnee in den Teig eingehoben.

Apfelschmarren

➤ **250 ml Milch, 250 g Mehl, 4–6 Eidotter, 50 g Zucker, Salz, 250 g Äpfel, 4–6 Eiklar; Fett**

Aus Mehl, Milch, Eidotter, Zucker, Salz und feinblättrig geschnittenen Äpfeln einen Schmarrenteig bereiten, Eischnee unterheben und in heißem Fett herausbacken.

„Arme Ritter"

➤ **6 Semmeln, Milch nach Bedarf, 2–3 Eier; Fett**

Semmelscheiben in Milch tauchen, in versprudeltem Ei wenden und in heißem Fett backen. Man kann die mit Milch befeuchteten Weißbrotscheiben auch in Backteig tauchen. „Arme Ritter" serviert man mit Zucker bestreut und Kompott oder als Beilage zu Gemüse, Salat oder Suppe.

Weinpofesen

➤ **4 Semmeln, 250 ml Weißwein; Backteig, Fett; 30 g Zucker**

Semmelscheiben mit gezuckertem Wein übergießen, in Backteig tauchen, in Fett backen, mit Zucker bestreuen und servieren.

Pofesen

➤ **1 altbackener weißer Wecken, 250 ml Milch, 250 g Powidl, Backteig; Fett; Zucker zum Bestreuen**

Der Wecken wird in 1 cm dicke Scheiben geschnitten, je zwei Scheiben werden mit Powidl zusammengesetzt, die Ränder in Milch getaucht, durch den Backteig gezogen und in Fett herausgebacken, mit Zucker bestreut und serviert.

Crêpes (Feine Palatschinken)

➤ **250 ml Milch, 100 g Mehl, 2 Eier, 1 Eidotter, 1/2 TL Öl, Salz, 1 TL Zucker; Butter zum Backen; etwas Butter und Zucker zum Karamellisieren**

Aus den Zutaten Palatschinkenteig bereiten, hauchdünn ausbacken, Zucker mit etwas Butter in der Pfanne karamellisieren, die fertigen Palatschinken darin auf beiden Seiten kurz bräunen, dreieckig zusammenlegen.

Crêpes „Parisienne"

➤ **Palatschinkenteig**
Fülle: 100 g Schokolade, 50 g Butter; 50 g Haselnüsse

Fertige Palatschinken füllen, dreieckig zusammenlegen und mit geriebenen Haselnüssen bestreuen. Für die Fülle die Schokolade erwärmen und die Butter einrühren.

Crêpes „Extravagant"

➤ **Palatschinkenteig**
Fülle: Kompottpfirsiche oder anderes Obst, Cognac, Schokoladensoße, 50 g Mandeln; 125 ml Schlagobers, 10 g Zucker

Fertige Palatschinken mit in Cognac getränkten Pfirsichwürfeln füllen, mit Schokoladensoße übergießen, gehobelte, geröstete Mandeln darüber streuen und mit gesüßtem Schlagobers verzieren.

Mehlspeisen aus Topfen- und Sauerrahmteig

Topfenknödel

➤ **a) 500 g Topfen, 70 g Butter, 2 Eidotter, 150 g Grieß, Salz; 2 Eiklar**

➤ **b) 500 g Topfen, 150 g Butter, 5 Eidotter, 200 g Grieß, Salz; 5 Eiklar; 150 g Butter, 100 g Brösel**

In den Abtrieb von Butter und Eidotter Topfen, Grieß und Salz untermengen, 1 Stunde rasten lassen, Eischnee unterheben, mit nassen Händen Knödel formen und in Salzwasser kochen, abseihen, in gerösteten Bröseln wälzen und überzuckern. Unbedingt Probeknödel kochen.
Kochzeit: 12–15 Minuten
Beilage: Vanillesoße, Zwetschkenröster

Topfenknödel mit Semmeln

➤ **6 Semmeln, 200 g Topfen, 60 g Butter, 2 Eier, Salz, 125 ml Sauerrahm, 60 g Mehl, 60 g Grieß**

Unter den Abtrieb von Butter und Eiern Topfen, Sauerrahm, Semmelwürfel, Salz und zuletzt Mehl und Grieß untermengen, 1 Stunde rasten lassen, Knödel formen und in Salzwasser kochen.

Topfennockerln I

➤ **250 g Topfen, 2 Eier, etwas Sauerrahm, 250 g Mehl, Salz; 60 g Butter, 125 ml Sauerrahm, etwas Milch**

Topfen mit Sauerrahm, Eiern, Mehl und Salz zu einem Teig vermengen. In einer Auflaufform etwas Wasser und Fett erhitzen, mit einem Löffel Nockerln einlegen und diese zugedeckt dünsten. Sobald das Fett zu prasseln beginnt, Sauerrahm mit etwas Milch versprudeln, darüber gießen, aufkochen lassen. Mit Zucker bestreuen und servieren.
Beilage: Kompott

Topfennockerln II

➤ **500 g Topfen, 3 Semmeln, 80 g Butter, 2 Eier, Salz, etwas Muskat, 150 g Mehl; 150 g Butter, 100 g Brösel; Zucker zum Bestreuen**

Unter den Abtrieb von Butter und Eiern Semmelwürfel, Topfen, Muskat und Mehl mischen, Nockerln in Salzwasser kochen, abseihen, in gerösteten Semmelbröseln wälzen und mit Zucker bestreuen.

Topfennudeln

➤ **500 g Topfen, 30 g Butter, 3 Eier, Salz, 150 g Mehl; 150 g Butter, 100 g Brösel; Zucker zum Bestreuen**

Zutaten rasch zu einem Teig verarbeiten, Nudeln formen, in Salzwasser kochen, in gerösteten Bröseln wälzen, im Rohr ausdünsten lassen, dann mit Zucker bestreuen.

Topfennudeln mit Kartoffeln

➤ **250 g Topfen, 250 g passierte Kartoffeln, Salz; 1 Ei, 350 g Mehl; 150 g Butter, 100 g Brösel; Zucker zum Bestreuen**

Zutaten rasch zu einem Teig verarbeiten, Nudeln formen, in Salzwasser kochen, abseihen, in gerösteten Bröseln wälzen, im Rohr ausdünsten lassen, dann mit Zucker bestreuen.

Topfengrießknödel

➤ **250 g Topfen, 60 g Butter, 1 Ei, Salz, 100 g Grieß, 100 g Mehl; 100 g Butter, 80 g Brösel oder Mohn; Zucker zum Bestreuen**

Butter schaumig rühren, Topfen, Ei, Salz, Grieß und Mehl untermengen, rasten lassen, Knödel formen, in Salzwasser kochen, in gerösteten Bröseln oder geriebenem Mohn wälzen und mit Zucker bestreuen.

Topfenschmarren

➤ **500 g Topfen, 2 Eidotter, 125 ml Sauerrahm, Salz, 100 g Mehl, 2 Eiklar; Butter**

Topfen, Eidotter, Sauerrahm, Salz und Mehl gut verrühren, Eischnee unterheben. In einer Pfanne Butter erhitzen, Teig einleeren, auf beiden Seiten goldgelb backen, mit zwei Gabeln zerreißen, anrichten und mit Zucker bestreuen. Der Schmarren kann auch im Rohr ausgebacken werden.
T: 220–230 °C, B: 30 Minuten, m. Sch.

Einfacher Topfenschmarren

➤ **500 g Topfen, 2 Eier, 250 g Mehl, Salz; 60 g Butter**

Topfen, Eier, Salz und Mehl vermengen, ziehen lassen, in heiße Butter geben und ausdünsten.

Topfenpalatschinken

➤ **Palatschinkenteig**
Fülle: 200 g Topfen, 2 Eidotter, 60 g Zucker, etwas Sauerrahm, 30 g Rosinen, 2 Eiklar
Überguss: 250 ml Milch, 2 Eidotter

Palatschinken backen und füllen, in eine befettete Pfanne schlichten, mit versprudelter Milch und Eidotter übergießen und im Rohr backen. Für die Fülle alle Zutaten verrühren, Eischnee unterheben.
T: 220 °C, B: 20 Minuten, u. Sch.

Topfenflecken

➤ **250 g Topfen, Salz, 1 Ei, 350 g Mehl; Fett zum Ausbacken**

Zutaten rasch auf dem Nudelbrett zu einem Teig verarbeiten, 1 cm dick ausrollen, Rechtecke radeln und in heißem Fett backen.

Topfenlaibchen

➤ **250 g Topfen, 500 g Kartoffeln, 200 g Mehl, Salz, Muskat, 1 Messerspitze Backpulver; Fett zum Ausbacken**

Passierte Kartoffeln mit den übrigen Zutaten zu einem Teig verarbeiten, ausrollen, Laibchen ausstechen und in heißem Fett herausbacken.

Gebackene Mäuse aus Topfenteig

➤ **250 g Topfen, 40 g Butter, 80 g Zucker, 2 Eier, Zitronenschale, Salz, etwas Milch, 1 EL Rum, 500 g Mehl, 1 P. Backpulver**

Unter den Abtrieb alle übrigen Zutaten, zuletzt Mehl und Backpulver untermengen. Nocken ausstechen, in heißem Fett backen, mit Zucker bestreuen.

Topfennudelauflauf

➤ **400 g Nudeln, 150 g Butter, 3 Eidotter, 100 g Zucker, 250 g Topfen, Salz, etwas Sauerrahm, Zitronenschale, 30 g Rosinen; 3 Eiklar**

Butter, Zucker und Eidotter abtreiben, Topfen, Sauerrahm, Salz, Zitronenschale, Rosinen, die gekochten, abgeschreckten Nudeln und zuletzt den Eischnee untermengen, in eine Auflaufform geben und im Rohr backen.
T: 220 °C, B: 30–45 Minuten, m. Sch.

Topfenauflauf

➤ **250 g Topfen, 50 g Butter, 5 Eidotter, 70 g Zucker, 50 g Nüsse, Milch nach Bedarf; 5 Eiklar, 50 g Brösel, 30 g Rosinen**

Unter den Abtrieb von Butter, Eidotter und Zucker Topfen und Nüsse einrühren, mit Milch auflockern,

Eischnee, Brösel und Rosinen unterheben. Masse in Auflaufform backen.
T: 190–220 °C, B: 30 Minuten, m. Sch.

Schneeballen

➤ **200 g Mehl, 3 Eidotter, 75 ml Sauerrahm, 1 EL Rum, Salz; Fett zum Ausbacken; Zucker zum Bestreuen**

Aus Mehl, Eidotter, Sauerrahm, Rum und Salz einen feinen Teig kneten, rasten lassen. Sehr dünn ausrollen, Vierecke radeln, die man fingerbreit 4- bis 6-mal einschneidet, ohne den Rand durchzuschneiden. Nun schiebt man einen Kochlöffel zwischen die Teigstreifen, zieht den zuerst aufgefädelten Teigstreifen über die anderen und gibt so die Schneeballen ins heiße Fett. Die Ballen in sehr viel heißem Fett schwimmend hell backen, abtropfen lassen und mit Zucker bestreuen. In einer Schneeballform gebacken, erhält man einen Ball.

Einfache Schneeballen

➤ **500 g Mehl, 100 g Butter, 250 ml Sauerrahm, 2 Eier, Zitronensaft, Salz; Fett zum Ausbacken; Zucker zum Bestreuen**

Zubereitung wie Schneeballen

Gebackene Rosen

➤ **200 g Mehl, 50 g Butter, 3 Eidotter, Salz, 1 EL Rum, Sauerrahm nach Bedarf; Eiklar; Fett zum Ausbacken, 30 g Marillenmarmelade; Zucker zum Bestreuen**

Mürbteig dünn ausrollen, mit Rosenausstecher 4 immer kleiner werdende Rosenscheiben ausstechen, mit etwas Eiklar übereinander setzen, mit Kochlöffelstiel in der Mitte festdrücken, verkehrt ins heiße Fett geben und hell backen. Rosen in der Mitte mit Marmelade verzieren und überzuckern.

Hasenöhrl

➤ **600 g Mehl, 250 g Butter, 2 Eidotter, 250 ml Wein, Salz; Fett zum Ausbacken**

Aus den Zutaten einen mittelfesten Teig bereiten, rasten lassen, 3 mm dick ausrollen, verschobene Vierecke oder Dreiecke radeln und in heißem Fett backen.

Polsterzipf

➤ **500 g Mehl, 4–5 Eidotter, 125 ml Sauerrahm, Salz, etwas Wein; Fett zum Ausbacken; Zucker zum Bestreuen**

Aus den Zutaten einen mittelfesten Teig bereiten, rasten lassen, 3 mm dick ausrollen, verschobene Vierecke oder Dreiecke radeln, in heißem Fett backen und mit Zucker bestreuen.

Schnürkrapfen I

➤ **600 g Mehl, 500 g Butter, 4 Eidotter, Salz, Zitronensaft, 250 ml Wein; Zucker und Zimt zum Bestreuen**

Zutaten zu einem Teig verarbeiten, rasten lassen und wie Blätterteig weiterverarbeiten. Nach dem letzten Rasten den Teig 3 mm dick ausrollen, Vierecke radeln (ca. 12 × 10 cm), auf die Schnüreisen oder Schnürspangen legen und in heißem Fett herausbacken. Noch heiß mit Zucker-Zimt-Mischung bestreuen.

Schnürkrapfen II (Mürbteig)

➤ **560 g Mehl, 280 g Butter, 4 Eidotter, Salz, 6 EL Wein, 4 EL Sauerrahm**

Mürbteig zubereiten, kühl rasten lassen.
Weitere Verarbeitung wie Schnürkrapfen I

Torten und feine Kuchen

Anleitung für das Vorbereiten der Tortenform

Zweckmäßigerweise wird bei der Tortenform nur der Boden bebuttert und bemehlt, jedoch nicht die Seitenwände, um ein seitliches Einsinken der gebackenen Torte zu verhindern.

Es ist aber auch möglich, die Tortenform überhaupt nicht zu bebuttern, sondern die fertig gebackene Torte nach dem Auskühlen mit einem Messer aus der Form zu lösen.

Praktisch ist auch das im Handel angebotene Backblechpapier nach Gebrauchsanweisung (Blechreinpapier).

Tortenrezepte sind für eine Form mit 22 cm Innendurchmesser angegeben.

Das Fertigstellen von Torten

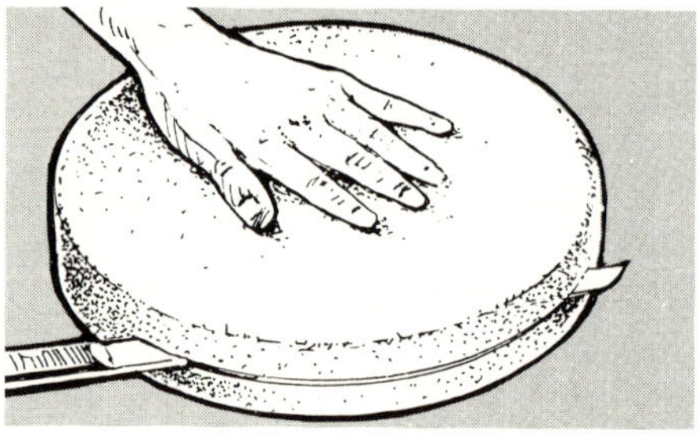

1 Durchschneiden und anschließendes Füllen mit Marmelade

2 Spritzen mit dem Dressiersack

Rezepte für Torten

Biskuittorte

➤ 6 Eier, 3 eischwer Zucker, 3 eischwer Mehl, Saft und Schale einer halben Zitrone; Schokoladencreme, Schokoladenglasur

Zucker und Eier schaumig rühren, Zitronensaft und -schale untermengen. Mehl unterheben und die Masse in 2 Tortenformen backen. Erkaltet mit Schokoladencreme zusammensetzen und mit Schokoladenglasur überziehen.
T: 190 °C, B: 60 Minuten, u. Sch.
Variation: Man kann auch in eine Masse 20 g Kakao untermengen und erhält so eine zweifärbige Torte.

Vanilletorte

➤ 6 Eiklar, 100 g Zucker, 6 Eidotter, 100 g Mehl. Vanillecreme: 125 ml Milch, 3 Eidotter, 50 g Zucker, Vanillezucker, 1 EL Mehl oder Maisstärkemehl, 125 l Schlagobers; 100 g Marillenmarmelade zum Bestreichen Windmasse: 2 Eiklar, 140 g Zucker

Für Biskuitmasse in den sehr festen Eischnee ein Drittel Zucker einschlagen. Zwei Drittel Zucker, Eidotter und Mehl unterheben und backen.
T: 190 °C, B: 50 Minuten, u. Sch.
Für die Vanillecreme Milch, Eidotter, Zucker, Vanillezucker und Mehl kalt verrühren und unter ständigem Rühren (Schneebesen) zum Kochen bringen. Überkühlen lassen und steif geschlagenes Obers untermengen. Für die Windmasse in den sehr fest geschlagenen Eischnee ein Drittel Zucker einschlagen und den Rest untermengen. Ausgekühlte Torte durchschneiden und mit Vanillecreme füllen. Oberseite mit Marillenmarmelade bestreichen. Windmasse in Form einer Spirale von der Mitte aus spritzen und die Oberseite der Torte nochmals backen.
T: 130 °C, B: 5–10 Minuten, o. Sch.

Kaffeebiskuittorte

➤ 250 g Zucker, 6 Eidotter, 6 Eiklar, 250 g Mehl Creme: 140 g Butter, 2 Eidotter, 70 g Zucker, 4–5 TL Bohnenkaffee, Kaffeeglasur

Zwei Drittel Zucker und Eidotter schaumig rühren. Ein Drittel Zucker in den festen Eischnee einschlagen. Eischnee und Mehl in die Zuckermasse unterheben und backen.
T: 180 °C, B: 60 Minuten, u. Sch.

Für die Creme Butter flaumig rühren, Eidotter, Zucker und Kaffee beimengen. Ausgekühlte Torte dreimal durchschneiden, füllen und glasieren.

Almbuttertorte

➤ **5 Eidotter, 140 g Zucker, Zitronenschale; 5 Eiklar, 140 g Mehl**
Creme: 140 g Butter, 50 g Zucker, 125 ml Milch, 4 Eidotter, 1 TL Mehl, 1 P. Vanillezucker; Kaffeeglasur

Eidotter, Zucker und Zitronenschale schaumig rühren. Eischnee und Mehl unterheben und backen.
T: 190 °C, B: 50 Minuten, u. Sch.
Für die Creme Butter und Zucker flaumig abtreiben. Milch, Eidotter und Mehl über Dunst dickschaumig schlagen und überkühlt löffelweise in den Abtrieb einrühren. Ausgekühlte Torte zweimal durchschneiden, mit Creme füllen und glasieren.

Apfelmustorte

➤ **3 Eidotter, 150 g Zucker, 3 Eiklar, 150 g Mehl**
Creme: 750 ml Apfelmus, 250 ml Schlagobers, 8 Blatt Gelatine; Zimt zum Bestreuen

Biskuitmasse zubereiten und backen.
T: 190 °C, 40 Minuten, m. Sch.
Für die Creme Gelatine in kaltem Wasser einweichen. Schlagobers schlagen und unter zwei Drittel Apfelmus mengen. Den Rest des Apfelmuses erhitzen und die eingeweichten und ausgedrückten Gelatineblätter auflösen. Etwas überkühlt unter die Apfelmus-Schlagobers-Mischung einrühren. Tortenring um den ausgekühlten Tortenboden geben, die Creme auftragen und vier Stunden kalt stellen. Vor dem Servieren mit Zimt bestreuen.

Dobostorte

➤ **8 Eidotter, 140 g Zucker, 6 Eiklar, 140 g Mehl**
Creme: 250 g Butter, 120 g Schokolade, 2 Eidotter, 50 g Zucker; Haselnüsse zum Bestreuen
Karamellglasur: 250 g Würfelzucker, etwas Butter

Eidotter und Zucker schaumig rühren, Eischnee und Mehl unterheben. Masse in 4 Teile teilen und jeweils auf den bebutterten und bemehlten Tortenboden aufstreichen und hell backen.
T: 220 °C, B: 10 Minuten, m. Sch.
(Wird die ganze Masse in einer Form gebacken, muss sie nach dem Auskühlen 4- bis 6-mal durchgeschnitten werden.) Für die Creme Butter und erweichte Schokolade flaumig rühren, Eidotter und Zucker einrühren. Die Tortenteile mit Creme zusammensetzen, den Tortenrand glatt verstreichen und mit blättrig geschnittenen Haselnüssen bestreuen. Die oberste Tortenscheibe vor dem Aufsetzen mit der Karamellglasur überziehen und mit einem bebutterten Messer in Portionen teilen, solange die Glasur noch nicht ganz fest ist. Für die Karamellglasur Würfelzucker mit Butter in einer dickwandigen Pfanne zergehen lassen. Unter Rühren so lange erhitzen, bis die Masse gelb ist. Es ist vorteilhaft, zum Glasieren die Tortenscheibe auf ein bebuttertes Pergamentpapier zu geben. Die Glasur gelingt am besten, wenn sie etwas abgekühlt ist!

Biskottentorte

➤ **40 St. Biskotten, Rum n. B.**
Creme: 250 ml Milch, 3 Eidotter, 80 g Zucker, 1 P. Vanillezucker, 1 TL Mehl oder Maisstärkemehl; 250 ml Schlagobers, 40 g Zucker, kandierte Kirschen

Für die Creme Milch, Eidotter, Zucker und Mehl kalt verrühren und über Dunst dickschaumig aufschlagen. Kalt schlagen und mit zwei Dritteln des steifen Schlagobers vermischen. Den Rand und den Boden einer Tortenform mit Biskotten auslegen. Den Innenraum der Torte schichtweise mit Creme und in Rum getauchten Biskotten füllen. Die Torte kalt stellen und vor dem Servieren aus der Form nehmen. Mit gesüßtem Schlagobers und kandierten Kirschen verzieren. Für Kinder die Biskotten in Milch tauchen.

Punschtorte

➤ **6 Eidotter, 170 g Zucker, 140 g Mehl, 6 Eiklar**
Fülle: Biskuitreste, 125 ml gesponnener Zucker, 2 EL Rum, Orangen- und Zitronensaft, 2 EL Ribiselmarmelade, 1 EL Kakao; Marmelade zum Bestreichen; Punsch- oder Orangenglasur

Eidotter und Zucker schaumig rühren, Eischnee und Mehl unterheben. Drei Viertel der Masse in der Tortenform und Rest für die Fülle in einer kleineren Form backen. Torte nach dem Erkalten durchschneiden, füllen und glasieren.
T: 190 °C, B: 50 Minuten, u. Sch.
Für die Fülle ausgekühlte Biskuitreste zerbröseln, mit den Zutaten vermengen und abschmecken. Masse darf nicht weich sein. Beim Füllen ist es vor-

teilhaft, den unteren Biskuitboden in die gereinigte Form zu geben, zu füllen und mit der zweiten Biskuitscheibe abzudecken. Andrücken, anziehen lassen und vor dem Glasieren mit Marmelade bestreichen.

Malakofftorte

➤ **40 St. Biskotten, Rummilch**
Creme: 150 g Zucker, 150 g Butter, 2 Eidotter, 150 g Nüsse, 50 g Zucker; 250 ml Schlagobers; 100 ml Schlagobers zum Verzieren

Für die Creme Butter, Zucker und Eidotter schaumig rühren. Geriebene Nüsse mit Zucker rösten und ausgekühlt mit steifem Schlagobers unter den Abtrieb mengen. Den Rand und den Boden einer Tortenform mit Biskotten auslegen. Den Innenraum der Form schichtweise mit Creme und in Rummilch getauchten Biskotten füllen. Die Torte kalt stellen und vor dem Servieren aus der Form nehmen. Mit Schlagobers verzieren.

Bauernhochzeitstorte

➤ **Biskuitmasse: 4 Eidotter, 150 g Zucker, Zitronenschale, 4 Eiklar, 80 g Mehl Brotmasse: 6 Eidotter, 210 g Zucker, 6 Eiklar, 210 g Nüsse, 30 g Schokolade, 50 g Hausbrotbrösel, 2 TL Rum,100 g Marmelade zum Bestreichen; Punschglasur**

Für die Biskuitmasse Eidotter und Zucker schaumig rühren. Eischnee, Mehl und Zitronenschale unterheben. Masse in kleiner Tortenform backen. Für die Brotmasse Eidotter und Zucker schaumig rühren. Eischnee, geriebene Nüsse, Schokolade und mit Rum befeuchtete Brösel unterheben und die Masse in einer größeren Tortenform backen.
T: 190 °C, B: 50 Minuten (für kleine Torte);
60 Minuten (für große Torte), u. Sch.
Ausgekühlte Torten mit Marmelade füllen, zusammensetzen und mit Punschglasur überziehen.

Landltorte

➤ **5 Eidotter, 240 g Zucker, 5 Eiklar, 200 g Mehl**
Creme: 150 g Butter, 2 Eidotter, 150 g Zucker, 150 g Nüsse; 250 ml Schlagobers, 40 g Zucker

Eidotter und Zucker schaumig rühren. Den steif geschlagenen Eischnee und das Mehl unterheben und backen.
T: 190 °C, B: 60 Minuten, u. Sch.

Für die Creme Butter flaumig abtreiben, Zucker, Eidotter und geriebene Nüsse einrühren. Die Hälfte des geschlagenen und gesüßten Schlagobers unterheben. Torte gut auskühlen lassen, dreimal durchschneiden. Mit Creme füllen und das restliche Schlagobers obenauf spritzen.

Wachauer Torte

➤ **7 Eidotter, 140 g Zucker, 7 Eiklar, 70 g Schokolade, 140 g Nüsse, 50 g Mehl**
Schokoladencreme; 100 g Haselnüsse oder Mandeln zum Bestreuen

Eidotter und Zucker schaumig rühren. Eischnee, geriebene Nüsse, Schokolade und Mehl unterheben. Masse in Tortenform backen. Nach dem Erkalten aus der Form lösen und durchschneiden. Mit Schokoladencreme füllen und bestreichen. Mit gestiftelten, gerösteten Mandeln oder Haselnüssen bestreuen.
T: 190 °C, B: 50 Minuten, u. Sch.

Panamatorte

➤ **6 Eidotter, 150 g Zucker, 6 Eiklar, 150 g Haselnüsse, 150 g Schokolade, 70 g Mehl**
Creme: 100 g Butter, 100 g Zucker, 50 g Schokolade, 2 Eidotter; 100 g Haselnüsse zum Bestreuen

Eidotter und Zucker schaumig rühren. Den Eischnee mit geriebenen Haselnüssen, Schokolade und Mehl unterheben und backen. Für die Creme Butter flaumig abtreiben, Zucker, erweichte Schokolade und Eidotter einrühren. Torte nach dem Erkalten aus der Form lösen, durchschneiden, mit Creme füllen, bestreichen und mit gehackten, gerösteten Haselnüssen bestreuen.
T: 190 °C, B: 60 Minuten, u. Sch.

Königstorte

➤ **6 Eidotter, 1 Ei, 210 g Zucker, 6 Eiklar, 210 g Haselnüsse, 160 g Mehl, Zitronenschale, 100 g Butter; Marmelade zum Bestreichen, weiße Zuckerglasur, Haselnussbögen zum Verzieren**

Eidotter, Zucker und Ei schaumig rühren. Eischnee, geriebene Haselnüsse, Zitronenschale, Mehl und zuletzt zerlassene Butter untermengen. Masse in zwei verschieden großen Tortenformen backen. Nach dem Erkalten durchschneiden und mit Marmelade füllen. Mit Marmelade bestreichen, die Tor-

ten aufeinander setzen und glasieren. Die Haselnussbögen so aufsetzen, dass die Torte wie eine Krone aussieht
T: 180 °C, B: 60 Minuten, u. Sch.

Wundertorte

➤ **4 Eidotter, 200 g Zucker, 6 EL Wasser;
100 g Nüsse, 200 g Mehl,
1/2 P. Backpulver, 4 Eiklar
Fülle: 50 g Nüsse, 50 g Schokolade,
2 EL Rum, 50 g Marmelade; Schokoladeglasur**

Eidotter, Zucker und 3 EL Wasser schaumig rühren. Mit den geriebenen Nüssen und dem restlichen Wasser weiter rühren. Mehl, Backpulver und Eischnee unterheben und backen. Ausgekühlt füllen und glasieren. Für die Fülle Tortenreste mit Rum befeuchten, feste Marmelade, geriebene Nüsse und geschnittene Schokolade untermengen.
T: 190 °C, B: 60 Minuten, u. Sch.

Marmortorte

➤ **7 Eidotter, 140 g Zucker, 100 g Nüsse, Zitronenschale; 7 Eiklar, 140 g Mehl,
20 g Kakao; weiße Zuckerglasur**

Eidotter und Zucker schaumig rühren. Geriebene Nüsse und Zitronenschale untermengen. Eischnee und Mehl unterheben. Die halbe Masse mit Kakao färben und die beiden Teile löffelweise abwechselnd in die Form füllen. Die ausgekühlte Torte glasieren.
T: 180 °C, B: 50 Minuten, u. Sch.

Muskazintorte

➤ **6 Eidotter, 2 Eier, 210 g Zucker;
140 g Mandeln zum Rösten, 70 g Zucker;
140 g Mandeln, 40 g Zitronat, 30 g Aranzini,
Zitronenschale, Neugewürz, Nelken, Muskat;
6 Eiklar, 70 g Brösel, Rum; Zucker- oder Schokoladenglasur**

Geschälte, gestiftelte Mandeln mit Zucker braun rösten und ausgekühlt zerkleinern. Eidotter, Eier und Zucker schaumig rühren. Ungeschälte Mandeln stifteln und in die Masse gut einrühren. Dann die gerösteten Mandeln, das geschnittene Zitronat und die Aranzini sowie die Gewürze untermengen. Eischnee und mit Rum befeuchtete Brösel unterheben und die Torte backen. Überkühlen lassen und mit Zucker- oder Schokoladenglasur überziehen.
T: 190 °C, B: 60 Minuten, u. Sch.

Napoleonschaumtorte

➤ **7 Eidotter, 1 Ei, 150 g Zucker, 150 g Nüsse,
80 g Schokolade, 20 g getrocknete Marillen
oder Aranzini; 7 Eiklar, 50 g Biskuitbrösel,
50 g Butter
Fülle: 250 ml Schlagobers,
40 g Zucker; Schokoladenglasur**

Eidotter, Ei und Zucker schaumig rühren, geriebene Nüsse, Schokolade, klein geschnittene Marillen oder Aranzini einrühren. Eischnee, Brösel und zerlassene Butter unterheben. Masse in zwei Formen backen, gut ausgekühlt durchschneiden. Die vier Tortenhälften mit gesüßtem Schlagobers zusammensetzen und die Torte glasieren.
T: 190 °C, B: 60 Minuten, u. Sch.

Haselnussschaumtorte

➤ **5 Eidotter, 1 Ei, 170 g Zucker, 5 Eiklar,
110 g Haselnüsse, 50 g Brösel
Fülle: 250 ml Schlagobers, 40 g Zucker;
Zuckerglasur, 40 g Haselnüsse**

Eidotter, Ei und Zucker schaumig rühren. Eischnee mit geriebenen Haselnüssen und Bröseln unterheben und backen. Nach dem Auskühlen zweimal durchschneiden, mit gezuckertem Schlagobers füllen und glasieren. Mit ganzen Haselnüssen verzieren.
T: 180 °C, B: 60 Minuten, u. Sch.

Nussschaumtorte

Zutaten und Zubereitung wie Haselnussschaumtorte, nur verwendet man statt der Haselnüsse Walnüsse; Kaffeeglasur.
Backtemperatur und Backzeit wie oben

Nusstorte I

➤ **8 Eidotter, 200 g Zucker, 200 g Nüsse;
8 Eiklar, 80 g Brösel, Rum; 40 g Zucker
zum Bestreuen, 250 ml Schlagobers
zum Füllen, Zucker oder Kaffeeglasur**

Eidotter und Zucker schaumig rühren und geriebene Nüsse untermengen. Zuletzt Eischnee und mit Rum befeuchtete Brösel unterheben und backen.

1. Variante: Die ausgekühlte Torte mit Zucker bestreuen.

2. Variante: Mit Schlagobers füllen und bestreichen.

3. Variante: Mit Schlagobers füllen und glasieren.
T: 180 °C, B: 60 Minuten, u. Sch.

Nusstorte II

➤ **6 Eiklar, 110 g Zucker, 6 Eidotter, 110 g Nüsse, 40 g Mehl, 40 g Butter**

Festen Eischnee schlagen und Zucker untermengen. Eidotter, geriebene Nüsse, Mehl und zerlassene Butter unterheben und backen.
Fertigstellung wie Nusstorte I

Haselnusstorte

➤ **4 Eier, 4 Eidotter, 140 g Zucker; 140 g Haselnüsse, 4 Eiklar, 70 g Biskuitbrösel; 100 g Marmelade zum Füllen; weiße Zuckerglasur, Haselnüsse zum Verzieren**

Eier, Eidotter und Zucker schaumig rühren. Eischnee mit geriebenen Haselnüssen und Bröseln unterheben. Backen und in der Form auskühlen lassen, herauslösen und durchschneiden. Mit Marmelade füllen und glasieren. Mit Haselnüssen verzieren, die in dick gesponnenem Zucker getaucht wurden.
T: 180 °C, B: 50 Minuten u. Sch.

Meindltorte

➤ **8 Eidotter, 120 g Zucker, Zitronenschale; 8 Eiklar, 120 g Nüsse, 60 g Mehl, 3 EL Bohnenkaffee (Kaffeepulver); Kaffeecreme; 250 ml Schlagobers, 40 g Zucker zum Verzieren**

Eidotter und Zucker schaumig rühren. Zitronenschale, geriebene Nüsse, Eischnee, Mehl und Bohnenkaffee unterheben. Masse in Tortenform backen und ausgekühlt zweimal durchschneiden. Mit Kaffeecreme füllen und mit gesüßtem Schlagobers verzieren. Man kann die Torte auch mit Kaffeeglasur überziehen oder mit Kaffeecreme spritzen. T: 190 °C, B: 60 Minuten, u. Sch.

Brottorte

➤ **2 Eier, 6 Eidotter, 150 g Zucker, 150 g Nüsse; 6 Eiklar, 50 g Schokolade, 50 g Aranzini oder getrocknete Marillen, Zitronenschale, Nelkenpulver, 50 g Brotbrösel, 1 TL Rum; Rumglasur**

Eier, Eidotter, Zucker und geriebene Nüsse schaumig rühren. Eischnee, geriebene Schokolade, fein geschnittene Aranzini oder Marillen, Zitronenschale, Nelkenpulver und die mit Rum befeuchteten Brösel unterheben. Masse in Tortenform backen und erkaltet mit Rumglasur überziehen.
T: 180 °C, B: 60 Minuten, u. Sch.

Hausbrottorte

➤ **300 g Zucker, 5 Eidotter; 150 g Schwarzbrotbrösel, Rum, 1 EL Sauerrahm, Vanillezucker, 5 Eiklar, 150 g Nüsse, 1 TL Backpulver; Zuckerglasur**

Zucker und Eidotter schaumig rühren. Mit Rum befeuchtete Schwarzbrotbrösel, Vanillezucker und Sauerrahm untermengen. Zuletzt den Eischnee mit den geriebenen Nüssen und dem Backpulver unterheben. Die gebackene Torte überkühlen lassen und glasieren.
T: 180 °C, B: 60 Minuten, u. Sch.

Sandtorte

➤ **140 g Butter, 3 Eidotter, 140 g Zucker, 1 TL Rum; 3 Eiklar, 140 g Mehl, 1 Messerspitze Backpulver; Staubzucker zum Bestreuen**

Die Butter flaumig abtreiben. Eidotter, Zucker und Rum einrühren. Eischnee, Mehl und Backpulver unterheben. Masse in Tortenform backen und ausgekühlt mit Zucker bestreuen.
T: 190 °C, B: 60 Minuten, u. Sch.

Nusscremetorte

➤ **3 Eier, 5 Eidotter, 200 g Zucker; 6 Eiklar, 140 g Nüsse, 40 g Biskuitbrösel
Creme: 100 g Butter, 50 g Zucker, 70 g Nüsse, 2 EL Bohnenkaffee (Kaffeepulver); Kaffeeglasur, halbe Nusskerne zum Verzieren**

Ei, Eidotter, Zucker und geriebene Nüsse schaumig rühren. Eischnee mit Bröseln unterheben und in Tortenform backen. Für die Creme Butter flaumig rühren, Zucker, geriebene Nüsse und Bohnenkaffee

einrühren. Die ausgekühlte Torte durchschneiden, füllen, glasieren und mit halben Nusskernen verzieren, die in dick gesponnenem Zucker getaucht wurden.
T: 180 °C, B: 60 Minuten, u. Sch.

Orangentorte

- **6 Eidotter, 140 g Zucker; 6 Eiklar, 140 g Nüsse, 140 g Semmelbrösel, Zitronenschale, Saft von 2 Orangen; Orangenglasur, Orangenspalten zum Verzieren**

Eidotter und Zucker schaumig rühren. Eischnee, geriebene Nüsse, Brösel, Zitronenschale und Orangensaft untermengen. Die Masse backen und ausgekühlt glasieren und mit in gesponnenem Zucker getauchten Orangenspalten verzieren.
T: 190 °C, B: 60 Minuten, u. Sch.

Kastanientorte

- **6 Eidotter, 140 g Zucker, 100 g gekochte, passierte Kastanien (170 g rohe Kastanien); 6 Eiklar, 50 g Brösel**
  Fülle: 250 ml Schlagobers, 50 g Zucker, 100 g gekochte, passierte Kastanien, Schokoglasur

Kastanien seitlich einschneiden, weich kochen, schälen und heiß passieren. Eidotter und Zucker schaumig rühren. Passierte Kastanien, Eischnee und Brösel unterheben und backen. Für die Fülle Schlagobers steif schlagen, Zucker und Kastanien untermengen. Die ausgekühlte Torte durchschneiden, füllen und glasieren.
T: 190 °C, B: 60 Minuten, u. Sch.

Linzer Torte I

- **150 g Mehl, 210 g Butter, 200 g Nüsse, 100 g Zucker, je 1 Messerspitze Nelkenpulver, Zimt, Zitronenschale, 2 Eidotter, 3 EL Wein; 200 g Marmelade zum Bestreichen; 1 Ei zum Bestreichen**

Mehl und Butter abbröseln, mit Zucker, geriebenen Nüssen, Zitronenschale und den Gewürzen vermischen, mit Eidotter und Wein verkneten. Zwei Drittel Teig in eine Tortenform drücken, dabei soll ein Rand entstehen. Mit Marmelade bestreichen. Aus dem restlichen Teig Rollen formen und ein Gitter auf die Torte legen. Mit versprudeltem Ei bestreichen und backen.
T: 190 °C, B: 60 Minuten, u. Sch.

Linzer Torte II

- **180 g Mehl, 180 g Butter, 180 g Staubzucker, 180 g geriebene Nüsse oder Mandeln, 80 g Schokoladeflocken, 1 Messerspitze Zimt, 1 Ei; 200 g Ribiselmarmelade sowie 1 Ei zum Bestreichen**

Alle Zutaten rasch zu einem Teig verarbeiten und 60 Minuten kühl rasten lassen.
Weiterverarbeitung wie Linzer Torte I

Kakaotorte I

- **100 g Butter, 200 g Zucker, 2 Eier, 200 g Mehl, 2 TL Kakao, 1 TL Backpulver, 125 ml Milch; 100 g Ribiselmarmelade zum Füllen; Schokoladenglasur**

Butter flaumig abtreiben, mit Zucker und Eiern weiter rühren. Die übrigen Zutaten untermengen und backen. Ausgekühlt mit Marmelade füllen und glasieren.
T: 190 °C, B: 50 Minuten, u. Sch.

Kakaotorte II

- **120 g Butter, 250 g Zucker, 4 Eidotter, Zitronenschale, 2 TL Kakao, 125 ml Milch; 4 Eiklar, 250 g Mehl, 1 TL Backpulver; 100 g Marmelade zum Füllen; Schokoladenglasur**

Butter, Eidotter und Zucker schaumig rühren. Zitronenschale, Kakao und Milch untermengen und zuletzt Eischnee und Mehl mit Backpulver unterheben. Backen, ausgekühlt mit Marmelade füllen und glasieren. Variation: Nur die Hälfte der Masse mit Kakao vermischen, in zwei Formen backen. Ergibt eine zweifärbige Torte.
T: 190 °C, B: 60 Minuten, u. Sch.

Kakaotorte III

- **50 g Butter, 210 g Zucker, 1 P. Vanillezucker, 2 Eidotter, 125 ml Milch, 2 Eiklar, 200 g Mehl, 40 g Kakao, 1/2 P. Backpulver**
  Creme: 150 g Butter, 80 g Staubzucker, 1 Ei, 50 g Nüsse; Schokoladenglasur

Zubereitung wie Kakaotorte I
Für die Creme Zucker, Butter und Ei flaumig abtreiben und geriebene Nüsse beimengen. Torte füllen und glasieren.

Sachertorte

➤ **150 g Schokolade, 150 g Butter, 150 g Staubzucker, 5 Eidotter; 5 Eiklar, 120 g Mehl, 30 g Stärkemehl; Marillenmarmelade zum Bestreichen; Schokoladenglasur, 250 ml Schlagobers und 50 g Zucker zum Verzieren**

Erweichte Schokolade, Butter, zwei Drittel Zucker und Eidotter flaumig abtreiben. In den festen Eischnee ein Drittel Zucker einschlagen und mit dem Mehl und Stärkemehl in die Masse unterheben. Torte backen. Nach dem Auskühlen die Torte mit Marillenmarmelade bestreichen und glasieren. In Portionen teilen und mit gezuckertem Schlagobers servieren.
T: 180 °C, B: 60 Minuten, u. Sch.

Billige Sachertorte

➤ **70 g Schokolade, 90 g Butter, 90 g Zucker, 4 Eidotter, 2 EL Milch; 4 Eiklar, 70 g Brösel; Marillenmarmelade zum Bestreichen; Schokoladenglasur**

Erweichte Schokolade, Butter, Zucker und Eidotter schaumig rühren. Milch einrühren, Eischnee und Brösel unterheben und backen. Ausgekühlte Torte mit Marmelade bestreichen und glasieren.
T: 180 °C, B: 60 Minuten, u. Sch.

Ölsachertorte

➤ **160 g Schokolade, 160 g Öl, 160 g Zucker, 6 Eidotter, Rum, 1 P. Vanillezucker, 6 Eiklar, 160 g Mehl; Marillenmarmelade zum Bestreichen; Schokoladenglasur, 250 ml Schlagobers, Zucker nach Bedarf**

Schokolade mit Öl über Dunst erweichen. Die Hälfte des Zuckers, die Eidotter, Rum und Vanillezucker hinzufügen und schaumig rühren. Den Eischnee mit dem restlichen Zucker steif schlagen und mit dem Mehl unterheben.
Weitere Zubereitung wie Sachertorte.
Variation: Die Hälfte des Mehls kann durch Nüsse ersetzt werden.
T: 180 °C, B: 60 Minuten, u. Sch.

Kärntner Torte

➤ **5 Eier, 120 g Zucker, 50 g Schokolade, 120 g Nüsse, 40 g Brösel; Schokoladenglasur**

Eidotter mit Zucker schaumig rühren. Erweichte Schokolade und geriebene Nüsse mit Bröseln vermischt darunter rühren und den festen Eischnee unterheben. In gut bebutterter, bemehlter Tortenform backen. Nach dem Auskühlen mit Marmelade, Creme oder Schlagobers füllen und glasieren.
T: 180 °C, B: 60 Minuten, u. Sch.

Weihnachtstorte

➤ **200 g Butter, 150 g Zucker, 5 Eier, 1 TL Rum, 300 g Mehl, 2 Messerspitzen Backpulver**
Fülle: Buttercreme
Zitronenglasur, 50 g Zitronat zum Verzieren

Butter, Zucker, Eidotter und Rum schaumig rühren. Das mit Backpulver vermischte Mehl abwechselnd mit dem steifen Eischnee untermengen. Vorsichtig unter den Abtrieb heben und backen. Nach dem Auskühlen mit Buttercreme füllen, mit Zitronenglasur überziehen und mit in Streifen geschnittenem Zitronat verzieren.
T: 180 °C, B: 60 Minuten, u. Sch.

Schokoladetorte

➤ **120 g Butter, 240 g Zucker, 1 P. Vanillezucker, 4 Eidotter; 100 g Schokolade, 250 ml Milch, 100 g Nüsse; 4 Eiklar, 300 g Mehl, 1 P. Backpulver**
Fülle: 100 g Marmelade oder 250 ml Schlagobers; Schokoladenglasur

Butter, Zucker und Eidotter abtreiben. Geriebene Schokolade, Milch und einen Teil des Mehls einrühren. Eischnee und das restliche Mehl mit Backpulver und geriebenen Nüssen unterheben und backen. Ausgekühlt mit Marmelade oder Schlagobers füllen und glasieren.
T: 180 °C, B: 60 Minuten, u. Sch.

Topfencremetorte

➤ **Biskuitmasse: 6 Eidotter, 120 g Zucker, 6 Eiklar, 120 g Mehl, 30 g Butter**
Creme: 250 g Topfen, 200 g Zucker, 3 Eidotter, Zitronensaft; 6–8 Blatt Gelatine, 500 ml Schlagobers

Biskuitmasse in Tortenform backen, gut auskühlen lassen und einmal durchschneiden. Tortenring um den Biskuitboden geben, füllen und mit der oberen Biskuitplatte abdecken und kalt stellen. Für die Creme Topfen, Zucker, Eidotter und Zitronensaft abtreiben. Die Gelatineblätter in kaltem Wasser etwa 4 Minuten einweichen, herausnehmen, leicht ausdrücken und mit etwas Flüssigkeit bei schwa-

cher Hitze auflösen. Langsam unter eine kleine Menge des geschlagenen Obers heben und erst dann mit dem restlichen Obers unter die Gesamtmasse einrühren.
T: 190 °C, B: 50 Minuten, u. Sch.

Topfentorte

➤ **180 g Mehl, 120 g Butter, 80 g Zucker, 1 Ei**
Fülle: 70 g Butter, 120 g Zucker, 3 Eidotter, 250 g Topfen; 3 Eiklar, 70 g Nüsse, 1 EL Puddingpulver; Zucker zum Bestreuen

Mehl und Butter abbröseln, mit Zucker und Ei zu einem Mürbteig verarbeiten und rasten lassen. Tortenform mit zwei Dritteln Teig auslegen, füllen und mit Teiggitter aus einem Drittel Teig abdecken und backen. Für die Fülle Butter, Zucker und Eidotter abtreiben, passierten Topfen untermengen. Eischnee mit Puddingpulver und geriebenen Nüssen unterheben. Gebackene Torte mit Zucker bestreuen.
T: 190 °C, B: 60 Minuten, u. Sch.

Apfeltorte

➤ **210 g Mehl, 140 g Butter, 70 g Zucker, 1 gekochter Eidotter, 1 EL Rum**
Fülle: 750 g Äpfel, 1 kleine Zimtstange, Zucker n. B.
Überguss: 125 ml Sauerrahm, 2 Eidotter, 30 g Nüsse

Mehl und Butter abbröseln, mit Zucker, passiertem Eidotter und Rum einen Mürbteig herstellen und rasten lassen. Tortenform mit Teigboden auslegen und kurz backen. Für die Fülle geschälte Apfelspalten mit Zucker und Zimtstange dünsten und abtropfen lassen. Tortenboden damit belegen. Sauerrahm mit Eidotter versprudeln, übergießen, mit gehackten Nüssen bestreuen und nochmals überbacken.
T: 190 °C, B: 60 Minuten, u. Sch.

Grammeltorte

➤ **250 g Mehl, 1/2 P. Backpulver; 250 g faschierte Grammeln; 120 g Zucker, 1 Messerspitze Zimt, Nelkenpulver, Neugewürz, Zitronenschale; 1 Ei**

Mehl, Backpulver und Grammeln abbröseln. Trockene Zutaten hinzufügen und mit Ei rasch zu einem Mürbteig verarbeiten.
Weitere Zubereitung wie Linzer Torte

Pischinger Torte

➤ **Karlsbader Oblaten**
Creme: 50 g Schokolade, 50 g Butter, 70 g Zucker, 2 Eidotter; Nüsse

Erweichte Schokolade, Butter, Zucker und Eidotter flaumig abtreiben. Oblaten bestreichen, zusammensetzen, mit Creme überziehen und mit gehackten Nüssen bestreuen.

Hinweis: Wird die Schokoladencreme ohne Eidotter zubereitet, bleibt die Torte knuspriger.

Einfache Haustorte

➤ **50 g Butter, 150 g Zucker, 2 Eier, 250 ml Milch, 250 g Mehl, 1/2 P. Backpulver**
Kaffeecreme: 100 g Butter, 40 g Zucker, 1 Eidotter, 1 EL Bohnenkaffee (Kaffeepulver), Rum; Kaffeeglasur

Butter, Zucker und Eier abtreiben. Milch, Mehl und Backpulver einrühren und backen. Für die Kaffeecreme Butter, Zucker, Eidotter und Bohnenkaffee abrühren. Ausgekühlte Torte durchschneiden, mit Rum beträufeln, füllen und glasieren.
T: 190 °C, B: 60 Minuten, u. Sch.

Wirtschaftstorte (Eiklarverwertung)

➤ **6 Eiklar, 140 g Nüsse, 140 g Zucker, 40 g Schokolade, 1 Messerspitze Zimt; Zuckerglasur**

In den festen Eischnee ein Drittel Zucker einschlagen. Zwei Drittel Zucker, geriebene Nüsse und Schokolade sowie Zimt untermengen und backen. In der Form gut auskühlen lassen, stürzen und glasieren.
T: 180 °C, B: 50 Minuten, u. Sch.

Mosertorte I (Eiklarverwertung)

➤ **Teig: 7 Eiklar, 200 g Zucker, 150 g Mehl, 100 g Schokolade, 150 g Butter**
Creme: 100 g Butter, 100 g Zucker, 1 Eidotter, 50 g Schokolade

In den festen Eischnee ein Drittel Zucker einschlagen. Zwei Drittel Zucker, Mehl, geriebene Schoko-

lade und zerlassene Butter einrühren. Masse backen und in der Form gut auskühlen lassen. Für die Creme erweichte Schokolade, Butter, Zucker, Eidotter flaumig rühren. Torte durchschneiden, füllen und mit Zucker bestreuen.
T: 180 °C, B: 50 Minuten, u. Sch.

Mosertorte II (Eiklarverwertung)

➤ **5 Eiklar, 120 g Zucker, 120 g Mehl, 120 g Schokolade, 140 g Butter**

Zubereitung wie Mosertorte I

Schneetorte (Eiklarverwertung)

➤ **5 Eiklar, 160 g Zucker, 160 g Nüsse, 50 g getrocknete Marillen oder Aranzini**

In den festen Eischnee ein Drittel Zucker einschlagen. Zwei Drittel Zucker, geriebene Haselnüsse und fein geschnittene Marillen oder Aranzini untermengen. Masse backen und in der Form gut auskühlen lassen. Mit Zucker bestreuen.
T: 180 °C, B: 50 Minuten, u. Sch.

Billige Haustorte

➤ **3 Eidotter, 180 g Zucker, 70 ml Milch; 3 Eiklar, 180 g Mehl; 100 g Marmelade zum Füllen; Zuckerglasur**

Eidotter, Zucker und Milch schaumig schlagen. Eischnee und Mehl unterheben und in Tortenform backen. Ausgekühlte Torte durchschneiden, mit Marmelade füllen und glasieren.
T: 190 °C, B: 60 Minuten, u. Sch.

Rezepte für feine Kuchen

Ölschokoladegugelhupf

➤ **100 g Schokolade, 4 Eidotter, 210 g Zucker, 125 ml Öl, 125 ml Wasser; 4 Eiklar, 210 g Mehl, 1/2 P. Backpulver**

Schokolade erweichen, Eidotter und die Hälfte des Zuckers hinzufügen und schaumig schlagen. Öl und Wasser langsam beimengen. In den Eischnee den restlichen Zucker einschlagen, mit Mehl und Backpulver in die Masse unterheben und in bebutterter und bemehlter Gugelhupfform backen. T: 180 °C, B: 60 Minuten, u. Sch.

Kaffeekuchen

➤ **120 g Butter, 120 g Zucker, 4 Eidotter, 120 g Mehl**
Überguss: 4 Eiklar, 1 TL Kaffeepulver; 30 g Nüsse, 30 g grober Kristallzucker

Butter, Zucker und Eidotter schaumig rühren. Mehl untermengen und in Tortenform backen.
T: 190 °C, B: 60 Minuten, u. Sch.
Für den Überguss Eiklar zu festem Eischnee schlagen, Bohnenkaffee untermengen. Die Masse über die fertige Torte streichen, mit grobem Zucker und grob gehackten Nüssen bestreuen. Torte im Rohr nochmals überbacken.
T: 210 °C, 5–10 Minuten, o. Sch.

Schokoladekuchen

➤ **140 g Butter, 80 g Schokolade, 120 g Zucker, 5 Eidotter; 5 Eiklar, 120 g Mehl**
Fülle: 125 ml Schlagobers, 20 g Zucker; Schokoladenglasur

Butter, erweichte Schokolade, Zucker und Eidotter flaumig rühren. Den steifen Eischnee und das Mehl unterheben und backen. Den ausgekühlten Kuchen mit gezuckertem Schlagobers füllen und glasieren.
T: 180 °C, B: 60 Minuten, u. Sch.

Rehrücken

➤ **100 g Butter, 120 g Zucker, 90 g Schokolade, 6 Eidotter; 6 Eiklar, 120 g Mandeln, 50 g Brösel; Schokoladenglasur; gestiftelte Mandeln zum Verzieren**

Erweichte Schokolade, Butter, Zucker und Eidotter abtreiben und die geriebenen Mandeln einrühren. Eischnee und Brösel unterheben und Masse in bebutterter und bemehlter Rehrückenform backen. Ausgekühlt mit Schokoladenglasur überziehen und mit gestiftelten Mandeln spicken.
T: 190 °C, B: 60 Minuten, u. Sch.

Mandelkuchen

➤ **170 g Butter, 130 g Zucker, 90 g Schokolade, 4 Eidotter, 4 Eiklar, 90 g Mehl, 50 g Mandeln**

Butter, Zucker, erweichte Schokolade und Eidotter sehr schaumig rühren. Mehl und den steifen Ei-

schnee untermengen und die Masse in einer bebutterten und bemehlten Kuchen- oder Rehrückenform backen. Vor dem Backen die geschälten, gestiftelten Mandeln leicht eindrücken.
T: 190 °C, B: 60 Minuten, u. Sch.

Schwedischer Apfelkuchen

➤ **100 g Butter, 240 g Zucker, 4 Eidotter, etwas Milch, 300 g Mehl, Zitronenschale, 1 P. Backpulver**
Fülle: 30 g Marmelade, 500 g Äpfel, 30 g Zucker, Zitronensaft
Windmasse: 4 Eiklar, 160 g Zucker

Butter, Zucker und Eidotter flaumig rühren. Milch, Mehl, Backpulver und Zitronenschale untermengen und in Tortenform backen.
T: 190 °C, B: 50 Minuten, u. Sch.
Noch warm mit Marmelade bestreichen und mit gedünsteten Äpfeln belegen. Mit Windmasse überziehen und nochmals kurz überbacken.
T: 150 °C, B: 10 Minuten, m. Sch.

Topfenkuchen

➤ **140 g Butter, 140 g Zucker, 6 Eidotter, Zitronenschale, 140 g Topfen, 140 g Nüsse, 6 Eiklar; Zucker zum Bestreuen**

Butter, Zucker, Eidotter, Topfen und Zitronenschale schaumig rühren. Die geriebenen Haselnüsse und den Eischnee darunter mengen und die Masse in bebutterter und bemehlter Tortenform backen und ausgekühlt mit Zucker bestreuen.
T: 190 °C, B: 50 Minuten, u. Sch.

Sandkuchen

➤ **4 Eier, 250 g Zucker, 250 g Mehl, 1/2 P. Backpulver, 250 g Butter**

Eier und Zucker schaumig rühren, Mehl und Backpulver untermengen und die zerlassene, jedoch kühle Butter darunter rühren. In bebutterte und bemehlte Form füllen und sofort backen.
T: 190 °C, B: 60 Minuten, u. Sch.

Schneekuchen I (Eiklarverwertung)

➤ **7 Eiklar, 200 g Zucker, 1 P. Vanillezucker, 70 g Maisstärkemehl, 60 g Mehl, 100 g Butter; Zucker zum Bestreuen**

In den festen Eischnee ein Drittel Zucker einschlagen. Zwei Drittel Zucker mit Mehl, Maisstärkemehl und zerlassener Butter untermengen. Masse in bebutterter und bemehlter Kuchenform backen und mit Zucker bestreuen.
T: 180 °C, B: 60 Minuten, u. Sch.

Schneekuchen II

➤ **6 Eiklar, 210 g Zucker, 1 P. Vanillezucker, 210 g Mehl, 100 g Butter, 100 g Haselnüsse**

In den festen Eischnee ein Drittel Zucker einschlagen. Zwei Drittel Zucker mit Mehl und zerlassener Butter untermengen. Zuletzt die ganzen Haselnüsse darunter geben. Masse in bebutterter und bemehlter Kuchenform backen.
T: 180 °C, B: 60 Minuten, u. Sch.
Den Kuchen in einer Alufolie auskühlen lassen, in dünne Scheiben schneiden und im Rohr bei 150 bis 180 °C bähen.

Blitzkuchen

➤ **120 g Butter, 3 Eidotter, 150 g Zucker; 3 Eiklar, 150 g Mehl; Zucker zum Bestreuen**

Butter, Eidotter und Zucker schaumig rühren. Eischnee und Mehl unterheben, backen und mit Zucker bestreuen.
T: 190 °C, B: 45 Minuten, u. Sch.

Kakaokuchen

➤ **250 g Zucker, 250 g Mehl, 40 g Kakao, 1 P. Backpulver, 250 ml Milch, 1 Ei, 40 g Butter; 100 g Ribiselmarmelade zum Füllen**

Zucker, Mehl, Kakao und Backpulver trocken vermischen. Milch, Ei und lauwarme Butter einrühren. Masse in bebutterter und bemehlter Kastenform backen. Den ausgekühlten Kuchen mit Marmelade füllen. Bei doppelter Masse nur 1 1/2 P. Backpulver verwenden.
T: 190 °C, B: 60–80 Minuten, u. Sch.

Blitzkuchen mit Kirschen

➤ **50 g Butter, 3 Eidotter, 150 g Zucker, Zitronenschale, 3 Eiklar, 100 g Mehl; 125 g Kirschen; Zucker zum Bestreuen**

Butter, Eidotter, Zucker und Zitronenschale flaumig rühren. Eischnee und Mehl unterheben. Die Masse

in eine Form füllen, mit Kirschen belegen und backen, danach mit Zucker bestreuen. Die Masse eignet sich auch für flache Kuchen auf dem Backblech und für andere Früchte.
T: 190 °C, B: 50 Minuten, u. Sch.

Kirschenkuchen

➤ **4 Eidotter, 5 eischwer Butter, 4 eischwer Zucker, 4 eischwer Mehl, Zitronenschale, 4 Eiklar; 500 g Kirschen; 30 g Zucker zum Bestreuen**

Butter, Eidotter und Zucker flaumig rühren. Eischnee und Mehl unterheben und fingerhoch auf ein bebuttertes Backblech streichen, dicht mit Kirschen belegen, mit Zucker bestreuen und backen.
T: 190 °C, B: 40 Minuten, m. Sch.

Zwetschkenkuchen

Zutaten und Zubereitung wie Kirschenkuchen, jedoch mit Zwetschken

Weißer Kirschenkuchen

➤ **4 Eier, 2 Eidotter, 140 g Zucker, 140 g Mehl, 140 g Butter; 250 g Kirschen; Zucker zum Bestreuen**

Zucker, Eier und Eidotter über Dampf zunächst schaumig, dann kalt schlagen. Mehl und zerlassene Butter untermengen, in eine Form füllen, mit Kirschen belegen und backen, danach mit Zucker bestreuen.
T: 190 °C, B: 50 Minuten, u. Sch.

Brauner Kirschenkuchen

➤ **140 g Butter, 140 g Zucker, 3 Eidotter, 2 Eier, 40 g Schokolade, 150 g Mandeln oder Nüsse, 50 g Brösel, 3 Eiklar; 250 g Kirschen; Zucker zum Bestreuen**

Butter flaumig rühren, Zucker, Eidotter, Eier und weiche Schokolade einrühren. Geschälte, geriebene Mandeln, Brösel und Eischnee untermengen und in Tortenform füllen. Mit Kirschen belegen, backen und zuckern.
T: 190 °C, B: 50 Minuten, u. Sch.

Dänischer Gewürzkuchen

➤ **5 Eidotter, 100 g Zucker, 80 g Schokolade; 1 TL Zimt und Nelkenpulver, Zitronenschale, 1 EL Rum, 100 g Nüsse; 5 Eiklar, 100 g Mehl, 1/2 P. Backpulver**

Eidotter, Zucker und erweichte Schokolade schaumig rühren. Gewürze, geriebene Nüsse untermengen, Eischnee, Mehl und Backpulver dazumischen. Masse in Kastenform backen.
T: 190 °C, B: 40 Minuten, u. Sch.

Gesundheitskuchen

➤ **220 g Butter, 220 g Zucker, Vanillezucker, 4 Eidotter, 4 Eiklar, 1 Ei, 125 ml Milch, 2 EL Rum, 350 g Mehl; 50 g Haselnüsse oder Mandeln**

Rührmasse zubereiten und 1 cm hoch auf ein Blech streichen. Mit blättrig geschnittenen Haselnüssen oder Mandeln bestreuen und backen.
T: 190 °C, B: 25 Minuten, m. Sch.

Ölkuchen

➤ **4 Eidotter, 250 g Zucker, 125 ml Öl, 125 ml Wasser, 280 g Mehl, etwas Backpulver, 4 Eiklar**

Eidotter und Zucker schaumig schlagen. Öl und Wasser langsam einrühren. Eischnee, Mehl und Backpulver unterheben. Ölkuchenmasse in bebutterter Kastenform backen.
T: 180 °C, B: 45 Minuten, u. Sch.

Orangenkuchen

➤ **250 g Zucker, 250 g Mehl, 1 P. Backpulver; 250 ml Orangenmix oder Orangensaft, 1 Ei, 40 g Butter, 40 g Aranzini oder Backfrüchtemischung; Orangenglasur**

Zucker, Mehl und Backpulver trocken vermischen. Orangenmix oder Orangensaft, Ei und zerlassene Butter einrühren und zuletzt Backfrüchte untermengen. Die Masse soll sich weich in eine befettete, bebröselte Kastenform einfüllen lassen, ansonsten mit Saft oder Mehlbeigabe die Teigfestigkeit ausgleichen.
T: 190 °C, B: 50–60 Minuten, u. Sch.
Den ausgekühlten Kuchen mit Orangenglasur überziehen.
Hinweis: Bei doppelter Masse nur 1 1/2 P. Backpulver verwenden. Für den Orangenmix Orangen schälen, enthäuten, entkernen und aufmixen.

Kleine Bäckereien

Bäckereien aus Mürbteig

Für Mürbteigkleingebäck gelten folgende Backregeln:
T: 200–210 °C, B: 8–10 Minuten, m. Sch.

Ischler Bäckerei

300 g Mehl, 250 g Butter, 140 g Zucker, 170 g Haselnüsse, 1 Messerspitze Zimt; Marmelade zum Füllen; Staubzucker zum Bestreuen

Mürbteig 3 mm dick ausrollen, Scheiben ausstechen und aus der Hälfte der Scheiben mit Keksform 3 Löcher ausstechen, hell backen. Die ganzen Scheiben mit Marmelade bestreichen, die durchlochten draufsetzen und mit Staubzucker bestreuen. T: 210 °C, B: 8–10 Minuten, m. Sch.

Karlsbader Ringerln

380 g Mehl, 280 g Butter, 90 g Zucker, Zitronenschale, 2 Eidotter;
Ei zum Bestreichen; 30 g Nüsse und 30 g Kristallzucker zum Bestreuen

Mürbteig 3 mm dick ausrollen, Ringerln ausstechen, mit Ei bestreichen, mit gehackten Nüssen und Zucker bestreuen, backen.
T: 200–210 °C, B: 8–10 Minuten, m. Sch.

„Spitzbuben"

300 g Mehl, 200 g Butter, 110 g Zucker, Zitronenschale, 2 Eidotter; Eiklar zum Bestreichen; Marmelade zum Füllen, Staubzucker zum Bestreuen

Mürbteig ausrollen und kleine Scheiben ausstechen, mit Eiklar bestreichen und backen. Je 2 mit Marmelade zusammensetzen und mit Zucker bestreuen.
T: 200–210 °C, B: 8–10 Minuten, m. Sch.

Zimtkarten

230 g Mehl, 120 g Butter, 110 g Zucker, je 1 Messerspitze Nelken und Zimt; 2 Eidotter; Eiklar zum Bestreichen, 30 g Mandeln

Mürbteig ausrollen, Vierecke radeln, mit Eiklar bestreichen. Mit geschälten und halbierten Mandeln belegen und hell backen.
T: 200–210 °C, B: 8–10 Minuten, m. Sch.

Linzer Bäckerei

250 g Mehl, 150 g Butter, 110 g Zucker, 4 Eidotter; Eiklar zum Bestreichen; 60 g Mandeln, 30 g Kristallzucker zum Bestreuen, Marmelade zum Füllen

Mürbteig ausrollen und kleine Scheiben ausstechen. Die Hälfte dieser Scheiben mit Eiklar bestreichen, mit Zucker und gehackten Mandeln bestreuen und hell backen. Je eine mit Mandeln und eine ohne mit Marmelade zusammensetzen.
T: 200–210 °C, B: 8–10 Minuten, m. Sch.

Linzer Kipferln

250 g Margarine (keine Butter!), 1 P. Vanillezucker, 100 g Zucker, 325 g glattes Mehl; Marmelade zum Füllen, schokoladenglasur

Margarine, Vanillezucker und Zucker 30 Minuten mit der Küchenmaschine rühren, Mehl unterheben, Masse in den Spritzsack füllen und auf ein mit Butterpapier belegtes Blech Kipferln spritzen und backen. Nach dem Auskühlen je zwei mit Marmelade zusammensetzen und die Kipferlenden in Schokoloadenglasur eintauchen.
T: 190 °C, B: 10–12 Minuten, m. Sch.

Haselnussküchерln

280 g Mehl, 210 g Butter, 70 g Zucker, 70 g Haselnüsse, 1 Ei
Fülle: 70 g Zucker, 70 g Haselnüsse, 1 Eiklar, 1 EL Rum; Rumglasur

Aus Mürbteig kleine Scheiben ausstechen und backen. Für die Fülle geriebene Nüsse mit Zucker, Eiklar und Rum verrühren, kurz ziehen lassen. Je zwei mit Nussfülle zusammensetzen und mit Rumglasur überziehen.
T: 200–210 °C, B: 8–10 Minuten, m. Sch.

Nussbäckerei

180 g Mehl, 100 g Butter, 40 g Zucker, 2 Eidotter, 2 EL Milch
Fülle: 300 g Nüsse; 150 g Zucker, 70 ml Wasser; 1 EL Milch, 20 g Butter; Eiweißglasur

Mürbteig zu einem Rechteck ausrollen und mit Nussfülle bestreichen. Mit Glasur überziehen, in Streifen schneiden und auf bebuttertem Blech backen. Für die Fülle geriebene Nüsse mit heißem, gesponnenem Zucker, Milch und Butter verrühren.
T: 200–210 °C, B: 8–10 Minuten, m. Sch.

Nussringe

➤ **280 g Mehl, 70 g Butter, 120 g Zucker, 70 g Nüsse, je 1 Messerspitze Zimt und Nelken, Zitronenschale, 1 Ei, 1 EL Milch; Ei zum Bestreichen**

Mürbteig 3 mm dick ausrollen, Ringerln ausstechen, mit Ei bestreichen und hell backen.
T: 200–210 °C, B: 8–10 Minuten, m. Sch.

Nusskrapferln

➤ **180 g Mehl, 140 g Butter, 140 g Zucker, 140 g Nüsse, 2 Eidotter, etwas Zitronensaft; Eiklar zum Bestreichen, 80 g halbe Nusskerne zum Verzieren, Marmelade zum Füllen**

Mürbteig 3 mm dick ausrollen und Scheiben ausstechen. Die Hälfte dieser Scheiben mit Eiklar bestreichen, mit Nusskernen belegen und backen. Die unbelegten Scheiben mit Marmelade bestreichen und Nusskernscheiben darauf setzen.
T: 200–210 °C, B: 8–10 Minuten, m. Sch.

Makronenschnitten

➤ **120 g Butter, 20 g Mehl, 100 g Maisstärkemehl, 1 TL Backpulver, 100 g Zucker, 2 Eidotter, etwas Milch**
Makronenmasse: 150 g Haferflocken, 150 g Nüsse, 40 g Brösel, 150 g Zucker, 1 Ei, 2 Eiklar, etwas Milch; Marmelade zum Füllen; Zucker zum Bestreuen

Mürbteig ausrollen und 8 cm breite Streifen in Backblechbreite radeln. Für die Makronenmasse Haferflocken trocken rösten, mit geriebenen Nüssen, Bröseln, Zucker, Ei, Eiklar und Milch zu einem formfähigen Teig vermengen. Mit Makronenrollen an beiden Außenseiten belegen und backen. Ausgekühlt Mittelstreifen mit Marmelade füllen, in Schnitten schneiden und mit Zucker bestreuen.
T: 200–210 °C, B: 8–10 Minuten, m. Sch.

Husarenkrapferln

➤ **260 g Mehl, 150 g Butter, 50 g Zucker, 1 Ei; Eiklar zum Bestreichen; 30 g Nüsse, 30 g Zucker zum Wälzen; Marmelade zum Füllen**

Aus dem Mürbteig kleine Kugeln formen, mit einem Kochlöffelstiel eine Vertiefung drücken. Mit Eiklar bestreichen, in gehackte Nüsse und Zucker tauchen und hell backen. Die Vertiefung mit Marmelade füllen.
T: 200–210 °C, B: 8–10 Minuten, m. Sch.

Butterbrote

➤ **200 g Mehl, 150 g Butter, 100 g Zucker, 210 g Mandeln oder Nüsse, 50 g Schokolade, 1 Ei; Eidotterglasur**

Mehl und Butter abbröseln, Zucker, geriebene Mandeln, Schokolade und Ei rasch zu einem Teig vermengen. Teig 3 mm dick ausrollen, Scheiben ausstechen, diese halbieren und auf bebuttertem, bemehltem Blech backen. Nach dem Erkalten mit Eidotterglasur bestreichen. Es soll ein schmaler Rand bleiben.
T: 200–210 °C, B: 8–10 Minuten, m. Sch.

Schokoladekrapferln

➤ **140 g Mehl, 100 g Butter, 50 g Zucker, 50 g Schokolade; Hagelzucker zum Bestreuen**

Zutaten zu einem Mürbteig verarbeiten und ausrollen. Verschiedene Formen ausstechen, mit Hagelzucker bestreuen, leicht festdrücken und hell backen.
T: 200–210 °C, B: 8–10 Minuten, m. Sch.

Vanillekipferln I

➤ **350 g Mehl, 210 g Butter, 110 g Zucker, 110 g Nüsse, 2 Eidotter; 100 g Zucker, 1 P. Vanillezucker zum Wälzen**

Aus Mürbteig Kipferln mit stumpfen Spitzen formen, hell backen und noch heiß in Vanillezuckergemisch wälzen.
T: 200 °C, B: 8 Minuten, m. Sch.

Vanillekipferln II

➤ **280 g Mehl, 200 g Butter, 80 g Zucker, 100 g Haselnüsse, etwas Sauerrahm**

Zubereitung wie Vanillekipferln I

Vanillekipferln III

➤ **a) mit Mandeln: 500 g Mehl, 400 g Butter, 100 g Mandeln, 150 g Zucker**

➤ **b) mit Walüssen: 350 g Mehl, 280 g Butter, 150 g Nüsse, 150 g Zucker, 1 Ei**

➤ **c) mit Haselnüssen: 300 g Mehl, 300 g Butter, 300 g Haselnüsse, 140 g Zucker, 4 Eidotter**

Zubereitung wie Vanillekipferln I

Mürbe Kipferln (Eiklarverwertung)

➤ **140 g Mehl, 140 g Butter, 70 g Zucker, 180 g Nüsse, 1 Messerspitze Zimt, Zitronenschale; 1–2 Eiklar zum Bestreichen**

Aus Mürbteig Kipferln formen, mit Eiklar bestreichen und hell backen.
T: 200–210 °C, B: 8–10 Minuten, m. Sch.

Mürbe Brezerln

➤ **420 g Mehl, 280 g Butter, 140 g Zucker, 2 Eidotter, 1 Ei; Eiklar zum Bestreichen; 50 g grober Kristallzucker**

Aus Mürbteig dünne Rollen und daraus Brezerln formen. Diese mit Eiklar bestreichen, mit Zucker bestreuen und hell backen.
T: 200–210 °C, B: 8–10 Minuten, m. Sch.

Russische Schnitten

➤ **140 g Mehl, 100 g Butter, 70 g Haselnüsse, 50 g Zucker, 2 Eidotter; 50 g Marmelade zum Bestreichen**
Windmasse: 4 Eiklar, 240 g Zucker

Mürbteig ausrollen, auf ein Backblech geben und mit Marmelade bestreichen. Mit Windmasse überziehen, backen und noch warm in Schnitten schneiden. Für die Windmasse Zucker und Eiklar zu sehr festem Eischnee schlagen.
T: 180 °C, B: 12–14 Minuten, m. Sch.

Topfenkipferln, Topfentascherln

➤ **a) 150 g Mehl, 100 g Butter, 350 g Topfen, Salz, 2 Eier; Marmelade zum Füllen, Eiklar zum Bestreichen, 100 g Staubzucker, Vanillezucker**

➤ **b) 280 g Mehl, 200 g Butter, 280 g Topfen, Salz, 1 Ei; Marmelade zum Füllen, Zucker zum Bestreuen**

Mehl und Butter abbröseln, Topfen und Salz dazumengen und mit den Eiern rasch verkneten. Nach dem Rasten einen 0,5 cm dicken Teig ausrollen und Vierecke radeln. Diese mit Marmelade füllen, Tascherln oder Kipferln formen, mit Eiklar bestreichen und backen. Noch heiß in Vanillezucker-Staubzucker-Gemisch wälzen.
T: 200–210 °C, B: 8–10 Minuten, m. Sch.

Käsekekse

➤ **120 g Mehl, 120 g Butter, 120 g Hartkäse, 1 TL Sauerrahm, Salz; Ei zum Bestreichen**

Mehl und Butter abbröseln, geriebenen Käse, Sauerrahm und Salz untermengen und rasch zu einem Teig verarbeiten. Nach dem Rasten den Teig 3 mm dick ausrollen, verschiedene Formen ausstechen und backen.
T: 200–210 °C, B: 8–10 Minuten, m. Sch.

Maschinbäckerei I

➤ **340 g Mehl, 120 g Butter, 280 g Zucker, 120 g geriebene Nüsse, 2 Eier, etwas Backpulver, 2 Rippen geriebene Schokolade, Zimt, Nelkenpulver**

Aus den Zutaten einen Mürbteig bereiten und rasten lassen. Durch den Teigvorsatz der Fleischmaschine drehen. Die Streifen können zu Stangerln, Brezerln oder Kranzerln geformt werden; hell backen.
T: 200–210 °C, B: 8–10 Minuten, m. Sch.

Maschinbäckerei II

➤ **500 g Mehl, 250 g Butter, 140 g Zucker, 1 Ei, 1 Eidotter, Vanillezucker, Zitronenschale**

Zubereitung wie Maschinbäckerei I

Bäckereien aus Backpulverteig

Glasierte Monde (ausgiebige Masse)

➤ **250 g Butter, 250 g Zucker, 160 g Schokolade, 8 Eidotter; 8 Eiklar, 250 g Mehl, 1/2 TL Backpulver**
Glasur: 400 g Zucker, Saft von 2 Zitronen, 2 EL Rum

Butter, Zucker, erweichte Schokolade und Eidotter flaumig rühren. Mehl mit Backpulver und festem Eischnee untermengen. Masse auf ein bebuttertes und bemehltes Blech streichen und backen. Noch warm glasieren und mit einer entsprechenden Form Monde ausstechen.
T: 180 °C, B: 25–30 Minuten, m. Sch.

Albertkekse

➤ **600 g Mehl, 1/2 TL Backpulver, 70 g Butter, 150 g Zucker, Vanillezucker, 2 Eier, 125 ml Sauerrahm; 125 ml Milch zum Bestreichen**

Aus den Zutaten einen Mürbteig herstellen und 3 mm dick ausrollen. Kekse ausstechen und halbfertig backen, mit Milch bestreichen und fertig backen.
T: 210 °C, B: 8–10 Minuten, m. Sch.

Mürbe Kekse (ausgiebige Masse)

➤ **120 g Butter, 250 g Zucker, 4 Eier, Saft und Schale einer halben Zitrone, 1 EL Milch, 1 EL Rum; 1 P. Backpulver, 750 g Mehl; 1 Ei zum Bestreichen**

Unter die flaumig gerührte Butter Zucker, Eier, Zitronensaft und -schale, Milch, Rum und das mit Backpulver vermischte Mehl untermengen. Nach dem Rasten den Teig 2 bis 3 mm dick ausrollen, kleine Formen ausstechen, mit Ei bestreichen und hell backen.
T: 200–210 °C, B: 5–8 Minuten, m. Sch.

Teebäckerei

➤ **70 g Butter, 120 g Zucker, 3 Eier, 2 EL Sauerrahm, 250 g Mehl, 1/2 P. Backpulver**

Unter die flaumig gerührte Butter Zucker, Eier, Sauerrahm und das mit Backpulver vermischte Mehl untermengen. Nach dem Rasten den Teig 2 bis 3 mm dick ausrollen, kleine Formen ausstechen, mit Ei bestreichen und hell backen.
T: 200–210 °C, B: 5–8 Minuten, m. Sch.

Burgenländer Kipferln

➤ **120 g Butter, 280 g Mehl, 120 g Zucker, 50 g Schokolade, 50 g Haselnüsse, Vanillezucker, 1 TL Backpulver, 2 Eiklar, Saft einer halben Zitrone; 1 Eiklar zum Bestreichen**

Aus den Zutaten einen Mürbteig herstellen und eine Stunde kühl rasten lassen. Kipferln formen, mit Eiklar bestreichen und backen.
T: 190 °C, B: 8–10 Minuten, m. Sch.

Butterschnitten

➤ **200 g Butter, 100 g Zucker, 2 Eier, Zitronenschale; 400 g Mehl, 1/2 P. Backpulver; Marmelade zum Füllen; Eiklar zum Bestreichen**

Unter den Abtrieb von Butter, Zucker, Eiern und Zitronenschale das Mehl mit dem Backpulver mengen. Den Teig auf dem Brett kurz durchkneten und rasten lassen. Zu Rechtecken (12 × 40 cm) auswalken und mit Marmelade bestreichen. Zu beiden Seiten so einschlagen, dass in der Mitte ein Marmeladestreifen sichtbar bleibt. Die Teigflächen mit Eiklar bestreichen und hell backen. Überkühlt in schräge Streifen schneiden.
T: 190 °C, B: 15 Minuten, m. Sch.

Haferflockenkipferln

➤ **100 g Butter, 100 g Hafermark, 100 g Zucker, 100 g Mehl, 1 Messerspitze Backpulver, Vanillezucker, 1 Ei; Zucker zum Bestreuen**

Unter die abgetriebene Butter die übrigen Zutaten mengen, gut durchkneten und rasten lassen. Kipferln formen, backen und noch warm in Zucker drehen.
T: 190 °C, B: 10 Minuten, m. Sch.

Haferflockenbusserln

➤ **150 g Hafermark, 50 g Butter, 90 g Zucker, Vanillezucker, 30 g Mehl, 1/2 TL Backpulver, 1 Ei**

Hafermark mit der Hälfte Zucker in Butter rösten und mit den anderen Zutaten zu einem Teig verarbeiten. Busserln mit Kaffeelöffel auf ein bebuttertes Blech setzen und backen.
T: 180 °C, B: 15 Minuten, m. Sch.

Grammelbäckerei

➤ **250 g Grammeln, 250 g Mehl, 250 g Zucker, 1 P. Backpulver, etwas Zimt, 2 Eier, 1 EL Rum; Ei zum Bestreichen; Marmelade zum Fülle**

Faschierte Grammeln mit den übrigen Zutaten zu einem Teig verarbeiten, auswalken und Formen ausstechen. Mit Ei bestreichen und backen. Je zwei mit Marmelade zusammensetzen.
T: 200 °C, B: 8–10 Minuten, m. Sch.

Bäckereien aus Eiweißmasse

Eiweißmassen werden bei 100 bis 140 °C etwa 30 bis 60 Minuten lang auf mittlerer Schiene gebacken.

Fertige Eiweißbäckerei fühlt sich leicht und trocken an, bleibt dabei aber elastisch.

Hinweis: Übriges Eiklar kann in einem gut schließenden Becher im Kühlschrank gesammelt werden. 500 ml Eiweißmenge entsprechen 8 Eiklar.

Windbäckerei

➤ **4 Eiklar, 380 g Staubzucker**

Eiklar zu sehr festem Eischnee schlagen, ein Drittel des Zuckers löffelweise über den Eischnee verteilen. Zuerst langsam und dann rascher werdend einschlagen. Restlichen Zucker vorsichtig unterziehen. Windmasse auf ein gut bebuttertes und bemehltes Blech oder auf ein nasses Butterpapier dressieren. So lange backen, bis sie trocken ist und sich löst.
T: 100–150 °C, B: nach Bedarf, m. Sch.

Kaffeewindbäckerei

➤ **6 Eiklar, 125 ml Bohnenkaffee, 560 g Staubzucker**

Eiklar, Kaffee und Zucker über Dampf aufschlagen. Wenn die Masse dick wird, vom Dampf nehmen und weiter schlagen, bis sie ausgekühlt ist. Dann nochmals über Dampf dick aufschlagen, bis sie sich zum Spritzen eignet. Die Windmasse auf ein gut bebuttertes und bemehltes Blech oder auf ein nasses Butterpapier dressieren und so lange backen, bis sie trocken ist und sich löst.
T: 100–125 °C, B: nach Bedarf, m. Sch.

Witwenküsse

➤ **4 Eiklar, 140 g Zucker, 140 g Nüsse, 70 g Aranzini oder getrocknete Marillen**

Eiklar und Zucker über Dampf dickschaumig schlagen, grob gehackte Nüsse und Aranzini einrühren. Kleine Häufchen auf ein bebuttertes und bemehltes Blech setzen und gut backen.
T: 140 °C, B: nach Bedarf, m. Sch.

Engländer

➤ **4 Eiklar, 140 g Zucker, 140 g Haselnüsse; 4 Oblaten**

Unter den steifen Eischnee Zucker und blättrig geschnittene Haselnüsse mengen. So lange über Dampf schlagen, bis die Masse dick ist; kleine Häufchen auf Oblaten setzen und gut backen.
T: 140 °C, B: nach Bedarf, m. Sch.

Schaummakronen

➤ **3 Eiklar, 250 g Zucker, 250 g Mandeln oder Nüsse, 1 P. Vanillezucker; 4 Oblaten**

Eiklar und Zucker über Dampf dickschaumig schlagen. Unter die steife Masse geschälte, geriebene Mandeln und Vanillezucker mengen. Kleine Häufchen auf Oblaten setzen und gut backen.
T: 140 °C, B: nach Bedarf, m. Sch.

Haselnussbusserln I

➤ **4 Eiklar, 140 g Zucker, 140 g Haselnüsse, Saft und Schale einer halben Zitrone; 30 g Mandeln zum Belegen, 3 Oblaten**

Den steifen Eischnee mit Zucker, geriebenen Haselnüssen, Zitronensaft und -schale gut verrühren. Nussgroße Kugeln formen, mit geschälten, halben Mandeln belegen und auf Oblaten backen.
T: 140 °C, B: nach Bedarf, m. Sch.

Haselnussbusserln II

➤ **8 Eiklar, 400 g Staubzucker, 700 g Haselnüsse**

Eischnee mit Zucker steif schlagen und die geriebenen Haselnüsse untermengen. Kleine Häufchen spritzen und langsam backen.
T: 140 °C, B: 25 Minuten, m. Sch.

Haselnusskrapferln

➤ **4 Eiklar, 280 g Zucker, 180 g Haselnüsse; Marmelade**

In den steifen Eischnee Zucker und geriebene Haselnüsse mengen. Masse mit einem Spritzsack auf ein bebuttertes und bemehltes Blech dressieren

und backen. Je zwei Krapferln mit Marmelade zusammensetzen.
T: 150 °C, B: nach Bedarf, m. Sch.

Haselnussbäckerei

➤ **4 Eiklar, 150 g Haselnüsse, 250 g Zucker, Zitronenschale**

Eiklar, geriebene Haselnüsse, Zucker und Zitronenschale schaumig rühren. Mit Spritzsack auf ein bebuttertes, bemehltes Blech kleine Formen spritzen und backen.
T: 140 °C, B: nach Bedarf, m. Sch.

Haselnussbögen

➤ **6 Eiklar, 210 g Zucker, 210 g Haselnüsse, 4 Oblaten**

In den steifen Eischnee Zucker und geriebene Nüsse untermengen. Über Dampf rühren, bis die Masse dick ist und gläsern aussieht. Oblatenstreifen damit bestreichen, diese über eine Bogen- oder Rehrückenform legen, bei mäßiger Hitze backen.
T: 140 °C, B: nach Bedarf, m. Sch.

Nussbusserln

➤ **1 Eiklar, 70 g Nüsse, 70 g Zucker**

Eischnee steif schlagen, zwei Drittel des Zuckers löffelweise einschlagen. Restlichen Zucker und geriebene Nüsse untermengen. Kleine Häufchen auf ein bebuttertes und bemehltes Blech setzen und backen.
T: 140 °C, B: nach Bedarf, m. Sch.

Kokosbusserln

➤ **3 Eiklar, 210 g Zucker, 210 g Kokosflocken, 1 EL Essig**

Unter den steif geschlagenen Eischnee Zucker, Kokosflocken und zuletzt Essig untermengen. Kleine Häufchen auf das bebutterte und bemehlte Blech setzen, hell backen.
T: 140 °C, B: 30 Minuten, m. Sch.

Kokoskuppeln

➤ **6 Eidotter, 120 g Zucker, 120 g Mehl, 6 Eiklar**
Fülle: 250 ml Milch, 1 P. Schokoladepuddingpulver, 200 g Butter, 150 g Zucker
Kuppeln: 2 Eiklar, 140 g Staubzucker, 120 g Kokosflocken; Schokoladenglasur

Biskuitteig zubereiten und backen. Ausgekühlt Scheiben ausstechen (ca. 3 cm Ø). Für die Fülle Milch aufkochen, das aufgelöste Puddingpulver einrühren und nochmals kurz aufkochen lassen. Butter und Zucker flaumig rühren und löffelweise unter die ausgekühlte Puddingmasse rühren. Für die Kuppeln Eiklar und Staubzucker über Dunst schaumig schlagen, Kokosflocken unterheben und mit dem Spritzsack Busserln im Durchmesser von ca. 3 cm auf ein bebuttertes und bemehltes Blech spritzen und backen.
T: 140 C, 30 Minuten, m. Sch.
Mit Fülle bestreichen, die gebackenen Kuppeln aufsetzen und den Rand in Schokoglasur tauchen.

Rosinenkrapferln

➤ **4 Eiklar, 250 g Zucker, 250 g Mehl, 150 g Rosinen; Zitronenschale**

In den steifen Eischnee Zucker einrühren. Mehl, Rosinen und Zitronenschale untermengen und auf bebuttertes und bemehltes Blech kleine Krapfen setzen und hell backen.
T: 190–200 °C, B: 10 Minuten, m. Sch.

Marillenschaumkoch

➤ **4 Eiklar, 220 g Zucker, 150 g Marillenmarmelade; 20 g Butter**

Die Hälfte des Zuckers mit Marmelade verrühren. Unter den steifen Eischnee den restlichen Zucker einschlagen und beides vermengen. In eine bebutterte Auflaufform füllen und backen.
T: 180 °C, B: 10–15 Minuten, u. Sch.

Schaumkoch

➤ **2 Eiklar, 150 g Zucker, 150 g Marmelade oder 50 g Schokolade; 6 Eiklar, 50 g Haselnüsse**

2 Eiklar, Zucker und Marmelade (oder erweichte Schokolade) rühren, bis die Masse steif ist. Den Eischnee von 6 Eiklar untermengen, in eine bebutterte Auflaufform füllen. Mit blättrig geschnittenen Haselnüssen bestreuen und backen.
T: 180 °C, B: 20 Minuten, u. Sch.

Schneenockerln

➤ **4 Eiklar, 100 g Zucker, 500 ml Milch**
Vanillecreme: Milch nach Bedarf, 100 g Zucker, 3 Eidotter, Vanillezucker, 20 g Maisstärkemehl; Erdbeeren

In den sehr festen Eischnee Zucker einrühren. In einer weiten, flachen Kasserolle Milch zum Kochen bringen und große Nockerln einlegen. Zugedeckt ziehen lassen, umdrehen, nochmals ziehen lassen, in eine Schüssel legen. Mit Vanillecreme übergießen, mit Erdbeeren bestreuen und kühl stellen.

Verschiedene Bäckereien

Rumschnitten

➤ **220 g Butter, 220 g Zucker, 220 g Schokolade, 220 g Nüsse, 1 Ei, 4 Eidotter, 4 Eiklar, 150 g Mehl, 1 P. Backpulver**
Glasur: 200 g Staubzucker, 5 EL Rum

Butter, Zucker, Ei und Eidotter abtreiben. Erweichte Schokolade, Nüsse, Mehl und Backpulver einrühren. Zuletzt Eischnee unterheben und auf bebuttertem und bemehltem Blech backen. Noch heiß mit Zuckerglasur bestreichen und sofort in kleine Würfel schneiden. Für die Glasur Zucker und Rum vermischen.
T: 180°C, B: 25–30 Minuten, m. Sch.

Schokoladeschnitten

➤ **180 g Butter, 180 g Zucker, 4 Eidotter, 180 g Schokolade, 4 Eiklar; 50 g Mehl; Nüsse zum Bestreuen**

Butter, Zucker, Eidotter und erweichte Schokolade abtreiben und den fest geschlagenen Eischnee unterheben. Dann die Masse in zwei Teile teilen, unter die eine Hälfte mengt man das Mehl und bäckt sie in einer gut bebutterten, bemehlten Auflaufform. Nach dem Backen in Würfel schneiden, diese ausgekühlt mit der zweiten Masse überziehen und mit gehackten Nüssen bestreuen. In Papierschüsserln setzen und kühl stellen.
T: 180 °C, B: 30 Minuten, m. Sch.

Schokoladekarten

➤ **140 g Zucker, 1 Ei, 1 Eidotter, 50 g Schokolade, 100 g Mehl; Eiklar zum Bestreichen, Mandeln zum Verzieren**

Zucker, Ei und Eidotter schaumig rühren, geriebene Schokolade und Mehl untermengen. Den Teig 3 mm dick ausrollen, mittelgroße Karten radeln. Mit Eiklar bestreichen, mit einer halben Mandel belegen und auf bebuttertem, bemehltem Blech backen.
T: 200 °C, B: 8 Minuten, m. Sch.

Dessertbäckerei

➤ **5 Eidotter, 80 g Zucker; 80 g Mandeln, 40 g Kakao, 1 EL Wasser, 5 Eiklar, 50 g Brösel; 100 g Marmelade; Schokoladenglasur**

Eidotter und Zucker schaumig rühren. Geriebene Mandeln, mit Wasser verrührten Kakao, Eischnee und Brösel untermengen. Die Masse auf ein bebuttertes, bemehltes Blech 1 cm hoch aufstreichen und backen. Erkaltet Scheiben oder Vierecke ausstechen und je zwei mit Marmelade zusammensetzen und glasieren
T: 180 °C, B: 30 Minuten, m. Sch.

Teeringerln

➤ **6 Eiklar, 100 g Zucker, 3 Eidotter, 360 g Mehl, 50 g Butter; 100 g Marmelade**

Unter den steifen Eischnee ein Drittel Zucker einschlagen. Den restlichen Zucker, Eidotter, Mehl und zerlassene Butter einrühren. Mit einem Spritzsack kleine Ringel auf ein bebuttertes, bemehltes Blech formen und backen. Je zwei Ringel mit Marmelade zusammensetzen.
T: 190 °C, B: 10 Minuten, m. Sch.

Schokoladekäfer

➤ **140 g Zucker, 40 g Schokolade, 1 Eiklar; Zucker zum Bestreuen**

Zucker und geriebene Schokolade trocken vermengen und Eiklar einkneten. Auf mit Zucker bestreutem Brett 3 mm dick ausrollen. Käfer oder andere Formen ausstechen und bei mäßiger Hitze backen. Die Käfer müssen fingerhoch aufgehen und innen hohl sein.
T: 120–140 °C, B: ca. 8 Minuten, m. Sch.

Schokoladekugeln

➤ **150 g Butter, 150 g Zucker, 50 g Kakao, 150 g Hafermark, 2 EL Rum, 1 P. Vanillezucker; Nüsse oder Schokoladestreusel zum Wälzen**

Erweichte Butter und Zucker schaumig rühren und übrige Zutaten untermengen. Kugeln formen, entweder in geriebenen Nüssen oder Schokostreuseln wälzen, in Papiermanschetten geben.

Schokoladebusserln

➤ **150 g Butter, 150 g Zucker, 150 g Schokolade, 150 g Nüsse**

Butter, Zucker und erweichte Schokolade abtreiben und geriebene Nüsse untermengen. Die Masse kalt stellen. Kugerln formen, bei schwacher Hitze backen und ohne Hitze fertig trocknen.
T: 100 °C, B: 60 Minuten, m. Sch.
Nachtrocknen im Rohr nach Bedarf.

Linibusserln

➤ **140 g Butter, 70 g Schokolade, 200 g Zucker, 140 g Nüsse, 80 g Brösel**

Butter mit erweichter Schokolade und Zucker abtreiben. Geriebene Nüsse und Brösel untermengen, Kugerln formen, bei schwacher Hitze backen. Ausgekühlt evtl. mit schokoladenglasur überziehen.
T: 140 °C, B: 20 Minuten, m. Sch.

Korsikaner

➤ **240 g Mehl, 70 g Butter, 210 g Zucker, je 1 Messerspitze Zimt- und Nelkenpulver, Zitronenschale, 70 g Nüsse, 2 Eier; 1 Eiklar zum Bestreichen**

Butter und Mehl abbröseln, mit Zucker, Gewürzen und geriebenen Nüssen vermischen. Mit Eiern rasch zu einem Teig verarbeiten, 3 mm dick ausrollen. Verschobene Vierecke radeln, mit Eiklar bestreichen und backen.
T: 190–200 °C, B: 10 Minuten, m. Sch.

Zitronenstangerln

➤ **140 g Butter, 140 g Zucker, Saft und Schale einer Zitrone, 280 g Mehl; Zitronenglasur**

Die flaumig gerührte Butter mit Zucker, Zitronensaft, fein geriebener Zitronenschale und Mehl rasch vermengen. Teig 3 mm dick ausrollen. Stangerln radeln, hell backen, überkühlt mit Zitronenglasur überziehen.
T: 190 °C, B: 8 Minuten, m. Sch.

Butterstangerln

➤ **280 g Butter, 280 g Mehl, 2 EL Most, 2 EL Sauerrahm, 1 Eidotter, 1 Messerspitze Backpulver**
Glasur: 1 Eiklar, 150 g Staubzucker

Mürbteig nach dem Kühlstellen ausrollen. Mit Eiweißglasur bestreichen, in Streifen radeln und hell backen. Für die Glasur Eiklar zu Eischnee schlagen, Zucker einschlagen, bis die Masse streichfähig ist.
T: 190 °C, B: 8–10 Minuten, m. Sch.

Sauerrahmzeltli

➤ **500 ml Schlagobers, 250 g Zucker, 1 EL Honig**

Schlagobers, Zucker und Honig so lange kochen, bis die Masse die nötige Dicke hat und hellbraun gefärbt ist. Auf ein mit Öl bepinseltes Blech streichen, erkaltet mit einem in heißes Wasser getauchten Messer in 1 cm große Würfel schneiden.

Mokkakugeln

➤ **1 Eiklar, 100 g Zucker, 2 EL Pulverkaffee, 120 g Nüsse, 50 g Schokolade, etwas Hafermark; Schokoladestreusel**

Eiklar und Zucker schaumig rühren. Kaffee, geriebene Nüssse und Schokolade untermengen und nach Bedarf mit Hafermark festigen. Kugeln formen, in Schokoladestreusel wälzen und in Papiermanschetten geben.

Schokoladewurst

➤ **250 g Kokosfett, 200 g Staubzucker, 8 TL Kakao, 2 Eier, 2 EL Rum; 50 g Aranzini, 50 g Nüsse, 200 g Kekse**
Kristallzucker zum Einwälzen

In das flüssige Fett den mit Kakao vermischten Zucker, Eier und Rum einrühren. Grob geschnittene Nüsse, Aranzini und zuletzt die in 1 cm große Stücke geschnittenen Kekse vorsichtig untermengen. Rollen formen, in Kristallzucker wälzen, kalt stellen und in Scheiben schneiden.

Schokoladebrot

➤ **120 g Butter, 120 g Staubzucker, 1 Ei, 150 g Schokolade, 120 g Rosinen, 120 g Nüsse, 120 g Kekse, 2 EL Rum, 1 P. rechteckige Karlsbader Oblaten, ungezuckert**

Butter, Zucker, Ei mit erweichter Schokolade und Rum verrühren. Gewaschene Rosinen, gehackte Nüsse und 1 cm große Keksstückchen darunter mengen. Kastenform mit Oblaten auslegen, die Schokolademasse einfüllen, mit Oblaten abdecken, leicht andrücken und kalt stellen. Stürzen und in 0,5 cm dicke Scheiben aufschneiden.

Marzipan

➤ **200 g Mandeln oder Haselnüsse, 200 g Staubzucker, etwas Eiklar; Schokoladenglasur, Pistazien**

Geschälte Mandeln fein reiben und mit Zucker und Eiklar gut abkneten. Aus der Masse Kugeln formen, mit Schokoladenglasur überziehen und mit gehackten Pistazien bestreuen. Man kann aber auch verschiedene andere Formen (wie Stein- oder Fliegenpilze, Kartoffeln usw.) herstellen.

Dattelstangen

➤ **5 Eiklar, 300 g Zucker, 150 g Datteln, 100 g Mandeln, Backoblaten**

Eiklar mit Zucker über Dunst so lange schaumig schlagen, bis sich die Masse beim Hochheben der Schneerute sehr dick mitzieht. Dann fein geschnittene Datteln und geschälte, grob geschnittene Mandeln einrühren. Diese Masse noch warm auf Oblaten fingerdick aufstreichen und so lange backen, bis sich die Oberfläche semmelartig gebräunt hat. Nach dem Backen in ca. 6 cm lange und 1,5 cm breite Stangen schneiden.
T: 150 °C, m. Sch.

Feigenwurst

➤ **250 g Feigen, 200 g Zucker, 200 g Haselnüsse, 80 g Nüsse, 2 Eidotter; Staubzucker**

Feigen faschieren, mit Zucker, geriebenen Haselnüssen, grob gehackten Nüssen und Eidotter vermengen. Eine Rolle formen und in Staubzucker wälzen.

Glasierte Biskotten

➤ **250 g Mehl, 100 g Butter, 1 TL Backpulver, 30 g Zucker, 1 P. Vanillezucker, 2 Eidotter, 1 EL Rum, 125 ml Sauerrahm; Schokolade- oder Zuckerglasur**

Butter und Mehl abbröseln. Zucker und Backpulver darunter mengen und mit den übrigen Zutaten rasch zu einem Teig verarbeiten. 1 cm dick ausrollen, Biskotten ausstechen und auf bebuttertem, bemehltem Blech hell backen. Ausgekühlt mit Schokoladen- oder Zuckerglasur überziehen.
T: 190–200 °C, B: 10 Minuten, m. Sch.

Patiencebäckerei

➤ **6 Eiklar, 280 g Zucker, 1 P. Vanillezucker, 50 g Mehl**

In den sehr festen Eischnee ein Drittel Zucker einschlagen. Zwei Drittel Zucker mit Vanillezucker und zuletzt das Mehl vorsichtig unterheben. Mit einem Spritzsack Ringe auf ein bebuttertes, bemehltes Blech spritzen. 3 Stunden trocknen lassen und dann hell backen.
T: 190 °C, B: 8 Minuten, m. Sch.

Weinbeißer

➤ **1 Ei, 2 EL Honig, 80 g Rohzucker, je 1 Messerspitze Zimt- und Nelkenpulver, Zitronenschale, 170 g Mehl, 1 Messerspitze Backpulver; 1 Eiklar zum Bestreichen**

Ei, Honig und Zucker abrühren und mit den Gewürzen, Mehl und Backpulver zu einem Teig vermengen. Nach kurzem Rasten ausrollen, Formen ausstechen oder in Stangerln schneiden. Mit Eiklar bestreichen und backen.
T: 190–200 °C, B: 10 Minuten, m. Sch.

Klosterbrezeln

➤ **120 g Mehl, 120 g Nüsse, 120 g Zucker, 1–2 Eier; Ei zum Bestreichen; Hagelzucker**

Mehl, geriebene Nüsse, Zucker trocken vermengen. Mit den Eiern rasch zu einem Teig verkneten. Aus dünnen Rollen Brezeln formen, mit Ei bestreichen und mit Hagelzucker bestreuen und backen.
T: 200 °C, B: 8 Minuten, m. Sch.

Schokoladekrapferln

➤ **3 Eiklar, 100 g Zucker, 3 Eidotter, 100 g Mandeln, 80 g Schokolade, 60 g Brösel, 1 EL Rum**

In den fest geschlagenen Eischnee Zucker, Eidotter, geriebene Mandeln, Schokolade und mit Rum befeuchtete Brösel untermengen. Kleine Häufchen auf ein bebuttertes, bemehltes Blech setzen und backen.
T: 140–150 °C, B: 15–20 Minuten, m. Sch.

Zimtsterne

➤ **3 Eiklar; 250 g Zucker, 250 g Mandeln oder Nüsse, 1/2 TL Zimt; Zitronenglasur**

Unter den steifen Eischnee nach und nach den Zucker einschlagen und längere Zeit rühren. Zimt und geriebene Mandeln untermengen. Masse auf mit Zucker bestreutem Brett ausrollen. Kleine Sterne

ausstechen, auf bebuttertem, bemehltem Blech backen. Erkaltet mit Zitronenglasur überziehen.
T: 140 °C, B: 8 Minuten, m. Sch.

Pariser Stangerln

➤ **280 g Nüsse, 280 g Zucker, 1 P. Vanillezucker, Zitronenschale, 1 Eidotter, 1 Ei; Backoblaten; Eiweißglasur**

Geriebene Nüsse mit Zucker, Vanillezucker und Zitronenschale trocken vermischen. Mit Eidotter und Ei zu einem Teig verarbeiten, auf gut bemehltem Brett ausrollen. Mit Eiweißglasur bestreichen, Stangerln schneiden, auf bebuttertem und bemehltem Blech backen. Man kann den Teig auch auf Oblaten oder auf eine Mürbteigunterlage aufstreichen, glasieren, in Stangerln schneiden und backen.
T: 140–150 °C, B: 20–30 Minuten, m. Sch.

Traumbäckerei

➤ **250 g Mehl, 150 g Butter, 70 g Zucker, Vanillezucker, Ribisel- oder Marillenmarmelade**

Zutaten zu einem Teig kneten und diesen im Kühlschrank 60 Minuten rasten lassen. Auswalken, runde Kekse ausstechen und backen. Noch heiß in Vanillezucker drehen. Zwischen je zwei Keksen Marmelade streichen und zusammensetzen.
T: 190 °C, B: 8–10 Minuten, m. Sch.

Süße Mehlspeisküche

Aufläufe

Ein Auflauf wird im Wesentlichen zubereitet wie warmer Pudding, nur mit dem Unterschied, dass der Pudding in Formen gefüllt und im Wasserbad im Dunst gekocht wird. Der Auflauf wird jedoch in einer bebutterten Form im Rohr gebacken.

Folgende Backregeln sind zu beachten:
T: 190–220 °C, B: 30–40 Minuten, u. Sch.

Frittatenauflauf

➤ **300 g Mehl, 500 ml Milch, 2 Eier, etwas Salz; Fett zum Backen; 500 ml Milch, 2 Eier**

Milch, Mehl, Eier und etwas Salz verrühren, Palatschinken backen, feinnudelig schneiden. Frittaten in eine bebutterte Auflaufform füllen, mit Eiermilch übergießen und diese Masse 60 Minuten im Rohr backen. Die Frittaten sollen nur schwach mit Eiermilch bedeckt sein.

Semmelauflauf

➤ **150 g Butter, 100 g Zucker, 3 Eidotter, 7 Semmeln, 50 g Wal- oder Haselnüsse, 30 g Schokolade, 3 Eiklar, 40 g Brösel; Butter und Brösel für die Form**

Butter, Zucker und Eidotter schaumig rühren, erweichte und ausgedrückte Semmeln, geriebene Nüsse und Schokolade untermengen, Eischnee und Brösel unterheben. In einer bebutterten und bebröselten Auflaufform backen. Mit Fruchtsaft servieren.

Obstauflauf

➤ **80 g Butter, 80 g Zucker, 3 Eidotter, 3 Semmeln, etwas Milch, 3 Eiklar, Zitronenschale und Vanillezucker; Obst zum Belegen**

Den Abtrieb aus Butter, Zucker und Eidotter vermischt man mit den in etwas Milch eingeweichten und ausgedrückten Semmeln, hebt den Eischnee ein und füllt die Masse in eine bebutterte Auflaufform. Mit Obst belegt, wird der Auflauf bei guter Hitze gebacken, überzuckert und serviert.

Apfelauflauf

➤ **1 kg Äpfel, 250 ml Wasser, 80 g Zucker, 1 Stück Zimtrinde; 130 g Butter, 120 g Zucker, 4 Eidotter, 120 g Nüsse, 4 Eiklar, 100 g Mehl; Butter für die Form; Zucker zum Bestreuen**

Die geschälten, halbierten Äpfel werden mit Zucker und Zimtrinde halbweich gedünstet, abgeseiht und in eine bebutterte Auflaufform geschichtet. Der Abtrieb aus Butter, Zucker und Eidotter wird mit Eischnee, Mehl und geriebenen Nüssen vermengt und über die Äpfel gegeben. Der Auflauf wird im Rohr langsam gebacken und vor dem Servieren mit Zucker bestreut.

Reisauflauf mit Äpfeln

➤ **1 l Milch, 200 g Reis, etwas Salz; 100 g Butter, 100 g Zucker, Zitronenschale, 4 Eidotter, 4 Eiklar; Äpfel, Rosinen, Zucker, Ribiselmarmelade, leichte Windmasse**

Reis in Milch weich dünsten und kalt stellen. Einen Abtrieb herstellen, mit dem kalten Reis und Eischnee vermengen. Die Hälfte der Masse in eine bebutterte Form geben, mit fein geschnittenen Äpfeln und Rosinen bestreuen, zuckern, mit der 2. Hälfte Reis abschließen. Bei mäßiger Hitze im Rohr backen. Nach dem Backen dünn mit Ribiselmarmelade bestreichen und mit einer leichten Windmasse überziehen; kurz bei schwacher Hitze überbacken.

Grießauflauf

➤ **1 l Milch, Salz, 375 ml Grieß; 200 g Butter, 150 g Zucker, 4 Eiklar; Butter und Mehl für die Form; 250 l Fruchtsaft oder Kompott**

Grieß in leicht gesalzener Milch dick einkochen, erkalten lassen. In den Abtrieb den Grieß und den Eischnee einmischen, in einer bebutterten Auflaufform backen. Mit Fruchtsaft oder Kompott servieren.

Saurer Rahmauflauf

➤ **6 Eidotter, 100 g Zucker, Zitronenschale, 10 EL Sauerrahm, 5 EL Mehl, 6 Eiklar, etwas Salz; Butter für die Form**

Eidotter mit Zucker und Zitronenschale schaumig rühren, nach und nach Sauerrahm, Mehl und Salz einrühren und den Eischnee zuletzt unterheben. In einer gut bebutterten Form etwa 45 Minuten im Rohr backen.

Vanilleauflauf

➤ **250 ml Milch, 60 g Zucker, 50 g Butter, 70 g Mehl, Vanillezucker; 5 Eidotter, 5 Eiklar; Butter für die Form**

Milch mit Zucker und Butter zum Kochen bringen, Mehl einrühren und zu einem Brandteig verrühren. Erkalten lassen. Eidotter nach und nach einrühren und zuletzt den Eischnee unterheben. In einer Auflaufform im Rohr backen und mit Fruchtsaft servieren. Durch das Mitkochen eines Vanillestangerls wird das Aroma verstärkt.

Mannheimer Äpfel

➤ **100 g Butter, 120 g Zucker, 3 Eidotter, 3 Semmeln, 100 g geriebene Nüsse, 125 ml Sauerrahm, 3 Eiklar; 50 g Brösel; 3 große Äpfel, Zucker, Zimt, Rosinen**

Butter, Zucker, Eidotter abtreiben, passierte Semmeln, Nüsse, Sauerrahm, Eischnee und Brösel untermengen. Die halbe Masse in eine bebutterte Form füllen, mit Apfelspalten belegen, Zucker, Zimt und Rosinen darüber streuen. Die restliche Abtriebsmasse darüber geben und alles 60 Minuten lang im Rohr backen.

Sonntagsauflauf

➤ **500 g Äpfel, Wein, 50 g Zucker, Zimtrinde, Zitronenschale; Rosinen; Biskotten, Rum, Marillenmarmelade; Vanillecreme: 3 Eidotter; 50 g Zucker, 3 Eiklar; Zucker zum Bestreuen**

Apfelscheiben in Wein mit Zucker, Zimtrinde und Zitronenschale dünsten, in eine bebutterte Auflaufform legen, mit Rosinen bestreuen, mit Biskotten belegen, mit Rum beträufeln und mit Marillenmarmelade dünn bestreichen. Vanillecreme darüber geben, mit Windmasse überziehen, mit etwas Zucker bestreuen und 30 Minuten im Rohr backen.

Schokoladereis

➤ **1 l Milch, 200 g Reis, Salz; 4 Eidotter, 150 g Zucker, 80 g Butter, 50 g Schokolade, Vanillezucker, 4 Eiklar; Vanillezucker zum Bestreuen**

Reis in gesalzener Milch weich dünsten, ausgekühlt mit dem Abtrieb aus Eidotter, Zucker, Butter, erweichter Schokolade und festem Eischnee vermengen. Masse in bebutterte Auflaufform geben, bei Mittelhitze backen, mit Vanillezucker bestreuen.
T: 230 °C, B: 30 Minuten, u. Sch.

Puddings

Apfelpudding

➤ **4 Semmeln, 400 g Äpfel, 125 ml Weißwein oder Most; 100 g Butter, 100 g Zucker, 5 Eidotter, 5 Eiklar; Butter und Mehl für die Form**

Semmeln und geschälte Äpfel kleinwürfelig schneiden und mit Wein oder Most übergießen. Butter mit Zucker und Eidotter schaumig rühren, mit Semmeln, Äpfeln und Eischnee vermengen.

Die Masse in der Puddingform 45 Minuten lang im Dunst kochen.

Semmelpudding

➤ **7 Semmeln, 500 ml Milch, 150 g Butter, 150 g Zucker, 5 Eidotter, 100 g Rosinen, 5 Eiklar; Butter und Mehl für die Form**

Semmeln in Milch erweichen, Butter flaumig abtreiben, Zucker, Eidotter, Rosinen und die ausgedrückten Semmeln dazugeben, Eischnee unterheben. 60 Minuten lang in der bebutterten und bemehlten Puddingform im Dunst kochen. Mit Weinchaudeau servieren.

Nusspudding

➤ **100 g Butter, 90 g Zucker, 7 Eidotter, 4 Semmeln, 90 g geriebene Walnüsse oder Haselnüsse, 7 Eiklar; Butter und Mehl für die Form**

Butter flaumig rühren, Zucker, Eidotter, erweichte, ausgedrückte Semmeln und geriebene Nüsse untermengen, Eischnee unterheben. Die Masse 60 Minuten lang in der Puddingform im Dunst kochen. Mit Weinchaudeau servieren.

Haselnusspudding

➤ **60 g Butter, 60 g Zucker, 4 Eidotter, 3 Semmeln, 50 g Haselnüsse, 4 Eiklar; Butter und Mehl für die Form**

Die flaumig gerührte Butter mit Zucker und Eidotter gut verrühren, die eingeweichten, passierten Semmeln und die geriebenen Haselnüsse untermengen, den Eischnee unterheben und den Pudding 60 Minuten lang im Dunst kochen. Mit Chaudeau oder Schlagobers servieren.

Grießpudding

➤ **750 ml Milch, 200 g Grieß, etwas Salz; 100 g Butter, 4 Eidotter, 150 g Zucker, etwas Zitronenschale, 4 Eiklar; Butter und Mehl für die Form; 250 ml Fruchtsaft**

Grieß in leicht gesalzene Milch dick einkochen, kalt stellen. Aus Butter, Eidotter, Zucker und Zitronenschale einen Abtrieb machen, unter den erkalteten Grießbrei mengen, Eischnee unterheben. 60 Minuten lang im Dunst kochen, mit Fruchtsaft servieren.

Brandteigpudding

➤ **250 ml Milch, 70 g Butter, 90 g Mehl, 6 Eidotter, 40 g Zucker, 1 P. Vanillezucker, 6 Eiklar; Butter und Mehl für die Form**

Milch und Butter aufkochen, Mehl einrühren und kochen, bis sich die Masse vom Kochgeschirr löst. Überkühlen, Eidotter und Zucker einrühren, zuletzt den festen Eischnee unterheben, in eine bebutterte und bemehlte Puddingform füllen und im Wasserbad kochen. Kochzeit: 60 Minuten.
Mit Fruchtsaft servieren.

Kaffeepudding

➤ **250 ml Milch, 125 ml Bohnenkaffee, 80 g Butter, 140 g Mehl, 5 Eidotter, 30 g Zucker, 1 P. Vanillezucker, 5 Eiklar; Butter und Mehl für die Form**
Creme: 250 ml Milch, 3 Eidotter, 100 g Zucker, 3 EL Kaffee, 3 Eiklar oder 250 ml Schlagobers

In die kochende Milch Kaffee, Butter, Zucker und Mehl einrühren, überkühlt Eidotter, Vanillezucker untermengen und zuletzt Eischnee unterheben. In die bebutterte und bemehlte Puddingform füllen, im Wasserbad kochen, gestürzt mit Kaffeecreme servieren. Kochzeit: 60 Minuten
Für die Creme Milch, Eidotter, Zucker und Kaffee über Dunst schaumig schlagen, entweder den steifen Eischnee in die heiße Masse untermengen oder überkühlt mit Schlagobers vermischen.

Karamellpudding

➤ **70 g Zucker, 250 ml Milch, 90 g Butter, 90 g Mehl, 6 Eidotter, 6 Eiklar**
Creme: 40 g Zucker, 125 ml Wasser, 375 ml Milch, 4 Eidotter, 30 g Zucker; Schlagobers zum Verzieren

Zucker karamellisieren, mit kochender Milch aufgießen. Butter und Mehl einrühren, dick einkochen, nach dem Erkalten Eidotter und Eischnee untermengen. Masse in bebutterter und bezuckerter Puddingform im Wasserbad kochen. Nach dem Stürzen mit Karamellcreme übergießen und mit Schlagobers verzieren. Kochzeit: 60 Minuten.
Für die Creme Zucker karamellisieren, mit Wasser aufgießen und aufkochen lassen, Milch, Eidotter und Zucker versprudeln, mit Karamellmasse über Dampf dick schlagen.

Schmarren, Knödel & Co

Semmelschmarren

➤ **6 Semmeln, 250 ml Milch, 2 Eier, 50 g Zucker, Salz; 30 g Rosinen, 100 g Butter; Zucker zum Bestreuen**

Milch mit Eiern, Zucker und Salz versprudeln, über blättrig geschnittene Semmeln gießen, Rosinen untermengen, in heißer Butter im Rohr ausdünsten, mit Zucker bestreuen.
Beilagen: Kompott, Obstsaft

Grießschmarren I

➤ **1 l Milch, Salz, 500 g Grieß; 150 g Fett oder Butter; Zucker zum Bestreuen**

Grieß in die gesalzene Milch einkochen. In einer Pfanne Butter erhitzen, Grießmasse zugeben, im Rohr ausdünsten, öfter mit einer Schmarrenschaufel wenden, mit Zucker bestreuen und servieren.
T: 200 °C, B: 60 Minuten, u. Sch.

Grießschmarren II

➤ **1 l Milch, 4 Eier, 500 g Grieß, Salz; 150 g Fett oder Butter; Zucker zum Bestreuen**

Milch, Eier, Grieß und Salz versprudeln, ca. 30 Minuten ziehen lassen. Masse ins heiße Fett geben und im Rohr ausdünsten, mit Zucker bestreuen und servieren.

Grießschmarren III

➤ **1 l Milch, Salz, 150 g Fett, 750 g Grieß; Zucker zum Bestreuen**

Fett, Milch und Salz in einer Pfanne aufkochen, Grieß langsam einstreuen, im Rohr aufquellen lassen, mit Gabel auflockern, evtl. Fett nachgeben, ausdünsten, bis der Schmarren feinkörnig zerfällt, mit Zucker bestreuen und servieren.

Apfelnockerln

➤ **750 g Äpfel, 250 g Mehl, 125 ml Milch, 30 g Rosinen, 2 Eier, Salz; 100 g Butter, Staubzucker**

Mehl, Milch, Eier und Salz zu einem Nockerlteig verarbeiten, Äpfel schälen, würfelig schneiden, mit den Rosinen unter den Teig mengen. In einer Auflaufform Butter zergehen lassen, Nockerln ausstechen, in die Pfanne einlegen, im Rohr goldgelb backen und mit Staubzucker bestreuen.

Apfelknödel

➤ **750 g Äpfel, 2 EL Milch, 2 Eier, Salz, 300 g Mehl; 100 g Butter, 60 g Brösel**

Äpfel schälen, kleinwürfelig schneiden, versprudelte Milch, Eier und Salz darüber gießen, Mehl untermengen. Den mittelfesten Teig zu Knödeln formen und in Salzwasser kochen, abseihen, in gerösteten Semmelbröseln wälzen und zuckern. Unbedingt Probeknödel kochen.
Kochzeit: 10–15 Minuten

Apfelspatzen

➤ **Nockerlteig: 500 g Mehl, 250 ml Milch, 2 Eier, Salz; 750 g Äpfel, 20 g Butter, Zucker nach Bedarf, Zitronenschale**

Geschälte, geschnittene Äpfel in Butter, Zucker und Zitronenschale weich dünsten, gekochte Nockerln untermengen. Es lässt sich auch Apfelmus verwenden.

Scheiterhaufen

➤ **6 Semmeln; 250 ml Milch, 2 Eier, Salz; 30 g Rosinen, 30 g Haselnüsse, 50 g Zucker, 50 g Butter, 250 g Äpfel Eischneehaube: 2 Eiklar, 80 g Zucker**

Blättrig geschnittene Semmeln mit versprudelter Milch, Eiern und Salz übergießen, ziehen lassen. In eine befettete Auflaufschüssel schichtenweise Semmeln und blättrig geschnittene Äpfel geben. Dazwischen Zucker, Rosinen und gehackte Haselnüsse streuen, mit Semmelschnitten abdecken, mit Butter beträufeln und backen.
T: 190–200 °C, B: 30 Minuten, m. Sch.
Ansehnlicher wird das Gericht, wenn knapp vor dem Anrichten eine Eischneehaube aufgestrichen und diese hell gebacken wird.

Milchreis

➤ **1 l Milch, 120 g Reis, Salz; Zucker, Butter, Schokolade, Zimt**

Den Reis in der leicht gesalzenen Milch weich kochen, mit Zucker, Zimt oder Schokolade, evtl. Butter zu Tisch geben.

Cremespeisen und Süßes mit Obst

Cremen als Nachspeisen

Obstcreme I

➤ **500 ml Fruchtmark, 120 g Zucker,
8 Blätter aufgelöste Gelatine;
125 ml Schlagobers**

Fruchtmark, Zucker und Gelatine vermischen, in Gläser füllen und kalt stellen. Mit Schlagobers verzieren. Das Schlagobers kann auch unter die Masse gemischt werden.

Obstcreme II

➤ **3 Eidotter, 100 g Zucker, 50 g Mehl,
250 ml Milch; 80 g Butter,
einige Löffel Obstmark**

Eidotter, Zucker, Mehl und Milch über Dunst dick schlagen. Erkaltet gemeinsam mit dem Obstmark zur flaumig gerührten Butter geben.

Erdbeercreme

➤ **250 ml Schlagobers, 250 ml Jogurt,
250 g Erdbeermark, 40 g Zucker,
4 Blatt Gelatine, 2 EL lauwarmes Wasser**

In das steif geschlagene Obers rührt man Jogurt, Erdbeermark, Zucker und die im lauwarmen Wasser aufgelöste Gelatine. Die Creme wird in mit kaltem Wasser ausgeschwenkte Formen gefüllt und 2 bis 3 Stunden kalt gestellt. Es kann auch Himbeer-, Pfirsich- oder Marillenmark verwendet werden.

Billige Schokoladencreme

➤ **250 ml Milch, 60 g Butter, 60 g Zucker,
60 g Schokolade; 250 ml Milch, 60 g Mehl**

Milch, Butter, Zucker und Schokolade zum Kochen bringen. Das mit der restlichen Milch versprudelte Mehl einrühren und kurz aufkochen lassen. In kalt ausgespülte Formen gießen und erkalten lassen. Die Creme lässt sich stürzen und kann mit Fruchtmark serviert werden.

Haselnusscreme

➤ **100 g Haselnüsse, 100 g Zucker,
250 ml Schlagobers**

Die geschälten, geriebenen Haselnüsse werden mit Zucker geröstet, mit dem fest geschlagenen Obers vermischt und kalt serviert.

Topfencreme

➤ **250 g feiner Topfen, 80 g Zucker,
etwas Salz, 1 Eidotter, Milch oder Sauerrahm nach Bedarf, Marmelade; Marmelade zum Verzieren**

Die Zutaten werden sehr schaumig verrührt. Die Masse in Schüsserln geben, mit Marmelade verzieren und kühl stellen. Es kann auch steifes Apfelmus oder eine Kompottfrucht darunter gemischt und mit gehackten Nüssen verziert werden. Wer es liebt, kann auch den Eidotter weglassen und Rosinen und Nüsse untermengen.

Topfencreme mit Gelatine

➤ **250 g feiner Topfen, 250 ml Kaffeeobers oder Milch, 80 g Zucker, Salz, Zitronensaft, Vanillezucker; 6 Blätter Gelatine; 300 g Obst nach Geschmack, Zucker nach Bedarf;
Früchte zum Verzieren**

Topfen nach Bedarf passieren und mit den Zutaten sehr schaumig rühren. Gelatine in kaltem Wasser einweichen, ausdrücken und in heißem Wasser auflösen. Gelatine in die Creme einlaufen lassen und gut verrühren. Die ganzen oder geschnittenen Früchte in eine kalt ausgespülte Form legen, mit Zucker bestreuen und mit der Topfencreme bedecken. Man kann Früchte und Topfen auch abwechselnd einfüllen. Die letzte Schicht muss Creme sein. Die Creme wird einige Stunden sehr kalt gestellt und dann mit Früchten verziert.

Achtung: Der Topfen darf vor dem Vermischen mit Gelatine nicht kalt sein – es bilden sich Klumpen!

Topfenfruchtcreme

➤ **250 g Topfen, 2 EL Zucker, 2 EL Milch, etwas Salz, 125 ml Schlagobers;
500 g weiches Obst oder
abgetropfte Kompottfrüchte**

Topfen passieren, mit Zucker, Salz und Milch gut verrühren. Das steif geschlagene Schlagobers unterziehen. Die Creme abwechselnd mit den Früchten in Schalen füllen und mit Biskotten servieren.

Kaffeeschaum in Gläsern

➤ **Schlagobers, Zucker nach Geschmack, Kaffeelikör oder starker Mokka oder Löskaffee; Schlagobers zum Verzieren, evtl. Sahnefestiger**

Steif geschlagenes und gezuckertes Schlagobers wird nach Geschmack mit Kaffeelikör, einigen Löffeln starkem Mokka oder Löskaffee vermischt. Die Creme wird kurze Zeit kalt gestellt und mit Schlagoberstupfen verziert.

Achtung: Durch Verwendung von Sahnefestiger, der in das steif geschlagene Obers gemischt wird, behält die Masse ihre Konsistenz, auch wenn sie länger steht.

Orangencreme

➤ **Saft von 6 mittelgroßen Orangen, abgeriebene Schale einer Orange, 375 ml Wasser, 120 g Zucker, 30–40 g Maisstärkemehl; 125 ml Schlagobers; Schlagobers zum Verzieren**

Orangensaft und -schale mit Maisstärkemehl verrühren. Wasser und Zucker aufkochen lassen und den Saft einrühren. Kurz verkochen und unter Rühren erkalten lassen. In die kalte Creme das steif geschlagene Schlagobers unterheben. In Gläser oder Schalen füllen und verzieren.

Gefüllte Orangen

➤ **Orangen, etwas Weißwein und Zitronensaft, Zucker nach Bedarf und Geschmack, für je 1 große Orange 1 Blatt Gelatine; Schlagobers, Biskotten oder Kekse zum Verzieren**

Früchte halbieren, das Fruchtfleisch herauslösen und auspressen. Den Saft mit Weißwein und Zitronensaft vermischen, Zucker und aufgelöste Gelatine einrühren. Die Orangenhälften mit der Creme füllen und 2 bis 3 Stunden kalt stellen. Mit Schlagobers verzieren und mit Biskotten oder Kekse servieren.

Karamellcreme

➤ **80 g karamellisierter Zucker; 1 l Milch, 3 Eidotter, 3 TL Mehl, 80 g Zucker; 3 Eiklar; 50 g grob gehackte Nüsse**

Milch mit Eidotter, Zucker und Mehl versprudeln, zum karamellisierten Zucker einrühren und alles rasch zum Kochen bringen. Nur kurz aufkochen lassen. Den steif geschlagenen Eischnee in die heiße Masse unterheben und bis zum Erkalten weiter rühren. In Gläser oder Schalen füllen und mit Nüssen bestreuen.

Zitronencreme

➤ **180 g Zucker, 250 ml Wasser, Zitronenschale; 2 Eidotter, 30 g Maisstärkemehl, Saft von 2 Zitronen, 2 Eiklar, etwas Zucker, Kekse oder Biskotten zum Garnieren**

Zucker, Wasser und Zitronenschale aufkochen. Eidotter, Maisstärkemehl und Zitronensaft versprudeln, in das kochende Zitronen-Zucker-Wasser einlaufen lassen und kurz aufkochen. In die heiße Masse den mit etwas Zucker aufgeschlagenen Eischnee unterheben. Die Creme in Gläser füllen und kalt stellen. Garnieren.

Wein- oder Mostcreme

➤ **250 ml Wein oder Most, 3 Eidotter, 100 g Zucker, Zitronensaft; 3 Eiklar, Zucker; Biskotten zum Servieren**

Alle Zutaten über Dampf schaumig schlagen. In die warme Masse den mit etwas Zucker aufgeschlagenen Eischnee einmischen und weiter schlagen, bis die Masse ganz fest ist. Kalt stellen und mit Biskotten servieren.

Orangenspeise

➤ **Biskotten, Rum, Orangensaft; Vanillecreme; Orangenspalten oder Orangenscheiben, Zucker; Schlagobers, Orangenspalten**

Eine Schüssel wird mit Biskotten ausgelegt, die mit Rum und Orangensaft beträufelt werden. Darüber kommt eine leichte, ausgekühlte Vanillecreme und eine Schicht Orangenscheiben oder zerschnittene Orangenspalten, die gut überzuckert werden. Steif geschlagenes Obers wird darüber gestrichen und mit Orangenspalten verziert.

Apfelcreme

➤ **Äpfel, Zucker, Wasser, Zimt, Rum, Rosinen, Schlagobers**

Es wird ein sehr festes Apfelmus bereitet, das mit Rosinen und steifem Schlagobers verrührt wird. Es kann auch eine leichte Windmasse eingehoben werden.

Chaudeau

➤ **250 ml Weißwein oder Apfelwein, 120 g Zucker, 1 Ei, 4 Eidotter**

Wein, Zucker, Ei und Eidotter werden über Dampf dickschaumig geschlagen und sofort serviert.

Hexenschaum

➤ **300 g Äpfel; 2 Eiklar, 140 g Zucker; 150 g Marillenmarmelade**

1. **Variante:** Die Äpfel werden gebraten und passiert. In den steifen Eischnee wird der gesiebte Staubzucker, die Apfelmasse und die Marillenmarmelade eingerührt. Es wird so lange weiter gerührt, bis die Masse fest und schaumig ist. Der Hexenschaum wird bis zum Servieren kalt gestellt.
2. **Variante:** Zucker, Eiklar und Marillenmarmelade mit Mixer schaumig rühren. Die Apfelmasse unterheben und kalt stellen.

Rhabarberschnee

➤ **250 g Rhabarber, 50 g Zucker; 200 g Zucker, 2 Eiklar**

Sehr zarte Rhabarberstangen klein schneiden, mit Zucker bestreuen und stehen lassen. Mit Zucker und Eiklar vermischen und mit dem Handmixer gut schaumig schlagen.

Quittenschnee

➤ **500 g Quitten, 50 g Zucker; 2 Eiklar, 50 g Zucker**

Entkernte Quitten mit Schale in wenig Zuckerwasser (gebräunter Zucker) weich kochen und passieren. Eiklar zu steifem Eischnee schlagen, Zucker einschlagen, unter das noch warme Mus geben und kalt stellen.

Quittensorbet

➤ **500 g Quitten, 500 ml Wasser, 1 Zimtstange, Zitronenschale und -saft, Zucker nach Bedarf, 2 EL Calvados oder Apfelkorn**

Quitten schälen, nicht entkernen, grob zerkleinern und in Wasser mit Zimt und Zitronenschale weich kochen. Passieren und die Masse abwiegen. Die Hälfte des Gewichtes der Musmenge an Zucker hinzufügen, mit Calvados und Zitronensaft abschmecken.

Erdbeeren mit Sauerrahm oder Milch

➤ **Erdbeeren, Zucker, Sauerrahm oder Milch**

Die Beeren werden zerdrückt und mit Sauerrahm oder Milch und Zucker verrührt.

Erdbeeren mit Schlagobers

➤ **250 ml Schlagobers, 500 ml Walderdbeeren oder 300 g Gartenerdbeeren, 50 g Zucker**

In das steif geschlagene Schlagobers werden die Früchte und der Zucker eingerührt.

Saurer Rahmschnee

➤ **250 ml Sauerrahm, 10 g geriebenes Schwarzbrot, 10 g Zucker**

Der Sauerrahm wird verrührt und mit Brot und Zucker vermischt. Statt Brot können auch Preiselbeeren oder Heidelbeeren darunter gemischt werden.

Russische Creme

➤ **250 ml Milch, 2–3 Eidotter, 40 g Zucker, 1 P. Vanillezucker, 20 g Mehl; 4 Blatt Gelatine; 250 ml Schlagobers; Schokolade zum Färben oder gebrannte Mandeln**

Milch heiß werden lassen. Eidotter und Zucker schaumig rühren, Mehl mit etwas kalter Milch glatt rühren. Eidotter-Zucker-Gemisch und mit Mehl verrührte Milch in die heiße Milch einrühren und kurz aufkochen. Die kalt eingeweichte, ausgedrückte und in etwas heißem Wasser aufgelöste Gelatine untermengen und die Masse erkalten lassen. Steif geschlagenes Schlagobers und entweder etwas erweichte Schokolade oder gebrannte, geriebene Mandeln in die kalte Creme einrühren. In kalt ausgespülte Schalen füllen, erstarren lassen und stürzen. Die Creme kann auch über Biskuitscheiben oder Biskotten, die mit Rum oder Cognac befeuchtet wurden, gegeben werden.

Kompotte

Apfelkompott

➤ **1 kg Äpfel, 500 ml Wasser, 100 g Zucker, Saft und Schale einer halben Zitrone, Nelken, Zimtrinde**

Wasser mit Zucker, Zitronensaft, Nelken und Zimtrinde aufkochen. Äpfel schälen, vierteln, entkernen, in schmale Spalten schneiden und in die kochende Zuckerlösung geben, zugedeckt dünsten und überkühlt servieren.

Birnenkompott

➤ **1 kg Birnen, 500 ml Wasser, 100 g Zucker, Saft und Schale einer halben Zitrone, Nelken, Zimtrinde**

Zubereitung wie Apfelkompott

Kirschenkompott

➤ **1 kg Kirschen, 500 ml Wasser, 100 g Zucker, Saft und Schale einer halben Zitrone, Nelken, Zimtrinde**

Entstielte, gewaschene Kirschen in Zuckerlösung weich kochen.

Marillen-, Pfirsichkompott

➤ **500 g Marillen oder Pfirsiche, 250 ml Wasser, 50 g Zucker**

Marillen oder Pfirsiche halbieren, entkernen, in Zuckerlösung weich kochen.

Stachelbeerkompott

➤ **500 g Beeren, 250 ml Wasser, 100 g Zucker**

Stachelbeeren von Stängeln und Blütenresten befreien, evtl. anstechen, in kochende Zuckerlösung geben, ziehen lassen.

Rhabarberkompott

➤ **500 g Rhabarber, 150 g Zucker, 125 ml Wasser, Zitronensaft**

Rhabarber schälen, in 1 cm lange Stücke schneiden, in kochendes Zuckerwasser geben und kurz kochen. Mit Zitronensaft den Geschmack verbessern.

Kürbiskompott

➤ **500 g Speisekürbis, 500 ml Wasser, 60 ml Essig; 100 g Zucker, Saft und Schale einer Zitrone, Nelken, Zimtrinde, Ingwer, Rum**

Geschälten und entkernten Kürbis in kleine Würfel schneiden. Über Nacht in Essigwasser legen. Abseihen. Essigwasser, Zucker und Gewürze zum Kochen bringen. Kürbiswürfel hinzufügen und bis zum Glasigwerden kochen. Ausgekühlt den Geschmack mit Rum verbessern.

Zwetschkenröster

➤ **500 g Zwetschken, 125 g Zucker, 125 ml Wasser**

Zucker und Wasser leicht spinnen, Zwetschken in die Zuckerlösung geben und weich dünsten.

Zwetschkenröster aus Dörrzwetschken

➤ **500 g Dörrzwetschken; 100 g Butter, 60 g Mehl; Rum, Zucker; Salz**

Zwetschken waschen, kurz kochen, entkernen und faschieren. Einmach mit Zwetschkenwasser aufgießen, faschierte Zwetschken hinzufügen, aufkochen lassen, mit Zucker, Rum, evtl. Salz abschmecken.

Hollerröster

➤ **500 g Beeren, 250 ml Wasser; 2 Zitronenscheiben, 1 Birne, 5 Zwetschken, 100 g Zucker, 125 ml Schlagobers oder Sauerrahm, 20 g Maisstärkemehl**

Hollerbeeren mit Zitronenscheiben, Birnenspalten und entkernten Zwetschken weich kochen. Zuckern, mit Sauerrahm und Maisstärkemehl eindicken.

Fruchtsalate

Fast alle Früchte sind zur Bereitung von Obstsalaten zu verwenden. Man kann sie aus einer oder mehreren Fruchtarten herstellen. Die gereinigten Früchte werden entkernt, zerschnitten, wenn nötig mit Zitronensaft beträufelt, entweder mit Kristallzucker oder Zuckerlösung gesüßt. Einen besonders guten Geschmack erreicht man durch Zugabe von Zitronen-, Orangen- oder Fruchtsaft. Gehackte Nüsse werten den Salat auf. Durch Zugabe von Rum oder Cognac erreicht man ein besonders gutes Aroma. Für Kinder lässt man den Alkohol weg.

Gemischter Fruchtsalat

➤ **500 g Früchte (Äpfel, Orangen, Bananen, Ribiseln usw.), 150 g Zucker**

Früchte blättrig schneiden und zuckern.

Apfelsalat

➤ **500 g Äpfel; 1 Zitrone oder 125 ml Süßmost; 125 ml Zuckerlösung, 1 EL Haferflocken**

Äpfel blättrig schneiden, mit Zitronensaft und Zucker vermengen und etwas stehen lassen. Geröstete Haferflocken darüber streuen.

Orangensalat

➤ **500 g Orangen, 150 g Zucker, 125 ml Jogurt, 50 g Nüsse oder Haferflocken**

Orangen in Scheiben schneiden und zuckern. Jogurt untermengen und gehackte Nüsse oder geröstete Haferflocken darüber streuen.

Gervaisfruchtsalat

➤ **3 Äpfel, 2 Orangen, Zitronensaft, 150 g Zucker, 125 g Gervais oder Topfen, 125 ml Jogurt, 50 g Nüsse**

Äpfel und Orangen blättrig schneiden. Zitronensaft und Zucker untermengen. Gervais oder Topfen mit Jogurt verrühren, darunter geben und mit gehackten Nüssen bestreuen.

Foto: Shutterstock.com / margouillart photo

Foto: Shutterstock.com / Dar1930

XVI

Brot und Gebäck

Brotbacken

Brotbacken wird in unseren Haushalten immer beliebter und es ist bei weitem nicht so schwierig, wie manche glauben. Küchengeräte (Mixer, evtl. Küchenmaschine, Rührschüssel und Elektroherd) und die meisten Zutaten (Mehl, Germ oder Trockengerm, Salz und Gewürze) finden sich in jeder Küche.

Schwarzbrot ist nahrhafter als Weißbrot, weil es eiweiß- und vitaminreich ist und viele Ballaststoffe enthält. Für die Zubereitung von Brot mit hohem Roggenmehlanteil empfiehlt sich die Verwendung von Sauerteig als Teiglockerungsmittel zusätzlich zum Germ.

Sauerteig (Grundrezept)

- **300 g Roggen- oder Weizenmehl, 300 ml Wasser**

1. Tag: 100 g Mehl und 100 ml Wasser vermischen und zugedeckt rasten lassen. Am 2. und 3. Tag den Vorgang wiederholen. Ab dem 4. Tag kann der Sauerteig verwendet werden. Im Kühlschrank ist der Sauerteig bis zu drei Wochen haltbar.

Schwarzbrot

- **1 kg Roggenmehl, 1 EL Salz, 1 EL Brotgewürz oder Kümmel, 250 g Sauerteig, 21 g Germ oder 1 P. Trockengerm, ca. 600 ml Wasser**

Alle Zutaten zu einem mittelfesten Teig verkneten (bei Verwendung von Germ Dampfl zubereiten) und zugedeckt rasten lassen, bis sich der Teig verdoppelt hat. Nochmals durchkneten, Laib formen und nochmals ca. 30 Minuten zugedeckt gehen lassen. Laib auf ein Blech geben, mit Wasser besprühen und backen.
T: zu Beginn 250 °C, nach 10 Minuten auf 200 °C zurückschalten; B: ca. 60 Minuten, m. Sch.

Klopfprobe: Das Brot ist fertig gebacken, wenn das „Anklopfen" an der Brotunterseite hohl klingt.

Hausbrot

- **1 kg Roggenmehl, 400 g glattes Weizenmehl, 120 g Sauerteig, 42 g Germ oder 2 P. Trockengerm, 1 EL Salz und 1 EL Brotgewürze, 1 EL Fenchelsamen, 1 TL Kümmel, ungefähr 700 ml Wasser**

Zubereitung wie Schwarzbrot

Schwarzbrot mit Kartoffeln

- **1 kg Roggenmehl, 500 g Kartoffeln, 50–60 g Sauerteig, Salz und Gewürze, 400 ml Wasser**

Kartoffeln kochen, schälen, passieren und unter das Mehl mischen. Weitere Behandlung wie Schwarzbrot, es muss nur fester gehalten werden, weil die Kartoffeln leicht nachlassen. Wenn statt Wasser Mager- oder Buttermilch genommen wird, erhält man ein sehr schmackhaftes und nahrhaftes Brot, das sehr lange saftig bleibt.

Vollkornbrot

- **1 kg Weizenvollkornmehl (oder 500 g Weizen- und 500 g Roggenmehl), 500 g Roggenmehl (Brotmehl), 3 TL Salz; 40 g Germ (oder 20 g Germ und 1 kleine Schale Sauerteig), 1 TL Zucker; 375 ml Milch, 500 ml Wasser; 1 TL Kümmel, 1 TL Anis, 1 TL Fenchel**

Für das Dampfl Germ (oder Germ und Sauerteig) mit Zucker verrühren, 3 bis 4 EL Mehl und so viel lauwarme Milch dazugeben, dass ein dickflüssiger Teig entsteht, den man zugedeckt an einem warmen Ort gehen lässt. Salz und Gewürze über das Mehl streuen, das Dampfl, die restliche Milch und lauwarmes Wasser hinzufügen, gut vermischen und durchkneten. Zugedeckt doppelt so hoch aufgehen lassen, dann Laibe oder Striezel formen, nochmals gehen lassen, mit lauwarmem Wasser bestreichen und in das vorgeheizte Backrohr einschieben.
T: zu Beginn 250 °C, m. Sch., nach 10 Minuten zurückschalten auf 200 °C.
Brote nochmals mit lauwarmem Wasser bestreichen und fertig backen. B: insgesamt ca. 50–60 Minuten. Aus diesem Rezept können wohl schmeckende kleine Brötchen hergestellt werden.

Mohnvollkorn-, Sesamvollkorn-, Nussvollkorn- oder Rosinenvollkornsemmeln

➤ **Zutaten wie beim Vollkornbrotteig**

Mit einem Esslöffel Teigstücke abstechen und kugelrund formen. Auf das Blech setzen, mit Wasser bepinseln, mit Mohn oder Sesam oder gehackten Nüssen oder gehackten Rosinen bestreuen. 15 bis 20 Minuten an einem warmen Ort gehen lassen und ins vorgeheizte Rohr einschieben.
T: zu Beginn 250 °C, nach 10 Minuten zurückschalten auf 200 °C, B: ca. 20 Minuten

Es ist günstig, in das Backrohr ein flaches Gefäß mit Wasser zu stellen, um eine gute Dampfbildung zu erreichen. In den Teig kann man auch Trockenfrüchte, gehackte Nüsse, Kürbiskerne, geröstete Zwiebeln, Schinken- oder Speckwürfel, Grammeln usw. einkneten.

Einfaches Weißbrot

➤ **500 g Mehl, 30 g Germ, Salz, 250 ml Milch oder Wasser**

Mittelfesten Germteig gut kneten, einen Wecken formen, auf bebuttertem Backblech zugedeckt gehen lassen, mit lauwarmer Milch bestreichen und backen.
T: 180–190 °C, B: 30–40 Minuten, u. Sch.

Kletzenbrot

➤ **500 g Kletzen, 500 g Zwetschken, 250 g Rosinen, 250 g Feigen, 150 g Nüsse, 125 ml Rum oder Schnaps, 150 g Kristallzucker, je 1 TL Zimt und Nelkenpulver; 500 g Brotteig**

Gekochte, faschierte Kletzen und Zwetschken, fein geschnittene Feigen, gehackte Nüsse, gewaschene Rosinen, Zucker, Gewürze und Alkohol miteinander vermengen, 1 Tag ziehen lassen, mit dem Brotteig verkneten. Laibe oder Wecken formen und gut gehen lassen. Langsam backen und zur halben Backzeit mit lauwarmem Wasser bestreichen.
T: 180–200 °C, B: 70–90 Minuten, m. Sch.

Weizenvollkornbrot

➤ **1,25 kg Weizenvollkornmehl (nicht zu fein gemahlen), 150 g Weizenvollkornmehl zum Einstreuen beim Kneten, 75 g Germ, 850 ml Wasser, 1 TL gem. Fenchel, 1 TL gem. Koriander, 1 TL gem. Kümmel, 1 EL Salz (Meersalz)**

Germ mit wenig Wasser von der angegebenen Menge breiig rühren, restliches Wasser, Gewürze, zuletzt das Salz einstreuen, rasch ein Drittel der Mehlmenge einrühren und sofort das restliche Mehl dazumengen. Während des Knetens nur so viel Streumehl verwenden, dass der Teig nicht klebt und rissig wird. Dann lässt man den Teig 20 Minuten zugedeckt ruhen, knetet ihn nochmals durch, formt einen Laib und legt ihn auf ein Blech, das mit bebutterter Alufolie ausgelegt ist, wo man den Teig 5 Minuten gehen lässt. Anschließend schiebt man das Blech in das vorgeheizte Backrohr auf die mittlere Schiene.

1. Backzeit: 10 Minuten bei 250 °C

2. Backzeit: 60 Minuten bei 180 °C

Das Brot vor dem Backen und während des Backens mit lauwarmem Wasser bestreichen.

Leinsamenbrot

➤ **200 g Leinsamen, 600 g Weizenbrotmehl, 250 g feiner Roggenschrot, 1 l Wasser, 80 g Germ, 1 Tasse Sauerteig, 2 EL Salz**

Leinsamen in kochendem Wasser abbrühen und auskühlen lassen. Aus den restlichen Zutaten einen glatten Teig kneten und wie Vollkornbrot weiter behandeln.

Weizenvollkornbrot mit Hafer- und Sonnenblumenkernen

➤ **300 g ganze Haferkörner, 150 g gequetschte Sonnenblumenkerne, 900 g Weizenvollkornmehl, 100 g Gerstenvollkornmehl 850 ml Wasser, 75 g Germ, je 1 TL Fenchel, Kümmel, Koriander, 1 EL Salz**

Am Vorabend Haferkörner in reichlich Wasser einweichen und zudecken. Am nächsten Morgen Hafer abseihen, restliches Einweichwasser auf 850 ml auffüllen, mit Germ, Gewürzen und Salz verrühren und Mehl einarbeiten. 10 Minuten lang kneten, dann Hafer- und Sonnenblumenkerne einarbeiten.

Der Teig soll feuchter als üblich sein. 20 Minuten rasten lassen, nochmals durchkneten und Laibe formen. Diese kurz gehen lassen, im vorgeheizten Rohr backen.

1. Backzeit: 10 Minuten bei 250 °C

2. Backzeit: 55 Minuten bei 180 °C

Salzgebäck

Teestangerln

➤ **160 g Mehl, 100 g Butter, 10 g Germ, 4–5 EL Milch, Salz; 1 Eiklar zum Bestreichen, Salz und Kümmel zum Bestreuen**

Butter und Mehl abbröseln, salzen, mit kalter Milch und aufgelöstem Germ zu einem Teig verarbeiten. Gut kneten, Stangerln formen. Auf bebuttertem Blech gehen lassen, mit Eiklar bestreichen, mit Salz und Kümmel bestreuen, backen.
T: 190–210 °C, B: 15–20 Minuten, m. Sch.

Salzstangerln

➤ **550 g Mehl, 70 ml Milch, 20 g Germ, Salz, 120 g Butter, 4 Eidotter; 1 Eiklar zum Bestreichen, Salz und Kümmel zum Bestreuen**

Zutaten zu einem warmen Germteig verarbeiten, aufgehen lassen, Stangerln formen, nochmals gehen lassen, mit Eiklar bestreichen, mit Salz und Kümmel bestreuen und backen.
T: 190–210 °C, B: 15–20 Minuten, m. Sch.

Salzstangerln nach Omas Art

➤ **1 kg Weizenmehl, 100 g Schweinefett, 1 TL Salz, 30 g Germ, ca. 500 ml Milch; Ei zum Bestreichen, Salz und Kümmel zum Bestreuen**

Aus den Zutaten einen Germteig bereiten und gehen lassen. Laibchen (ca. 4–5 St.) formen und diese zugedeckt rasten lassen. Teig rund auswalken und in acht Teile schneiden. Dreiecke zu Stangerln drehen, mit Ei bestreichen, mit Salz und Kümmel bestreuen und backen.
T: 190–200 °C, B: 10–15 Minuten, m. Sch.

Grammelpogatscherln

➤ **500 g Mehl, 250 g Grammeln, Salz, 20 g Germ, 125 ml Milch, 2 Eidotter, 65 ml Sauerrahm, 65 ml Weißwein; 1 Ei zum Bestreichen, Salz und Kümmel zum Bestreuen**

Mehl und faschierte Grammeln abbröseln, mit in Milch aufgelöstem Germ und den übrigen Zutaten zu einem mittelfesten Teig verarbeiten. Gut kneten und wie Butterteig weiter behandeln. Nach dem letzten Rasten Teig 1 cm dick ausrollen, Krapferln ausstechen und mit Ei bestreichen, mit Salz und Kümmel bestreuen und backen.
T: 190–210 °C, B: 15–20 Minuten, m. Sch.

Käsegermgebäck

➤ **300 g Mehl, 20 g Germ, 100 ml Milch, Salz, Pfeffer, 70 g Butter, 1 Ei, 50 g Hartkäse; 1 Ei zum Bestreichen**

Bei der Verarbeitung der Zutaten zuletzt den geriebenen Käse untermengen, kurz rasten lassen, kleines Gebäck formen, mit Ei bestreichen und backen.
T: 190–210 °C, B: 15–20 Minuten, m. Sch.

Laugengebäck

➤ **500 g Weizenmehl, 42 g Germ oder 2 P. Trockengerm, 250 ml Milch oder Wasser, evtl. 50 g Butter, 1 TL Salz, 1 TL Brotgewürz, evtl. Kümmel**
Lauge: 1 l Wasser oder Milch, 3–4 EL Natron; grobes Salz zum Bestreuen

Aus den Zutaten einen Germteig bereiten und zugedeckt gehen lassen. Den Teig in 8 bis 10 Stücke teilen und nochmals 20 Minuten rasten lassen. Weckerln, Brezeln oder Stangerln formen und in kochende Natronlauge ca. 30 bis 60 Sekunden eintauchen. Das abgetropfte Gebäck auf ein Blech legen, einschneiden, mit Salz bestreuen und im vorgeheizten Rohr backen. Für die Lauge Wasser aufkochen und vorsichtig Natron (schäumt) dazugeben.
T: 190 °C, B: 15–20 Minuten, m. Sch.

Foto: Shutterstock.com / Brent Hofacker

Foto: Shutterstock.com / Yulia Davidovich

XVII

Leicht verdauliche Kost

Hühnerbreisuppe

➤ **1/4 Suppenhuhn, Wurzelwerk, Salz**

Suppenhuhn mit Wurzelwerk kochen, ablösen, faschieren, in die abgeseihte Suppe geben, nachwürzen.

Hirnnockerlsuppe

➤ **100 g Hirn, 20 g Butter, 1 kleines Ei, Semmelbrösel, Petersilie n. B., Salz**

Butter flaumig rühren, fein gehacktes Hirn, gehackte Petersilie, Salz und Ei untermengen und mit Bröseln festigen. Von dieser Masse Nockerln in die schwach wallende Suppe einlegen und ziehen lassen.

Reissuppe

➤ **250 ml Suppe, 20 g Reis**

Gewaschenen Reis in die Suppe einkochen.

Semmelsuppe

➤ **1 Semmel, 250 ml Suppe oder Wasser, 1 Eidotter, Sauerrahm**

Blättrig geschnittene Semmel mit kalter Suppe oder Wasser zustellen und salzen. Weich kochen, passieren und nochmals aufkochen. Die Suppe mit Eidotter und Sauerrahm verbessern.

Gerstenschleimsuppe, Reisschleimsuppe

➤ **50 g Reis oder Rollgerste, 500 ml Suppe oder Wasser, Salz**

Reis in der Suppe weich kochen, passieren, aufkochen und salzen.

Haferschleimsuppe

➤ **50 g Haferflocken oder Hafermark, 500 ml Wasser, Salz; 20 g Butter, 1 Eidotter**

Haferflocken in Wasser weich kochen und passieren. Nochmals aufkochen, Butter und Eidotter einrühren und abschmecken.

Biersuppe

➤ **250 ml Bier, etwas Milch, 2 EL Zucker, 1 Ei**

Zucker und Ei verrühren und mit siedendem Bier und warmer Milch versprudeln.

Eingemachtes Kalbfleisch

➤ **200 g Kalbsschulter, 20 g Butter, 1 EL Mehl, Salz, Zitronensaft, Bröselknöderln und Karfiolröschen**

Würfelig geschnittenes Kalbfleisch in Butter rösten, stauben, mit 250 ml Wasser aufgießen und verkochen, mit Zitronensaft und Salz würzen, abschmecken.
Einlage: Bröselknöderln, Karfiolröschen

Eingemachtes Huhn

➤ **1/4 Huhn, Salz, 20 g Butter, 1 EL Mehl, 2 EL Sauerrahm; Zitronensaft, Muskat**

Huhn salzen und in Butter dünsten. Stauben, aufgießen und fertig kochen. Saft mit Sauerrahm verbessern und würzen.

Faschiertes Kalbfleisch

➤ **200 g Kalbfleisch, 1 Eidotter, Salz, Petersilie n. B., 1 EL Brösel, 20 g Butter**
Soße: 1 Eidotter, 1 EL Sauerrahm, 125 ml Suppe, Zitronensaft

Faschiertes Fleisch mit Eidotter, Salz, fein gehackte Petersilie und Semmelbröseln vermischen. Laibchen formen und in Butter dünsten. Für die Soße Eidotter, Sauerrahm, Suppe und wenig Zitronensaft über Dampf dick schlagen. Zuletzt mit Soße übergießen.

Gebratene Kalbsleber

➤ **200 g Kalbsleber, Butter oder Öl**

Dünne Kalbsleberschnitten rasch abbraten, sofort servieren und salzen.

Schinkeneierspeise

➤ **1–2 Eier; 30 g Schinken, 10–20 g Butter**

In die versprudelten Eier den fein gehackten Schinken mengen, in die heiße Butter geben und so lange rühren, bis die Eier stocken, aber noch weich sind.

Schinkenpalatschinken

➤ **2 Eidotter, 70 ml Milch, 1 EL Mehl, Salz, 50 g Schinken, 2 Eiklar; Butter zum Backen**

Eidotter, Milch, Mehl und Salz versprudeln, gewürfelten Schinken und Eischnee unterheben und Palatschinken backen.

Kalbshirnomelette

➤ **100 g Hirn; 1 Eidotter, 1 EL Milch, 1 EL Mehl, 1 Eiklar; Butter zum Backen**

Eidotter, Milch und Mehl versprudeln, gehäutetes, gehacktes Hirn und Eischnee untermengen. Omelette backen und sofort servieren.
Beilagen: Gemüse, Salat

Spinatomelette

➤ **2 Eidotter, 2 EL passierter Spinat, 1 EL Mehl, Salz, 2 Eiklar; Butter zum Backen**

Eidotter mit Spinat, Mehl, Salz und Eischnee vermengen, in bebutterter Pfanne im Rohr backen. Zusammenschlagen und servieren.

Apfelspeise

➤ **1 EL Butter, 1 EL Zucker, 1 Eidotter, 1 Semmel, 2 Äpfel, Zitronensaft, 2 Eiklar**

Butter, Zucker und Eidotter mit eingeweichter, passierter Semmel und Zitronensaft vermengen. Apfelwürfel und Eischnee unterheben, in Auflaufform backen.
T: 190 °C, B: 20 Minuten, m. Sch.

Zitronenauflauf

➤ **2 Eidotter, 2 EL Zucker, 2 Eiklar, 1 EL Mehl, Zitronensaft**

Eidotter und Zucker verrühren, Eischnee, Mehl und Zitronensaft untermengen und in Auflaufform hell backen.
T: 190–200 °C, B: 15 Minuten, m. Sch.

Grießmilchschaum

➤ **500 ml Milch, 120 g Zucker, 1 P. Vanillezucker, 30 g Grieß**

Gezuckerten Grieß in die Milch einkochen, in einer Schüssel mit Schneerute schaumig schlagen und kühl stellen. Mit Himbeersaft servieren.

Schokoladeschaum

➤ **375 ml Milch, 40 g Schokolade, 1–2 Eidotter**

Schokolade erweichen und mit Milch abrühren. Eidotter einrühren und über Dampf schaumig schlagen.

Rotweinschaum

➤ **125 ml Rotwein, 2 Eidotter, 1 EL Zucker, 1 EL Himbeer- oder Zitronensaft**

Zutaten vermengen, über Dampf schaumig schlagen und servieren.

Weinchaudeau

➤ **7 EL Weißwein, 4 Eidotter, 1 EL Zucker, 1 TL Stärkemehl**

Wein, Eidotter und Stärkemehl über Dampf schaumig schlagen und zuletzt Zucker einrühren.

Milchchaudeau

➤ **2 EL Milch, 1 EL Zucker, 1 Ei**

Zutaten vermengen, im Wasserbad so lange schlagen, bis die Masse dick ist.

Rahmpudding

➤ **3 EL Sauerrahm, 2 EL Mehl, 1 Eidotter, Salz, 2 Eiklar**

Sauerrahm, Mehl, Eidotter und Salz glatt abrühren. Eischnee untermengen, in befettete Puddingform füllen und im Wasserbad 45 Minuten kochen.
Beilage: Gemüse

Fruchtjogurt

➤ **1 Becher Jogurt, 2–3 EL Beerenobst, 1–2 EL Zucker**

Beeren zerdrücken und zuckern, Jogurt schaumig aufschlagen und Beerenmark untermengen. Es können auch Mandeln, Nüsse, geröstete Haferflocken unter den Jogurtschaum gemengt werden.

Getränke und Erfrischungen

Russischer Tee mit Milch

➤ **250 ml Tee, Zucker, etwas Milch**

Tee wärmen und Zucker und Milch nach Belieben hinzufügen.

Zitronenlimonade für Fieberkranke

➤ **500 ml Wasser, 1/4 Zitrone, 30 g Zucker, 3 EL Zitronensaft**

1/4 Zitrone (ohne Schale) mit Wasser aufkochen, Saft und Zucker dazugeben.

Foto: Shutterstock.com / Evgeny Karandaev

XVIII

Anhang

Küchentechnische Ausdrücke

Abbraten
Verschiedene Fleisch- und Fischstücke werden bei guter Hitze angebraten und danach fertig gebraten oder gedünstet.

Abbröseln
Das Vermengen von Fett und Mehl, sodass eine bröselförmige Masse entsteht.

Abbrühen oder Blanchieren
Gemüse mit kochendem Wasser übergießen. Mandeln mit heißem Wasser überbrühen, um sie leichter schälen zu können. Tomaten kurz in heißes Wasser tauchen, falls man sie schälen will. Zwetschken in kleinen Partien in einem Sieb in kochendes Wasser tauchen, um sie für Kompott leichter schälen zu können.

Abliegen oder Reifen
Frisch geschlachtetes Fleisch und Wild soll man abliegen lassen (siehe Kapitel „Einfrieren von Fleisch").

Ablöschen
Zu angebratenem Fleisch oder zu Backrückständen wenig Flüssigkeit, z. B. Wein oder Fond, geben.

Abschrecken
Übergießen von heißem, gekochtem oder blanchiertem Kochgut mit viel kaltem Wasser.

Absengen oder Flammen
Den feinen Flaum von bereits entfedertem Geflügel über einer Flamme abbrennen, nicht zu nahe halten, nachher gut abschwemmen.

Abtreiben
Zucker und Eidotter schaumig rühren, dann erst die anderen Zutaten dazumengen. Bei Mehlspeisen, wo Butter dazukommt, wird diese flaumig gerührt und erst dann werden Zucker und Eidotter dazugerührt, anschließend die übrigen Zutaten dazugeben; den steifen Eischnee immer erst zum Schluss mit Bröseln oder Mehl leicht einmischen. Es hat sich bewährt, in den steifen Eischnee ein Drittel der Zuckermenge einzuschlagen, um ihm mehr Festigkeit zu verleihen.

Anlaufenlassen
Etwas in heißes Fett geben, damit es anschwillt (z. B. Brösel, Grieß, Mehl). Zwiebel gibt man erst dazu, wenn das Mehl schon etwas angelaufen ist.

Arrosieren
Bratgut mit Bratfett übergießen.

Aufgießen
Mit viel Flüssigkeit halb oder ganz bedecken bzw. auffüllen (z. B. Fonds, Suppen).

Bain-Marie
Heißwasserbad, in dem Soßen, Gemüse, Suppen usw. mind. 75 °C heiß gestellt werden.

Backen in Fett
Das Fett muss die Fleischstücke überdecken, wenn es heiß genug ist, legt man die Stücke langsam ein, damit das Fett nicht zu stark abgekühlt wird und zu schäumen beginnt. Die Stücke müssen bequem nebeneinander schwimmen. Es soll nur heißes Fett nachgefüllt werden. Das Gebackene wird zum Abtropfen auf ein Sieb oder Küchenpapier gelegt.
Beim Germteig und Tropfteig (Backteig) setzt man dem Teig etwas Alkohol zu, damit das Gebäck nicht zu fett wird.

Backprobe
Um bei Mehlspeisen, Aufläufen oder Puddings zu erkennen, ob sie durchgebacken oder gar gekocht sind, sticht man mit einer Stricknadel in die Speise. Bleibt etwas Teig hängen, so ist die Speise nicht ausgebacken; ist die Nadel trocken, so ist die Speise fertig.

Backtrennpapier
erspart das Bebuttern (Befetten) von Kuchenformen und Backblechen.

Bähen
Semmeln werden länglich, würfelig oder dünnblättrig geschnitten, auf ein Blech gelegt und im Rohr ohne Fett getrocknet. Auch Biskuit oder ähnliche Massen eignen sich zum Bähen.

Bebuttern oder Befetten
Die Backform mit weichem Fett dünn bestreichen, wenn nötig mit Mehl oder Bröseln bestreuen.

Béchamel
Eine mit Milch oder Schlagobers aufgegossene Einmach, die man zu Fleisch- und Gemüsespeisen verwendet.

Beizen
Eine Methode, um Fleisch längere Zeit aufzubewahren oder um es mürbe und schmackhafter zu machen.
Beize: 1 l Essig oder Wein, 500 ml Wasser, 2 kleine Zwiebeln, 1 Gelbe Rübe, 1 Petersilienwurzel, 1 Sellerieknolle (in Scheiben geschnitten), 1 Lorbeerblatt, Pfeffer- und Neugewürzkörner, ein wenig Thymian. Alles längere Zeit kochen.

Binden oder Legieren
Zum Verbessern von Suppen, Soßen und dergleichen Eidotter mit Sauerrahm und Mehl oder Maisstärke

absprudeln und der Speise unter fleißigem Rühren beimischen. Nicht mehr kochen lassen! Nur ziehen.

Blanchieren

Gemüse, das tiefgefroren werden soll, muss blanchiert werden. Dazu wird es kurze Zeit (1–2 Minuten) in kochendes Wasser eingelegt, anschließend sofort mit kaltem Wasser abgespült. Das Gemüse behält die schöne Farbe, bleibt kernig und die Fermentation wird unterbunden. Kernobst kann durch Blanchieren von der Schale befreit werden.

Blaukochen von Fischen

Beim Ausnehmen darf man die Schleimhaut, die den Körper umgibt, nicht verletzen, da sie einen Farbstoff enthält, der beim Kochen in Essig (Beize) die Blaufärbung bewirkt.

Brat

wird für die Erzeugung von Würsten hergestellt, das Fleisch wird im Fleischwolf zerkleinert und entsprechend gewürzt. Für die Erzeugung von hausgemachten Dauerwürsten und Leberkäse kauft man es vom Fleischhauer zu.

Braten

Den vorgerichteten Braten in sehr heißes Fett geben und schnell rundum anbraten, damit der Fleischsaft nicht austreten kann und das Fleisch saftig bleibt. Dann wird der Braten im Rohr unter fleißigem Begießen fertig gebraten. Wenn nötig, gießt man heißes Wasser oder Suppe dem Bratensaft zu. Sammelt sich bei fettem Fleisch während des Bratens zu viel Fett an, schöpft man es ab. Ist der Braten schön braun und durchgebraten, nimmt man ihn heraus, entfettet den Saft, gießt mit Suppe oder Sauerrahm auf und würzt je nach Zubereitung des Gerichtes.

Grundsätzlich werden große Bratenstücke nach dem Anbraten die halbe Bratzeit zugedeckt. Knusprig wird der Braten, wenn kurz vor Bratende die Temperatur auf 250 bis 300 °C eingestellt oder der Griller eingeschaltet wird (Beobachtung ist dabei notwendig). Beim Schweinsbraten gibt man die Schwarte zuerst nach unten, damit sie prall wird und leicht geschröpft werden kann.

Beim Kalbsbraten kann man in den entfetteten Saft ein Stück Butter oder eine Butterkugel (Mehl mit Butter kneten; zum Eindicken von Suppen und Soßen verwenden) geben und dann aufgießen.

Kleinere Fleischstücke, wie Schnitzel, Koteletts und dergleichen, brät man auf beiden Seiten in einer flachen Pfanne in wenig Fett. Den Saft entfetten, ein Stück Butter hineingeben und aufkochen. Nie darf man das Fleisch mit einer Gabel anstechen, da sonst der Saft ausrinnt.

Eine zeitgemäße Art der Zubereitung ist das Braten in der Folie oder in Spezialgeräten. Gebrauchsanweisungen sind zu beachten.

Butterkugel

20 g Butter mit 10 g Maisstärkemehl abmischen.

Croûtons

In Butter gebackene Weißbrotschnitten, mitunter geformt geschnitten.

Dampfl oder Gärprobe

Der Germ wird mit etwas Zucker, Mehl und lauwarmer Milch verrührt und an einem handwarmen Ort zum Gehen gebracht. In etwa 10 Minuten ist er aufgegangen und zu verwenden.

Dämpfen

Fleisch, Fisch, Gemüse, Kartoffeln in einem gut verschlossenen Geschirr (Pfanne, Topf, Dampfkochtopf oder Dampfgarer) im Dampf garen.

Dressieren

Vorrichten, Zurichten und Formen von Geflügel; auch Spritzen und Verzieren von feinen Süßspeisen.

Duchesse

Kartoffelmasse, die mit Eidotter gebunden wird.

Dünsten

Eine Speise im eigenen Saft oder mit wenig Flüssigkeit zugedeckt weich garen.

Eierstich

Ein mit Milch, Schlagobers oder Suppe versprudeltes Ei wird in eine ausgestrichene Form gegossen und in heißem Wasser stocken gelassen. Eierstich wird zu Rindsuppe gereicht.

Einbrenn

In heißes Fett gibt man so viel Mehl, als es annimmt, röstet es je nach Art der Verwendung hell oder etwas dunkler, gießt mit Wasser oder Suppe auf und verrührt die Einbrenn sehr glatt. Kommen Zwiebeln dazu, so gibt man sie erst hinein, nachdem das Mehl schon gelb geworden ist, weil sie sonst verbrennen würden; Petersilie nur aufschäumen lassen.

Einmach

Dazu verwendet man Butter oder gute Margarine und gießt sie heller auf als die Einbrenn. Statt Zwiebel nimmt man Petersilie, die nur kurz aufschäumen darf.

Einpökeln

Das Einlegen von Fleisch in eine Pökellake, um es für längere Zeit haltbar zu machen und für das Selchen vorzubereiten.

Entfetten

Abschöpfen des Fettes, das sich bei stärkerem Einko-

chen von Soßen oder Fleischbraten absondert. Nach dem Entfetten gießt man mit Suppe auf.
Fleischsuppe zieht man vom Feuer weg und gießt einen Schöpfer kaltes Wasser hinein. Das Fett sammelt sich oben und kann leicht abgeschöpft werden.

Filtrieren
Dünnflüssige, trübe Säfte und Wein werden über Filterpapier gegossen, um sie klar zu bekommen. Man legt Filterpapier in einen Trichter und lässt die trübe Flüssigkeit durchsickern.

Fond
Charakter- und geschmacksgebender Grundstoff, bei Soßen und Suppen, bei Braten im Bratensatz.

Fondue
Garen von Fleisch, Käse oder Gemüse in Spezialgeräten, schwimmend im heißen Öl oder in guter Rindsuppe.

Garen
Verdaulichmachen von Lebensmitteln durch verschiedene Methoden wie Kochen, Braten, Backen usw. Garen im Druckkochtopf oder Dampfgarer erspart Zeit, Energie und schont die Inhaltsstoffe der Lebensmittel. Im Mikrowellengerät können wasserreiche Lebensmittel gegart werden. Sonst dient das Gerät zum Aufwärmen von Fertiggerichten in kurzer Zeit.

Garnieren
Verzieren der Speisen.

Geflügeljunges
Das sind die Innereien, Flügel, Füße, der Kopf und Hals des Geflügels.

Gelatine
ist der geruchlose, feinste Knochenleim in farblosen dünnen Platten. Das benötigte Quantum wird in kaltem Wasser eingeweicht, in wenig warmer Flüssigkeit aufgelöst und den Speisen beigegeben. Es kommt auch pulverisiert in den Handel und muss dann gemäß der Gebrauchsanweisung verwendet werden (Aspik und Trockengelee).

Gelee
Das sind mit Zucker eingekochte, gesulzte Obstsäfte.

Germ (auch Presshefe genannt)
wird aus Roggen und Gerstenmalz durch Schroten, Maischen, Gären und Abpressen hergestellt. Man soll sie dunkel, luftig und kühl aufbewahren. Am besten hält sie sich, wenn man sie fest in einen kleinen Topf drückt und umgestürzt an einem kühlen Ort lagert. Im Handel ist auch Trockenhefe erhältlich, die gut haltbar ist und nach Gebrauchsanweisung verwendet werden soll.

Glasieren
Fleischspeisen werden durch Bestreichen mit dicklich eingekochtem Fleischextrakt oder durch Übergießen mit leichter Gelatinelösung ansehnlicher; Mehlspeisen durch Bestreichen mit Zuckerguss.

Gratinieren (Überkrusten, Überbacken)
Die Speisen (Gemüse, Pilze) werden mit einer Béchamelsoße übergossen, mit geriebenem Hartkäse oder Semmelbröseln bestreut, mit Butter betropft und kurze Zeit im heißen Backrohr überbacken.

Haschee
Fein gehacktes oder faschiertes Fleisch.

Hasenjunges
Kopf, Vorderläufe und Innereien des Hasen.

Häuten
Beim Hasen- und Rehrücken, beim Schlögel und Lungenbraten wird die Haut vor dem Spicken abgezogen.

Konserven
Alle durch bestimmte Verfahren hergestellte Dauerwaren.

Marinieren
Beizen von Fleisch oder Fisch nach bestimmten Grundsätzen, um den Geschmack zu beeinflussen oder vor dem Verderb zu schützen.

Marmorierung
Geäderte Fetteinlagerung beim Fleisch; bei Rindfleisch ein Qualitätsmerkmal.

Mise en place
Bereitstellung von Zutaten und Werkzeugen für die Vor- und Zubereitung.

Panieren
Fleischstücke, Pilze oder verschiedene Gemüse in Mehl, Ei und Brösel tauchen und in heißem Fett backen. Das Ei kann man mit Öl oder Milch strecken, gut versprudeln.

Passieren
Früchte und Gemüse (roh oder gekocht) durch ein Sieb streichen.

Pasteurisieren
Ein Nahrungsmittel auf 70 °C erhitzen, um die Gärungs- und Pilzkeime zu töten.

Pochieren
Mehr Ziehen als Kochen; unter dem Siedepunkt garen.

Schneeschlagen

Um steifen Eischnee zu bekommen, darf das Eiklar nicht die geringsten Eidotterteilchen enthalten. Das Abteilen der Eier in Eidotter und Eiklar soll über einer leeren Schale erfolgen, dann erst kommt das Eiklar in den Schneekessel oder einen geeigneten Topf. Das Eiklar muss kalt sein. Der Eischnee ist erst dann steif genug, wenn beim Herausziehen der Rute steife Zacken stehen. Der Schnee muss durch und durch weiß sein. Bei Süßigkeiten schlägt man in den steifen Eischnee ein Drittel der vorgeschriebenen Zuckermenge ein, damit er eine festere Konsistenz erhält.

Schröpfen

Einschneiden des Fleisches oder der Schwarte vor dem Braten der Länge und Quere nach in ca. 2 cm Abstand.

Seihen

Suppen und Soßen werden durch ein Sieb gegossen, Sulzen und Säfte durch einen Filter.

Spicken

Das Einziehen von Speck- oder Gemüsestreifen in mageres Fleisch. Zum Spicken nimmt man eine Spicknadel, in welche man 5 cm lange Speck- oder Gemüsestreifen einspannt und quer zur Faser durch das Fleisch zieht. Bei verschiedenen Rindsbraten verwendet man ein spitzes Messer zum Spicken. Man schneidet damit parallel zu den Fleischfasern kleine Spalten und schiebt in jede einen Speck- oder Gemüsekeil hinein. Wildgeflügel und kleine Fleischstücke werden mit Speckscheiben belegt oder umwickelt.

Sterilisieren

Obst, Gemüse, Fleisch oder Süßmoste bei einer für jede Art bestimmten Temperatur von 64 bis 100 °C unter Luftabschluss im Dunst erhitzen.

Tiefgefrieren

Sehr rasche Abkühlung der vorbereiteten Lebensmittel und Speisen auf tiefe Temperaturen (von –22 bis –38 °C), wobei im Kühlgut keine Eiskristalle auftreten. Die weitere Lagerung erfolgt bei minus 18 °C. Bei Lagerungen ohne Temperaturschwankungen kann das Gefriergut bis zu 12 Monaten halten. Die Kochdauer von tiefgefrorenem Gemüse ist wesentlich kürzer, weil vor der Tiefkühlung schon eine kurze Erhitzung (Blanchieren) erfolgt ist. Obst wird vor dem Tiefgefrieren nicht blanchiert. Die Gefrierbehälter (kleine Beutel oder Dosen) müssen wasserdampf- und gasdicht sein (siehe auch Kapitel „Konservieren durch Tiefgefrieren“).

Tranchieren

Zerlegen und Zerteilen des Fleisches, Fisches, Wildes und Geflügels.

Untergießen

Wenig Flüssigkeit unter das betreffende Stück leeren; meist beim Dünsten.

Wasserbad

Das Einstellen von Schüsseln und Töpfen in kochendes Wasser, einerseits zum Warmhalten der fertigen Gerichte und andererseits, um heikle Speisen wie Puddings und Cremes dickschaumig zu schlagen.

Ziehenlassen

Das Einlegen in eine Flüssigkeit, die möglichst heiß gehalten wird, aber nicht kochen darf (z. B. Leber-, Blutwurst- oder Fischstücke im Sud).

Maße und Gewichte

Die Rezepte in diesem Kochbuch sind ungefähr für sechs Personen berechnet, doch gibt es auch Ausnahmen, je nachdem ob eine Mahlzeit aus vielen (Suppe, Fleisch, Zuspeise, Mehlspeise) oder aus wenigen Gerichten (Fleisch und Beilage) besteht.

Der einen Familie wird die Menge für sechs Personen zu groß sein, der anderen wieder zu klein. Jede Hausfrau wird aber bald durch Erfahrung lernen, das richtige Maß zu treffen.

Gewichtsumrechnungen

Metrisches System

1 dag	=	10 g
10 dag	=	100 g
1/8 kg	=	125 g
1/4 kg	=	250 g
1/2 kg	=	500 g
1 kg	=	1000 g

Alte Maße (Pfund und Lot)

125 g	=	1/4 Pfund
250 g	=	1/2 Pfund
500 g	=	1 Pfund
1000 g	=	2 Pfund
1 Pfund	=	32 Lot

Hohlmaße

1 Liter	=	10 dl	=	1000 ml
1/2 Liter	=	1 Krügel	=	500 ml
1/3 Liter	=	1 Seidl	=	333 ml
1/4 Liter	=	250 ml		
1/8 Liter	=	125 ml		
1/16 Liter	=	62,5 ml		
1/32 Liter	=	31,25 ml		

Löffelmaße (Esslöffel gestrichen voll)

Mehl	1 Esslöffel	10 g
Zucker	1 Esslöffel	15 g
Stärkemehl	1 Esslöffel	12 g
Salz	1 Esslöffel	12 g
Grieß	1 Esslöffel	12 g
Kakao	1 Esslöffel	12 g
Reis	1 Esslöffel	15 g
Bohnenkaffee	1 Esslöffel	12 g
Haferflocken	1 Esslöffel	7 g
Topfen	1 Esslöffel	10 g
Brösel	1 Esslöffel	10 g
Öl	1 Esslöffel	8 g

Im Allgemeinen rechnet man pro Person ungefähr 250 ml Suppe, ca. 150 g Rindfleisch zum Kochen, etwas mehr zum Braten. Vom Kalbfleisch, Schweine- und Schöpsenfleisch rechnet man 120 bis 150 g pro Person, vom Lammfleisch ca. 200 g. Ein Hasenrücken genügt für 6 bis 8 Personen, eine Gans für 8, eine Ente für 4 bis 6 Personen, ein Truthahn für 10 bis 12, ein großes Brathuhn für 3 bis 4, eine Schnepfe, ein Rebhuhn und dergleichen für 1 bis 2 Personen. Bei Fischen rechnet man ca. 250 g pro Person. An Beilagen nimmt man pro Person bei Gemüse 150 bis 250 g, bei Kartoffeln 150 bis 250 g, bei Reis 50 bis 70 g, bei Teigwaren 50 bis 70 g und bei Hülsenfrüchten 50 bis 60 g.

Wenn ein Löffel voll als Maß angegeben ist, so ist immer ein Esslöffel gemeint. Will man anstatt Semmeln selbst bereitetes Brot verwenden, so rechnet man eine Semmel mit ca. 40 g. Heißt es in einem Rezept „eischwer", so berechnet man 1 Ei mit 55 g.

Kalorien/Joule und Nährstoffe auf einen Blick

Lebensmittel (verzehrbarer Anteil)	Energie und Hauptnährstoffe je Portion					Kohlenhydrate	
	Portionsgröße g	Kilokalorien kcal	Kilojoule kJ	Eiweiß g	Fett g	verwertbar g	Ballaststoffe g
Milch, Milchprodukte und Eier							
Milch							
Kuhmilch[a], 3,5 % Fett	200	128	534	6,6	7,0	9,6	0
Milchprodukte							
Buttermilch	200	70	288	7,0	1,0	8,0	0
Jogurt, 3,5 % Fett	150	92	381	5,0	5,3	6,0	0
mit Früchten gezuckert[b]	150	141	587	4,4	4,7	20,3	*
Obers, 30 % Fett	30	93	387	0,8	9,5	1,0	0
Crème fraîche, 40 % Fett	30	113	475	0,6	12,0	0,8	0
Magermilch	20	104	437	10,6	0,3	14,8	0
Käse							
Hartkäse							
Emmentaler, 45 % Fett i. Tr.	30	115	480	8,6	8,9	+	0
Parmesan, 35 % Fett i. Tr.	30	113	470	10,7	7,7	+	0
Schnittkäse							
Edamer, 45 % Fett i. Tr.	30	106	445	7,4	8,5	+	0
30 % i.Tr.	30	75	316	7,9	4,9	+	0
Tilsiter, 45 % Fett i. Tr.	30	107	445	7,9	8,3	+	0
30 % Fett i. Tr.	30	81	338	8,6	5,2	+	0
Weichkäse							
Camembert, 60 % Fett i. Tr.	30	113	474	5,4	10,2	+	0
30 % Fett i. Tr.	30	62	259	6,6	4,0	+	

a) Trink- oder H-Milch, b) variabel, je nach Zuckerzusatz, * = Es liegen keine Daten vor, + = in Spuren

Lebensmittel (verzehrbarer Anteil)	Energie und Hauptnährstoffe je Portion					Kohlenhydrate	
	Portionsgröße g	Kilokalorien kcal	Kilojoule kJ	Eiweiß g	Fett g	verwertbar g	Ballaststoffe g
Frischkäse							
Topfen, 40 % Fett i. Tr.	50	80	335	5,6	5,7	1,7	0
20 % Fett i. Tr.	50	55	229	6,3	2,6	1,7	0
mager	50	37	152	6,8	0,2	2,0	0
Eier							
1 Hühnerei, 1 St. 58 g (Gew.-Kl. 4)[c)]	58	84	351	6,7	6,2	0,3	0
Fette und Öle							
Tierische Fette und Öle							
Butter (Süß- und Sauerrahm)	10	75	316	0,1	8,3	0,1	0
Schweineschmalz	10	90	376	<0,1	10,0	0	0
Margarine	10	72	302	<0,1	8,0	<0,1	0
Olivenöl	10	90	375	0	10,0	<0,1	0
Mayonnaise, 80 % Fett	10	73	304	0,1	7,9	0,3	*
Fisch und andere See- und Meerestiere							
Seefische							
Hering, Filet	100	207	866	18,0	15,0	+	*
Kabeljau (Dorsch), Filet	100	68	285	17,0	+	+	*
Schellfisch, Filet	100	73	303	17,9	0,1	+	*
Seelachs (Köhler), Filet	100	80	336	18,3	0,8	+	*
Süßwasserfische							
Forelle (Bachforelle)	100	102	428	19,5	2,7	+	*
Karpfen	100	115	482	18,0	4,8	+	*
Fischdauerwaren							
Bückling	100	224	938	21,2	15,5	+	*
Heringsfilet in Tomatensoße	50	102	427	7,4	7,5	1,2	*
Lachs, geräuchert	50	85	356	10,8	4,7	+	*
Ölsardinen in Dosen (ganzer Inh.)	50	151	632	10,3	12,2	+	*
Tunfisch in Öl	50	142	593	11,9	10,5	+	*
Fleisch und Geflügel							
Geflügel							
Ente	100	227	951	18,1	17,2	+	*
Gans	100	342	1430	15,7	31,0	+	*
Huhn, Brathuhn	100	133	556	20,6	5,6	+	*
Truthahn	100	212	886	19,2	15,0	+	*

c) Schalenanteil 6 g, * = Es liegen keine Daten vor, + = in Spuren

Lebensmittel (verzehrbarer Anteil)	Energie und Hauptnährstoffe je Portion					Kohlenhydrate	
	Portionsgröße g	Kilokalorien kcal	Kilojoule kJ	Eiweiß g	Fett g	verwertbar g	Ballaststoffe g
Lammfleisch							
Muskelfleisch (ohne Fett)	100	112	469	20,4	3,4	+	*
Kalbfleisch							
Kotelett	100	112	470	21,1	3,1	+	*
Leber	100	130	543	19,2	4,1	4,0	*
Schnitzel	100	99	414	20,7	1,8	+	*
Rindfleisch							
Muskelfleisch (ohne Fett)	100	105	439	21,3	1,7	1,1	*
Faschiertes	100	216	904	22,5	14,0	+	*
Ochsenschwanz	100	184	769	20,1	11,5	+	*
Rostbraten	100	223	933	18,6	16,5	+	*
Zunge	100	209	873	16,0	15,9	0,4	*
Schweinefleisch							
Muskelfleisch (ohne Fett)	100	111	466	21,1	3,0	+	*
Bauchfleisch	100	385	1609	14,0	36,5	+	*
Karree	100	193	808	19,0	13,0	+	*
Leber	100	134	559	20,1	5,7	0,5	*
Schlögel	100	274	1145	16,9	22,9	+	*
Schnitzel	100	156	653	20,8	8,1	+	*
Schulter	100	271	1132	17,0	22,5	*	*
Wild							
Hase	100	113	474	21,6	3,0	+	*
Reh, Keule (Schlögel)	100	97	407	21,4	1,3	+	*
Fleisch- und Wurstwaren							
Blutwurst	30	120	502	3,9	11,6	+	*
Bratwurst (Schweinsbratwurst)	100	342	1433	12,7	32,4	+	*
Braunschweiger	30	137	572	3,8	13,5	+	*
Frankfurter Würstel	100	273	1138	13,1	24,4	+	*
Jagdwurst	30	104	433	3,7	9,8	+	*
Leberkäse	30	96	401	3,5	9,1	+	*
Leberwurst	30	126	528	3,7	12,4	+	*
Leberwurst, mager	30	77	323	5,1	6,3	+	*
Mortadella	30	104	433	3,7	9,8	+	*
Salami, deutsche	30	156	651	5,3	14,9	+	*
Schinken, ohne Fettrand	30	45	188	8,9	0,9	+	*
gesalzen und gekocht	30	58	242	5,9	3,8	+	*

* = Es liegen keine Daten vor, + = in Spuren

Lebensmittel (verzehrbarer Anteil)	Energie und Hauptnährstoffe je Portion						
						Kohlenhydrate	
	Portionsgröße g	Kilokalorien kcal	Kilojoule kJ	Eiweiß g	Fett g	verwertbar g	Ballaststoffe g
Getreide und Getreideerzeugnisse							
Getreide, Mehle und sonstige Mahlprodukte							
Hafer, Korn[d)]	50	180	751	6,3	3,6	30,6	2,8
Flocken (Vollkorn)	50	182	760	6,9	3,5	30,6	2,7
Reis, Korn, Naturreis[d)]	50	174	728	3,7	1,1	37,3	1,5
poliert, roh	50	174	726	3,5	0,3	39,2	0,7
Weizen, Korn	50	152	637	5,7	1,0	30,1	5,2
Grieß	50	162	678	5,4	0,5	34,0	3,5
Mehl, Typ 405	50	170	710	5,3	0,5	36,0	2,0
Mehl, Typ 1050	50	165	691	5,8	0,9	33,5	2,6
Stärkemehle							
Kartoffelstärke	7	24	98	<0,1	<0,1	5,8	+
Maisstärke	7	24	101	<0,1	<0,1	6,0	+
Backwaren							
Brote							
Roggenbrot	50	111	465	3,8	0,7	23,7	2,7
Roggenschrot- und -vollkornbrot	50	103	432	3,8	0,7	20,5	3,9
Weißbrot	50	119	498	3,8	0,9	24,0	1,5
Weizenschrot-und -vollkornbrot	50	104	435	3,8	0,8	20,5	3,7
Semmeln	50	129	538	4,0	0,8	26,5	1,5
Weizentoastbrot (1 Scheibe)	20	52	219	1,5	0,9	9,6	0,7
Knäckebrot (1 Scheibe)	10	32	133	1,0	0,2	6,6	1,4
Fein- und Dauerbackwaren							
Zwieback, eifrei (1 Stück)	10	38	160	1,0	0,4	7,6	0,3
Frühstücksflocken							
Cornflakes	30	101	421	2,3	0,2	23,3	1,2
Teigwaren							
Eierteigwaren (Nudeln)	60	208	871	7,8	1,8	40,2	2,0
Hülsenfrüchte, Samen und Nüsse							
Hülsenfrüchte							
Bohnen, weiß	75	221	921	16,5	0,9	35,9	12,7
Erbsen, gelb und geschält	75	260	1090	17,3	1,1	42,5	12,5
Linsen	75	233	972	17,6	1,1	38,1	8,0

d) entspelzt, * = Es liegen keine Daten vor, + = in Spuren

Lebensmittel (verzehrbarer Anteil)	Energie und Hauptnährstoffe je Portion					Kohlenhydrate	
	Portionsgröße g	Kilokalorien kcal	Kilojoule kJ	Eiweiß g	Fett g	verwertbar g	Ballaststoffe g
Samen und Nüsse							
Samen							
Mandeln	30	180	752	5,7	16,2	2,8	3,0
Nüsse, geschält							
Haselnuss	30	193	808	3,9	18,3	3,2	2,2
Walnuss	30	200	836	4,5	18,6	3,6	1,4
Gemüse und Gemüseprodukte							
Bohnen, grün und roh	200	70	296	4,8	0,4	10,6	3,8
Broccoli, roh	200	48	200	7,0	0,4	5,6	6,0
Endivien, roh	50	6	25	0,9	0,1	0,5	0,8
Erbsen, grün und roh	200	138	580	11,6	0,8	21,2	10,4
Gurken, roh	200	26	108	1,2	0,4	4,4	1,8
Karfiol	200	46	194	4,8	0,6	5,4	5,8
Karotten, roh	200	54	226	2,2	0,4	10,4	6,8
Kohl	200	64	268	6,0	0,8	4,8	3,0
Kohlrabi, roh	200	50	212	4,0	0,2	8,2	2,8
Kopfsalat, roh	50	5	22	0,7	0,1	0,5	0,8
Kraut, roh	200	44	186	2,6	0,4	9,2	5,0
Kren, roh	200	122	508	5,6	0,6	23,4	7,2
Paprikafrüchte, grün, gelb und roh	200	40	166	2,4	0,6	6,2	4,0
Petersilienblatt, roh	10	6	25	0,4	<0,1	0,1	0,4
Rettich, roh	200	18	82	2,0	0,4	3,8	2,4
Rhabarber, roh	200	22	88	1,2	0,2	5,4	6,4
Rote Rüben, roh	200	82	346	3,2	0,2	17,0	5,0
Sauerkraut, abgetropft und roh	200	32	134	3,0	0,6	4,8	4,4
Spargel, roh	200	12	46	3,8	0,2	4,4	3,0
Spinat, roh	200	30	126	5,0	0,6	1,2	3,6
Tomaten, roh	200	34	146	2,0	0,4	7,0	3,6
Zwiebeln, roh	50	17	69	0,7	0,2	3,1	1,6
Pilze							
Champignons (Zucht)	200	30	124	5,4	0,6	1,4	3,8
Obst und Obstprodukte [e)]							
Apfel, ungeschält und roh	150	75	312	0,3	0,9	16,4	4,5
Saft	200	94	394	0,2	+	23,4	+
Banane, roh	150	122	512	1,7	0,3	32,1	4,5

e) Energie und verwertbare Kohlenhydrate, variabel je nach Zuckerzusatz, f) Mindestens 85 % der Ware sind verzehrbar.
* = Es liegen keine Daten vor, + = in Spuren

Lebensmittel (verzehrbarer Anteil)	Energie und Hauptnährstoffe je Portion					Kohlenhydrate	
	Portions-größe g	Kilo-kalorien kcal	Kilo-joule kJ	Eiweiß g	Fett g	verwert-bar g	Ballast-stoffe g
Birne, roh	150	69	290	0,9	0,6	19,0	3,0
Brombeeren, roh	150	74	305	1,8	1,5	10,8	5,3
Erdbeeren, roh	150	50	207	1,2	0,8	9,5	3,0
Feige, getrocknet	35	85	356	1,4	0,5	18,9	3,5
Grapefruit, roh	150	65	273	0,9	0,3	13,5	0,9
Heidelbeeren, roh	150	131	543	1,1	0,9	11,1	7,4
Himbeeren, roh	150	48	201	2,0	0,6	10,3	6,8
Kirschen, süß und roh[e)]	150	89	369	1,7	0,6	21,3	3,0
Kiwi	150	75	315	1,4	0,9	15,5	5,9
Pfirsich, roh	150	59	242	1,1	0,2	14,1	2,4
Ribiseln, rot	150	57	237	1,7	0,3	11,9	5,3
Ribiseln, schwarz	150	74	308	2,3	0,3	15,5	10,2
Stachelbeeren, roh	150	71	293	1,2	0,3	12,8	4,5
Weintrauben, roh	150	110	459	1,1	0,5	25,4	1,8
Zitrone, geschält und roh	50	20	84	0,5	0,3	4,0	0,2
Zwetschken	150	77	320	0,9	0,2	17,9	2,6
Getränke							
Alkoholfreie Getränke							
Cola	330	145	611	*	*	36,3	*
Limonaden	200	98	412	*	*	24,0	*
Alkoholische Getränke							
Bier, hell und untergärig (7°)[f)]	250	155	648	1,8	0	*	0
Branntwein (32°)	20	23	149	*	*	*	*
Branntwein (38°)	20	42	176	*	*	*	*
Liköre (30°)	20	33	139	*	*	6,0	*
Obstbranntwein (40–45°)	20	50	197	*	*	*	*
Qualitätswein, weiß (10–12°)	125	99	415	0,1	*	3,8	*
Qualitätswein, rot (10–12°)	125	93	389	0,1	*	0,6	*
Weinbrand (38°)	20	43	181	*	*	0,2	*
Süßwaren							
Bienenhonig im Durchschnitt	20	65	272	0,6	0	16,2	*
Kakaopulver, stark entölt, 1 TL	5	14	57	1,2	0,6	0,9	*
Konfitüre im Durchschnitt	30	158	660	2,4	9,0	16,8	+
Vollmilchschokolade	30	158	660	2,4	9,0	16,8	+
Zucker	10	40	168	0	0	10,0	*

e) Mindestens 85 % der Ware sind verzehrbar, f) Energie und verwertbare Kohlenhydrate, variabel je nach Zuckerzusatz.
* = Es liegen keine Daten vor, + = in Spuren

Tabelle der wichtigsten Vitaminträger

Vitamin	Vorkommen	Eigenschaften	Beachtenswertes
A	Lebertran Leber Milchprodukte Tomaten Karotten Marillen (Aprikosen) Grüngemüse	fettlöslich, empfindlich gegen Luftsauerstoff und Sonnenlicht	Frische Nahrungsmittel verwenden, Rohkost, Kochgeschirre mit Deckel versehen. Die Speisen so wenig wie möglich umrühren.
B1	Schweinefleisch Germ Vollkornmehle Erdnüsse Hülsenfrüchte Spinat Karotten	wasserlöslich, empfindlich gegen Speisesoda	Unnötig lange Kochzeit vermeiden. Vollkorngebäcke und -mehle bevorzugen. Nur kurz waschen. Dünsten oder Dämpfen von Gemüse ist zu bevorzugen. Kochwasser verwenden.
B2	Fleisch Leber Eier Germ Honig	wasserlöslich, hitzebeständig	Innereien ausgiebig verwenden (außer bei ärztlichem Verbot).
B4	Schweinsleber, Schweinsnieren Rindsleber Schellfisch	wasserlöslich	
B12	Kartoffeln Germ Leber Fleisch Milch Ei	wasserlöslich	Kommt nicht in Gemüsen vor.
C	Orangen Zitronen Paprikaschoten Tomaten	wasserlöslich, hitzeempfindlich, empfindlich gegen Luftsauerstoff	Bei raschem und starkem Erhitzen ist der Vitaminverlust wesentlich geringer als bei langsamem Fortkochen. Daher Druckkochtopf oder Dampfgarer verwenden.

Vitamin	Vorkommen	Eigenschaften	Beachtenswertes
C	Ribiseln (schwarz und rot) Hagebutten Holunder, in allen Obstarten, in Gemüsen, Kartoffeln und Sauerkraut	Durch Lagerung von Obst, Gemüse und Kartoffeln geht ein Teil des Vitamingehaltes verloren.	Gemüse und Salate nicht auswässern (Vitaminverlust). Gemüsekochwasser verwenden. Speisen während des Kochprozesses wenig umrühren. Kochgefäße verschließen. Viel Rohkost verwenden.
D	Seefische Lebertran Leber Butter Eidotter Sauerrahm Milch	fettlöslich, hitzebeständig, empfindlich gegen lange Lagerung	Frische Butter verwenden. Langes Lagern unter Lichteinfluss vermeiden.
E	Getreidekeimlinge Vollkorn pflanzliche Öle Butter	fettlöslich, hitzebeständig, empfindlich gegen Sonnenlicht	Weizenkeimbrot essen.
K	Grüngemüse Öle Spuren in Milch	fettlöslich	Wird bei gesunden Menschen im Darm selbst erzeugt, muss daher in der Kost nicht beachtet werden.

Lexikon Österreichisch – Deutsch

Beuschel	Lunge
Blaukraut	Rotkohl
Blunze	Blutwurst
Böhmische Dalke	Liwanze
Dampfl	aus Mehl, Wasser u. Sauerteig od. Germ bereiteter Vorteig; Gärprobe
Dille	Dill
Einbrenn, Einmach	Mehlschwitze
Erdapfel	Kartoffel
Faschierter Braten	Hackbraten
Faschiertes	Hackfleisch
Filz	ungeschmolzenes Bauchfett des Schweines
Fisole	grüne Bohne
Germ	Hefe
Germteig	Hefeteig
Gugelhupf	Napf- oder Aschkuchen
Hacheln	Gemüse mit einem Küchenhobel hobeln
Hendl	Huhn
Holler	Holunder
Indian	Truthahn, Puter
Jause	Marende (Tirol) Brotzeit (Bayern), Vesper (Deutschland)
Karfiol	Blumenkohl
Kletze	getrocknete Birne
Knödel	Kloß
Kohl	Wirsing
Kohlsprosse	Röschen des Rosenkohls
Krapfen	kleines, rundes, meist mit Marmelade gefülltes, in schwimmendem Fett gebackenes Gebäckstück aus Hefeteig
Kren	Meerrettich
Krenreißer	Reibe, Raspel
Marille	Aprikose
Maroni	Edelkastanie
Melanzani	Aubergine, Eierfrucht
Nudelwalker	Nudelholz
Obers	süße Sahne, süßer Rahm
Omelette	Eierkuchen
Powidl	Pflaumenmus
Rebeln	(Ab-)Zupfen, z. B. Trauben vom Weinstock
Ribisel	Johannisbeere
Rindsbraten	Rinderbraten
Ringlotte	Reneklode
Rollgerste	Graupe
Rote Rübe	Rote Beete, Bete, Rahne, Rohne
Schaff	offenes Gefäß, Bottich, Zuber
Schaumrolle	mit Schlagsahne o. Ä., gefüllte Rolle aus Blätterteig
Schlagobers	Schlagsahne
Schlickkrapferl	Fleischtäschchen, Ravioli
Schlögel	Schlegel
Schmarren	süße Mehlspeise, z. B. Kaiserschmarren
Schmer	Bauchfett des Schweins
Schöberl	Suppeneinlage aus gesalzenem, gebackenem Biskuitteig
Schöpsenfleisch, Schöpserne	Hammelfleisch
Schwamm	Pilz
Schwarzbeere	Heidelbeere
Schweinsbraten	Schweinebraten
Selchfleisch	Rauchfleisch
Semmel	Brötchen
Soße	Sauce
Spagat	Bindfaden
Sprossenkohl	Rosenkohl
Stanitzel	Tüte
Surfleisch	Pökelfleisch
Topfen	Quark
Versprudeln	Verquirlen
Vogerlsalat	Feldsalat
Weitling	große, sich nach oben stark verbreiternde Schüssel
Wurzelwerk	Suppengrün
Zwetschke	Pflaume

Rezepte von A bis Z

Der Buchstabe (K) neben einem Stichwort bedeutet, dass diese Speise auch als Krankenkost geeignet ist.

G

H

I

J

K

L

M

N

O

P

T

U

V

W

Z

Literaturverzeichnis

Arens-Azevedo, U., Peschke, E. (1999):
Kochen und Backen – Ernährungsbewusst und kreativ. Gehlen Verlag, Troisdorf.

Engelmann, B., Dopfer, H. (1982):
Zeitgemäß kochen und backen. BLV-Verlag, München.

Konsument (o. J.):
Verein für Konsumenteninformation (VKI), Wien.

Plachutta, E., Wagner, C. (1993):
Die gute Küche. Donauland Kremayr & Scheriau, Wien.

Steindl, G. (1997):
Richtig Kochen und Bevorraten. Österreichischer Agrarverlag, Leopoldsdorf bei Wien.

Wogowitsch, C. (1999):
Ernährungslehre und Lebensmittelkunde. Österreichischer Agrarverlag, Leopoldsdorf bei Wien.

DIE GEHEIME KRAFT
DER KRÄUTER SPÜREN

Engelbert Kötter
Hauptsache Kräuter
432 Seiten,
durchgehend
farbige Abbildungen
21 x 24 cm, gebunden
ISBN 978-3-8404-7575-7
€ 26,95

Entdecken Sie schnuppernd, schmeckend, staunend und genießend das Kräutersortiment heimischer Gärtnereien. In rund 200 ausführlichen Porträts stellt „Hauptsache Kräuter" die ganze Vielfalt der bei uns erhältlichen Kräuter vor. Wie man möglichst viele davon im eigenen Garten oder auf Balkon und Terrasse kultivieren kann, wird in dem umfassenden Buch auf 400 Seiten dargestellt. Das Kapitel Kräuterpraxiswissen vermittelt alles Wissenswerte über das Aussäen, Kultivieren, Pflegen und Ernten der nützlichen Gewächse. Ein weiterer Teil behandelt den Einsatz von Kräutern in der Küche: von gesunden und wohlschmeckenden Kräutergetränken über gelungenes Foodpairing bis zur Nutzung in der deftigen und süßen Küche.

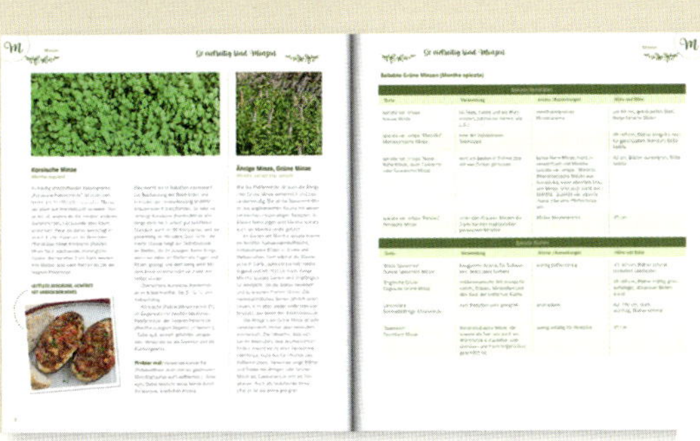